Das Buch

Die Psychologie, die Wissenschaft vom Erleben und Verhalten des Menschen, untersucht die Bedingungen, die sein Wahrnehmen, Denken, Fühlen und Erinnern bestimmen. Obwohl eigentlich »Alltägliches« erforscht werden soll, deutet schon die Aufspaltung in die vielen Zweige und Schulen der Psychologie die Schwierigkeiten an.
Der zweibändige ›dtv-Atlas zur Psychologie‹ bringt eine geordnete Übersicht über die Vielfalt der Erscheinungen dieses Gebiets und die Methoden ihrer Untersuchung. Das bewährte dtv-Atlas-System, die Einheiten aus ausführlichen Textseiten und dazugehörigen Farbtafeln, erweist sich auch bei der Psychologie als hilfreich und für die Abbildung menschlicher Verhaltensweisen als besonders geeignet.
Band 1 enthält neben einer Einführung die Kapitel Terminologie, Theoriegeschichte, Methodik, Statistik, Neuro-, Wahrnehmungs-, Gedächtnis-, Lern-, Aktivations-, Kognitions-, Kommunikations- und Emotionspsychologie sowie ein Register.

Im Band 2 sind die Kapitel Persönlichkeits-, Entwicklungs-, Sozial-, Massen-, Umwelt-, Tierpsychologie, Psychodiagnostik, Klinische, Angewandte und Kulturpsychologie sowie ein alphabetisches Begriffsverzeichnis, ein Literaturverzeichnis und ein Gesamtregister enthalten.

Die Autoren

Prof. Dr. Hellmuth Benesch, geb. 1924, ist Professor für Klinische Psychologie an der Universität Mainz. Spezialgebiete: Neuropsychologie, Psychotherapieforschung. Begründung der Psychokybernetik (1957). Zahlreiche Bücher: u. a. Wissenschaft der Menschenbehandlung (1958); Wirtschaftspsychologie (1962); Der Ursprung des Geistes (1980); Zwischen Leib und Seele. Grundlagen der Psychokybernetik (1988); Psychologie-Lesebuch (1990); Warum Weltanschauung? (1990); Verlust der Tiefe (1991); Automatenspiele (1992); Hrsg. von Krech und Crutchfield: Grundlagen der Ps. (1992); Enzyklopädisches Wörterbuch der Klinischen Ps. und Psychotherapie (1994).
Prof. Hermann Frhr. v. Saalfeld, geb. 1928, ist Professor für Zeichnen am Fachbereich Bildende Kunst der Universität Mainz. Spezialgebiete: Buchillustration, Cartoon, Zeichentrickfilm. Seine Tochter Katharina v. Saalfeld hat das Kunsterziehungsstudium abgeschlossen und ist freiberufliche Illustratorin.

Bisher sind in dieser Reihe erschienen:

dtv-Atlas zur Akupunktur, 3232
dtv-Atlas der Anatomie, 3 Bände, 3017, 3018, 3019
dtv-Atlas zur Astronomie, 3006
dtv-Atlas zur Atomphysik, 3009
dtv-Atlas zur Baukunst, 2 Bände, 3020, 3021
dtv-Atlas zur Biologie, 3 Bände, 3221, 3222, 3223
dtv-Atlas zur Chemie, 2 Bände, 3217, 3218
dtv-Atlas zur deutschen Literatur, 3219
dtv-Atlas zur deutschen Sprache, 3025
dtv-Atlas zur Informatik, 3230
dtv-Atlas zur Mathematik, 2 Bände, 3007, 3008
dtv-Atlas zur Musik, 2 Bände, 3022, 3023
dtv-Atlas zur Ökologie, 3228
dtv-Atlas zur Philosophie, 3229
dtv-Atlas zur Physik, 2 Bände, 3226, 3227
dtv-Atlas der Physiologie, 3182
dtv-Atlas zur Psychologie, 2 Bände, 3224, 3225
dtv-Atlas zur Stadt, 3231
dtv-Atlas zur Weltgeschichte, 2 Bände, 3001, 3002

Weitere dtv-Atlanten sind in Vorbereitung

Hellmuth Benesch:

dtv-Atlas zur Psychologie
Tafeln und Texte

Graphische Gestaltung der Abbildungen:
Hermann und Katharina von Saalfeld

Band 1
Mit 104 farbigen Abbildungsseiten

Deutscher
Taschenbuch
Verlag

Übersetzungen
Niederlande: Bosch & Keuning, Baarn
Ungarn: Springer Hungarica, Budapest (i. Vorb.)

Originalausgabe
1. Auflage Februar 1987
4. Auflage März 1994: 61. bis 75. Tausend
© 1987 Deutscher Taschenbuch Verlag GmbH & Co. KG,
München
Umschlaggestaltung: Celestino Piatti
Gesamtherstellung: C. H. Beck'sche Buchdruckerei,
Nördlingen
Offsetreproduktionen: Werner Menrath, Oberhausen/Obb.
Printed in Germany · ISBN 3-423-03224-3

Vorwort

Im Jahre 1945 erschien in der Schweiz von Psychologieprofessor DAVID KATZ, Universität Stockholm, erstmals ein ›Psychologischer Atlas – Orbis pictus psychologicus‹. Man kann den vorliegenden Atlas nicht besser einführen, als einige Sätze aus diesem Werk zu zitieren:

»Atlanten mit systematisch geordnetem Bildmaterial gehören seit langem zu den didaktischen Mitteln, die man auf vielen Gebieten der Wissenschaft für unentbehrlich hält. Man kann sich tatsächlich kaum vorstellen, wie man den Unterricht in Fächern wie Geographie, Zoologie, Botanik, Anatomie und Kunstgeschichte ohne Anschauungsmaterial erfolgreich betreiben könnte. Wenn nun hier erstmals der Versuch gemacht wird, psychologische Bilder in Atlantenform zusammenzustellen, so ist das sachlich dadurch gerechtfertigt, daß eine Wissenschaft, die über reiches Anschauungsmaterial verfügt, nicht länger mit dem Ausbau ihrer didaktischen Hilfsmittel hinter anderen zurückstehen möchte ... Dieses Buch dient keinem höheren wissenschaftlichen Ehrgeiz, und wenn ich auch hoffe, daß es hier und da zur Forschung anregen wird, so bestimmten mich bei seiner Veröffentlichung doch in erster Linie pädagogische Motive. Ich bin immer darum bemüht gewesen, Vorlesungen und Vorträge, soweit es deren Inhalt zuließ, durch Anschauungsmaterial zu ergänzen. So habe ich im Laufe von Jahrzehnten eine ganz ansehnliche Menge von Bildern gesammelt. Diese haben mir besonders gute Dienste geleistet, wenn ich Vorträge in fremden Sprachen zu halten hatte. Mein Anschauungsmaterial war international verständlich und hat es mir leichter gemacht, den Kontakt mit meinen Hörern zu finden. Ich lege mein Bildmaterial nun in einer Auslese einem weiteren Publikum vor. Der Atlas dürfte sich für alle Schulen eignen, an denen Psychologie Unterrichtsfach ist. Er wendet sich aber auch an alle diejenigen, die sich sonst mit Psychologie und deren Grenz- und Anwendungsgebieten beschäftigen. Das Interesse für Psychologie ist ja erfreulich groß, wenn auch nicht immer gleich tief ... Man macht sich in der Regel nicht den ganzen Umfang klar, den die moderne Psychologie mit ihren verschiedenen Zweigen und Anwendungsgebieten hat. Der Atlas möge von diesem Umfang ein eindringliches Zeugnis ablegen.«

Soweit DAVID KATZ, dem die Autoren dieses Atlas viele Anregungen zu verdanken haben. Seinen Worten ist nur wenig hinzuzufügen. Zum Unterschied von KATZ stand uns das bewährte Vorbild der dtv-Atlanten zur Verfügung, deren Redaktion (Winfried Groth, Christa Stoschek, Gabriele Wurm) uns mit Rat und Tat geholfen hat.

Die beiden Autoren, Texter und Graphiker, haben in einer gemeinsamen Vorlesungsreihe für alle Fachbereiche der Universität Mainz mit dem Titel ›Psychologie in visueller Darstellung‹ die günstigste Darstellungsform abgeprüft. Sie besteht in der Mischung aus einem tabellarischen, abstrakt-piktographischen und konkret-episodischen Bildstil, der mit einem komprimierten Text genau parallel geschaltet ist. Wie bei den anderen dtv-Atlanten soll auch hier die Last der Gedächtnisarbeit erleichtert und die Freude am Kennenlernen nicht unterdrückt werden.

Zum Schluß noch ein Wort an die Benutzer. Ein Grundsatz dieser Arbeit war die »Gleichbehandlung« aller Teile der Psychologie. Ein großer Fehler wäre es sicher gewesen, sich nur auf wenige Teilgebiete, und dann auf die besonders gut abbildbaren, zu konzentrieren. Das durchaus nötige Spezialistentum in der Psychologie, auch schon für den Studierenden, scheint erst bei gleichzeitiger oder vorhergehender Allgemeinkenntnis berechtigt. Es war also das Ziel, eine umfassende und möglichst anspruchsvolle Einführung in das *Gesamt*gebiet Psychologie zu liefern. Daraus folgt aber auch, daß in diesem Atlas kein Thema bzw. keine Doppelseite eine Vollständigkeit für Spezialisten beansprucht. Im Gegenteil. Buchstäblich zu jeder Seite ließe sich ein ganzes Buch und noch mehr schreiben. Der Benutzer möge sich durch die Literaturliste für jedes Kapitel (2. Band, Anhang) anregen lassen, ein ihn interessierendes Gebiet weiter zu verfolgen.

Mainz, im Sommer 1986 H. B. und H. v. S.

Der regelmäßige Turnus der Neuauflagen ermöglicht – wie bisher – eine kontinuierliche Weiterentwicklung und Ergänzung der Texte.

Mainz, im Herbst 1993 H. B. und H. v. S.

Inhalt

Vorwort 5

Abkürzungsverzeichnis 9

Einführung 11

I. Terminologie
Glossar psychologischer Fachwörter . . . 12

II. Theoriegeschichte
1. Theoriebildung 30
2. Psychologiegeschichte 32
3. Typologie 34
4. Psychophysiologie 36
5. Modelltheorie 38
6. Systemtheorie 40
7. Praxisbezug 42

III. Methodik
1. Methodische Paradigmata 44
2. Meßtheorie 46
3. Datenerhebung 48
4. Versuchspläne 50
5. Hypothesenbildung 52
6. Observation 54
7. Exploration 56
8. Experiment 58

IV. Statistik
1. Transkription 60
2. Verteilungen 62
3. Wahrscheinlichkeit 64
4. Inferenzstatistik 66
5. Varianzanalyse 68
6. Korrelationsstatistik 70
7. Faktorenanalyse 72
8. Zeitreihenanalyse 74

V. Neuropsychologie
1. Leib-Seele-Problem 76
2. Psychophysiologische Methoden 78
3. Genetische Äquivalente 80
4. Energetische Äquivalente 82
5. Neuronale Äquivalente 84
6. Zentralnervöse Regulation 86
7. Psychokybernetik 88

VI. Wahrnehmungspsychologie
1. Wahrnehmungsgrundlagen 90
2. Physik des Sehens 92
3. Physiologie des Sehens 94
4. Wahrnehmungstheorien 96
5. Wahrnehmungsorganisation 98
6. Wahrnehmungsgesetze 100
7. Wahrnehmungssemantik 102
8. Gestaltwahrnehmung 104

9. Raum- und Zeitwahrnehmung 106
10. Bewegungswahrnehmung 108
11. Farbwahrnehmung 110
12. Physiologie des Hörens 112
13. Gehörwahrnehmung 114
14. Geruchs- und Geschmackswahrneh-
    mung 116
15. Berührungswahrnehmung 118
16. Körperwahrnehmung 120
17. Inadäquate Wahrnehmung 122

VII. Gedächtnispsychologie
1. Gedächtnisfunktionen 124
2. Gedächtnistheorien 126
3. Ultrakurzzeit- und Kurzzeitgedächt-
   nis 128
4. Langzeitgedächtnis 130
5. Gedächtnisverbesserung 132
6. Gedächtnisvarianten 134
7. Vergessen 136
8. Gedächtnisabweichungen 138
9. Gedächtnisbildung 140

VIII. Lernpsychologie
1. Klassische Konditionierung 142
2. Operante Konditionierung 144
3. Kognitive Konditionierung 146
4. Formale Lerntheorien 148
5. Lernstufen 150
6. Lernbereiche 152
7. Lernschritte 154
8. Lernregeln 156
9. Lerntraining 158
10. Lernstörungen 160

IX. Aktivationspsychologie
1. Aktivationstheorien 162
2. Bewußtheitsgrade 164
3. Aktionsbereitschaft 166
4. Reaktive Aktivation 168
5. Intentionale Aktivation 170
6. Soziale Aktivation 172
7. Aktionsgenese 174
8. Aktionsstörungen 176

X. Kognitionspsychologie
1. Forschungsmethoden 178
2. Kognitionstheorien 180
3. Denkanteile 182
4. Kognitive Stile 184
5. Denkformen 186
6. Urteilsprozesse 188
7. Denkabläufe 190
8. Intelligenz 192
9. Problemlösen 194
10. Kreativität 196

8 Inhalt

11. Metakognition 198
12. Denktraining 200
13. Mentalstörungen 202
14. Künstliche Intelligenz 204

XI. Kommunikationspsychologie
1. Kommunikationstheorien 206
2. Kommunikationsprozesse 208
3. Kommunikationspositionen 210
4. Kommunikationsstile 212
5. Verbale Kommunikation 214
6. Nichtverbale Kommunikation 216
7. Massenkommunikation 218
8. Kommunikationsstörung 220

XII. Emotionspsychologie
1. Emotionsdimensionen 222
2. Emotionstheorien 224
3. Somatische Emotionen 226
4. Situative Emotionen 228
5. Soziale Emotionen 230
6. Kognitive Emotionen 232
7. Meditative Emotionen 234
8. Gefühlsstörungen 236

Register
Namenregister I
Sachregister III

Abkürzungsverzeichnis

Abb.	Abbildung	Lernps.	Lernpsychologie
Aktionsps.	Aktionspsychologie	LZG	Langzeitgedächtnis
allg.	allgemein		
Allg. Ps.	Allgemeine Psychologie	Massenps.	Massenpsychologie
Analyt. Ps.	Analytische Psychologie	math.	mathematisch
Angew. Ps.	Angewandte Psychologie	min	Minute
Arbeitsps.	Arbeitspsychologie		
aV	abhängige Variable	naturwiss.	naturwissenschaftlich
		NS	Nervensystem
bes.	besonders, besondere		
best.	bestimmt	o. ä.	oder ähnlich
Bez.	Bezeichnung	obj.	objektiv
bit	binary digit	Org. Ps.	Organisationspsychologie
bit/s	bit pro Sekunde		
Bp.	Befragungsperson	Persönl. Ps.	Persönlichkeitspsychologie
Bpn.	Befragungspersonen	phys.	physisch
		physikal.	physikalisch
°C	Grad Celsius	physiolog.	physiologisch
chin.	chinesisch	ps.	psychologisch
		Ps.	Psychologie
		Psa.	Psychoanalyse
dB	Dezibel (Einheit der Laut-	psych.	psychisch
	stärke)	Psychophys.	Psychophysiologie, Physiologi-
d. f.	degrees of freedom (Freiheits-		sche Psychologie
	grade)		
dt.	deutsch	qual.	qualitativ
		qant.	quantitativ
EDV	elektronische Datenverarbei-		
	tung	s	Sekunde
EEG	Elektroencephalographie	s.	siehe
engl.	englisch	S.	Seite
		s. d.	siehe dort
FA	Faktorenanalyse	s. o.	siehe oben
Forens. Ps.	Forensische Psychologie	sog.	sogenannt(e)
frz.	französisch	Soz. Ps.	Sozialpsychologie
		s. u.	siehe unten
Ganzheitsps.	Ganzheitspsychologie	subj.	subjektiv
Gestaltps.	Gestaltpsychologie		
ggs.	gegenseitig	Tiefenps.	Tiefenpsychologie
Ggs.	Gegensatz	Tierps.	Tierpsychologie
Ggt.	Gegenteil		
ggü.	gegenüber	urspr.	ursprünglich
		uV	unabhängige Variable
Hz	Hertz (Einheit der Frequenz)		
		vgl.	vergleiche
i. a.	im allgemeinen	Vl.	Versuchsleiter
i. d. R.	in der Regel	Vp.	Versuchsperson
i. e. S.	im engeren Sinn	Vpn.	Versuchspersonen
Individualps.	Individualpsychologie		
		Wahrn. Ps.	Wahrnehmungspsychologie
jap.	japanisch	Werbeps.	Werbepsychologie
Jh.	Jahrhundert	Wirtschafts-	
		ps.	Wirtschaftspsychologie
Kap.	Kapitel	wiss.	wissenschaftlich
Klin. Ps.	Klinische Psychologie	Wiss.	Wissenschaft
Kogn. Ps.	Kognitionspsychologie		
Kompl. Ps.	Komplexe Psychologie	ZNS	Zentralnervensystem
		zus.	zusammen

Das erste Lehrbuch der Psychologie, verfaßt von ARISTOTELES, beginnt mit den Worten: »Wenn wir Wissen und Verstehen zu *den* Dingen zählen, das herrlich und wertvoll sind, unter den Gebieten des Wissens aber eines höher stellen als ein anderes, sei es wegen der Strenge der Form, sei es wegen der höheren Würde oder der wunderbareren Natur des Gegenstandes, so werden wir unter beiden Gesichtspunkten die wissenschaftliche Forschung über die Seele mit Fug und Recht in die vorderste Linie zu stellen geneigt sein. Darf man doch der Einsicht in das Wesen der Seele eine große Bedeutung auch für alles sonstige Streben nach Wahrheit zuschreiben und die größte für die Erforschung der Natur. Denn die Seele ist anzusehen als das *Prinzip* für alles Leben.« (dt. von A. LASSON, 1924).

Ein angesehener Psychologieprofessor unserer Tage setzt diesem hohen Anspruch an die Psychologie eine andere Wertung entgegen: »Böse Zungen behaupten, die Psychologie sei eine Wissenschaft, die Fragen beantwortet, die niemand gestellt hat, da entweder die Antworten längst bekannt sind oder die Fragen niemanden interessieren« (D. DÖRNER, 1983).

Zwischen beiden Polen wird die Psychologie zu jedem Zeitpunkt ihren Platz suchen müssen. Nicht selten ist sie abgeglitten in sinnfreie Geschäftigkeit, die an die Stelle des Wissensdranges die methodische Repetition setzte. Aber trotz dieses Eingeständnisses kann doch niemand bezweifeln, daß im Laufe des 20. Jh. ihr Zugewinn an Wissen nur in wenigen anderen Fächern seinesgleichen findet.

Wie steht aber dazu die öffentliche Kenntnis der Psychologie? Was würde ARISTOTELES sagen, wenn er im Lehrplan der Schulen Biologie, Mathematik, Musik fände, aber nicht Psychologie? Trotz ihrer weiten Verbreitung ist sie immer noch eine Art Geheimwissenschaft geblieben. Zwar ist jedermann bis zu einem gewissen Grad ein Psychologe, denn er ist im Umgang mit sich und anderen zwangsläufig mit psychologischen Problemen beschäftigt. Aber diese Erfahrungen müßten an wissenschaftlichen Erkenntnissen gemessen werden, damit man sie wirklich besitzt. In einer Zeit, in der die psychischen Störungen die körperlichen Erkrankungen an Zahl überflügelt haben, kann dieses Fach nicht mehr Geheimfach bleiben.

Diese Feststellung schließt Forderungen an die zeitgenössische Psychologie ein. In erster Linie ist das das *Zusammenrücken* der weit getrennten Teildisziplinen der Psychologie. Es ist heute sicher schwieriger, die Gesamtheit zu beherrschen. Das ist aber keine Entschuldigung für das Desinteresse, das an der Nachbarthematik an den Tag gelegt wird. Man macht es mit einer kleinteiligen, ausschnitthaften Ausbildung dem Anfänger nicht leicht, in der Psychologie tatsächlich eine *einheitliche* Disziplin zu erkennen.

Was will, was soll heute Psychologie? Drei Zielvorstellungen scheinen mir Vorrang zu besitzen.

1) Psychologie ist und bleibt das zentrale Fach einer vielschichtigen »Lehre vom Menschen« und seinen existentiellen Bedingungen. Da der Mensch aber von sehr unterschiedlichen Seiten aus betrachtet werden kann, müssen entsprechende Kategorien wie z. B. Alter, Funktion oder Menge der Menschen zu unterschiedlichen psychologischen Modellen führen, denen ein einheitliches Fundament nicht verloren gehen darf.

2) Psychologie ist universelle Hilfestellung. Der Umgang mit sich und den anderen sowie das Zusammenleben in immer größeren Massenzusammenhängen steigert nicht nur das Hoffnungs-, sondern auch das Zerstörungspotential, das in den Menschen liegt. Kaum ein anderes Fach stellt gegenüber letzterem mehr Gegengewichte bereit.

3) Menschen haben immer versucht, ihr Leben nicht nur abzuspulen, sondern zu einer intensiveren Weltsicht, zu einer befriedigenderen Deutung der Bestimmung der Menschheit zu gelangen und ihr Leben psychisch reicher auszugestalten. Die Möglichkeiten der Psychologie hierzu sind noch nicht ausgeschöpft. Daran zeigt sich besonders deutlich der provisorische Charakter unseres gegenwärtigen Wissens. Fortschritte in allen dieser Punkten sind nicht leicht. Was ARISTOTELES im schon oben erwähnten Lehrbuch zusammenfassend sagt, hat heute noch volle Gültigkeit:

»Zu gesicherten Ergebnissen zu gelangen, wo es sich um die Seele handelt, gehört in jedem Sinne und in jeder Beziehung zu den allerschwierigsten Aufgaben«.

Die **Psychologie** besteht aus zahlreichen Teildisziplinen mit den Hauptgebieten (nach KRECH u. CRUTCHFIELD, 1985):

Propädeutik (Statistik, Methodik, Wissenschaftstheorie u. a.),
Allgemeine Ps. (Neurops., Wahrnehmungsps., Lernps., Emotionsps., Kognitionsps. u. a.),
Differentielle Ps. (Persönlichkeitsps., Entwicklungsps., Psychodiagnostik, Sozialps. u. a.),
Angewandte Ps. (Klin. Ps., Arbeitsps., Betriebsps., Organisationsps., Wirtschaftsps. u. a.).

Diese Teildisziplinen sollen in den folgenden Kapiteln jeweils in exemplarischen Ausschnitten behandelt werden.

12   I. Terminologie / Glossar psychologischer Fachwörter

Wissenschaften entwickeln notwendigerweise Fach-Terminologien. Sie dienen der schnelleren und möglichst auch genaueren Verständigung. Nachteilig ist der Ausschluß Dritter, die diese Terminologie nicht beherrschen. Deshalb ist ein gewisses Maß an Terminologiekenntnis auch für die Beschäftigung mit Psychologie nötig. Die nachfolgenden Kurzhinweise auf wichtige Fachwörter dienen dem schnelleren Zurechtfinden in psychologischen Texten.
Auf die unmittelbar einsichtigen Sachwörter wurde verzichtet.die mit * gekennzeichneten Termini werden im ›Begriffsverzeichnis‹ (im Anhang von Band 2) ausführlicher behandelt. Englische Begriffe sind *kursiv* gesetzt. Für zusätzliche Worterklärungen wird auf die Wörterbücher (siehe Literaturverzeichnis im Band 2) hingewiesen.

AAM: angeborene Auslösemechanismen (vgl. *trigger*)
Abasie: psychisch bedingte Gehunfähigkeit
aberrant: abweichend
Abfuhr: *discharge*, emotionale Entlastung (Psa.)
abhängige Variable: Auswirkungsmerkmal
ability: Fähigkeit
Abiose: Lebensuntüchtigkeit (Klin. Ps.)
Ablationshypnose: konditionierte Eigenhypnose nach Lernvorgabe
Abnormalität: dem Durchschnitt nicht entsprechendes Verhalten
Abreaktion: emotionale Entlastung
Abruf: *retrieval*, Prozeß des Einfallens von Gedächtnisinhalten
Absence (frz.): kurzzeitiger Bewußtseinsverlust
absolute Schwelle: Grenze der Wahrnehmung
absolving: Ablösung sozialer Frühbindungen
Abstinenzregel: Vermeidung von Ersatzbefriedigungen durch den Therapeuten (Psa.)
Abstraktion: gedankliche Heraushebung
Abszisse: waagerechte x-Achse einer Graphik
Abulie: *abulis*, Antriebsschwäche, Entschlußlosigkeit
Abundanz: Überflußmerkmale (Persönl.Ps.)
Abusus: Mißbrauch von Suchtmitteln
Abwehr: *defence*, Mechanismen zur Angstbeseitigung (Psa.)
accuracy: statist. Präzisierungsgrad
achievement quotient: Leistungsquotient
acquaintance process: Prozeß des Bekanntwerdens, Ersteindruck
acquired behavior: erworbenes Verhalten
Acquisition: gelernte Verhaltensaneignung
acting out: Ausagieren verdrängter Impulse
acuity: Wahrnehmungsschärfe
Adaptation: Anpassung (Verhalten), Angleichung (Wahrnehmung), Reiz-Erregungsreduzierung (Kommunikation)
adient: auf Reize bezogen
Adipositas: Fettleibigkeit
adjustment: Anpassung
Adoleszenz: Jugendalter
Adynamie: Kraftlosigkeit
Affekt: heftige Erregung
afferent: zum Gehirn führend (Psychophys.)
Afferenzsynthese: Reizzusammenschluß
Affiliation: Beziehungsaufnahme (Soz. Ps.)
affordance: Handlungsanregung
Agape: Nächstenliebe
Agens: Reizfaktor

agglomerativ: anhäufend, aufbauend
Agglutination: Zusammenfügung von Trauminhalten (Psa.)
Aggravation: Übertreibungssucht
*Aggression: feindseliges Verhalten
Agilität: psychische Beweglichkeit
Agnosie: Wahrnehmungsunfähigkeit
Agonie: Sterbezustand
Agoraphobie: Platzangst
agreement: soziale Übereinkunft
Aha-Erlebnis: plötzliche Erkenntnis
AIDA: amerikanische Werbeformel (attention, interest, desire, activation)
aim-transference: Zielverlagerung, Ersatzbefriedigung
akinesis: Unbeweglichkeit (Aktionsps.)
Akkolade: feierliche Bindungsgeste (Soz. Ps.)
Akkommodation: Entfernungsanpassung (Wahrn. Ps.); innovative Angleichung (Kogn. Ps.)
Akoasmus: Hörvorstellung bzw. -halluzination
Aktionspotential: elektrischer Nervenprozeß
*Aktivation: Verhaltensanstoß
Aktpsychologie: Lehre des zielgerichteten Verhaltens
Aktualgenese: Ausdifferenzierung von Wahrnehmungsinhalten (Ganzheitsps.)
Aktualisierung: Verwirklichung
Aktualisierungstherapie: eklektisches Verfahren zur Gewinnung des Selbst
Aktualneurose: Neurose mit aktuellem Anlaß
Akustomotorik: Umsetzung akustischer Muster in Bewegung
Akzeleration: Entwicklungsbeschleunigung
Akzeptanz: Billigung; soziale Anerkennung
Alalie: Sprechunfähigkeit
Algesie: Schmerzempfindlichkeit
Alienation: Entfremdung
Alloplastie: Libidozuwendung zur Außenwelt (Psa.)
Alteration: Veränderung, Erregungsanstieg
Alternative: differente Wahlmöglichkeit
Alternativhypothese: Gegensatz zur Nullhypothese
Altruismus: Selbstlosigkeit
Ambidextie: beidhändige Geschicklichkeit
Ambiguität: Mehrdeutigkeit (Wahrnehmung, Kognition)
Ambivalenz: Gleichzeitigkeit von entgegengesetzten Wertbezügen
Amentia: veralteter Ausdruck für psychische Störung

I. Terminologie / Glossar psychologischer Fachwörter   13

Amnesie: Sammelbezeichnung für Gedächtnisverluste

Amok: Mordtrieb (malaisch)

Ampliation: Begriffserweiterung

Amplifikation: therapeutische Bewußtseinserweiterung (Kompl. Ps.)

anale Phase: 2. Kindheitsphase mit Ausscheidungszentrierung (Psa.)

Anamnese: Ermittlung der Vorgeschichte

Anankasmus: Zwangsneurose des Denkens und Verhaltens (Klin. Ps.)

Anästhesie: Unempfindlichkeit

Andragogik: Menschenführung

Android: Menschenmodell

Anergie: Unfähigkeit zur Anstrengung

*Angst: bedrängendes Gefühl

Animation: Freizeitanregung

Animismus: vorkritisches Denken, Allbeseelung, Naturreligion

Animus/Anima: gegengeschlechtliches Urbild (Kompl. Ps.)

Anisotropie: Höhenschätzungsfehler (Wahrn. Ps.)

Ankerreiz: Ausgangspunkt des Bezugssystems (Wahrn. Ps.)

Annäherungsgradient: Anziehungssteigerung bei wachsender Annäherung (Soz. Ps.)

Anoia: Stumpfsinn

Anorexia nervosa: Magersucht

Anspruchsniveau: *aspiration level,* Grad der Selbstforderung

Antagonismus: Widerlager, Entgegnung

anterograd: vorangehend

Anthropophobie: Furcht vor Menschen

Antizipation: Vorwegnahme (Kogn. Ps.)

anxiety: Angst

Apalliker: Gehirntoter

Apathie: Teilnahmslosigkeit

Aphanisis: Verlust sexueller Bedürfnisse

Aphasie: Formen von Sprachstörung

appeal: Anklang, Aufforderungscharakter

Apperzeption: bewußtes Auffassen (Wahrn. Ps.)

Appetenz: natürliche Anziehung

appraisal: Einschätzung

Apprehension: deutende Auffassung (Wahrn. Ps.)

approach-Motiv: Kontaktwunsch

Approbation: Ranganerkennung (Soz. Ps.); staatl. Zulassung (Klin. Ps.)

Approximation: Annäherung

apsychonom: nicht-psychische Auslösung

aptieren: anpassen, herrichten

aptitude test: Eignungstest

Aquaenergetik: Körpertherapie in Wassertanks

Äquilibration: kognitiver Ausgleich widersprechender Merkmale

Äquivalenz: Gleichwertigkeit

ARAS: aufsteigendes, retikuläres Aktivierungssystem im Gehirn

Arbeitsanalyse: Bewertung der Arbeitsanteile (Angew. Ps.)

Arbeitskurve: gemessene zeitliche Leistungsveränderung

arbiträr: nach Ermessen frei verfügbar bzw. konventionell festgelegt

Archetyp: kollektives Urbild (Kompl. Ps.)

Archimedisches Axiom: Grundsatz stetiger Meßbarkeit

Arkanum: Geheimkommunikation

arousal: unspezifische Hirnaktivität

Arrangement: fixiertes Verhalten zur Konfliktumgehung (Individualps.)

array: Wahrnehmungsordnung

Artefakt: Kunstprodukt (Methodik)

Asomnie: Schlaflosigkeit

Asozialität: Ausgliederung aus der Gemeinschaft

Assertion: soziale Durchsetzung

Assessment: Persönlichkeitsbeurteilung

Assimilation: meist unbemerkte Angleichung an Schemata (Kogn. Ps.)

Assoziation: Verknüpfung psych. Glieder

asthenisch: schmalwüchsig, schwächlich

Aszendation: sozialer Aufstieg (Soz. Ps.)

Atavismus: urzeitliches Denkmodell; Kritiklosigkeit

Ätiologie: Lehre der Störungsursachen (Klin. Ps.)

Athymie: Schwermut; Unfähigkeit, Gefühle auszudrücken

attachment: soziale Beziehungsbereitschaft

attensity: Sinnesklarheit

Attitüde: Einstellungsrichtung; Verhaltenspose

Attrappenversuch: Versuch mit vereinfachten Nachbildungen

*Attribution: bewußte/unbewußte Ursachenzuschreibung

A-Typus: Person mit streßanfälligem Leistungsehrgeiz

auditiv: hörend

Aufforderungscharakter: Anordnung, die zur Handlung anregt

Aufhänger: Objekt der werblichen Aufmerksamkeitserregung

Auflösungsgrad: Höhe der Durchgliederung (Kogn. Ps.)

*Aufmerksamkeit: Wachheitsgrade

Aufmerksamkeitswanderung: Raum- und Zeitmaß für Aufmerksamkeitsverlagerung

Ausdifferenzierung: gestalttheoretische Annahme der Wahrnehmungsentwicklung

*Ausdruck: deutungsfähige Verhaltensänderung der Körperhaltung, Mimik usw.

Auslese: Stichprobe aus einer Population oder Grundgesamtheit

Auslöschung: Aufhebung eines bedingten Reflexes

außersinnliche Wahrnehmung: Sammelbezeichnung für Hellsehen, Telepathie u. ä.

Austauschtheorie: *exchange theory,* Beziehungslehre auf der Ebene von Kosten und Nutzen

Auswahlplan: Verfahren zur Gewinnung von Stichproben

Auswertung: Verarbeitung von Rohdaten (Statistik)

Autismus: patholog. Umweltabwendung

14 I. Terminologie / Glossar psychologischer Fachwörter

Autogenes Training: suggestives Entspannungsverfahren

Autokinese: Scheinbewegung

autonome Gruppe: sich selbst führende Gruppe

Autoritarismus: betontes Überordnungsverhältnis

Autoritätsanschluß: Rückhalt durch Autoritätshörigkeit

Autostereotyp: starres Bild von sich und der eigenen Gruppe

auxiliar: hilfsbereit

availability: Speicherverfügbarkeit (Gedächtnisps.)

average: verschiedene Mittelwerte (Statistik); Mittelmaß (Soz. Ps.)

Aversion: Ablehnung

avoidance-Motiv: Abwehrmotiv, Vermeidung

awareness: gesteigerte Bewußtheit

Axiom: unableitbarer Grundsatz

background: Hintergrund, Herkunft

Bahnung: eingeschliffene Spur im Zentralnervensystem

Balance: Ausgleich in Systemen

Balancetheorie: Lehre vom Ausgleich der Beziehungen

Balint-Gruppe: Gruppenarbeit für Therapeuten

ballyhoo: Werbeübertreibung

bandwagon-Effekt: Mitläufereffekt bei Erfolgen

Barnum-Effekt: erleichterte Identifizierung mit vagen Aussagen

barykinetisch: von athletischem Körperbau

baseline: Ausgangswert

Bayes-Theorem: gemeinsame Schätzung von Meßwerten aus Vorwissen und Stichprobenuntersuchung

Bedeutung: meaning, psych. Grundkategorie

Bedeutungsbewußtsein: Verstehen durch sinngemäßes Erfassen

bedingter Reflex: erlernter Reflex

*Bedürfnis: Zielverhalten

Beeinflussung: influence, soziale Einwirkung

Befriedigungsaufschub: abwartende Haltung gegenüber sofortiger Wunscherfüllung

*Begabung: Fähigkeitssystem

*Behaviorismus: Verhaltenslehre, die Bewußtseinsinhalte weitgehend ignoriert

Bekräftigung: Einschleifung bedingter Reflexe durch Wiederholung des unbedingten Reizes

belief system: Gesamtheit der Denkgewohnheiten und Überzeugungen

Benedizenz: lobendes Zureden (Klin. Ps.)

Beratung: counseling-guidance, Gespräch mit Unterweisung

*Berufspraxis: entgoltene Tätigkeit

Besetzung: *cathexis,* Bindung psychischer Energie an Objekte oder Personen (Psa.)

Betise: Gelegenheitsdummheit

Bewegungssturm: unwillkürlicher Bewegungsdrang nach psychischer Stauung

Bewußtheit: *awareness,* Wachzustand mit Selbstreflexion

Bewußtsein: consciousness, Selbstvergegenwärtigung mit klarem Objektbezug

Bewußtseinsstrom: einheitlicher Durchlauf von Bewußtseinsinhalten

Bezugsgruppe: Identifikationsgemeinschaft

Bezugssystem: *frame of reference,* meist unbewußtes Maß für raum-zeitliche und funktionale Ordnungseindrücke

bias: täuschende Ergebnisse bei falscher Versuchsplanung

biasing-Effekt: Befragungsverzerrung durch Interviewereinfluß

binary digit (bit): elektronische Einheit, Ja-nein – (0/1) – Alternative

Binom: zweigliedriger Ausdruck, z. B. (a + b)

Bioenergetik: Körpertherapie zur Gefühlsbefreiung (Klin. Ps.)

Bio-*Feedback:* apparative Rückmeldung physiologischer Vorgänge (Klin. Ps.)

biologischer Wandler: Apparat, der psychophysiologische Reaktionen meßbar macht

Bionik: kybernetische Funktionslehre zwischen Biologie und Technik

biotisch: lebensecht

bit: Abkürzung für *binary digit*

black-box: Symbol für die unbekannte Beziehung zwischen Ursache und Wirkung

black-out: kurzfristiger Gedächtnis- bzw. Bewußtseinsschwund

Blindversuch: Vorversuch oder Versuch mit unbekannten Versuchsbedingungen

body-sway-test: Test zur Bewegungssuggestibilität

bogus erudition: Scheingelehrsamkeit, suggestiver Blendungsversuch

bonding: wechselseitige soziale Bindung

Boostersitzung: Nachbereitung einer Verhaltenstherapie

borderline-Syndrom: psych. Störung zwischen Neurose und Psychose

boredom level: Niveau der Übersättigung oder Langeweile

brainstorming: Kreativitätstraining in Gruppen

brainwashing: Gehirnwäsche, suggestive Zwangsbehandlung

branching: Aufgliederung von Problemen

breaking: Umerziehungszwang

breakthrough: psychotherapeutischer Durchbruch

Bricolage: soziale Symbolbesetzung

Brutverhalten: Schutz von Nachkommenschaft (Tierps.)

B-Typus: Person mit Aktionsverzicht in Konfliktsituationen

Bumerangeffekt: suggestierte Rückgabe von geäußerter Meinung oder Publikumswünschen (Werbeps.), Bevorzugung der Gegenmeinung (Sozialps.)

bystanding: prosoziales Verhalten

byte: elektronische Satzeinheit (= 8 bit)

I. Terminologie / Glossar psychologischer Fachwörter   15

camouflage (frz.): getarntes Verhalten
cant: Ausrede, vorgegebene Beweisführung
Carpenter-Effekt: unbewußte Denk-Mitbewegung
case study: Fallstudie
case work: Fürsorgeverfahren (Klin. Ps.)
catch trial: Prüf- bzw. Reaktionsdurchgang ohne Auslösesignal
ceiling effect: schwache Ausprägung im oberen Testbereich
central tendency: Neigung zu unspezifischen Aussagen vager Mittelposition
Centroid-Methode: Extraktion bei der Faktorenanalyse
chaining: Aufbrechen der Verhaltensverkettung (Klin. Ps.)
Chakra: Meditationsschwerpunkt
change: Wandel
change capacity: Grad der Veränderungsfähigkeit
Charisma: persönliche Ausstrahlung
checklist: Prüfliste für Eigenschaften (Persönl. Ps.)
child guidance: Beratung bei kindlichen Störungen
Chi-Quadrat-Test: Vergleich eines beobachteten mit einem erwarteten Ereignis (Statistik)
Choleriker: aufbrausender Typ
chunk: Bündel von Gedächtniseinheiten
clean: suchtfrei
client centered: Therapieführung durch den Klienten
cluster-Analyse: Gruppenbündelung (Statistik)
codability: semantische Verschlüsselungsfähigkeit
coding key: Symbolschlüssel
commitment: soziale Verpflichtung
common sense (Paradigma): Allgemeinansicht ohne wissenschaftliche Prüfung
competition: Konkurrenzsituation
compliance: freiwillige Mitbeteiligung (Klin. Ps.)
compound: zusammengesetzt
Computer-Diagnostik: elektronische Auswertung bzw. Interpretationsverarbeitung
conforming: Gleichschaltung der Gruppe
consensus: allgemeine Übereinstimmung
constraint: Zwangswirkung
content analysis: methodische Sammlung bestimmter Inhaltsmerkmale
Controthymie: Gefühlsunterdrückung
coping: Bewältigungsstrategie (Klin. Ps.)
Couéismus: Verfahren der Selbstsuggestion
counseling: Beratung (Klin. Ps.)
covert behavior: verdecktes Verhalten
crossing-over: Erbfaktorenaustausch
crowding: Beengungserleben und Ausbruchsstreben aus Menschenmassen
crystallized intelligence: geistige Unterscheidungsfähigkeit, Erfahrungsintelligenz (Ggs. fluid intelligence)
cue: Hinweis- oder Schlüsselreiz
cultural lag: kulturelle Rückständigkeit

Cunnilingus: Mundkontakt mit den weiblichen Geschlechtsorganen
curiosity: Neugierde
Curriculum: Plangestaltung nach Inhalt und Ziel
cut-off-Wert: ein- bzw. ausschließender Grenzwert

Daltonismus: Farbenblindheit
Dämonologie: Deutung von unerkennbaren Mächten
Daseinsanalyse: therapeutische Wesensschau (Klin. Ps.)
Debilität: geringer Grad von geist. Behinderung
debriefing: Abschlußgespräch nach Experimenten
decision: Entscheidung
Deduktion: logisches Schließen vom Allgemeinen (Gesetze) auf Einzelheiten
defence: Abwehrmechanismus (Psa.)
defensible space: Raum mit Schutzfunktion (Umweltps.)
Defizitmotivation: Ausgleichsmotivation für Erwartungswünsche
Deflexion: Ablenkung vom Selbst
déformation professionelle (frz.): Persönlichkeitsverzerrung durch den Beruf
defusion of instincts: Triebentmischung (Psa.)
Degradation: Rangherabsetzung
degrees of freedom (d. f.): statistische Freiheitsgrade
Dehors (frz.): äußerer Schein, Verstellung
déjà-vu (frz.): angebliches Wiedererkennen von bereits Erlebtem
Dekodierung: Entschlüsselung, Abruf (Gedächtnisps.)
Dekompensation: Versagen des Abwehrmechanismus (Psa.)
delayed reaction: verzögerte Reaktion
Delinquenz: Straffälligkeit (Forens. Ps.)
Delphi-Technik: Sammelurteil von Experten
delusional: wahnhaft
Demenz: Intelligenzminderung
Demoskopie: systematische Meinungsbefragung
Demutsverhalten: Auslösung gegnerischer Aggressionshemmung (Tierps.)
Dendrogramm: baumartige Graphik
Denkform: Art der Begründung (Kogn. Ps.)
Denkstil: persönliche Eigenart des Denkens (Kogn. Ps.)
Deontismus: Aufstellung individueller Pflichten
dependency: Unterordnung
Dependenzanalyse: statistische Erklärung von Variablenbeziehungen
Depersonalisation: Selbstentfremdung
Depravation: Wertminderung
*Depressivität: verschiedene Formen der Bedrücktheit (Klin. Ps.)
*Deprivation: Sozialentzug
Desensibilisierung: therapeutische Empfindlichkeitsherabsetzung

16 I. Terminologie / Glossar psychologischer Fachwörter

Desiderium: Wünschbarkeit
design: Versuchsplan (Methodik)
Desintegration: Auflösung von Zusammenhängen
desirability: Begehren, Motivation
Desmologie: Lehre von der psychischen Hemmung
Destination: Zielverfolgung
Destruktion: zerstörendes Verhalten
Deszendenz: Abstammung
Detektor: Nerveneinheit, die nur auf bestimmte Reize anspricht
Determination: Zielbestimmtheit
Deutungsunschärfe: grundsätzliche Pluralität von psychologischen Bedeutungen
Devaluation: Abwertung (Soz. Ps.)
Devianz: abweichendes Verhalten
dexterity: Geschicklichkeit beim Problemlösen
Dezibel: Lautstärkemaß
Diagnostik: Untersuchung psychischer Merkmale
Diathese: psychische Störungsbereitschaft
Dichotomie: zweiteilige Gliederung
Diffusion: Verschwommenheit; Ungegliedertheit psychischer Prozesse
Dignität: Wertigkeit einer Leistung; Ranghöhe (Soz. Ps.)
Dilatation: hinausschiebende Zielsetzung
Dipsomanie: phasenweiser Alkoholmißbrauch
discharge: s. Abfuhr
discovery-Theorie: Motivationstheorie des Entdeckenwollens
disengagement: Altersentpflichtung; sozialer Rückzug
Diskriminanzanalyse: Verfahren zur statistischen Wertgewichtung
Diskrimination: Reizunterscheidung
Dispersion: statistische Streuung (Varianz)
Disphorie: emotionale Verstimmung
displacement activity: Übersprungbewegung, Ausweichhandlung bei Übererregung
display: apparative Informationsanordnung
Dissemination: Störungsausbreitung
Dissimilation: Auseinanderentwicklung
Dissipation: Energieumwandlung, Ausstrahlung
Dissonanztheorie: Lehre von der Vermeidung widersprüchlicher Gedankengänge
Dissoziation: Zerfall von Denken und Handeln
Distanzerwartung: Ausmaß des gewünschten sozialen Abstands
Distraktor: Zwischenaufgabe; Ablenkungsfrage bei *multiple choice*
Distribution: Aufmerksamkeitsteilung
Distributionseffekt: Abhängigkeit der Aufmerksamkeit von der Reizmenge
Ditention: soziale Absonderung
Divergenz: ungebundenes Lösungsverhalten (Kogn. Ps.)
divisiv: unterteilend
dominance order: konstante Rangordnung
Dominanz: Überordnungsverhalten

Doppelblindverfahren: Versuchsanordnung ohne Zuordnungskenntnisse bei Versuchspersonen (Vpn.) und Versuchsleiter (Vl.)
Doromanie: Schenksucht
double-bind: verlangte unvereinbare Sachverhalte
drive level: Summe der individuellen Antriebsenergien
Dromophilie: kindliches Weglaufen
drop in: Laientherapie durch Betroffene
drop out: Außenseiter
DSM: amerikan. Störungsklassifikation
Duktus: Ausdrucksverlauf
Duplizität: Doppelhaltigkeit
Durabilität: Dauerhaftigkeit von Verhalten
Durcharbeitung: *working-through,* therapeutische Verarbeitung von Widerständen (Psa.)
Dyade: Zweiergruppe
Dyskalkulie: Rechenschwäche
Dyslexie: Lesestörung
Dysphorie: Verstimmung
dysplastisch: nicht typengerecht

Echappement: plötzliche Flucht (Soz. Ps.)
Effektanzmotivation: unspezifische Leistungsmotivation
Effekt-Gesetz: positive Beziehung zwischen Befriedigungen (Belohnung)
Effeminierung: Verweiblichung
efferent: vom Gehirn wegführend
Effizienz: Wirksamkeit
Ego: Repräsentanz des Ichzentrums
ego-involvement: erhöhte innere Beteiligung
Egopathie: verstärkte Selbstverurteilung
egotize: ichhafte Reaktion
egozentrisch: ichbezogen
Eidetik: übernormale Anschaulichkeit von Vorstellungen
Eidolon: Wesensabbild (z. T. auch Trugbild)
Eidotropie: Gestaltbildungstendenz
*Einstellung: Auswahl, Ausrichtung und Erwartung in bezug auf Sachverhalte
Eklektizismus: Ideenvermengung
Eknoia: sinnlose Aufgeregtheit
Ekphorie: Gedächtnisabruf
Ekstase: Entrücktheit
Elaboration: Hilfstechnik für das Erinnern
Elektrakomplex: enge Tochter-Vater-Beziehung
Elektroencephalographie (EEG): Aufzeichnung der Hirnströme
Elektroschock: elektrisch ausgelöste, künstliche Epilepsie unter Bewußtlosigkeit
Emergenz: Aufstockung zu höheren Qualitäten
*Emotion: Gefühl
Emotionalismus: Lehre der allgemeinen psychischen Grundlage durch Emotion
Empathie: sympathetische Einfühlung, therapeutische Solidarität
employee attitudes: Betriebsklima
Enantiodromie: Beeinflussungsumschlag in das Gegenteil beim Versuch suggestiver Überrumplung

I. Terminologie / Glossar psychologischer Fachwörter 17

encounter groups: Therapiegruppen zur Wahrnehmung sozialer Begegnung
endogen: auf inneren Wirkungen beruhend
endothym: gefühlshaft untergründig
Engramm: Gedächtnisspur, Nervenbahnung
Enkopresis: Einkoten
Enkulturation: Kulturanpassung
Entelechie: zielstrebige Verwirklichung
Entfremdung: *estrangement, alienation,* Störung im Ichbewußtsein
Entscheidungsbaum: astförmiges Diagramm für Entscheidungsverläufe
*Entwicklung: Altersveränderung
Enuresis: Bettnässen
envirement: Summe der Umwelteinflüsse
Epidemiologie: Lehre von der Verbreitung psychischer Störungen
Epikrise: Beurteilung des Störungsverlaufs
Epistemologie: Wissenschaftslehre
equity-Theorie: Theorie der Erwartung ausgewogener Beziehungen
erethisch: hochgradig erregt
Ergograph: Bewegungsmeßapparat
*Ergonomie: Lehre der Mensch-Maschine-Beziehung (Mensch-Maschine-System)
erogen: sexuell stimulierbar
error of bias: Voreingenommenheit bei tabuisierten Problemen
Ersatzbefriedigung: *substitution,* Befriedigung durch Notbehelfe (Psa.)
Erumpierung: Abreaktion
Es: *id,* tiefste Schicht des psychoanalytischen Persönlichkeitsmodells
Eskapismus: psychisches Fluchtverhalten
Ethologie: Verhaltensforschung
Etikettierung: Zuschreibung von psychischen Störungen
Euphorie: Vorherrschen positiver Gefühle
Evaluation: systematische Bewertung
Evidenz: unmittelbare Einsicht
Evolutionstheorie: Abstammungslehre
evoziert: bewußt herbeigeführt
excitability: Erregbarkeit
Exhaustion: Erschöpfungsnachwirkung
Exhibitionismus: Entblößungswunsch
Exhortation: ermunternde Beeinflussung
Existenzanalyse: Lebenslauftherapie
exogen: auf äußeren Wirkungen beruhend
experiencing: intensiviertes Selbsterleben
*Experiment: systematischer wissenschaftlicher Versuch
Explikation: Erklärungsbeweis
Explorationsniveau: Höhe des Erforschungsbedürfnisses
Exposition: Beschreibungsbeweis
Expression: verbal-nonverbaler Ausdruck
Extinktion: Erlöschen eines bedingten Reflexes
Extrapolation: theoretische Weiterführung einer gefundenen Wertreihe
extrapunitiv: vorwurfsvoll gegen andere
Extraversion: Außengerichtetheit
extrinsisch: äußerlich gesteuerte Motivation
Exzeß: Ausbruch; Steilheit einer statist. Kurve

face-to-face-Gruppe: Gemeinschaft mit Direktkontakt
facilitator: Therapeut als »Erleichterer«
fading: Zurücknehmen von Hilfestellung (Verhaltenstherapie)
*Faktorenanalyse: Verfahren zur Datenreduktion auf Basisvariable
Faktorenmatrix: zweidimensionale Zusammenstellung vereinigter Faktorwerte
Fakultät: fortlaufendes Produkt natürlicher Zahlen (Statistik)
Fallazien: logische Fehlschlüsse
Falsifikation: Beweis durch Unrichtigkeitsnachweis
Familientherapie: Verfahren zur Verbesserung der Familienhomöostase mit mehreren oder allen Familienmitgliedern
fatigue: Ermüdung
Fazilitation: partnerschaftliche Stimulierung
feed back: Rückkopplung
feed forward: Vorauskopplung durch Zukunftsvorstellungen (Klin. Ps.)
Fehlleistung: *parapraxis,* fehlerhaftes Aufbrechen verdrängter Regungen (Psa.)
Feldabhängigkeit: Einbeziehung bzw. Absetzung von der Umgebung
Fellatio: Mundkontakt mit den männl. Geschlechtsorganen
fertility: Ideenflüssigkeit
Fetisch: symbolisierter Gegenstand
fiducial limits: statistische Vertrauensgrenzen
Figur-Grund: funktionale Wahrnehmungsorganisation
Filialtherapie: Laienhilfe bei psychischen Störungen (Klin. Ps.)
Finalität: Endausrichtung
Fixation: punktuelle Aufmerksamkeit
Fixierung: Anknüpfung an frühe Kindheitseindrücke (Psa.)
flashlight: blitzartige Erinnerung
Flexibilität: psychische Umstellungsfähigkeit
flooding: Überflutungsverfahren zum Angstabbau (Klin. Ps.)
floor-effect: schwache Ausprägung im unteren Testbereich
fluency: kreative Ideenschnelligkeit
fluid intelligence: geistige Wandlungsfähigkeit (Ggs. *crystallized intelligence*)
Fluktuation: periodischer Aufmerksamkeitswandel
Flußdiagramm: schematische Darstellung von Programmschritten
Fokaltherapie: tiefenpsychologische Kurztherapie
Fokussierung: Heraushebung eines Brennpunktes (Klin. Ps.)
follow-up-study: Nachuntersuchung
forced-choice-item: Zwangswahl zwischen 2 oder mehreren Alternativen
*Forschungsverfahren: Gesamtheit der einsetzbaren Methoden
Fourier-Analyse: mathematische Beschreibung von Schwingungsverläufen
Fraktionierung: Bildung von Untereinheiten
frame: Lernschritt

18   I. Terminologie / Glossar psychologischer Fachwörter

frame of reference: Bezugssystem (s. d.)

Frappierung: suggestive Überraschung

Freiheitsgrade: Höchstzahl der unabhängig voneinander variablen, nichtdeterminierten Zahlenwerte (Statistik)

Freudian slip: verbaler Versprecher

Frigidität: weibliche sexuelle Unerregbarkeit

Frustration: persönliche Zurücksetzung; Verhinderung der Wunscherfüllung; Triebblockierung (Psa.)

Frustrations-Aggressions-Hypothese: Annahme einer direkten Herleitung von Aggressionen aus Frustrationen

fugue: plötzliche Flucht im Dämmerzustand

Führungsstil: Eigenart des persönlichen Leitungseinsatzes

fun morality: genußsüchtiger Augenblicksbezug

Furor: Übererregungszustand

Futurologie: Lehre der Zukunftsermittlung

F-Verteilung: Verteilung von Quotienten aus Varianzen (Statistik)

gain from illness: Krankheitsgewinn

gate-keeper: massenpsychologischer »Schleusenwärter«, der Nachrichten zur Weitergabe auswählt

*Gedächtnis: Erinnerungsformen

Gegenbesetzung: *anti-cathexis,* Rücknahme von bzw. Entgegnung auf verdrängte(n) Triebregungen (Psa.)

Gegenkonditionierung: Konditionierung mit nichtvereinbaren Reaktionen

Gegenübertragung: Entäußerungen des Therapeuten an den Klienten (Psa.)

gelernte Hilflosigkeit: passive Reaktionsmuster nach der Erfahrung von Reaktionsnutzlosigkeit

Generalisierung: Verallgemeinerung von Denkinhalten oder Reizgegebenheiten

genitale Phase: Endstufe der kindlichen Sexualentwicklung (Psa.)

Gerontologie: Alterskunde

*Gesprächspsychotherapie: humanistisches Verfahren zur Selbstaktualisierung (Klin. Ps.)

*Gestalt: Qualitätseinheit, die mehr als die Summe ihrer Einzelteile darstellt

Gestalttherapie: humanistisches Verfahren zur Bewußtseinsverstärkung

Gestik: Gebärdensprache

Gewohnheitsstärke: Intensivierung durch mehrfach vollzogene Reaktionen

goal-gradient-phenomen: Bedürfnissteigerung bei Zielannäherung

Gradient: graduelles Maß der Zu- oder Abnahme

Graph: Beziehungsabbildung

Graphologie: Handschriftendeutung

graues Wissen: nicht-verbalisiertes Wissen

gregariousness: Herdentrieb

*Grid-*Modell: Gitterabbildung von sozialen Beziehungen

group-think: Mentalverfassung einer Gruppe

Grundgesamtheit: reale Bezugsgröße von Stichproben

Gruppe: Personenzusammenschluß mit bestimmten sozialpsychologischen Merkmalen

*Gruppendynamik: Gemeinschaftswirkung durch Ränge, Rollen, Beziehungen und Regeln

Gruppentherapie: auf Gemeinschaftsrückwirkungen fußende ps. Behandlung

guidance: psychologische Führung

guilt feeling: Schuldgefühle

Guttman-scale: kumulative Skala zur Einstellungsmessung

habit: Gewohnheitsbildung im Denken und Handeln

Habitat: Lebensraum menschlicher Gemeinschaften

Habitualisierung: Gewohnheitsbildung

Habitus: Körpererscheinung

Hackordnung: *dominance order,* Rangfolge der Unterdrückung (Tierps.)

Halluzination: Sinnestäuschung

*halo-*Effekt: Urteilsüberstrahlung, i. e. S. Urteilsanpassung an die Umgebung

*Handlung: Verhaltensablauf

Haptik: Tastwahrnehmung

Hawthorne effect: Leistungssteigerung durch Gruppenbewußtsein

Hawthorne study: erste gruppendynamische Arbeitsuntersuchung

headline: Überschrift

Hemeralopie: Nachtblindheit

Heredität: Erblichkeit

Hering-Täuschung: Scheinkrümmung von Parallelen durch unterlegten Strahlenkranz

Hermaphrodit: geschlechtlicher Zwitter

Heterostereotyp: starres Bild von fremden Personen oder Gruppen

Hilarität: emot. Erregungslust

Histogramm: Säulendiagramm

Holismus: Ganzheitsbetrachtung

homing: Häuslichkeitsdrang

Hominisierung: evolutionäre Menschwerdung

Homöostase: Ausgleichsbalance, Fließgleichgewicht von Systemen

Homophilie: gleichgeschlechtliche Vorliebe

hormisch: motivdynamisch ausgerichtet, zielstrebig

Hospitalismus: Isolierungsstörung durch Anstaltsaufenthalt

*hot-seat-*Technik: suggestives Gruppenverfahren

*Humanität: Menschlichkeit

human relations: mitmenschl. Beziehungen

*Humilität: Selbstprägungsstörung

Hyperaktivität: Bewegungsunruhe

Hyperästhesie: Überempfindlichkeit

Hyperthymie: Affektsturm

*Hypnose: künstliche Bewußtseinstrübung

Hypochondrie: Krankheitseinbildung

Hypokrisis: Verstellung

I. Terminologie / Glossar psychologischer Fachwörter   19

Hypostase: Verdinglichung abstrakter Vorstellung
Hypotaxe: 2. (mittlerer) Hypnosegrad
*Hypothese: Erklärungsversuch
Hysterie: Neurosegruppe mit nicht zurückführbaren Körpersymptomen

iatrogen: durch den Therapeuten erzeugte Störung
ICD: Störungsklassifikation durch die Weltgesundheitsbehörde
Ich-Analyse: tiefenpsychologische Therapie mit Zentrierung auf die Selbsterfahrung
Ich-Stärke: psychoanalytischer Begriff für Selbstbewußtsein
idealtypisch: (konstruierten) reinen Typen entsprechend
Ideation: Vorstellungskraft
Identifikation: Übernahme von etwas in das Selbst
*Identität: Selbstfindung
Ideographie: Begriffsschrift
Ideolatrie: überhöhte Ideenverehrung
idiographisch: den Einzelfall beschreibend (Ggs. nomothetisch)
Idiolatrie: Selbstanbetung
Idiolekt: privat- oder gruppensprachlicher Dialekt
Idiosynkrasie: Überempfindlichkeit gegenüber Reizen
Idolatrie: Götzenbildung
ikonische Repräsentanz: bildhafte Vorstellung
ikonisches Gedächtnis: sensorische Ultrakurzzeitspeicherung
Image: Vorstellungsabbild
Imagination: Einbildungskraft, Phantasie
Imago: unbewußtes Urbild (Psa.)
Imbezillität: mittlere geistige Behinderung
Imitation: Nachahmung
impact: Eindrucksstärke (Werbeps.); Belastung (Arbeitsps.)
impairment: Minderung der Leistung
imperzeptibel: nicht wahrnehmbar
Impetus: Entscheidungsruck
implizit: mitgemeint, unbemerkt vorausgesetzt
Implosion: nach innen gerichteter Überdruck
Imponiergehabe: Balzverhalten (Tierps.)
Impotenz: männliche sexuelle Unerregbarkeit
Impression: emotionaler Eindruck
improvement: Besserung (Klin. Ps.)
Impuls: Anstoß
impunitiv: Vorwürfe vermeidend
Inanition: psychische Leere
incentive bonus: Leistungsbelohnung
Indikation: angezeigte Therapiemaßnahme
Indikator: differenzbestimmende Reizvariable
*Individualpsychologie: tiefenpsychologisches Therapieverfahren
Individuation: Herausdifferenzierung der Persönlichkeit

Induktion: logischer Schluß von Einzelereignissen auf Allgemeingültigkeit; psychologische Wechselwirkung von Erregungseinheiten
Induktionsstörung: Störung auf äußere Veranlassung (Klin. Ps.)
Inertia: Immunität gegen widersprechende Meinung oder Information; Meinungsträgheit
Infantilismus: Kindlichkeit
Inferenz: statistischer Rückschluß
Inferiorität: Unterlegenheit
Informationsanalyse: statistisches Verfahren zur Analyse mehrdimensionaler Kontingenztafeln
Informationstheorie: mathematische Darstellung von Wissenseinheiten
informelle Gruppe: nichtoffizielle Einheit in Arbeitsorganisationen
inhärent: zum Selbst gehörend
Inhibition: Hemmung
Initiation: Reiferituale
inkompatibel: unvereinbar
Inkorporation: körperliche Einverleibung, z. B. durch Mundkontakt
Inkubation: Wartephase im Denkablauf
Inkulturation: Eindringen in eine Kultur
innate: angeboren
Innovationswiderstand: Neuerungshemmung
Inokulation: Widerstandsstärkung gegen Einflüsse
input: Informationseingabe
inquiry: Testfrage
Insanitas: psychische Störung
insight: Selbsteinsicht (Klin. Ps.)
Inspiration: Erleuchtung
Instase: rauschhafte Verinnerlichung
Instinkt: endogener Verhaltensantrieb
Insuffizienz: Unzulänglichkeit
Integration: Vereinheitlichung
Integrität: psychische Unversehrtheit
*Intelligenz: potentielle geistige Fähigkeiten
Intelligenzfaktor: geistige Teilleistung
Intelligenzquotient: Maß für die geistige Leistungsfähigkeit
Intention: innerliche Ausrichtung
Intentionsneurose: psychische Störung durch fehlende Sinngebung
*Interaktion: wechselseitige Beeinflussung
Interaktionismus: Lehre vom situativ-persönlichen Wechselspiel
Interdependenz: wechselseitige Abhängigkeit
Interferenz: Überlagerung
Intermittenz: zeitweilige Unterbrechung
Internalisierung: Aneignung; kognitive Einverleibung
Interpersonal Process Recall: apparatives Therapieverfahren zur Selbsterkenntnis
Interpolation: Ausgleich von Zwischenwerten (Statistik)
Intervallschätzung: Genauigkeitsprüfung bei Punktschätzung (Statistik)
Intervention: eingreifendes Handeln
Interview: Einzelbefragung
Intimsphäre: abgeschirmter Privatbereich

20 I. Terminologie / Glossar psychologischer Fachwörter

intrinsisch: selbstmotivierend
Introjektion: Übernahme fremder Inhalte
intropunitiv: vorwurfsvoll gegen sich
Introspektion: Selbstbeobachtung, Innenschau
Introversion: psychische Einwärtsrichtung
Intuition: Ahnung, Eingebung
inventory: Fragebogen
Inversion: Figurumkehrung (Wahrn. Ps.)
in vivo: in der Realsituation
Inzest: geschlechtliche Nahverwandtenbeziehung
Inzidenzrate: Anzahl neu auftretender psychischer Störungen zu einem Zeitpunkt
Ipsation: Selbstbezogenheit; Selbstbefriedigung
IQ, Intelligenzquotient: Maß für intellektuelle Leistungsfähigkeit
Irradiation: Ausbreitung, Streuung
Irreversibilität: Unumkehrbarkeit
Irritation: Gereiztheit
Isomorphismus: Annahme der vollen Entsprechung physiologischer und psychologischer Prozesse
item: Einzelaufgabe (ps. Diagnostik)
Iteration: Versuchswiederholung; sprachliche Teilwiederholung

Jackson-Regel: Gedächtnisverlust entgegen der Ereignisreihenfolge
James-Langesche-Theorie: Theorie der Gefühle als Begleiterscheinungen körperlicher Vorgänge
job enlargement: Erweiterung der Arbeitsaufgaben
job enrichment: Arbeitsanreicherung durch Befugnisse
job rotation: systematischer Arbeitsplatzwechsel
job satisfaction: Befriedigung durch Berufsarbeit
joining: therapeutisches Arbeitsbündnis
Jokaste-Komplex: übertriebene Mutterliebe gegenüber dem Sohn
Juvenilismus: Entfaltung der Jugendlichkeit

Kalibrierung: Fixierung eines Standardimpulses auf einer Bezugsskala
Kanalkapazität: maximale Informationsmenge pro Sinnesgebiet
kanonische Analyse: multivariates Verfahren (Abhängigkeit zweier Gegenstandsbereiche; Statistik)
kaptativ: besitzergreifend
Karezza: unvollendeter Geschlechtsverkehr
Kasuistik: Beispielsammlung
Katamnese: Abschlußbericht (Klin. Ps.)
katathym: gefühlsbetont
katathymes Bilderleben: tiefenpsychologisches Verfahren der Traumbildimagination
Kategorie: allgemeinste Klasse
Katharsis: psychische Entlastung (»Reinigung«)

Kathexis: Energiekonzentration, »Besetzung« (Psa.)
Kausalattribution: s. Attribution
Kausalität: Ursache-Wirkungs-Beziehung
kausativ: sachlich
Kinästhetik: Eigenbewegungswahrnehmung
Kindchenschema: kindliches Reizmuster als Auslösung von Schutzgefühlen
Kinesik: Erforschung sozialer Körpersprache
Kippfigur: alternierendes Reizmuster
Klaustrophobie: Einschließungsangst
Klecksographie: Klecksdeutung (Diagn.)
Kleptomanie: Stehlsucht
Koaktion: Gemeinschaftsaktion von Menschenmassen
Koan: paradoxe Gedankenmuster (Tiefenps.)
Koartanz: Suchteinengung
Kodierung: *coding,* Ver- und Entschlüsselung von Signalen und Informationen
Koeffizient: Kennwert einer veränderlichen Größe im Verhältnis zu anderen Daten (Statistik)
*Kognition: Sammelbezeichnung für Erfahrungsverarbeitungen, Erkenntnisleistungen und Urteilsfindungen
kognitive Dissonanz: Theorie zur Ignorierung bzw. Abwehr nicht mit der eigenen Meinung übereinstimmender Information
Kohärenzfaktoren: Zusammenwirkungsmerkmale
Kohäsion: Gruppenzusammenhalt (Soz. Ps.); Zusammenhang von Reizen (Wahrn. Ps.)
Koitus: Geschlechtsverkehr
kollektives Unbewußtes: personenunabhängiges Unbewußtes (Kompl. Ps.)
Kollusion: geheimes Zusammenspiel
Koma: psychische Unansprechbarkeit in Todesnähe
Kombinatorik: Anordnungswahrscheinlichkeit von n Elementen
Komfortverhalten: Behaglichkeitsgesten, Körperpflege
Kommentkampf: spielerische Auseinandersetzung (Tierps.)
Kommunalität: gemeinsamer Faktorenanteil (Statistik)
*Kommunikation: sozialer Austausch
Kompatibilität: Austauschbarkeit, psychische Verträglichkeit
Kompensation: Ausgleich von Minderungen
Kompetenz: zuständige Befähigung
Kompetition: Wettstreit
komplementär: Ergänzung durch Gegensatz
Komplex: Einheit von Leistungen oder Störungen
*Komplexe Psychologie: tiefenpsychologische Schule (auch Analyt. Ps.)
Kompromißbildung: unbewußte Verdrängung zu einem anderen Inhalt (Psa.)
Kompulsion: Zwangshandlung (Klin. Ps.)
Konation: zielgerichtete Aktivierung
*Konditionierung: bedingt-reflektor. Lernen
Konfabulation: gestörte Erinnerung; realitätsfremde Aussage
Konfidenz: Wahrscheinlichkeitsbereich

I. Terminologie / Glossar psychologischer Fachwörter 21

Konfigurationsfrequenzanalyse: multivariates, parameterfreies Verfahren zur Aufdeckung von Typen

*Konflikt: Gegensatzaustragung

Konformität: Gleichschaltung, Angepaßtheit

Konkordanzkoeffizient: statistischer Kennwert zur Feststellung von Übereinstimmungen zwischen Rangreihen

Konsistenz: Beständigkeit; sozialer Ausgleich (Soz. Ps.); zunehmende Genauigkeit mit dem Stichprobenzuwachs (Statistik); Stärkegrade der Unbeeinflußbarkeit psychischer Störungen (Klin. Ps.)

Konstanz: gleichbleibende Wahrnehmung trotz Reizvarianz; »Erhaltung« (Kogn. Ps.)

Konstitution: psychophysische Dauerbeschaffenheit bzw. Ausstattung

Konstrukt: hypothetische Annahme bei nicht direkt beobachtbaren Prozessen

Kontext: Umgebungseinflüsse

Kontiguität: raumzeitliche Nachbarschaft

Kontingenz: Verknüpfungshäufigkeit; Wirkungsrückmeldung

Kontinierung: soziale Bindung

Kontrast: Wechselwirkung bei Wahrnehmungsobjekten

*Kontrolle: Bewältigungsverhalten

Kontrollgruppe: Versuchsgruppe ohne Testvariable (Ggs. Experimentalgruppe)

Kontrollüberzeugung: innere oder äußere Ursachenzuschreibung

Konvergenz: Objektfixierung durch Einwärtsdrehung der Augenachsen

Konversion: Verschiebung psychischer Symptome in körperliche Leiden

Konzeptualisierung: Ausstattung des Probanden mit dem »formulierten« Problem

Kopfuhr: körperliche Zeiteinstellung

Körperschema: Vorstellungsbild des eigenen Körpers

*Körpersprache: Ausdruck

Korrelation: gegenseitige statistische Abhängigkeit mehrerer Merkmale

Korrelationskoeffizient: Maßzahl zur Beschreibung von Beziehungen (Statistik)

Kortex: Hirnrinde

Kovalenzverteilung: Lastenverteilung in der Bevölkerung

Kovariable: nicht gezielt variierende Parallelgröße

Kovariantenphänomen: Raumbewegungstäuschung durch parallele Bewegungen

Kovariari: statistischer Mittelwert der Abweichungsprodukte zweiwertiger Verteilungen

Kovarianzanalyse: statistisches Verfahren zur Prüfung von Hypothesen über Mittelwerte

Kreativität: Fähigkeit zur ungewöhnlichen Problemlösung

Krisenmanagement: Sofortbehandlung bei Panikzuständen

Kryptästhesie: gelernte Wahrnehmungsverfeinerung

Kryptomnesie: verborgene Erinnerungsinhalte

*Kultur: Gesamtheit des Wertverhaltens

Kulturkanon: Kollektivverhalten nach Kulturkreisen

Kybernetik: mathematische Theorie der Systemsteuerungen

labeling approach: Störungszuschreibung durch die Gesellschaft (Klin. Ps.)

Labilität: Veränderungsanfälligkeit

laisser-faire (frz.): Ungezwungenheit

Lambitus: s. Cunnilingus

Latenz: Ruhezeit

Lateralität: Körperseitenbevorzugung

latitude of acceptance: sozialer Anerkennungsbereich

latitude of rejection: sozialer Ablehnungsbereich

lay out: Gestaltungsentwurf (Werbung)

L-Daten: persönlichkeitspsychologisch verwertbare Lebensereignisse

leading: Anleitung

Lee-Effekt: fehlerhaftes Sprechen bei apparativ verzögerter Sprachrückmeldung

Legasthenie: Lese-Rechtschreibe-Schwäche

Lehranalyse: psychoanalytisch-praktische Therapieausbildung

*Leib-Seele-Problem: Fragestellung zum körperlichen Bezug psychischer Prozesse

*Leidensverhalten: Reaktionsformen auf negative Gegebenheiten

leniency-Effekt: Urteilsmilde bei bekannten Personen

leptosom: schmalwüchsig

Lethargie: Unansprechbarkeit; Teilnahmslosigkeit

leveling-Effekt: nivellierende Wirkung

level of factuality: Tatsachenübereinstimmung

Libido: sexuelle Energie (Psa.)

life event: Lebensereignis

loading: emotionale Aufladung von Wörtern, Personen oder Gegenständen

locus of control: innere oder äußere Kontrollausrichtung bzw. Ursachenzuschreibung

Logopädie: Sprachheilkunde

Logotherapie: Sinnfindungstherapie

Lokalisation: Ortsfestlegung

Lokomotion: psychophysische Bewegung

Lokupletation: psychische Bereicherung

Löschung: Aufhebung eines bedingten Reflexes

LPC-Score: Skala der Führungsbeziehung zum ungeschätztesten Gruppenmitglied

Lückentest: diagnostisches Satzergänzungsverfahren

lunatic fringe: Fanatiker

Lysis: Persönlichkeitszerfall

Machismo: extremes Männlichkeitsstereotyp

mainstreaming: gemeindepsychologisches Verfahren der Behandlung psychisch Gestörter

maladjustment: Fehlanpassung

Mandala: symbolische Figur (Tiefenps.)

22　I. Terminologie / Glossar psychologischer Fachwörter

Manipulation: Zwangsbeeinflussung
manning: Zustand (Höhe) der Rollenbesetzung in Gruppen
marginal man: Außenseiter
Marketing: Verkaufsförderung
Masochismus: sexuelle Erregung bei Leidenserduldung
Massendynamik: massierte Bevölkerungsbewegungen
*Massentheorie: Erfahrungsregeln zum Bevölkerungsverhalten
Masturbation: geschlechtliche Selbstbefriedigung
matching-Methode: Verfahren des Ausdrucksvergleichs
*Mathematische Psychologie: abstrakt-formale Behandlung ps. Probleme
Matrix: zweidimensionale Zusammenstellung von Werten
Maturität: Reife
maverick: außerordentlicher Zahlenwert, »Ausreißer« (Statistik)
maximum-likelihood-Methode: Parameterschätzung im Maximum der beobachteten Datenmenge
meaningfulness: Bedeutungshaltigkeit
measurement: Meßverfahren
mediale Masse: getrennte Masse mit gleicher Medienrezeption (Ggs. Präsenzmasse)
Median: Halbierung einer Meßreihe
Mediator: Verbindungsglied im Denkprozeß
Meditation: hypnoide Selbstversenkung
*Medium: Kommunikationsträger
Megalomanie: Größenwahn
Melancholiker: schwermütiger Typ
memory gap: Gedächtnislücke
mental deficiency: geistige Behinderung
Mentalität: geistige Eigenart
mental set: geistige Einstellung
message: Kommunikationsbotschaft
*Meßtheorie: Theorie der Beziehung von Beobachtungen und Skalen
Metakognition: Denken über das Denken; ordnende Verarbeitung von Erkenntnissen
Metanoia: rituelle Wiedergeburt
Methode der kleinsten Quadrate: Methode der Kurvenanpassung (Statistik)
Methode der Orte: Verfahren des Gedächtnistrainings
midlife crisis: psychosoziale Störung in der Lebensmitte
mid point: Halbwertschwelle
Migration: Wanderungsbewegung zwischen Gruppen und Orten
Mikrotrauma: psychische Kleinstverletzung
Mikrovibration: unmerkliche Kleinstbewegung
Milgram study: Untersuchungen zum extremen Gehorsam
Mimikry: Tarnformen (Tierps.)
Miniatursituation: Methode der simulierten Wirklichkeit
Miosis: Pupillenverengung
mischievousness: Kindischsein, Schadenfreude

misogyn: frauenfeindlich
Mitbewegung: unmerkliche Gestik
Mittelwert: arithmetische Summe dividiert durch die Fallzahl
Mnemotechnik: systematische Gedächtnisverbesserung
Modalität: Seinsmöglichkeit
Modalwert: häufigster Wert einer Zahlenreihe
Modul: Hirnfunktionseinheit
Monotometer: Untersuchungsgerät für gleichförmige Arbeitsabläufe
moral conduct: moralische Lebensführung
Moratorium: zeitliche Aussetzung; verzögerter Berufseintritt durch verlängerte Ausbildungszeit
Morita: buddhistisch beeinflußte Therapie der Selbstaktualisierung
Moro-Reflex: kindliche Schutzanklammerung bei Erschrecken
Morphem: kleinste bedeutungsvolle Zeicheneinheit
Mosaikbewegung: unvollendete Bewegung
motal: bewegt
mothering: gesteigerte Bemutterung
*Motivation: Gesamtheit der Beweggründe
Motivautonomie: Ablösung von der ursprünglichen Veranlassung
Motivtraining: Einübung erwünschter Motive
Motoskopie: Bewegungsaufzeichnung
movement: Antrieb
multiple choice: Mehrfachantwortverfahren
Multiplikator: Inhaber von Verbreitungsmöglichkeiten (Kommunikationsps.)
Multivalenz: Mehrfachbedeutung bzw. -wertigkeit
Mustertransfer: psychophysischer Bedeutungsdurchgang der Neuronalmuster
Myokinese: Muskelbewegung

Nacheffekte: Effekte nach Reizabbruch
Naikan: buddhistisch beeinflußte Vergangenheitsmeditation
narrative method: Verfahren der thematischen Schilderung
Narzißmus: Selbstliebe
Nativismus: Lehre von der Angeborenheit psychischer Eigenschaften
necking: sexuelle Stimulierung
need: Bedürfnis
Negativtransfer: Hemmungsausbreitung
Neglektion: soziale, kulturelle Vernachlässigung
nervous tissue: figurales Nervennetzwerk
Nestwärme: positive Familien- bzw. Gemeinschaftsatmosphäre
Netzplantechnik: Projektplanung nach Arbeits- und Zeitschritten (Org. Ps.)
neural bond: Nervenketten
neuroevolutionäre Psychokybernetik: psychische Abstammungs- und Steuerungslehre auf neurophysiologischer Grundlage
Neuropsychologie: Beziehungslehre zwischen Nervenprozessen und psych. Strukturen

I. Terminologie / Glossar psychologischer Fachwörter   23

*Neurose: schwere psychische Störung

Nihilisation: Nicht-für-wahr-Nehmen, Ungeschehen-Machen (Psa.)

Nirwana-Prinzip: Spannungsvermeidung (Psa.)

Nivellierung: *leveling*, Zeichenangleichung im Gedächtnis; Angleichung an ein Massenniveau

nomothetisch: Gesetzmäßigkeiten aufstellend (Ggs. idiographisch)

noncompliance: Nichtbeteiligung, Therapieverweigerung (Klin. Ps.)

nonparametrisches Verfahren: Verfahren ohne Vorgabe der Normalverteilung

Normalverteilung: Merkmalsstreuung nach der Gaußschen Glockenkurve

Normation: Vereinheitlichung der Meinungen unter Gruppeneinfluß

Normenbildung: gruppendynamische Regelaufstellung

Nosologie: Beschreibungslehre von psychischen Störungen

Nostalgie: Vergangenheitsromantisierung

Notfallfunktion: streßbedingte Adrenalinausschüttung

Noumenon: Begriff ohne Gegenstand

Noxe: Störungsanlaß

Nullhypothese: Hypothese der Zufallsannahme

Numenon: Göttlichkeitsvorstellung

Nyktoskopie: Dunkelsehen

Nystagmus: unmerkliches Augenzittern

obedience: soziale Abhängigkeit

obliviscence: allmähl. Gedächtnisschwund

Observation: systematische Beobachtung

Obsession: Zwangsneurose

Ödipuskomplex: Libidokrise in der Elternbeziehung (Psa.)

Ogive: Summenkurve

*Ökopsychologie: Psychologie der Umweltthemen

Olfaktometer: Apparat zur Prüfung des Geruchssinns

Oligophrenie: verschiedene Formen des Schwachsinns

Oneirologie: Lehre der Traumerklärung

onset: Schwellenüberschreitung, Wirkungsbeginn

operant: Reaktionsklasse mit Verstärkerwirkung

operational: in ein Untersuchungsverfahren umsetzbar

operations research: psychologische Unternehmensforschung (Wirtschaftsps.)

Operator: Handlungseinheit (Allg. Ps.); Rechenvorschrift (Statistik)

opinion: Meinung, Einstellung

orale Phase: erste, auf den Mund bezogene Entwicklungsphase (Psa.)

Ordinalskala: einfache Rangordnung

Ordinate: lotrechte y-Achse einer Graphik

orektisch: emotional impulsiv, Begierden betreffend

Orexie: ausbaufähige Vorform des Verhaltens; Ggs. zur Kognition

*Organisation: Gemeinschaftsordnung

Orgasmus: Koitushöhepunkt

Orgontherapie: Körpertherapie zur Anregung eines angenommenen Lebensenergie-Fluidums

Orientierungsreaktion: angeborenes »Was-ist-los«-Verhalten (Lernps.)

Orthogenese: Entwicklungsordnung

Ostrazismus: Gruppenausstoß

Oestrus: gesteigerte Sexualphase

outcome: Ergebnis, Rückmeldung

outpatient: ambulanter Patient

output: Informationsabgabe

overprotection: Überbehütung

overshoot: Auslösung des elektrischen Nervenimpulses

overt behavior: erkennbares Verhalten

over-under-achievement: Abweichungen vom geforderten Leistungsniveau

Paarvergleich: Beurteilung zweier gleichzeitiger Positionen

pacing: Tempovorgabe; soziale Reaktionsangleichung

Päderastie: Knabenliebe

pairing: Paarbildung

Palimnese: Rückgewinnung eines Gedächtnisinhalts

Palliation: psychische Störungslinderung

panel: wiederholte Befragung der gleichen Stichprobe

Pantomimik: körperlicher Bewegungsausdruck

Panumsches Phänomen: Tiefenlinientäuschung

paradoxe Intention: Verschreibung des Störsyndroms (Klin. Ps.)

Paragnosie: außersinnliche Wahrnehmung

Parakusis: akustische Falschwahrnehmung

Paralmethode: Einübung unter Fortentwicklung ursprünglicher Anlagen

Parameter: statistische Standardgröße von Grundgesamtheiten

parameterfrei: nicht auf der Annahme der Normalverteilung beruhend

Paramimie: Nichtübereinstimmung von psychischer Lage und Ausdruck

Paranoia: Wahnpsychose mit verschiedener Ausprägung (z. B. Verfolgungswahn)

Parapsychologie: Lehre der übersinnl. Phänomene

Parataxie: Störung sozialer Beziehungen

Parathymie: Gefühlsunstimmigkeit

Pareidologie: Klecksbilddeutungslehre

Parekphorie: Fehlerinnerung

Paroxysmus: anfallartiges Auftreten einer Störung, bes. Sprachstörung

Partizipation: gesteigerte Gegenstands- oder Personenbeziehung

PASAR: psychologisches Stichwortverzeichnis

pathisch: gestört

24   I. Terminologie / Glossar psychologischer Fachwörter

Pathos: Gefühlsüberschwang
pattern: Muster
pavor nocturnus: Nachtangst
pecking order: Hackordnung
peer-group: führende Sozialgruppe
penalty: Straffestlegung
perceptual defence: Wahrnehmungsabwehr
*Performanz: Leistungsvollzug
Periskop: Rundblickprüfgerät
peristatisch: umweltbedingt
perital: durch Erfahrung gewonnen
Permeabilität: Gruppendurchlässigkeit
permissiv: zwanglos, duldend
Permutation: Austausch von Bedingungen; Anzahl möglicher Anordnungen von n Elementen
Perseveration: zwanghafte Dauer- bzw. Wiederholungsreaktion
Personenwahrnehmung: Theorie der Eindrücke von anderen Menschen
*Persönlichkeit: Gesamtheit individueller Eigenschaften
Persuabilität: Beeinflußbarkeit
Perturbation: Informationsstörung
Perversität: abweichendes Sexualverhalten
Perzentilwert: statistischer Meßwert mit Gruppenbezug
Perzeption: Wahrnehmung, Reizaufnahme
petting: sexueller Kontakt ohne Geschlechtsverkehr
Pfadanalyse: Korrelationsverfahren nach Kausalhypothesen
*Phänomen: Erlebensmerkmal
Phänomenologie: auf das Erleben gestützte Theorie
Phantomschmerz: Trugbeschwerden
Phi-Phänomen: Scheinbewegung
Phlegmatiker: gering regsamer Typ
Phobie: extreme Furcht
Phonem: kleinste semantische Bedeutungseinheit
Photom: Helligkeitshalluzination
phylogen: stammesgeschichtlich
Physiognomik: Deutung nach dem Gesichtsausdruck
Piktomanie: Bemalungssucht
pilot study: Eröffnungsversuch für ein neues Forschungsthema
P-Index: Schwierigkeitsmaß bei Aufgaben
Plastizität: psychische Anpassungsfähigkeit
Plazebo: Scheinpräparat
Plethysmograph: Apparat zur Volumenmessung von Körperteilen
Poiësis: Kreativität
Poisson-Verteilung: asymmetrische Zufallsverteilung
Polaritätsprofil: Verfahren zweiwertiger Beurteilungen
Polygraph: Mehrfachschreiber
pooling: Klassenbildung bei Häufigkeitsverteilungen (Statistik)
Population: Bezugsgemeinschaft (Grundgesamtheit) für Stichproben
Poriomanie: Vagabundieren
power: Vitalstärke; Testleistungshöhe

*power-Test: Test nach Leistungshöhe (*level*-Test; Ggs. *speed*-Test)
Prädiktor: Vorhersagevariable
Präferenz: Bevorzugung von Ideen, Gegenständen oder Personen
Pragmatik: semiotische Beziehung zwischen Zeichen und Zeichenbenutzer
Prägnanz: figurale Durchsetzung
Prägung: Festlegung auf Umgebungsmerkmale kurz nach der Geburt
Präsenzmasse: anwesende Masse (Ggs. mediale Masse)
Prästanz: Höchstleistung
Prävalenzrate: Anzahl aller psychischen Störungen in der Bevölkerung
Prävention: Vorbeugemaßnahmen
Präzisierung: *sharpening,* Zeichenverschärfung im Gedächtnis
Premack-Prinzip: Verstärkung durch hohe Auftretenswahrscheinlichkeit eines Ereignisses
primacy-recency-Effekt: Anfangs- oder Endbevorzugung einer Darbietungsreihe
primal: ein Ersterlebnis betreffend
Primärgruppe: Kleingruppe mit Direktkontakt
Primärtherapie: Heilverfahren mit expressivem »Urschrei«
priming: Reproduktionsverbesserung für gekoppelte Nennungen
Primordium: Anfangszustand beim Erwachen
Privation: Milieueinfluß; förderliche soziale Kontakte (Ggs. Deprivation)
Probabilismus: Wahrscheinlichkeitslehre
Proband: Versuchsperson
Prodrom: Frühsymptom
Produkt-Moment-Korrelation: parameterfreie Maßkorrelation zwischen zwei quantitativen Variablen
Projektion: psychische Außenwendung von Teilen der Innenwelt
Prolepsie: Vorausentwicklung
Promiskuität: häufig wechselnder Geschlechtsverkehr
prompting: Abruf von gelernten Abläufen
propensity: zielgerichtetes Antriebsgeschehen
propiety: Anpassung an soziale Normen
Propriozeptoren: Sinnesorgane zur Lage- und Bewegungswahrnehmung
Proprium: Repräsentanz des Selbst
Propterzeptor: Nahsinnesorgan
propulsiv: vorauseilend
Prosopagnosie: Nichtwiedererkennen von Personen (Klin. Ps.)
Protagonist: Hauptdarsteller im Psychodrama
protensity: Zeitbedarf psychischer Eigenschaften
Protreptik: Überrumpelungsverfahren
Proxemik: soziale Raumausnutzung
Pseudophon: Apparat zur Hörrichtungsumkehrung
Pseudorechtshänder: auf rechts gezwungener Linkshänder
Psychagogik: psychologische Stützung
psychedelisch: halluzinatorischer Zustand

I. Terminologie / Glossar psychologischer Fachwörter 25

*Psychische Störung: abnormales Verhalten
*Psychoanalyse (Psa.): erste tiefenpsychologische Psychotherapie zur Behebung unbewußter Verdrängungen
*Psychodiagnostik: Lehre der Persönlichkeitserfassung
Psychodrama: szenische Gruppentherapie
Psychohygiene: psychische Vorsorgebehandlung
*Psychokybernetik: psychische Abstammungs- und Steuerungslehre
Psycholepsie: ps. Ausdünnung
Psychopathie: psychische Erkrankung jeglicher Art
Psychophysik: Lehre der Reiz-Perzeptions-Reaktions-Beziehung
Psychosomatik: Lehre von der Wechselbeziehung zwischen psychischen Leiden und körperlichen Störungen
*Psychotherapie: psychologische Behandlung
public opinion: öffentliche Meinung
Puerilismus: knabenhaftes Verhalten
punishment: Bestrafung
Purkinje-Phänomen: Farbwandel bei Helligkeitswechsel
Purposivismus: Zieltheorie des Handelns
Pykniker: körperlich untersetzter Typ

Q-Technik: Faktorenanalyse für Personenfaktoren
quantifizieren: in meßbaren Größen darstellen
Quartil: Viertelung von statistischen Meßreihen
Quasibedürfnis: durch äußere Umstände bedingtes Bedürfnis
Querdisparation: Innenverstellung der Augenachsen
Querschnittuntersuchung: Personengruppenuntersuchung
questionnaire: Fragebogenverfahren
Quotenauswahl: bevölkerungsstatistische Auswahl

race: Rasse
random: Zufallsauslese bei Stichproben (Statistik)
range: Variationsspanne, Streuung (Statistik)
Rangkorrelation: auf Rangdaten aufbauende Korrelationen
Ranschburg-Phänomen: Vergessen bei Reizähnlichkeit
rapid eye movement: s. REM
Rapport: Abhängigkeit im Hypnosezustand
Raptus: Wutanfall (Klin. Ps.)
rating: Einschätzungsverfahren
Rational-emotive Therapie: Verfahren zur kognitiven Verhaltenstherapie
Rationalisierung: nachträgliche gedankliche Abwandlung (Tiefenps.)
*Reaktanz: Reaktion auf Beengung der Handlungsfreiheit
*Reaktion: Verhalten

Reaktionsbildung: Aufhebungsversuch durch eine entgegengesetzte Reaktion (z. B. Scham kontra Exhibitionismus)
Reaktionsschwelle: aus Erwartungen rückwirkende Wahrnehmungsschwelle
reasoning: schlußfolgerndes Denken
rebirthing: eklektisches Verfahren der »Selbstverbesserung«
recall: Erinnerungsrückruf
Recherche: Bevölkerungsbefragung
recognition: Ordnung für Erinnerungsmerkmale
recreation: Freizeitförderung
red out: kurzfristige Merkstörung durch Reizüberflutung
Reduktion: Rückführung
Redundanz: Informationsüberschuß
REFA-Studien: Arbeitsplanung durch Zeitstudien
Reflexionskrampf: grüblerisches Sinnlosigkeitsgefühl
Refraktion: kurze Nichtreizbarkeit
Regelsuche: Auffinden grundsätzlicher Abläufe
Regression: Rückfall in kindliche Lebensformen (Psa.)
Regressionsanalyse: statistisches Verfahren zur Ermittlung des Einflusses von unabhängigen auf abhängige Variable
Rehabilitation: Wiedereingliederung
Rëifikation: Konkretheitsannahme abstrakter Begriffe
reinforcement: Verstärkung
Relaxation: Entspannung
Relevanz: angemessene Bedeutsamkeit
Reliabilität: Meßgenauigkeit von Diagnose-Instrumenten
REM (rapid eye movement): schnelle Augenbewegung im Schlaf
Reminiszenz: Wiedererkennen
Remission: unbeeinflußtes Abflauen von psychischen Störungen
repräsentativ: für die Gesamtheit gültig
Repudiation: suggestiver Kontrasteinfluß
reservatio mentalis: geheimer Vorbehalt
Residuen: Rückstände
Respondanz: Normeneinhaltung
response: Reaktion
Ressentiment: Abneigung
restraining: Hemmungswirkung
Retardierung: Entwicklungsverzögerung
Retention: Behalten, Zurückhalten von Erinnerungen; gelernte Nacheffekte
retrieval: Abruf von Gedächtnisinhalten
retrograd: rückwirkend
reward expectancy: Belohnungserwartung
Rezeptivität: Reizaufnahme
Rezidität: starre Unbeweglichkeit
Rezidivist: Rückfalltäter
Rigidität: Starrheit
risky shift: Risikobereitschaft (Risikoschub)
Ritual: Verhaltensstereotyp
Ritus: Brauch
Rolfing: Verfahren der Körpertherapie (Klin. Ps.)

26   I. Terminologie / Glossar psychologischer Fachwörter

Rolle: Verhaltensform je nach Gruppenfunktion

Rollenspiel: Therapie mit spielerischer Rollenübernahme

Rosenthal-Effekt: Verwirklichung gemäß der Erwartung anderer

Rotation: analytische oder graphische Umsetzung einer Faktorenmatrix; Rollenwechsel

Rückkopplung: Wiederaufnahme eines Ausgangssignals

Rückwärtsplanung: Aufbau vom Zielzustand her

rule: Regel, Steuerungsprinzip (Kognition)

Rumination: lustbetontes Wiederkäuen bei Säuglingen

rumor: Gerücht

Sakkade: ruckhafte Bewegungsfolge

Salienz: leichte Erkennbarkeit, Eindeutigkeit psychischer Zustände, Wichtigkeit

saltatorisch: stoßartig

sample: demoskopische Stichprobe

sampling distribution: Streuungsverteilung

Sanguiniker: lebhafter, heiterer Typ

Sapphismus: weibliche Homosexualität

Sartori (zen-buddh.): Erleuchtungserlebnis

Sättigung: psychisches Überdrußerlebnis

Satyriasis: gesteigertes männliches Sexualverhalten

scanning: methodisches Zerlegen; rasch wechselnde Aufmerksamkeit

scapegoat: Sündenbock

scatter: Streuung (Statistik)

Sceno-Test: projektives Verfahren zur Kinderdiagnostik

Schatten: verdrängte Persönlichkeitsmerkmale (Kompl. Ps.)

Schätzskala: psychometrische Maßabfolge

Scheinbewegung: Bewegungstäuschung ruhender Objekte

Schemabildung: vorgestellte Struktur

Schicksalstheorie: Lebenslaufbestimmungen

Schismogenese: wechselwirkendes Verhalten

schizoid: zur Schizophrenie tendierend

schizothymer Typus: nach innen gekehrter (Körperbau-)Personentyp

Schlüsselreiz: angeborener Reaktionsauslöser

scope: Bereichsbestimmung

score: Schätz- oder Meßwert

screening: methodische Auslese

screen memory: positiv überdeckende Erinnerung von mißlichen Erlebnissen

segregation: Abhebung (Wahrn. Ps.); Absonderung (Soz. Ps.)

Sejunktion: wahnhafte Wahrnehmungsdestruktion

Sekte: ideologisierte Personengruppe

*Selbst: objektiviertes Ich

Selbstbild: Summe der Selbstannahmen

Selbstkonzept: allg. Selbsteinschätzung

selbstreferentiell: im Selbstbezug

self demand: Eigenanspruch, Selbstbestimmung

self disclosure: Selbstoffenbarung

self efficacy: Wirksamkeit von Selbstbestätigung

self-esteem: Selbstachtung

self-fulfilling-prophecy: Nachvollzug einer Prophezeiung; Vorhersagerückwirkung

self-maximation: höchste Selbststeigerung

Semantik: zeichentheoretische Beziehung zwischen Zeichen und Bedeutung

semantisches Differential: qualitatives Skalierungsverfahren (psych. Diagnostik)

Semiotik: allgemeine Lehre von den Zeichen, Zeichenreihen und ihrer Bedeutung

Seneszenz: Altersabbau

Sensibilisierung: Steigerung der Aufnahmefähigkeit

sensitiv: sich verfolgt fühlend

sensitivity training: gruppendynamisches Verfahren zur Persönlichkeitsentwicklung

sensorisch: sinnesbezogen

sensory buffer: sensor. Speicher

sensus numinis: Wundergläubigkeit

Sentimentalität: emotionale Empfindsamkeit

sequela: Nachwirkung psychischer Störungen

sequentiell: schrittweise

serendipity: Nebenerfolg

set: Einstellungsmenge

set point: Ebene des Grundgleichgewichts

setting: Umgebungsbedingung; Bildung leistungshomogener Gruppen

severity-Effekt: Urteilsfehler durch zu niedrige Einstufung

*Sexualität: Geschlechtsverhalten

shadowing: Imitationsverfahren

shaping: schrittweise Verhaltensverstärkung (Verhaltenstherapie)

sharing: Wirkungsaufteilung

shinkeishitsu (jap.): Bezeichnung für extreme Schüchternheit

shrinkage: Datenreduktion (Statistik)

Sigmatik: zeichentheoretische Beziehung zwischen Zeichen und ihren Gegenständen bzw. Zeichenträgern

Sigmatismus: Sprachstörung für den S-Laut

sign: Zeichen, Symbol

Signaldetektion: Erkennung von Informationssignalen

Signifikanz: statistische Sicherheit

Signifikanzniveau: prozentuales Verhältnis zur Irrtumswahrscheinlichkeit (95% zu 5% oder 99% zu 1%)

Similanz: Ähnlichkeit von Reizen

Simulation: Realnachbildung zu Versuchszwecken (Meth.); Vorschub uneigentlicher Merkmale (Klin. Ps.)

*Sinnappetenz: Erwartung für existentielle Begründungen

Skalarprodukt: Multiplikationsergebnis von Faktoren im n-dimensionalen Vektorraum

Skalierung: Herstellung einer Stufenbildung

skill: Geschicklichkeitshöhe

Skinner-Box: Versuchskäfig zur Konditionierung

Skotomisierung: Realitätsausblendung

Skript: Verhaltensanleitung (Klin. Ps.)

Skrupel: innerer Konflikt

I. Terminologie / Glossar psychologischer Fachwörter 27

sleeper-Effekt: verspätetes Eintreten von Wirkungen

social desirability: Verhalten nach sozialer Erwünschtheit

social engineering: Humanisierung des Arbeitsprozesses

social facilitation: Leistungsförderung durch Anwesenheit von Zuschauern

social perception: Personenwahrnehmung

Sollwert: Zielgröße

somatisch: körperlich bedingt

Somnambulismus: Nachtwandeln; 3. Stufe der Hypnose

Somnolenz: Bewußtseinstrübung; 1. Stufe der Hypnose (vgl. Hypotaxe)

Sophrosyne: Besonnenheit

Sozialaggregat: Zufallsgruppenbildung

Sozialdilemma: Beziehung zu gegenseitig Verfeindeten

soziale Wahrnehmung: Erfassen von Gruppenprozessen

Sozialindikatoren: Gruppenmerkmale

*Sozialisation: Hineinwachsen in die Gemeinschaft

Sozialklima: Gruppenstimmung

Soziobiologie: Verhaltenstheorie auf genetischer Basis

Soziogramm: graphische Darstellung der Gruppenmerkmale

Soziolekt: abweichende Gruppensprache

Soziometrie: quantitative Gruppenbeschreibung

spacing: abstandförderndes Verhalten

speed-Test: Test nach Mengenleistung (Ggs. *power*-Test)

Speicherkapazität: Umfang der Erinnerungsfähigkeit

Spezimen: Situationsmerkmal

*Spiel: freies Verhalten

Spontaneität: Unmittelbarkeit

Spontanremission: unbeeinflußte Störungsbeseitigung

*Sprache: verbaler Ausdruck

Sprechanalyse: methodische Rückschlüsse aus der Sprechweise

stage: Entwicklungsphase

Standardabweichung: statistische Streuung vom Mittelwert

Standardisierung: Herstellung von Vergleichsmaßstäben durch repräsentative Stichproben

Standardwert: Bezugswert zur Population

stanine: neunwertige Normierungsskala

state: psychischer Zustand

*Statistik: Lehre von der Quantifizierung

Statussymbol: Kennzeichnungsmerkmal der Schicht

stenisch: schmalwüchsig

Stereotyp: festgefahrene Abläufe

sthenisch: tatkräftig

Stichprobe: *sample,* Teilerhebung aus einer Grundgesamtheit

Stigmatisierung: Störungszuschreibung

Stimulierung: Anregung

Stimulus: Auslösereiz

stochastisch: zufallsbezogen

stooge: Scheinversuchsperson

storage: Speicherung von Gedächtnisinhalten

strain: stressorische Belastung

Stratifikation: Schichtenbildung

streaming: Bildung von homogenen Niveauklassen

*Streß: Zwangsbelastung

Streßmanagement: eklektisches Verfahren gegen Streßanfälligkeit

Stroboskopie: apparatives Bewegungssehen

Struktur: innere Gliederung

Strukturalismus: Theorie der Koppelung psychischer Elemente

Stupor: akute psychomotorische Hemmung

subception: unterschwellige Wahrnehmung

Subjunktion: Wenn-dann-Verknüpfung

Sublimierung: Umwandlung sexueller Energie in kulturelle Leistung (Psa.)

subliminal: unterschwellig

Submission: freiwillige Unterordnung

Substitution: Ersatzhandlung (Psa.)

Succubus: Annahme eines weiblichen Schlafdämons

*Sucht: Abhängigkeit

Sufflamierung: Angstabwehr durch Handlungsunterlassung

*Suggestion: zwingende, unreflexive Beeinflussung

Suicid: Selbstmord

Summation: Kombination unterschwelliger Reize zum Auslösepotential

Superierung: Komplexbildung kognitiver Elemente

superstition: Aberglaube

supplication: dringliches Anliegen

Suppression: Selbst- oder Fremdunterdrückung

surfeit: Übersättigung

surgency: grundlegender Persönlichkeitszug

surplus: Kraftüberschuß

Suszeptibilität: leichte Beeinflußbarkeit

Syllogismus: logische Schlußform

Symbiose: wechselseitige Abhängigkeit

Symbolisation: gegenständliche Bildübertragung abstrakter Phänomene; Angstabwehrmechanismus (Psa.)

symbolischer Interaktionismus: Lehre der sinnbildhaften Beziehung durch Gesten, Zeichen und ihre Interpretation

Symptomatologie: Lehre von den Störungsanzeichen

Synanon: Selbsthilfegruppe

Synästhesie: Mitempfindung auf einem anderen Sinnesgebiet

Synchronizität: Gleichzeitigkeit

Syndrom: Zusammenhang von Symptomen

Synektik: Kreativitätsmethode

Synergie: Zusammenwirkung zur Gesamtleistung

Synkope: kurzfristiger Bewußtseinsverlust

Syntaktik: zeichentheoretische Beziehung der Zeichen zueinander

Syntonie: ausgeglichene Gestimmtheit (Ggs. Zyklothymie)

28   I. Terminologie / Glossar psychologischer Fachwörter

systematische Desensibilisierung: stufenförmige Verhaltenstherapie zum Angstabbau
*Systemtheorie: Lehre von der Vernetzungswirkung

Tachistoskop: Ultrakurzbildprojektor
tacit: lautloses Sprechen
Tagesreste: *day's residues,* Trauminhalte aus dem Vortag
T'ai Chi Chuan: chinesisches Schattenboxen (Klin. Ps.)
Talion: Vergeltung
Tandemplan: Verstärkung erst nach der 2. positiven Konditionierung
tapping: Klopftest; Knox Cube Test
task leader: aufgabenbezogener Führer
Tatonnement: tastende Voreindrücke vor Reproduktionen (Gedächtnisps.)
Taxis: Ortsänderungsbewegung
Taxometrie: numerische Klassenbildung
Teleoklinismus: süchtiges Zielverlangen
Teleozeptor: Fernsinnesorgan
teli: kleinste soziometrische Bezugseinheit
Tenazität: langanhaltende Konzentration
tenet: Grundprinzip einer Schulrichtung
tension: Anspannung
Territorialität: Bildung eines Persönlichkeitsraumes
Testbatterie: Zusammenstellung mehrerer Tests für bestimmte Zwecke
Testeichung: Entwicklung allgemeingültiger Werte für einen Test
Testkriterien: Testobjektivität, Meßzuverlässigkeit und inhaltliche Gültigkeit
T-Gruppe (Trainings-Gruppe): Selbsterfahrungsgruppe
Thanatologie: psychologische Sterbelehre
Themenzentrierte Interaktion: tiefenpsychologisches Gruppenverfahren mit Themendiskussion
threshold: Wahrnehmungsschwelle
thrill: Massenerregung
throughput: zentrale Informationsverarbeitung
Thymose: Überempfindlichkeit (Klin. Ps.)
tie: Verbundrang, mehrfach besetzter Rangplatz (Statistik)
*Tiefenpsychologie: Lehre von den unbewußten Wirkungen
*Tierverhalten: Reaktionen bei Tieren (Beschreibung und Artvergleiche; Tierps.)
time binding: Zeitbezug auf Vergangenheit, Gegenwart oder Zukunft
time out: Verstärkerentzug
timidity: Ängstlichkeit, Schreckhaftigkeit
timing: erwartete Rechtzeitigkeit
token-economy: Verstärkung durch Belohnungsgegenstände
Tonus: somatischer und psychischer Gesamtspannungszustand
Topologie: Raumtheorie des Psychischen
Torpidanz: Erfahrungsstarrheit
TOTE-Einheit: kybernetisches Aktivationsmodell

tough-tender minded: typologischer Unterschied zwischen harten und weichen Einstellungen
tracing: Feinmotoriktest
tracking: Spurverfolgung bei Handlungsabläufen
traction-Effekt: Scheinschleppbewegung
Träger-Muster-Bedeutung-Prinzip: Grundprinzip der teilfreien somatischen Abhängigkeit des Psychischen
training within industry: Führungsschulung
trait: gleichbleibender Persönlichkeitszug
Traktrix: Schleppkurve
Transaktionsanalyse: kommunikationstherapeutisches Verfahren zur Änderung des Entscheidungshandelns
Transduktion: Mustererkennung
Transfer: Lernen mit Erfolg auf nichtgelerntem Gebiet; Prinzip der psychophysischen Musterdurchgängigkeit
Transformation: Umformung von Werten nach einer Vorschrift
transitiv: zielstrebig
Transitivität: fortlaufende Gültigkeit mehrstelliger Relationen (Statistik)
Transversifikation: Seitwärtsausprägung (Psychophys.)
*Traum: Schlaferleben
Trauma: psychische Störungsursache
treatment: Versuchs- oder Behandlungskonzept
Tremor: Ruhezittern
trial: methodischer Schritt
trial and error: s. Versuch und Irrtum
Triangulation: Personendreieck
Tribadie: weibliche Homosexualität
trigger: Auslösereiz bei angeborenem oder geprägtem Verhalten
t-Test: Vergleich von Stichprobenmittelwerten
Turbation: Beunruhigung
turmazentrisch: gruppenbezogen
t-Verteilung: flachkurvige Normalverteilung
*Typologie: Gruppenzuordnung

Über-Hemmung: Handlungsverhinderung als Angstabwehr
Über-Ich: *super ego,* höchste Persönlichkeitsinstanz mit Zensorfunktion (Psa.)
Überkompensation: verfestigte Ersatzreaktion bei Minderwertigkeitsgefühlen (Individualps.)
Übersprung: Ausweichhandlung in Konfliktsituationen
übersummativ: gestaltbildend
Übertragung: *transference,* Konfliktverlagerung auf die Therapeutenbeziehung (Psa.)
Überwertigkeit: irrational dominierende Ideen
Ultrakurzzeitgedächtnis: echoartiger Kurzzeitspeicher
ultrastabiles System: System mit rückgekoppelter Veränderung nach der Eingangsgröße

I. Terminologie/Glossar psychologischer Fachwörter   29

Umstrukturierung: Neufassung im Denkablauf; kognitive Umwandlung

Umweghandlung: Handlung ohne gerade Zielerreichung

Umweltqualität: dauerhaftes Umgebungsmerkmal

*Umwelttheorie: Lehre von der Umweltwirkung

*Unbewußtes: Gesamtheit des Nichtvergegenwärtigten

unconscious: unbewußt

underdog-Effekt: Freude über den Sieg des Unterlegenen

unfolding: Entfaltung

uniqueness: spezifischer Faktorenanteil (Statistik)

Untergrundverstimmung: latente Depressionsneigung

Unterschiedsschwelle: eben merklicher Reizauf- oder -abbau

Urbanisierung: Verstädterung

urge: Antriebseinheit

Urvertrauen: frühkindliche Sicherheitserfahrung

usage: übliches Verhalten; Verhaltensbrauchtum

Vagation: umherschweifende Aufmerksamkeit

Valenz: Wertigkeit

Validität: inhaltliche Aussagefähigkeit von Diagnoseinstrumenten

Variable: veränderliche Meßgröße (Statistik)

Varianz: Streuungsmaß (Statistik)

Varianzanalyse: statistisches Verfahren zur Prüfung von Hypothesen über Mittelwerte bzw. Varianzkomponenten

Vektor: gerichtete Größe

velleity: psychische Energielosigkeit

Verbigeration: Sprachstörung mit Wortwiederholungen

*Verdrängung: repression, fundamentalster Abwehrmechanismus (Psa.)

*Verhaltenstherapie: Psychotherapie, die aus den Konditionierungstheorien entwickelt wurde

Verifikation: Bestätigung durch Versuchsergebnisse (Statistik)

Versagung: Triebunterbindung (Psa.)

Versalmethode: Verfahren entgegen den ursprünglichen Anlagen (Ggs. Paralmethode)

Verschiebung: Verlagerung der Libidoenergie (Psa.)

Verstärkung: systematisch unterstützendes Lernprinzip

Versuch und Irrtum: Probierlernen, Zufallslernprinzip (trial and error)

Verteilung: Art des Häufigkeitszustands (Statistik)

Vertigo: Schwindelgefühl

Vexierbild: Suchbild für versteckte Figuren

viability: biologische Lebensfähigkeit

Vigilanz: Dauerbeobachtungsfähigkeit

Viktimologie: Lehre von den Verbrechensopfern

Viraginität: männliche Eigenschaften bei Frauen

vision line: Wahrnehmungsrichtung

vocational aptitude: Berufseignung

Voluntarismus: theoretische Betonung des Willens

Vorurteil: stereotypes Urteil ohne Realitätsüberprüfung

Voyeurismus: sexuelle Schaulust

vulnerability: Empfänglichkeit für Lernprozesse; Verletzlichkeit

*Wahrnehmung: Aufnahme von Sinnesreizen

*Wahrscheinlichkeit: subj. Erwartungsniveau, obj. Eintretenshäufigkeit von Ereignissen

warming-up: Einübungstraining vor Tätigkeitsbeginn

wayward: eigenwillig; unbeeinflußbar

well-being: Wohlergehen

*Weltanschauung: Gesamtheit der Überzeugungen

Wertanalyse: value analysis, demoskopische Einstellungsmessung

Widerstand: resistence, Sperrung des Zugangs zum Unbewußten (Psa.)

Wiederholungszwang: neurotisches Aufsuchen unangenehmer Situationen (Psa.)

withdrawal behavior: unterbrochene Handlung; Konfliktflucht (Klin. Ps.)

working through: Durcharbeitung (Psa.)

worry-inventory: Belastungsfragebogen

*Zeichentheorie: Lehre von der Überbrückung zwischen Gegenstand und Bedeutung

Zeigarnik-Effekt: bessere Erinnerung von unterbrochenen Handlungen

Zeitreihenanalyse: statistisches Verfahren zur Analyse von Entwicklungen

Zensur: censorship, psychische Selbst- oder Fremdkontrolle

Zentralwert: statistischer Durchschnitt

Zentrierung: psychische Mittelpunkttendenz

Zentroversion: Bewußtwerdung

zest: Lustgewinn

Zieldiskrepanz: Unterschied zwischen erstrebtem und erreichtem Ziel

zirkadiemisch: ca. 24-Stunden-Rhythmus

Zönose: Leichtgläubigkeit bei Zielübereinstimmung

z-Transformation: Umrechnung von Variablen auf gleiche Maßstäbe

Zufallsstichprobe: random, regelfrei zugeordnete Probandenauswahl

Zwangsneurose (Anankasmus): compulsion, psychische Störung durch Denk- bzw. Verhaltensblockade

zweites Signalsystem: lerntheoretische Auffassung der Sprachentwicklung

Zygote: befruchtete Eizelle

zyklothymer Typus: nach außen gerichteter (Körperbau-)Personentyp

30 II. Theoriegeschichte / 1. Theoriebildung

A Gegenstand und Begriff

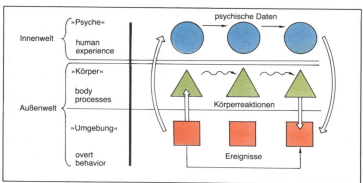

B Theorie in der Psychologie

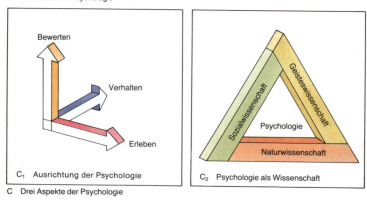

C₁ Ausrichtung der Psychologie

C₂ Psychologie als Wissenschaft

C Drei Aspekte der Psychologie

II. Theoriegeschichte / 1. Theoriebildung

A Gegenstand und Begriff

›Der Denker‹ (1880) von AUGUSTE RODIN und ›Der Schrei‹ (1893) von EDVARD MUNCH sind zwei herausragende Symbole für das Erleben und Verhalten. Jedermann kennt das Psychische von sich selbst, aber gerade deshalb ist diese unbegrenzte Fülle schwer definierbar. ARISTOTELES, der Verfasser der ersten Ps., definierte die Seele vor rd. 2350 Jahren als »erste Entelechie eines von der Natur gebildeten, mit Organen ausgestatteten Körpers«, wobei Entelechie als zielstrebige Verwirklichung bestimmt wird. Im Laufe der Ps.-Geschichte wurde der Gegenstand der Ps. unterschiedlich definiert. Begriffe wie »Seele« und »Geist« empfindet man oft als zu stark metaphysisch belastet und meidet sie. Statt dessen spricht man neutraler von dem »Psychischen«. Im antiken Griechenland bedeutete dieser Begriff »Hauch« oder »Atem«; im Mythos wurde die Psyche personifiziert als die zarte Geliebte des Eros.

Die Definitionen zum Begriff Ps. sind abhängig von der jeweiligen Auffassung vom Psychischen. Engt man es nicht von vornherein ein, so ist heute **Psychologie** die Wissenschaft vom Verhalten, dem Erleben und der (rückbezüglichen) Erfahrung aus beiden.

B Theorie in der Psychologie

Die Bilder vom Denkenden oder Schreienden offenbaren in künstler. Überhöhung bestimmte psych. Zustände, die jeder leicht wiedererkennt. Dagegen ist im Alltag schwer zu erraten, was hinter der Stirn des anderen vor sich geht. Niemand besitzt das Erleben eines anderen Menschen, immer nur sein eigenes. Um den anderen zu verstehen, benötigt man Annahmen oder Deutungen. Jeder Mensch hat solche Alltagstheorien vom anderen. Der Wissenschaftler empfindet viele von ihnen als wilde Spekulationen. Er möchte gesicherte Erkenntnisse.

In der empir. Wissenschaft, zu der die Ps. gehört, stützt man sich auf Beobachtungen (im weitesten Sinn, also auch auf Experimente): unterschieden nach vorhergehenden Einflüssen (unabhängigen Variablen) und nachfolgenden Ergebnissen (abhängigen Variablen). Die Frage ist, ob die letzteren wirklich »kausal« an den Einflüssen hängen. Der Zusammenhang ist nur in der Minderzahl direkt greifbar; zumeist liegt er im Dunkeln (verbildlicht durch das »Black-box-Modell«).

In diesem Stadium ist die Theorie kaum mehr als eine Behauptung. Erst wenn sie zweifelsfrei bewiesen wurde, wird sie zur gesicherten Erkenntnis. Allerdings stehen Theorien nie isoliert für sich. Sie fußen auf anderen Theorien und ergeben so ein Theoriengeflecht. Spricht man von der **psychologischen Wissenschaft**, ist beides gemeint:

   das gesicherte Wissen und die Gesamtheit der mehr oder weniger gesicherten Theorien.

Für die Ps. deckt sich die »black-box« weitgehend mit dem inneren Psychischen. Ihre Beweislage ist damit schwieriger als die anderer Wissenschaften, die mehr greifbare Dinge oder Ereignisse erfassen. LAUCKEN und SCHICK ([5]1985) stellen auf den Unterscheidungen von BARTLEY (1974) ein grundlegendes Modell der Arbeitssituation des Psychologen dar:

   human experience (menschl. Erfahrung),
   body process (Körperprozeß) und
   overt behavior (erkennbares Verhalten)

einschließlich anderer Umgebungsvariablen.

C Drei Aspekte der Psychologie

KARL BÜHLER umreißt in ›Die Krise in der Psychologie‹ (1927) den Umfang des Psychischen unter 3 Aspekten:

   »Erlebnis, Benehmen und jenes noch ungetaufte Dritte, für das wir vorläufig den Buchstaben G gesetzt haben.«

Die Namen dafür haben oft gewechselt, kaum die Inhalte. MAX DESSOIR verfolgt in seiner Ps.-Geschichte (1911) diese 3 Aspekte bis in die Antike:

   »So sind unter dem Einfluß der religiösen Vorstellungen, der Naturanschauung und der in der Kunst gesammelten Lebenserfahrung drei Gegenstände und Betrachtungsweisen ausgebildet worden, die noch jetzt in unserer anscheinend einheitlichen Ps. erkennbar bleiben.«

und bemerkt weiter:

   »... die wirkliche Lage der Dinge ist fast stets die eines Kampfes der drei Richtungen gewesen.«

Die drei Ausrichtungen wurden bis zur Gegenwart genauer herausgearbeitet (C_1):

   das **Erleben** durch die phänomenolog. und die Klin. Ps.;

   das **Verhalten** (bei BÜHLER das »Benehmen«) durch den Behaviorismus;

   das rückbezügl. **Bewerten** (bei BÜHLER mit dem Buchstaben G für die »Gebilde des objektiven Geistes« und in der Antike als »geistige Seele« bezeichnet) durch die Kognitionsps.

Die unvoreingenommene Beachtung des Psychischen unter allen 3 Aspekten fällt vielen Psychologen schwer. Man glaubt sich für *einen* Aspekt statt für alle entscheiden zu müssen, so wie das Fach »Psychologie« an den Universitäten entweder zu den Geisteswissenschaften, Naturwissenschaften oder Sozialwissenschaften (bzw. zu einem eigenen Bereich) gehört (C_2).

Tatsächlich umfängt das Psychische den riesigen Seinsbereich vom elektrochem. Materiellen bis zu den »nicht-materiellen« semant. Mustern unserer geistigen Welt. In diesem Buch soll versucht werden, allen 3 Aspekten der Ps. in angemessener Weise gerecht zu werden.

32 II. Theoriegeschichte / 2. Psychologiegeschichte

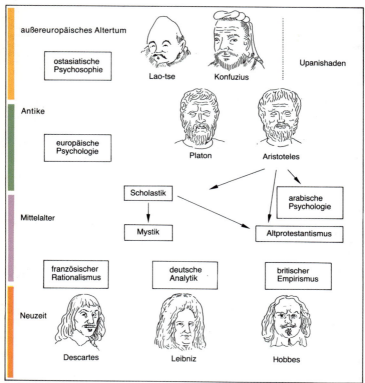

A Die alte Psychologie

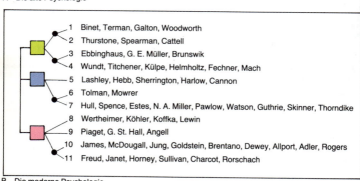

B Die moderne Psychologie

Die Ps. ist keine geschichtsbewußte Wiss. Das liegt nicht nur an der »Jugend« der modernen Ps., deren Tradition im 19. Jh. abgerissen ist. Gründe dafür sind auch der techn. Fortschritt der experimentellen Praxis, die naturwiss. Herkunft der Psychologen (z. B. FECHNER, WUNDT), die Aufsplitterung in sehr viele Einzeldisziplinen ohne ausreichende Integration des Faches und ein verbreitetes Interesse an der jeweils »neuesten« Forschung unter Vernachlässigung älterer Erkenntnisse.

A   Die alte Psychologie
Die großen Themen der Ps., z. B. die Frage nach der »Natur« des Psychischen, die Hilfe bei psych. Störungen, die Entstehung der Wahrnehmung, das Zusammenleben mit dem Mitmenschen und der Umwelt, sind bereits in der Antike behandelt worden. Die damals gegebenen Antworten sind nach ihrer geistigen Substanz gewiß nicht mangelhafter als die heutigen. Es fehlen aber die techn. und naturwiss. Grundlagen.
Die älteste asiat. Ps. ist noch ebenso wie die älteste europäische ungetrennt von Philosophie, Medizin und Pädagogik. Die chin. »Psychosophie« des LAO-TSE stützt sich auf die dialekt. Verflochtenheit des Menschen mit der Natur, bei KONFUZIUS auf die Verbundenheit mit der Familie und dem Staat. Die ind. *Upanishaden*, brahman. Texte, beziehen sich stärker auf die innerpsych. Dialektik, u. a. von Denken und Sprache.
Die europ. antike Ps. wurde von PLATON und ARISTOTELES aus der vorherigen myst. »Seelentheologie« entwickelt. Bei PLATON gehört die Seele dem Reich der Ideen an und erlebt mit dem »Sturz in die Geburt« eine Verkoppelung mit dem Leib. Für ARISTOTELES ist die Seele das regelgebende Prinzip (die Entelechie) der biolog. Vorgänge. Auf beide geht die Unterscheidung von »Geist und Seele« zurück, die bis zur gegenwärtigen Unterscheidung zweier Mustersysteme im Nervengeschehen (S. 77) reicht. Im Unterschied zu PLATON glaubte ARISTOTELES an das Aufgehen der versch. Seelenstufen der ernährenden, empfindenden und der geistigen Seele ineinander, »wie im Viereck das Dreieck enthalten ist« (wenn man die Diagonale zieht).
Die mittelalterl. Ps. der Scholastik (THOMAS VON AQUIN) greift PLATON und ARISTOTELES auf. Die Seele ist »reine Form«, aber dem Körper »inhärent« (einverleibt). Eine wesentl. Frage ist die natürl.-sittl. Anlage des Menschen. Die arab. Ps. (AVICENNA, AVERROES) bezog sich ebenfalls auf ARISTOTELES und war stärker materialist. geprägt. Auf lange Zeit repräsentierte MELANCHTHONS ›Kommentar über die Seele‹ (1540) den Altprotestantismus.
Die Ps. der Neuzeit begann sich allmählich in nationale Psychologien aufzugliedern. Der Rationalismus RENÉ DESCARTES' förderte eine abgehobene »Bewußtseinsps.«, die mit MALE-

BRANCHE auch methodologisch begründet wurde. Trotz dieser Geistesbetonung war die franz. Ps. weitgehend materialistisch eingestellt und mit GALLS Phrenologie sogar erstmals auf die Seelensitze in den Hirnwindungen gestoßen. Die dt. Ps. hingegen tendierte stärker zu einer analyt., zergliedernden Haltung. Für LEIBNIZ war die Welt in Monaden, seelenartige Einheiten, geteilt, die untereinander in Kraftbeziehungen stehen. Dadurch fand auch die Tiefenps. ihren ersten Ansatz. TETENS unterteilte das Psychische nach »Prozessen«. KANT trennte die Ps. von der Philosophie und wies ihr eine analyt.-synthet. Funktion zu.
Der brit. Empirismus (HOBBES, LOCKE, HUME) sollte von den 3 nationalen Richtungen die stärksten Folgen zeitigen. Bereits ARISTOTELES hatte die Assoziationslehre begründet, die nun über den Empirismus auf die neuzeitl. Verhaltensps. gewirkt hat.

B   Die moderne Psychologie
Der Beginn der modernen Ps. wird von den Ps.-Geschichten (BORING, 1950; DORSCH, 1963; FLUGEL, o. J.; ROBACK, 1964) zumeist mit dem Buch ›Elemente der Psychophysik‹ (1860) von GUSTAV THEODOR FECHNER festgelegt. Wie soll man aber die Fülle der ps. Arbeiten der darauffolgenden Jahrzehnte ordnen?
Der amerik. Psychologe R. W. COAN (1968, 1973) hat dazu einen interessanten Versuch unternommen. Er benannte 54 wegen ihrer Theorien bekanntere Psychologen, ließ sie mit 34 Variablen korrelieren und unterzog die Ergebnisse einer Faktorenanalyse sowie einer Clusteranalyse nach dem Kriterium der Varianzminimierung (vgl. IV. Statistik). Dadurch erhielt er ein Dendrogramm (Abb. B), das von einer stark objektivist. (1) bis zu einer stark subjektivist. Ps. (11) reicht. Im mittleren Bereich überschneiden sich die Qualifizierungen aus 6 Gegensatzpaaren:
  objektiv – subjektiv,
  quantitativ – qualitativ,
  idiographisch (den Einzelfall beschreibend)
   – nomothetisch (Gesetze aufstellend),
  dynamisch – statisch,
  elementaristisch – holistisch (ganzheitlich),
  endogen (innengeleitet) – exogen (außengeleitet).
Eine solche histor. Aufgliederung ist natürlich von den »eingegebenen« Namen und von den Kenntnissen der (amerikanischen) Vpn. abhängig.
Trotzdem kann dieses Dendrogramm ein Abbild des Spektrums der mod. Ps. von »elementaristisch, quantitativ, objektiv« bis »endogen, dynamisch, subjektiv« liefern. Dieses (sicher unvollkommene) Bild der *Vorväter* der gegenwärtigen Ps. gibt die »Bandbreite« dieser Disziplin wieder. Wenn wir »heutige« Ps. betreiben wollen, muß diese Breite berücksichtigt werden.

34 II. Theoriegeschichte / 3. Typologie

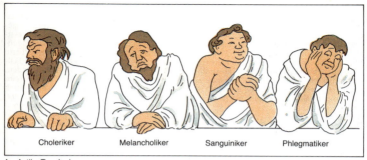

A Antike Typologie

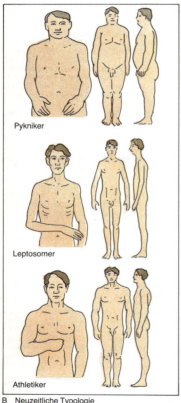

B Neuzeitliche Typologie

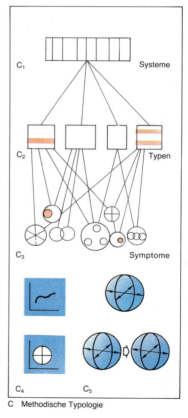

C Methodische Typologie

II. Theoriegeschichte / 3. Typologie 35

Im Jahre 314 v. Chr. erschien von THEOPHRAST, dem Lehrnachfolger von ARISTOTELES, die erste Persönlichkeitspsychologie. In ihr werden viele **typische** Charaktere geschildert. Der Anfang zum ›Aufschneider‹ lautet: »Aufschneiderei kann man ein Beanspruchen von Vorzügen nennen, die man in Wahrheit nicht besitzt. Der Aufschneider steht etwa am Kai und erzählt den Ausländern, er habe viel Geld auf dem Meer schwimmen. Dann macht er genaue Ausführungen über die Bedeutung des Seerisikos und wieviel er selbst schon verdient und verloren habe. Während er so den Mund voll nimmt, schickt er seinen Sklaven zur Bank. Auf seinem Konto hat er eine ganze Drachme . . .«

Solche Typisierungen sind amüsant, kaum ein Schriftsteller kommt ohne sie aus. Aber wissenschaftl. gesehen sind sie äußerst zweifelhaft. Die Gefahr dabei ist die vorzeitige Verallgemeinerung. In der sog. Typenschau-Regel hat W. HELLPACH (1938) die Gefahrenmomente zusammengefaßt:

»Lebewesengruppen gehen für unsere Wahrnehmung desto mehr in einen Typus auf, je ferner sie uns stehen oder je fremder sie uns sind – und lösen sich für unsere Wahrnehmung desto mehr in Individuen auf, je näher sie uns stehen oder je vertrauter sie uns sind.«

A Antike Typologie
Noch vor THEOPHRAST hat HIPPOKRATES eine Lehre von den inneren Säften im menschl. Körper verfaßt: die gelbe Galle (cholos), die schwarze Galle (melas cholos), das Blut (lat. sanguis) und den Schleim (phlegma) als die 4 Hauptsäfte. Daraus wurden die 4 Temperamente abgeleitet:

Choleriker (starke und schneller wechselnde, gespannte, mehr nach außen gerichtete Seelenzustände),
Melancholiker (starke, aber langsamer wechselnde, gespannte, mehr nach innen gerichtete Seelenzustände),
Sanguiniker (schwache, schneller wechselnde, gelöste, mehr nach außen gerichtete Seelenzustände) und
Phlegmatiker (schwache, langsamer wechselnde, gelöste, aber mehr nach innen gerichtete Seelenzustände).

B Neuzeitliche Typologie
Zwischen den 20er und 50er Jahren unseres Jh. gab es einen Boom an Typologien, u. a: Erlebnistypen (RORSCHACH: introvertiert, extravertiert, koartiert, ambiäqual, dilatiert), Anschauungstypen (JAENSCH: ganzheitl., einzelheitl.), Grundfunktionstypen (PFAHLER: nach Aufmerksamkeit, Perseveration, Gefühlsansprechbarkeit, Aktivität, Lust–Unlust), Weltanschauungstypen (DILTHEY: Materialismus, Idealismus, Vitalismus), Funktionstypen (JUNG: Denk-, Empfindungs-,

Fühl-, Intuitionstypus), Lebensformen (SPRANGER: ästh., ökonom., relig., sozialer, theoret. u. Machtmensch).

Überlebt hat von ihnen kaum mehr als die Konstitutionstypologie von KRETSCHMER. Sie geht von beobachtbaren Kriterien des Körperbaus und entsprechenden psychiatr. Krankheitsbildern aus. Unterschieden werden: zyklothym (pykn. Körperbau), schizothym (leptosomer Körperbau), barykinetisch (athlet. Körperbau) sowie ihre Extremvarianten: zykloid, schizoid und epileptoid. Die dysplast. Gruppe, die nirgends hineingehört, macht statistisch die größte Gruppe aus. Dieser Mangel an »reinen« Typen in der Praxis bildet den Grund, weshalb diese Typologien heute fast nur noch histor. Interesse haben.

C Methodische Typologie
Seit den 50er Jahren wechselten die typolog. Zieleinheiten von den Personen zu den psych. Prozessen. Man versucht seither, die vielfältigen Forschungsziele, wie z. B. das Gedächtnis, die Kreativität oder die psych. Störungen, in ihren Merkmalen zu bestimmen und mit math.-statist. Verfahren zu *Clustern* (Bündelungen) zusammenzufassen. Solche Systematisierungen nennt man taxonom. Klassifikation. Taxonomie ist dabei die Bezeichnung für das hierarch. Kategorienschema einer Matrix von Ähnlichkeiten oder Korrelationen. Sie entstehen durch Datenreduktion zumeist aufsteigend (agglomerativ; seltener absteigend oder divisiv) von einer unteren zu höheren (häufig zwei weiteren) Ebenen. Die unterste oder Indikatorenebene (C_3) umfaßt alles relevante Datenmaterial. Die mittlere oder Typologisierungsebene (C_2) bildet durch Datenreduktion (z. B. durch eine Faktorenanalyse, s. S. 73) einen nächsten Fusionsschritt. Die oberste oder Systemebene (C_1) synthetisiert alle mögl. Ausprägungstypen.

Ein Beispiel aus der Klin. Ps.: Die Indikatoren der untersten Ebene (C_3) heißen hier Symptome, z. B. Angst vor öffentl. Plätzen, Herzrhythmusbeschleunigung u. a. Symptome sind nicht gleichwertig. Die Syndrome der mittleren Ebene (C_2) sind »gleichlaufende«, d. h. regelhaft zusammen erscheinende Symptome. Sie bilden dadurch unterscheidbare Typen (Agoraphobie oder Platzangst). In der obersten Ebene (C_1) gehört die Agoraphobie mit über 100 anderen Phobien zur Phobiengruppe, die wiederum im System der psych. Störungen einen Platz einnimmt. Meßtheoret. bestehen noch zahlreiche ungelöste Probleme. Als Eckposition kennen wir eindimensionale Skalen (C_4) heißen hier auch für die Beschreibung der Symptome; ihnen stehen zwei- bis vieldimensionale (C_5) gegenüber: drei in sich tiefendimensionierte Merkmale variieren zeitl. und in externer Evaluation (Bewertung durch Dritte), deren varianzanalyt. Verarbeitung noch große Schwierigkeiten bereitet.

36 II. Theoriegeschichte / 4. Psychophysiologie

A Seelenvorstellungen

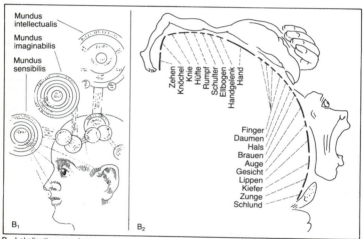

B Lokalisationsannahmen

C Funktionsannahmen

II. Theoriegeschichte / 4. Psychophysiologie 37

In allen Kulturkreisen und zu allen Zeiten haben sich die Menschen Gedanken zum »Wesen« des Psychischen gemacht: 3 Fragen standen dabei im Vordergrund:
Wie wird das Psychische in uns hergestellt? Wo ist sein Sitz? Nach welchen Wirkungsweisen funktioniert es?

A Seelenvorstellungen

Die Menschen empfanden das Psychische immer als zutiefst geheimnisvoll. Am Tod des Menschen entzündete sich die Frage nach seinem Wesen: Was geschieht mit der Seele, wenn der Körper stirbt? Die nüchterne Antwort, daß dann auch das Seelische mitstirbt und nur noch in der Erinnerung lebender Menschen weiterexistiert, hat die Menschen nie völlig befriedigt.
In der Kunst wurden die Seelenvorstellungen häufig dargestellt. Die 4 Abb. sind Beispiele für die Kette der Vorstellungen, in denen die unsterbl. Seele nach dem Tod in höhere Regionen entschwebt. Die altägypt. Todesdarstellung (A_1) zeigt einen aufsteigenden Todesengel; die altgriech. Eidolon-Darstellung (A_2) auf einem 2500 Jahre alten Krug vermittelt das Bild eines kleinen Menschleins in voller Rüstung, dem den toten Krieger entflieht; in der ›Wolfenbütteler Apokalypse‹ (Anfang 15. Jh.) entfleucht sie dem Mund der Toten (A_3); auf der Radierung ›Der Tod auf dem Schlachtfeld‹ (1917) von PAUL KLEE schweben die toten Soldaten in den schwarzen Himmel empor (A_4).
Nicht selten verstecken sich heute materielle Seelenvorstellungen in spiritist. Anschauungen.

B Lokalisationsannahmen

In einem (leider vergessenen) Buch von BÉLA RÉVÉSZ (1917) wird der gewaltige Bogen der ›Geschichte des Seelenbegriffes und der Seelenlokalisation‹ von den myth. Anfängen, noch vor HOMER, über das Mittelalter zur Neuzeit bis zum I. Weltkrieg geschildert, faszinierende und auch sehr abwegige Versuche, den Sitz der Seele zu finden: in den Eingeweiden, im Herzen, in den Drüsen; aber bereits seit den Anfängen auch im Gehirn, z. B. bei den Pythagoräern. Diese Lokalisationsversuche waren aber global gemeint, d. h. man ordnete das Gesamtpsychische den gewählten Organen zu (B_1; R. FLUDD, 1619).
Eine entscheidende Zäsur bildete das Werk von PIERRE FLOURENS ›Recherches expérimentales sur les propriétés et les fonctions du système nerveux dans les animaux vertébrés‹ (1824).
In diesem Buch gelang der Nachweis, daß zumindest bei den Tieren das Nervensystem das Trägerorgan alles Psychischen ist.
Bis heute ist diese Tatsache nicht in die Vorstellungswelt des Alltags eingedrungen. Noch immer löst Erstaunen aus, daß nicht der Finger schmerzt, wenn wir ihn eingeklemmt haben, sondern das Scheitelhirn. Deshalb wirkt der berühmte Penfield-Homunkulus (B_2) mit seiner Zuordnung von Hirnrealen und Funktionen ein wenig lächerlich.

C Funktionsannahmen

Die Geschichte der Funktionsannahmen ist eine Geschichte der Gleichnisse: man versuchte, sich ein Bild des offensichtlich immateriellen Psychischen anhand real sichtbarer techn. Geräte zu machen.
Das 17. und 18. Jh. glänzten mit uhrenmech. Androiden (automatisch bewegten Puppen), die sogar schreiben konnten. Sie sollten ein Bild abgeben, wie das Psychische (nur *viel* komplizierter, wie die stereotype Formel auch für spätere Vergleiche immer wieder lauten sollte) funktioniert.
Im späteren 18. Jh. mußte die neue Hydrotechnik zum Vergleich herhalten. Für SCHILLER glich das Nervensystem einem Zentralstaubecken oder Wasserturm, der den Druckverhältnisse durch die Nervenröhren weiterleitet (noch heute spricht man vom »Unter-Druck-Stehen«).
Das beliebteste Abbild des Psychischen im 19. Jh. war die Telefonzentrale. So wie die Telefonistinnen Leitungen umstöpseln, würden im Nervensystem Leitungen geschaltet.
Heute wird das Bild vom Computer gestellt. Er besteht wie das Nervensystem aus Eingabeeinheiten, zentraler Verarbeitung und Ausgabeeinheiten. Sogar Parallelen zu den Digital-, Analog- und Hybridcomputern lassen sich in den synapt. Verschaltungen, rhythm. Weiterleitungen und in der Kombination zwischen beiden entdecken. Aber mehr als Gleichnisse sind das nicht. Die eigentl. Grundfrage, das »Leib-Seele-Problem«, ist damit nicht zu lösen (S. 77).
Trotzdem wird in der gegenwärtigen Psychophysiologie eine »Korrelierung« von psych. Vorgängen und physiol. Abläufen angestrebt. Häufig geschieht das unter der naiven Annahme, sofern die physiol. Ereignisse, die während der psych. Reaktion registrierbar sind, nur genau genug bekannt seien, würde sich das Rätsel von selbst lösen. Wenn das auch nicht stimmt, so gilt doch uneingeschränkt, was HUBERT ROHRACHER (1939) schrieb:
»Die Erregungen der Ganglienzellen sind die Grundlagen der psych. Vorgänge. An diesem Satz ist nicht zu rütteln. Wenn unsere Denkformen überhaupt imstande sind, uns zur Erkenntnis der Wahrheit zu führen, so ist dieser Satz *wahr.*«
Die neueren Richtungen stützen sich nicht nur auf die Physiologie, sondern auch auf andere Naturwissenschaften. Die Psychokybernetik (vgl. V/7) verfolgt den Mustertransfer neurophysiologischer Muster in ihrer Kodierung bis zu mentalen Mustern als »Mustererkennung« unter math.-physikal. Modellen (Fourier-Analyse).

38　II. Theoriegeschichte / 5. Modelltheorie

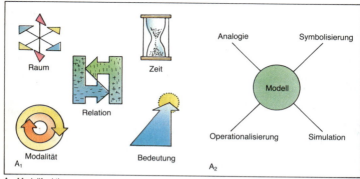

A　Modellfunktionen

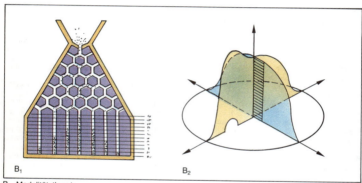

B　Modalitätstheorie

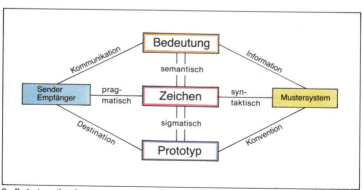

C　Bedeutungstheorie

II. Theoriegeschichte / 5. Modelltheorie 39

Begegnet man als Anfänger einer Wiss., so ist man nicht selten »erschüttert« über deren Vielfalt. Selbst der Fachmann ist kaum noch in der Lage, ein Gesamtgebiet voll zu beherrschen. Trotzdem leiden Spezialisten meist an Informationsmangel; und zwar in zweierlei Hinsicht: Einerseits halten sie oft die Resultate noch nicht für ausreichend gesichert und andererseits verspüren sie eine »theoret. Ratlosigkeit« (DEPPE, 1977). Aus der Überwindung beider Schwierigkeiten lassen sich psych. Kräfte ziehen, die für die langwierigen, oft unbelohnten wiss. Anstrengungen nötig sind.

A Modellfunktionen

Viele Wissenschaftler scheinen nur mit dem prakt. Handwerk ihrer Forschungen beschäftigt, sie sind kaum an Theorien interessiert. Sie übersehen dabei ihre »implizite« (d. h. unbemerkt vorausgesetzte) Theorie. Aber auch diejenigen mit einer »expliziten« (d. h. ausformulierten) Theorie können unbemerkte Voraussetzungen übersehen. Die allgemeinsten Voraussetzungen sind die Grundkategorien. In der heutigen Epistemologie (Wissenschaftslehre) werden zumeist 5 Grundkategorien (A_1) mit versch. Beschreibungsergänzungen genannt:

Raum (Substanz, Maßstab, Ortslage usw.),
Zeit (Ablauf, Entwicklung, Brauchbarkeitsdauer, Aktualität usw.),
Relation (Wechselwirkung, Kausalität, Fließgleichgewicht, Nachbarschaft, Einfluß, Ganzheit, Aktion, Vernetzung usw.),
Modalität (Möglichkeit, Häufigkeit, Wahrscheinlichkeit, Begrenzung, Potentialität, Zufall, Mangel, Ersatzfähigkeit usw.),
Bedeutung (Zweckerfüllung, Zielsetzung, Wert, Sinnhaltigkeit, Bezeichnung, Bekanntheit, Affektbindung, Symbolhaftigkeit, Wirksamkeit usw.).

In diesem Zusammenhang sind Modelle (A_2) als Großtheorien einzustufen. Sie haben 4 wichtige Funktionen:

Analogie, die Ähnlichkeit zum Prototyp, d. h. der »Realität« (z. B. Modelleisenbahn);
Symbolisierung, die Umsetzung in Anschauung (z. B. Schemazeichnung);
Operationalisierung, die Art, wie das Modell (z. B. meßtheoret.) als »Konstrukt« gehandhabt werden kann;
Simulation, die Anwendbarkeit des Modells (z. B. als Computerprogramm).

B Modalitätstheorie

Das Eintreten best. psych. Ereignisse ist nur selten absolut sicher und vorhersehbar. Trotzdem täuscht uns unsere subj. »Gewißheit« oft Extreme in der Skala der Auftretenswahrscheinlichkeit (Modalität) vor: stets . . . immer . . . nie!
Um doch zu gesicherten Aussagen zu kommen, stützt man sich auf das »Gesetz der gro-

ßen Zahl«: viele Ereignisse oder viele Teilnehmer. Am Galtonschen Nagelbrett (B_1) rinnen die Kügelchen in einer gesetzmäßigen Normalverteilung (Gaußsche Glockenkurve) herab. Aber sie trifft nur für hohe Zahlen unter Ausschluß von verteilungshemmenden Einflüssen zu. Sonst findet man »schiefe« Verteilungen (B_2), die in mehrfacher Hinsicht verschoben sein können.
Um ein Ergebnis in seiner erwarteten Präsenz abzuschätzen, muß man die Beschaffenheit der Grundgesamtheit kennen: um z. B. zu entscheiden, ob ein Kind sehr früh, rechtzeitig oder verspätet laufen gelernt hat, der Verlaufskurve für das Laufenlernen aller Kinder. Wegen der fundamentalen Wichtigkeit dieser Voraussetzung hat die Wahrscheinlichkeitstheorie seit langem einen festen Platz in der ps. Methodenlehre.

C Bedeutungstheorie

Die Bedeutung ist die für die Ps. wichtigste Grundkategorie. Denn alles Psychische stellt etwas dar, weist einen Inhalt und Gehalt auf, ist von Einfluß, Interesse und Wichtigkeit. Die Bedeutungstheorie stellt das Grundmodell auf, wie Bedeutung hergestellt wird. Sie schließt sich an die Semantik von G. FREGE (1892) und F. DE SAUSSURE (1916) an. Nach ihnen fußt jede Bedeutung auf Zeichen oder Mustern (*pattern*), die wiederum auf einem Prototyp (»Urzustand«, z. B. Gegenstand, Zeichenträger) basieren.
Das Psychische ist danach die Bedeutungskategorie *über* der Musterebene und *über* der Trägerebene. »Bedeutung« steht aber nicht fest, sondern ist abhängig von Beziehungen. Diese werden durch die Bedeutungstheorie dargestellt.
Neben der Achse Träger–Muster–Bedeutung stehen die Blöcke: Sender/Empfänger (die individuelle Abwandlung von Bedeutung durch die Beteiligten), Mustersystem (Gesamtvorrat, aus dem die Einzelmuster entnommen werden können; z. B. die betreffende Sprache).
Das Modell weist daneben 4 Beziehungsstrecken auf, die die inneren Abhängigkeiten von (emergenter) Bedeutung wiedergeben:
Kommunikation (die Art der mitmenschl. Beziehung im Austausch von Bedeutungen), Information (die sachinhaltl. Mitteilung, aber auch die nonverbalen Ergänzungen), Destination (der zweckdienl. Gebrauch von Bedeutung), Konvention (der herkömml. Gebrauch der Einzelbedeutungen und ihre Abwandlung).
Die inneren Beziehungen (semantisch, sigmatisch, pragmatisch, syntaktisch) verweisen auf den zeichentheoret. Ort dieser Beziehungen (vgl. das Begriffsverzeichnis im Anhang, Bd. 2).
Mit der Bedeutungstheorie wird der Ps. ein neues Fundament für die Untersuchung sinnhafter Inhalte des Psychischen zur Verfügung gestellt.

40 II. Theoriegeschichte / 6. Systemtheorie

A Systemgrundlage

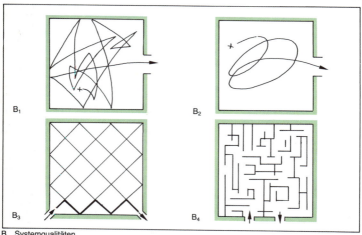

B Systemqualitäten

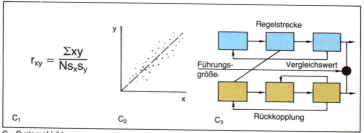

C Systemabbildung

II. Theoriegeschichte / 6. Systemtheorie 41

Die ps. Epistemologie (S. 39) enthält als dritte Hauptkategorie (nach »Raum« und »Zeit«, s. S. 107) die »Relation«. Ein wesentl. Merkmal alles Psychischen ist seine Verbundenheit. In der Theoriegeschichte der Ps. tauchte diese Kategorie häufig auf. Die intensivste Bearbeitung erfuhr sie in der Phase der Gestaltps. (S. 105). Heute wird sie weiterverfolgt in der Systemtheorie des Psychischen.

A Systemgrundlage

Während sich die Gestalttheorie vornehmlich mit der Wahrnehmung beschäftigt, geht die Systemtheorie darüber hinaus. Im Psychischen ist grundsätzlich »alles mit allem« verbunden; Trennlinien lassen sich weder im Nervensystem noch im Psychischen konkret, sondern nur als Hilfsmittel für das unterscheidende Denken ziehen. Wenn man dieses mehrdeutige Bild (A) von mehreren Personen beschreiben läßt, so wird jeder seine Auffassung einbringen (»Deutungsunschärfe«):

Arzt und Schwester, Mutter und Kind, Kind wird gespritzt, Mutter leidet mit, Mutter wird gespritzt, andere sehen unbeteiligt zu, andere helfen, das ganze findet im Saal oder im Freien statt usw. Die Ausdeutungsmöglichkeiten sind kaum beschränkt. Aber alle hängen sie zusammen.

Ein solches Beispiel kann verdeutlichen, daß wir nicht nur »Gestalten« sehen, sondern Systeme erleben. Diese Systeme stecken wiederum in Systemen und bilden zusammen Supersysteme. Für die Systemtheorie lautet die Frage: Was sind im Bereich der Ps. »Systeme«?

B Systemqualitäten

Die Abb. zeigen 4 Verhaltensweisen von Lebewesen, die aus einem Kasten entkommen wollen.

(B_1) Stochastisches Reagieren: der Ausgang wird blindlings nach einer Reihe mißglückter Versuche gefunden.

(B_2) Gezielter Zufall: in (öfter zu beobachtenden) ökonom. Spiralbewegungen ist das Auffinden eines Zieles leichter möglich.

(B_3) Wahlverhalten: läßt an jedem Kreuzungspunkt eine Entscheidung für den zu wählenden Weg offen.

(B_4) Überblickssituation: man kann sich vorher den einzuschlagenden Weg überlegen und ihn dann beschreiten.

Diese Beispiele sind zweifellos aufsteigende Stufen eines verbesserten Verhaltens, das ein entsprechend verbessertes Veranlassungssystem, hier ein besseres Nervensystem, voraussetzt. Zur Beurteilung sind hauptsächlich die Systemstufen und ihre Zustände, Wirkungsweisen und Eigenschaften zu beschreiben.

Man kann 5 Stufen unterscheiden:

Der **Haufen** (Kumulus) enthält viele beieinanderliegende, unverbundene Einzelheiten.

Das **Aggregat** wird (wie bei der Autobatterie) von beliebig vielen, parallel geschalteten Zellen im losen Nebeneinander gebildet.

Die **Gliederungen** sind Zweier-(Dichotomie) oder Mehrfachbeziehungen in rückgekoppelter Kreisfunktion (z. B. Stabs-Linienorganisationen, s. Kap. XXI/5).

Die **Gestalten** sind »übersummativ«, d. h. ihre Glieder bilden Ganzheiten (s. VI/8).

Die **Supersysteme** schließlich sind vernetzt, eigendynamisch, undurchsichtig und inhabil (unhandlich); diese Eigenschaften machen sie schwer einer Analyse zugänglich, so daß man auch in den Wiss. lieber von einfacheren Beziehungen, wie etwa den Reiz-Reaktions-Modellen, ausgeht (s. XXI/5).

C Systemabbildung

Ein Aphorismus von MARIE v. EBNER-ESCHENBACH kann hier als Warnung dienen: »Abgeschrieben kann das Leben nicht werden, dazu ist es zu reich.« Trotzdem muß der Wissenschaftler seine Gegenstandsbereiche abbilden. Damit dies nicht zu simplifizierend geschieht, bedient man sich der Systemtheorie. Will man Gegenstände oder Themen beschreiben, kann man das in versch. Weise: in verbaler Beschreibung, mit Hilfe einer Illustration (z. B. als Bildbeispiel), durch Visualisierung (z. B. als Graphik), als Formalisierung (z. B. als Partitur in isomorph/ident. oder homomorph/ähnl. Wiedergabe), vermittels einer Imagination (z. B. als Allegorie).

Für den Wissenschaftler liegt die Formalisierung am nächsten. Das geschieht u. a. durch eine math.-statist. Formel (C_1, Produkt-Moment-Korrelationskoeffizient, S. 71) sowie ihre graph. Umsetzung (C_2, Abb. der x-, y-Variablen) oder durch ein kybernet. Blockschaltbild (C_3, Regelkreisdarstellung).

Darin sind die Blöcke Repräsentationen der Erfahrungsspeicher, bzw. Entscheidungsfilter, oder sonstiger Ist-Zustände; die Verbindungslinien stehen für versch. Sollzustände mit ihren Rückkopplungen: Steuerungsabläufe, Veränderungen der Führungsgröße, Messung des Vergleichswertes.

Als Wiedergabe realer Zusammenhänge sollen die Blockschaltbilder den Überblick über vernetzte Geschehnisse erleichtern. Um die darin enthaltenen Beziehungen wissenschaftlich zu fassen, werden in der Epistemologie Problem- und Beweissorten unterschieden.

Die beiden Hauptsorten der Probleme sind solche vom Typ des »Auffindens« (Reperation; Tatsachen sind dingfest gemacht werden) und vom Typ des »Erschließens« (Aperation; Ergebnisse erfolgen durch den »Umweg« über eine Theorie).

Die beiden Hauptsorten der Beweise sind die vom Typ der Exposition (*daß* eine Beziehung zwischen Ereignissen besteht) und vom höheren Typ der Explikation (*warum* sie besteht). Jahrhundertelang konnte man z. B. schon die Sonnen- und Mondenfinsternisse vorausberechnen (Exposition), ehe man erklären konnte, aus welchen Gründen sie auftreten müssen (Explikation).

42 II. Theoriegeschichte / 7. Praxisbezug

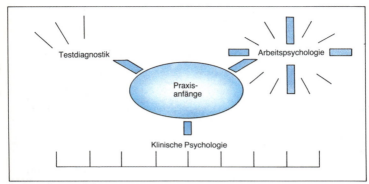

A Anwendungsentwicklung

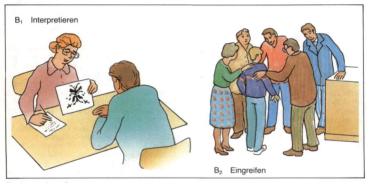

B Anwendungsformen

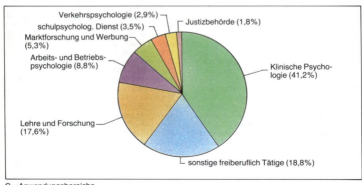

C Anwendungsbereiche

II. Theoriegeschichte / 7. Praxisbezug 43

Wissenschaften entwickeln versch. Praxisbezüge. Für die Ps. war seit ihrem Beginn als experimenteller Disziplin in der 2. Hälfte des 19. Jh. das Verhältnis zwischen Forschung und Praxis nie unproblematisch. WILHELM WUNDT, der Begründer des ersten ps. Universitätslabors, machte sich über einige seiner Schüler lustig, als sie die ersten Testverfahren aufgriffen. Doch die Entwicklung ging unaufhaltsam voran. Heute bildet die Angewandte Ps. (vgl. Kap. XXII) weltweit den größten Teil der Ausbildung von Diplom-Psychologen im zweiten Studienabschnitt nach dem Vordiplom.

A Anwendungsentwicklung

Drei Entwicklungszüge bestimmten die Anfänge der ps. Praxis: Testdiagnostik, Arbeitsps. und Klin. Ps.
1884 richtete FRANCIS GALTON, der berühmte Vetter von CHARLES DARWIN, auf der Londoner Gesundheitsausstellung ein anthropometr. Labor ein, in dem jeder Besucher körperl. und sinnesphysiol. Messungen zur Bestimmung seiner individuellen Fähigkeiten durchführen konnte. GALTON nannte diese Untersuchungen Tests und wurde so nicht nur zum Namensschöpfer, sondern zum Begründer der Testdiagnostik, die in der Folgezeit verschiedene Seitenzweige entwickelte (vgl. Kap. XIX).
Neben anderen untersuchte EDOUARD CLAPARÈDE zu Beginn des 20. Jh. die Arbeits- und Eignungsbedingungen schweizer. Uhren- und Schokoladenarbeiter. In den USA förderten G. S. HALL, J. MCKEEN CATTELL, H. MÜNSTERBERG und W. D. SCOTT die Arbeitsps. in mehreren Richtungen, so daß bald aus ihr die weiteren 3 Richtungen Industrie-, Berufs- und Verkehrsps. erwuchsen.
Zwei Schüler von WUNDT, EMIL KRAEPELIN und LIGHTNER WITMER, begründeten mit ihren Arbeiten um die Jahrhundertwende die Klin. Ps. (vgl. Kap. XX). Dabei war WITMER in Philadelphia weit erfolgreicher als KRAEPELIN in München. Aus diesen Anfängen entstand in den USA und erst mit einer Verzögerung von 50 Jahren in Europa das heutige größte Gebiet der Anwendung von Ps. Dieser Bereich gliedert sich seither in eine Reihe von Untergebieten.

B Anwendungsformen

Entsprechend der berufl. Differenzierung wandelte sich die Tätigkeit des Psychologen. Die Aufgaben, die er heute vorfindet, sind sehr unterschiedlich. Die wichtigsten sind:
die ps. Diagnose mit Hilfe von Tests, die Begutachtung versch. Fähigkeiten oder Ausfälle für versch. Auftraggeber, die Bevölkerungsrecherche zu allg. Gewohnheiten und Bedürfnisstrukturen, die Prognostizierung, Planung und Förderung anhand von gesellschaftl. Entwicklungen, die Beratung und Psychotherapie von einzel-

nen und Gruppen, experimentelle Untersuchungen zu Anwendungsgrundlagen, Erarbeitung und Erprobung von Projekten und Reformen.
Die Anwendungsformen lassen sich nach F. DORSCH (1963) in 2 Tätigkeitsbereiche mit fließenden Übergängen zusammenfassen: Interpretieren und Eingreifen.
(B_1) Unter Interpretieren kann man das Bestimmen und Erklären ps. Fakten verstehen. Im einzelnen können das sein: Tätigkeitsbeschreibungen, Leistungsanalysen, Gefährdungskennzeichnungen, Situationscharakterisierungen, Überzeugungsausdeutungen, zeitl. Ablaufschilderungen, soziale Ermittlungen, Verantwortungsdarstellungen usw.
(B_2) Eingreifen umfaßt die vielfältigsten Arten ps. Verhaltens: beistehen, beraten, ausgleichen, anordnen, informieren, motivieren, suggerieren, verändern, helfen usw. Gerade für das Eingreifen kommt es beim Praxisbezug auf den Ideenreichtum des einzelnen Psychologen an.

C Anwendungsbereiche

Die Angewandte Ps. umfaßt 3 Hauptbereiche: Klin. Ps., Angew. Organisationsps. und Angew. Sozialps.
Die Klin. Ps. besteht aus einer Störungsklassifikation (Aufteilung von Neurosen, Verhaltensstörungen usw.), den Psychotherapieformen (heute um die 140 Therapiegruppen), der Ätiologie (Lehre der Störungsverursachung), Epidemiologie (Verbreitungsmerkmale von Störungen), Indikation (angezeigte Therapiemaßnahme), Prävention (Vorbeugemaßnahmen), Symptomatologie (Erscheinungsformen von Störungen), Therapiemotivationsforschung.
Die Angew. Organisationsps. setzt sich zusammen aus Arbeits-, Betriebs- und Berufsps., ferner aus Verkehrsps., Forens. Ps. (u. a. der Kriminalps.) und den versch. Sparten der Militärps.
Die Angew. Sozialps. wird gebildet von der Wirtschaftsps. (u. a. der ps. Marktforschung), der Werbeps., der Medienps. (Massenmedien), der Umweltps., Freizeitps., Öffentlichkeitsps. (u. a. der Polizeips.), Kulturps. (u. a. der Weltanschauungsps.) und, neben einigen kleineren Gebieten, der Sportps. (u. a. Trainingsps.).
Abb. C zeigt in einem Diagramm die Anteile der berufl. Tätigkeitssparten.
Die Klin. Ps. führt mit 41,2%, es folgt die freiberufl. Tätigkeit in versch. Bereichen (u. a. als Unternehmensberater) mit 18,8%. In Justizbehörden (u. a. in Gefängnissen) sind nur 1,8% der berufstätigen Diplom-Psychologen beschäftigt.
Der Einsatz von Psychologen ist teilweise auch eine polit. Entscheidung, inwiefern eine Gesellschaft es für wichtig hält, das psych. Wohlergehen der Bevölkerung auch als eine öffentl. Aufgabe zu akzeptieren.

44　III. Methodik / 1. Methodische Paradigmata

A　Behaviorismus

B　Phänomenalismus

C　Entwicklungsperspektive

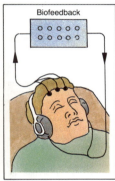

D　Psychophysiologie

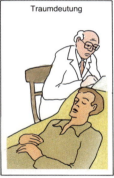

E　Tiefenpsychologie

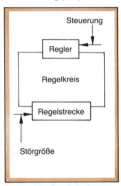

F　Kognitive Psychologie

G　Ökologische Psychologie

H　Mathemat. Psychologie

I　Angewandte Psychologie

III. Methodik / 1. Methodische Paradigmata 45

μέθοδος (methodos) ist das griech. Wort für *Weg* (um etwas zu erreichen). Im übertragenen Sinn wird es für den Gang einer Untersuchung verwendet. Jede Wiss. benötigt eine größere Zahl solcher »Wege«. In der Ps. lassen sich die vielen gebräuchl. Methoden auf wenige Paradigmata (Musterformen) reduzieren, aus denen sich die theoret. Hauptrichtungen der ps. Wiss. ableiten lassen.

A Behaviorismus
Mit einem Artikel von JOHN BROADUS WATSON ›Psychology as the behaviorist views it‹ (1913) begann der Siegeszug einer Forschungsrichtung, der bis vor wenigen Jahren anhielt. Ps. sollte sich danach auf die beobachtbaren und meßbaren Verhaltensmerkmale beschränken (»Psychologie ohne Seele«; F. A. LANGE, 1875), um die subj. Unzuverlässigkeit vorheriger Ps. zu vermeiden. Das Tierexperiment stand im Mittelpunkt und sollte die wissenschaftliche »Objektivität« im naturwiss. Sinn erbringen.
Im Labyrinthversuch wurden z. B. genaue Fehlerzahlen unter versch. Bedingungen ermittelt.

B Phänomenalismus
Der wesentlich ältere Phänomenalismus stützt sich auf die Selbsterfahrung oder Introspektion (Innenschau) sowohl des einzelnen Psychologen wie seiner Versuchspersonen. Durch eine Arbeit von EDMUND HUSSERL (1900) wurde er erneuert und spaltete sich in mehrere Seitenlinien auf, deren gemeinsames method. Paradigma die Untersuchung der Phänomene, d. h. der unmittelbar erlebten Erscheinungen oder Ereignisse, ist:

C Entwicklungsperspektive
Seit der Evolutionstheorie von CHARLES DARWIN hat sich auch in der Ps. der Entwicklungsgedanke durchgesetzt; und zwar sowohl unter phylogenetischen (z. B. als Psychogenetik oder Soziobiologie) wie ontogenetischen Aspekten (z. B. durch Längsschnittuntersuchungen über die lebenslange Entwicklung).

D Psychophysiologie
Mit der Zunahme der techn. Untersuchungsgeräte in der Medizin wuchs auch die Möglichkeit, psych. Zustände parallel zu den körperl. Veränderungen messen und beeinflussen zu können. Die Biofeedback-Forschung umfaßt beides.
Man greift z. B. die elektrischen Spannungszustände der Muskulatur ab und verwendet sie in der Rückkopplung als Einflußfaktor für die psychophys. Verfassung des Klienten.

E Tiefenpsychologie
Mit dem Buch ›Traumdeutung‹ (1900) von SIGMUND FREUD setzte sich die psychoanalyt. Methode durch. Die Traumdeutung ist auch

weiterhin in den meisten tiefenps. Schulen der »Königsweg« der Erforschung des unbewußten Seelenlebens.

F Kognitive Psychologie
Die Kognitive Ps. wurde angeregt durch Arbeiten über Menschenaffen von WOLFGANG KÖHLER (1917) und Beobachtungen der Entwicklung kindl. Intelligenz durch JEAN PIAGET (1927). Die gegenwärtige Kognitive Ps. hebt sich von der experimentellen Verfahrensweise der verhaltenstheoret. Stimulus-response-Theorien (S. 163) insofern ab, als sie nicht mehr eine einlinige Kausalitätsrichtung voraussetzt, sondern von einer regelkreistheoret. Selbstorganisation der untersuchten Systeme ausgeht. Daraus ergeben sich andere method. Paradigmata, die auf hochkomplexe Systemzusammenhänge ausgerichtet sind.

G Ökologische Psychologie
Der ökolog. Aspekt begann 1911 mit dem Buch ›Geopsyche‹ von WILLI HELLPACH: »Unser ird. Lebensraum, die Geosphäre, ist unsere eigentl. Heimat, die wir nie verlassen können.« Seit den 60er Jahren (H. PROSHANSKY u. a.) werden 3 Schwerpunkte herausgearbeitet: die Natur-, die Zivilisations- und die Kultur- bzw. interkulturellen Beziehungen.

H Mathematische Psychologie
Die Math. Ps. bezieht sich u. a. auch auf meßtheoret. oder Skalierungsfragen (S. 47), im hier gemeinten Sinn stellt sie paradigmatisch ps. Probleme in einer formalen bzw. math. Sprache dar. Ihr Beginn kann mit der Adaptation kybernet. und informationstheoret. Modelle (COOMBS u. a., 1970) angesetzt werden. In den Urnenmodellen werden stochast. oder Zufallsprozesse nachgebildet. Die angegebene Formel gibt einen unabhängigen stochast. Prozeß durch die Angabe aller Wahrscheinlichkeitsverteilungen wieder. Das method. Paradigma liegt in der Überprüfung formaler Modelle z. B. an realen Austauschprozessen von Falschem zu Richtigem in Lernprozessen.

I Angewandte Psychologie
Die Angew. Ps. kann sich selten auf Laborversuche zurückziehen, deshalb ist ihr method. Paradigma die Feldforschung gegenüber großen ausgewählten Teilen der Gesamtbevölkerung. Entsprechend ist man auf diesem Gebiet meist gezwungen, neue Methoden zu entwickeln, die dem spezif. Problem angepaßt sind. Ein Hauptproblem ist dabei die geringe Ansprechbarkeit des Bevölkerungsquerschnitts. Die Forschungsparadigmata konzentrieren sich deshalb auf indirekte Interviews.

Diese 9 Sparten der Ps. sind teilweise methodisch und thematisch kombinierbar. Daraus ergibt sich eine Vielzahl von Sichtweisen auf ps. Probleme, so daß das Fach Ps. auseinanderzudriften droht.

46 III. Methodik / 2. Meßtheorie

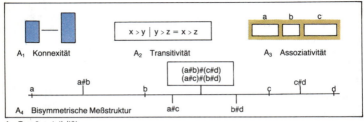

A₁ Konnexität
A₂ Transitivität
A₃ Assoziativität
A₄ Bisymmetrische Meßstruktur

A Repräsentativität

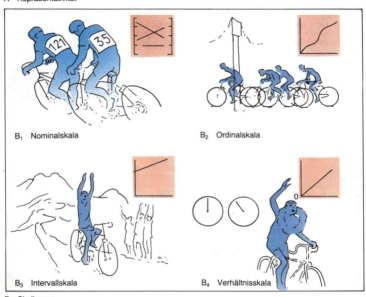

B₁ Nominalskala
B₂ Ordinalskala
B₃ Intervallskala
B₄ Verhältnisskala

B Skalierung

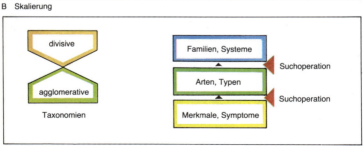

Taxonomien: divisive, agglomerative
Familien, Systeme — Suchoperation
Arten, Typen — Suchoperation
Merkmale, Symptome

C Klassifikation

III. Methodik / 2. Meßtheorie 47

»Miß, was meßbar ist, und was nicht meßbar ist, versuche meßbar zu machen«, dieser Satz stammt von GALILEI (1564 – 1642), dem Begründer des (quantitativen) Experiments. Dieser Grundsatz ist Voraussetzung für die Aufstellung von Gesetzen. Im Falle der Ps. ist diese Aufgabe äußerst schwierig.

A Repräsentativität

Im Standardwerk von S. S. STEVENS (1959) heißt es:»Messung ist die Zuordnung von Zahlen zu Objekten oder Ereignissen gemäß einer bestimmten Regel.« In physikal. Bereichen ist diese Zuordnung unproblematisch; sie geschieht durch *Fundamentalmessung* von Ausprägungsgraden nach Länge, Zeit, Temperatur, Winkel, Masse, Volumen, elektr. Ladung. Psychisches dagegen ist zwar körperlich, aber gleichzeitig immateriell (vgl. Kap. V); man kann also nicht sagen, jemand liebt ein Mädchen 3,50 m. Folglich muß Messung hier in jedem Fall *abgeleitete* (statt Fundamental-) Messung sein. Daraus ergibt sich die Aufgabe, aus psych. Ereignissen ihre innere »Maßhaltigkeit« möglichst zutreffend und wesensgemäß herauszuarbeiten. Damit man Zahlen auf empir. Ereignisse anwenden kann, müssen diese Ereignisse best. Bedingungen erfüllen.

(A_1) Die Konnexität fordert, daß Ereignisse in mindestens 2 abbildbaren Zuständen gegeben sein müssen: u. a. größer bzw. kleiner oder gleich.

(A_2) Die Transitivität besagt, wenn x größer als y ist sowie y größer als z, so ist auch x größer als z.

(A_3) Wenn man 3 Stöcke der Reihe nach aufreiht, so spielen die Reihenfolge a, b, c und versch. andere Variationen (welche Assoziativität, Monotonie, Positivität und Archimed. Axiom genannt werden) für die Gesamtlänge keine Rolle.

Diese »Selbstverständlichkeiten« sind aber im Einzelfall nicht leicht zu prüfen. Das liegt auch daran, daß es eine Vielzahl mögl. Meßstrukturen gibt, darunter die der Bisymmetrie (A_4). Als binäre Operationen in Vergleichsversuchen müssen z. B. subj. Mittenbildungen (a≠b, a≠c, b≠d usw.) nicht mit obj. Meßwerten übereinstimmen.

B Skalierung

Meßwerte stehen nicht für sich allein. Um sie zu ordnen, werden sie zueinander durch erstellte Einteilungen in Beziehung gesetzt. Das geschieht manchmal, indem man Meßwerte zu Gruppen zusammenzieht (z. B. die Jahreseinkommen zwischen 20000 und 40000 DM). Die Skalen (lat. scalae, Treppen, Leitern) sind Vorschriften für die Reihenfolge von irgendwelchen numer. Angaben. Ihre statist. Qualitäten differieren stark.

(B_1) **Nominalskalen** beziehen sich lediglich auf die Zugehörigkeit zu einer Gruppe, d. h. ob Merkmalsträger oder nicht; z. B.

die Fahrer eines Radrennens, die zur Identifizierung Nummern tragen: die Rückennummern der Teilnehmer lassen (falls nicht Einzelnummern ausfallen) Rückschlüsse auf die Menge der Mitbewerber zu.

(B_2) **Ordinal-**(oder Rang-)**Skalen** gestatten relative Aussagen über besser/schlechter, weniger/mehr usw.

Am Ziel sind die Fahrer 1., 2., ... : Angabe der Reihenfolge ohne Angabe der Abstände.

(B_3) **Intervallskalen** verwenden ein best. Maß, sie ermöglichen Aussagen über Differenzen von Meßwerten.

Bei Etappenrennen zeigen die Tageswerte der Fahrer, in Zeiteinheiten angegeben, den genauen Abstand voneinander.

(B_4) **Verhältnisskalen** (auch Ratio-, Proportionalskalen, mit gewissen Abweichungen in der Definition) beginnen beim wirklichen Nullpunkt der verwendeten Maßeinheit, sie zeigen den Gesamtwert. Erst hier hat es einen Sinn, Meßwerte proportional zu vergleichen.

Das Ergebnis der Tour ergibt sich aus der verbrauchten Zeit, von 0 beim Start für alle Fahrer bis zum für jeden einzelnen beim Erreichen des Ziels am letzten Tag gemessenen Wert.

Diese 4 Skalentypen besitzen noch Zwischenskalen: insgesamt sind sie hierarchisch, d. h. der 2. Typ enthält den 1. usw.

C Klassifikation

Meßwerte und Skalen sind selten der letzte Schritt der wiss. Aufarbeitung. Man versucht, die Merkmale nicht nur nach »Exemplaren« und »Beziehungsarten«, sondern auch nach »Familien« zu unterscheiden. Auch hier gibt es versch. Niveaus in der Klassenbildung. Die *unistische* erstellt ein einzelner Lehrbuchautor, indem er die psych. Störungen in einem eigenen Gesamtschema ordnet. Die *kollektiven* Klassenbildungen stützen sich auf viele Experten, deren Systeme zusammengefaßt werden. Die *taxonomischen* Klassenbildungen versuchen, von den niedrigen Nominalniveau aufzusteigen. In der numer. Taxonomie (auch Taxometrie) wird die Ausgangseinteilung zumindest auf Ordinalskalenniveau erstellt. Taxonomien sind zumeist hierarchisch geordnet: agglomerativ (von unten aufbauend) oder divisiv (von oben aufteilend). Sie unterscheiden sich ferner nach der Zahl ihrer Ebenen. Die unterste Ebene bei agglomerativen Taxonomien ist die Merkmalsebene (z. B. die Symptome einer psych. Störung). Merkmale erfordern innere Gleichheit (Homogenität) und äußere Ungleichheit (Isolation) gegenüber anderen Merkmalen.

Durch geeignete Suchoperationen (z. B. Faktorenanalysen, S. 73) verringert man die Anzahl der Erscheinungen nach Arten oder Typen. Ähnlich wie beim Linnéschen Pflanzensystem gelangt man schließlich zu Familien oder Systemen der psych. Erscheinungen.

48 III. Methodik / 3. Datenerhebung

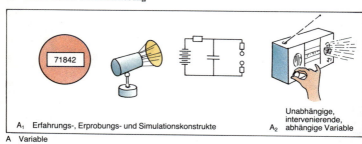

A₁ Erfahrungs-, Erprobungs- und Simulationskonstrukte

A₂ Unabhängige, intervenierende, abhängige Variable

A Variable

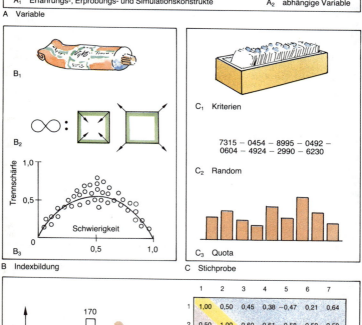

B Indexbildung

C Stichprobe

C₁ Kriterien

C₂ Random

C₃ Quota

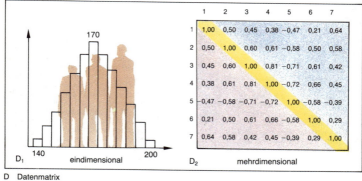

D₁ eindimensional

D₂ mehrdimensional

D Datenmatrix

Vor der naturwiss. Wende Mitte des 19. Jh. versuchte man in der Ps., das »Wesen« des Psychischen geistig zu ergründen. Seither werden konkrete Daten erhoben, aus denen erst später auf das Wesentliche des Psychischen geschlossen werden kann. Es ist aber nicht so, daß dadurch die method. Grundlagen unproblematisch geworden wären.

A Variable

Bevor man fragt, wie und wer wird untersucht, muß man die Frage beantworten: *was* wird untersucht. Die allgemeinste Antwort darauf lautet: *Variable,* d. h. die veränderl. Merkmale eines Sachverhalts. Häufig liegt die »Veränderung« nur darin, ob die Merkmale vorhanden sind oder fehlen. Erst diese Variabilität macht Merkmale methodisch greifbar. Dabei werden die »Konstanzen« oder »Invarianzen«, also das Bleibende, nicht mißachtet: alle Wiss. versuchen, sie in Form von unwandelbaren »Gesetzen« zu fassen.

Variable sind wiss. interessierende Kriterien, Kennzeichen, Symptome, Bezeichnungen oder Erkennungspunkte, die bis zu einem gewissen Grad konstruiert werden. Zur Unterscheidung werden versch. Variablenkategorien aufgestellt.

(A_1) Erfahrungskonstrukte (Beispiel: Zähler) sind direkt erkennbar; Erprobungskonstrukte (Beispiel: Beleuchtung) sind Merkmale, die man im Versuch variiert; Simulationskonstrukte (Beispiel: elektr. Nachbau eines Neurons) sind Modelle, an denen die natürl. Merkmale studiert werden können.

(A_2) Eine andere Unterscheidung zielt auf die Versuchsfunktion: unabhängige Variable (uV) sind die im Experiment planmäßig veränderten Merkmale, die in ihrer Wirkung an den abhängigen Variablen (aV) beobachtet werden; die intervenierenden Variablen (iV) sind die hypothet. Zwischenglieder zwischen beiden, denen außer dieser Abhängigkeitsfunktion keine zusätzl. Eigenschaften zugeschrieben werden. Beim Beispiel Radio: uV = Drehen des Reglers; aV = Änderung der Lautstärke; iV = Umwandlung im Apparat.

B Indexbildung

Für jeden Untersuchungsgegenstand müssen als Voraussetzung der Ensembles (Zusammenstellungen) der variablen Merkmale erstellt werden.

(B_1) Bei der Gegenstandsanalyse, z. B. Gebrauchsspuren an einer Tube, müssen die zu untersuchenden Merkmale bestimmt werden. Ziel ist die umfassende ps. Beschreibung.

(B_2) Da diese praktisch unendlich ist, kommt es auf eine ökonom. Auswahl in 2 Richtungen an: nach innen auf die Bestimmungsmerkmale, nach außen auf die Unterscheidungsmerkmale zu anderen Gegenständen.

(B_3) Wichtig ist ihre Trennschärfe, d. h. die Möglichkeit, z. B. in einem Test, gute und schlechte Leistungen zu unterscheiden. Bei der Itemanalyse (vgl. XIX/1) erfolgt ihre Berechnung nach der Formel:

$$p = \frac{N_R}{N} \quad (N_R = \text{richtige Antworten}).$$

C Stichprobe

Die Untersuchung einer Grundgesamtheit oder Population (z. B. der Bevölkerung eines Landes) ist zumeist unmöglich; man muß sich mit einer Auswahl begnügen. Dabei kommt es auf die möglichst genaue Entsprechung der Stichprobe *(sample)* mit der Population an.

(C_1) Man wählt etwa aus einer Kartei der Gesamtbevölkerung nach best. Kriterien aus.

(C_2) Das Random-Verfahren (gesteuerter Zufall) geht nach gewürfelten Folgen vor: das Beispiel gibt eine Zeile der Tippet-Tabelle wieder, aus der man die nächste Karteikarte auswählen kann; bei kleineren Karteien genügen 100er- bzw. 10er-Reihen: 15 – 54 ...

(C_3) Das Quota-Verfahren folgt den bevölkerungsstatist. Merkmalen, z. B. dem Anteil von Altersgruppen. Hier lassen sich nachträglich Aufrundungen bei unzureichend ausgefüllten Gruppen vornehmen. »Bereinigungen« sind dann erforderlich, wenn die Ergebnisse bestimmbare Fehler (z. B. einen bekannten Grad an Meinungshemmung) enthalten.

D Datenmatrix

Die Untersuchungsergebnisse, die »Daten«, können weiter verarbeitet werden, so daß sie zusätzl. Informationen liefern. Spätestens seit der Diskussion um den Datenschutz ist diese Tatsache allgemein bekannt. Ihre vorrangige Bearbeitung erfahren Daten in der Einordnung in eine Matrix oder ein Datenschema.

(D_1) Als Beispiel einer eindimensionalen Aufstellung werden die Körpergrößen einer Gruppe in Säulen geordnet.

(D_2) Als Beispiel für eine mehrdimensionale Matrix werden die Korrelationsergebnisse von 7 Merkmalen verzeichnet. In einer solchen Matrix sind nicht alle 49 mögl. Werte interessant. Der gelbe Streifen gibt die mit sich selbst identischen Werte wieder. Das untere rote Dreieck ist die spiegelbildl. Wiedergabe des oberen blauen Dreiecks. Folglich sind nur die 21 Zahlen des roten Dreiecks von Belang. Die Werte selbst sind im vorliegenden Fall »diskret«, weil sie im Unterschied zu kontinuierl. Werten in zahlenmäßig bestimmbare Abstände gegliedert sind.

Daten sind in jedem Fall erhebungsabhängig, d. h. die Bestimmung der Methode legt die Güte der Daten fest. Erst danach ist die Frage wichtig, ob die Methode auch richtig angewendet wurde. Im Lauf der Ps.-Geschichte haben die allg. Einstellungen zur Datenerhebung mehrfach gewechselt.

Nach CATTELL werden in der Persönlichkeitsps. L-(*life records*, Persönlichkeitsbeschreibungen) Q-(*questionnaire data*, Selbstbeurteilungen) und T-Daten (*test data*, Testergebnisse) unterschieden.

50 III. Methodik / 4. Versuchspläne

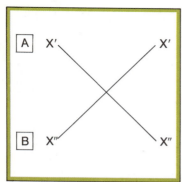

A Kreuzplan

B Gruppenplan

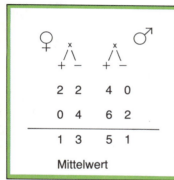

C Faktorieller Plan

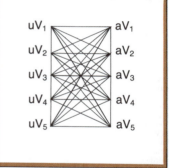

D Multivariater Plan

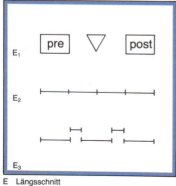

E Längsschnitt

F Querschnitt

Um die Wirkung einer Therapie zu kontrollieren, genügt es natürlich nicht, nur den Zustand des Patienten nach der Kur zu untersuchen. Auch die etwas erweiterte Form, erst den Ausgangszustand und dann den Nach-Therapiezustand mit dem gleichen Untersuchungsverfahren zu messen, kann irreführen, da der gleiche Test vielleicht beim 2. Mal besser beherrscht wird oder weil in der Störung inzwischen eine unbeeinflußte Besserung (Spontanremission) eingetreten ist. Zum sog. *Forschungsdesign* (Versuchsanordnung) gehört der wohlüberlegte Einsatz der passenden Versuchspläne. Von der großen Zahl mögl. Pläne sind nachfolgend die grundsätzlichen wiedergegeben.

A Kreuzplan

Das *cross-over-design,* der Kreuzplan, ist ein Modell für einfache balancierte Wiederholungsanordnungen. Eine zufallsausgewählte Gruppe A wird einer anderen Gruppe, B, gegenübergestellt. Bei der Gruppe A wird zunächst der Versuch (z. B. Konzentrationstest) mit der unabhängigen Variablen X′ (z. B. kein Lärm) durchgeführt, danach die vergleichbare Aufgabe mit der unabhängigen Variablen X″ (Lärm). Für die Gruppe B ist die Reihenfolge umgekehrt: X″, danach X′. Die Differenz X′ zu X″ wird mit dem t-Test (S. 67) geprüft. Wie alle Verfahren kann auch dieses kompliziert werden, z. B. als Spiegelbildanordnung: beide Versuchsgruppen werden in beiden Reihenfolgen getestet.

B Gruppenplan

Der Kreuzplan ist ungeeignet, wenn die unabhängige Variable (z. B. eine Psychotherapie) nachwirkt. In einem solchen Fall arbeitet der Forscher meist mit Gruppenplänen.

(B₁) Nach einer Zufallsauslese werden die Versuchspersonen in 2 ungefähr gleichgroße Gruppen geteilt, eine Versuchsgruppe VG, bei der die Versuchsanordnung X″ (z. B. eine best. Therapie) angewendet wird, und eine Kontrollgruppe KG mit X′ (ohne diese Therapie).
Diese Versuchsanordnung läßt sich verbessern, indem man (B₂) die Trennung von VG und KG durch einen Vortest δ herbeiführt bzw. (B₃) die Differenzen zwischen der 2maligen Messung ermittelt. Weitere Ergänzungen sind die hierarchischen Schachtelmodelle (*nested designs*).

C Faktorieller Plan

Bei versch. Forschungsaufgaben ist es realistisch, von mehreren unabhängigen Variablen auszugehen. Hier greift man zu faktoriellen Plänen. Die einfachste Form eines faktoriellen Designs ist die 2-mal-2-Anordnung.
Im Beispiel (C) wird der Faktor Geschlecht (Frau, Mann) einem Faktor x (z. B. Interesse für Sport) 2mal gegenübergestellt und der Mittelwert berechnet. Nun kann untersucht

werden: gibt es zwischen Geschlecht und x eine Korrelation bzw. Wechselwirkung?

D Multivariater Plan

Diese Plangruppe geht davon aus, daß es neben mehreren unabhängigen (uV) auch mehr als eine abhängige Variable (aV) gibt. Da in der Ps. viele Fragestellungen hinsichtlich der aV nur multivariat formuliert werden können, ist diese Forschungsgruppe reich mit Verfahren besetzt.
Sie erfordern meist rechnerisch aufwendige Bearbeitungen, so daß man i. d. R. die EDV einsetzen wird, für die Programmpakete zur multivariaten Varianzanalyse, z. B. MANOVA (*multivariate analysis of variance*), zur Verfügung stehen.

E Längsschnitt

Alle bisher erwähnten Forschungsdesigns sind zeitlich punktuell bzw. auf einen relativ kurzen Zeitraum ausgerichtet. Aber oft interessiert, wie sich bestimmte Merkmale im Laufe der Zeit ändern. Bei diesen Fragestellungen ist die individuelle Variation bedeutsam. Also gehören hierher vor allem Einzelfalluntersuchungen, wenn diese auch nicht nur bei einer Person durchgeführt werden. Damit diese Verfahren den gleichen wiss. Rang wie die vorherigen erlangen, werden die Beobachtungen mit großem statist. Aufwand quantitativ ausgewertet und zufallskritisch abgesichert (HUBER, 1973).
Längsschnittuntersuchungen reichen in ihrer einfachsten Form von der (E₁) *pre-post*-Untersuchung (vor und nach einem Ereignis) über die (E₂) Langzeituntersuchungen (z. B. der psych. Entwicklung wie dt. Nachkriegskindern; THOMAE u. a., 1954) bis zu (E₃) gestaffelten Longitudinalstudien (Lebens- und Forschungsphasen wechseln in festgelegten Intervallen) und Zeitreihenanalysen (S. 75).

F Querschnitt

Diese Design-Gruppe ist durch die Demoskopie (NOELLE-NEUMANN, 1964) in der Öffentlichkeit bekannt. Weniger gilt dies für die Technik selbst. Bei großen Querschnittuntersuchungen werden meist 2000 Personen, ausgewählt nach den früher beschriebenen Auswahlverfahren, befragt. Eine ps. Hauptaufgabe bei solchen Untersuchungen ist die Erstellung eines Fragebogens, der weder suggestive noch überfordernde Fragen enthält. Das eigentl. Interview und die Verarbeitung der Daten geschieht zumeist durch angelernte Kräfte.
Eine Kombination von Längs- und Querschnitt sind die von LAZARSFELD (1938) eingeführten *Panel*-Untersuchungen: in Verlaufsanalysen werden z. B. Einstellungen in der Gesamtbevölkerung über längere Zeit und in best. Abständen interviewt, um Trends im Meinungsfeld festzustellen und evtl. spätere Entwicklungen voraussagen zu können.

52 III. Methodik / 5. Hypothesenbildung

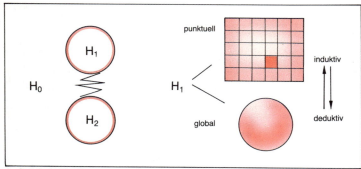

A Statistische Hypothesen

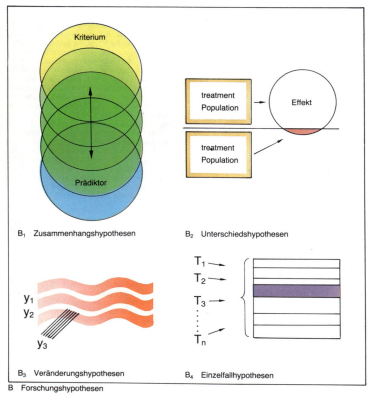

B₁ Zusammenhangshypothesen

B₂ Unterschiedshypothesen

B₃ Veränderungshypothesen

B₄ Einzelfallhypothesen

B Forschungshypothesen

III. Methodik / 5. Hypothesenbildung 53

Forschung ist keine Fahrt ins Blaue. Man muß kritisch prüfen, was man zu erkunden gedenkt. Dazu dient die Hypothesenbildung. SELG und BAUER (1971) charakterisieren diese Aufgabe: »Wenn ein Problem eine Frage ohne empirisch begründete Antwort ist, so ist eine Hypothese eine Aussage darüber, was man als empir. Antwort erwartet.« Die methodisch oft unterschätzte Hypothesenbildung kann als der geistvollste Teil der Forschungsvorbereitung gelten. Denn mit ihr entscheidet sich, ob eine Fragestellung überhaupt fruchtbar ist.

A Statistische Hypothesen
Hypothese heißt wörtlich Unterstellung. Dieser »negative« Ausdruck wird hier »positiv« gemeint: eine best. Annahme wird als Erklärungsversuch eingeführt und seine Geltung soll geprüft werden. Dafür sind 2 Hauptbedingungen an die Formulierung gestellt:
a) Deutlichkeit (die Hypothese muß in sich widerspruchsfrei und unzweideutig sein),
b) Operationalisierung (sie muß sich mit geeigneten Methoden prüfen lassen).
Beiden Forderungen zu entsprechen, ist nicht immer leicht.
Je nach dem Ort innerhalb eines Forschungsprogramms unterscheidet man Ansatzhypothesen (gleichsam der erste, probierende Schritt zum Aufbau einer Theorie) und Entscheidungshypothesen (experimentum crucis; mit ihnen wird ein Entweder-Oder abgeschlossen). Zwischen beiden Extremen stehen die Hypothesenbündel, die Schritte auf dem Weg zu einer Gesamttheorie oder Problemklärung sind. Entsprechend unterscheidet man Theoriehypothesen von konkreten Hypothesen, die sich auf voraufgegangene Tatsachenklärungen beziehen und Anschlußklärungen herbeiführen sollen.
(A₁) Eine wesentl. Differenzierung in statist. Hinsicht betrifft die Geltungsvermutung. Die sog. Nullhypothese vertritt die Auffassung, daß der vermutete Zusammenhang *nicht* besteht; demgegenüber steht die Alternativhypothese (auch Arbeitshypothese genannt) für den vermuteten Zusammenhang. Erstere wird mit H_o, letztere mit H_a, besser mit H_1 (weil man auf H_2, H_3 usw. ergänzen kann) symbolisiert. H_o soll die Haltung des Forschers versachlichen und evtl. Übererwartungen dämpfen; sie wirkt distanzbildend.
(A₂) teilt sich in die Gruppe der punktuellen (bei denen induktiv auf eine Gesamtheit geschlossen wird) und die der globalen Hypothesen (bei denen eine umfangreiche Fragestellung geklärt werden soll, aus der deduktive Schlüsse möglich werden). Induktion und Deduktion können sich auch ergänzen.

B Forschungshypothesen
Hypothesen sind Stadien auf dem Weg von einer Forschungsidee (formuliert in »Thesen«) zum Ziel eines Beweises für eine Ge-

setzmäßigkeit. Sie werden i. d. R. als »Wenn-dann«-Beziehungen formuliert. Als Thesenprüfung müssen sie geplant, in Experimenten durchgeführt, in den Ergebnissen ausgewertet und interpretiert werden. Nach ihrer formalen Ausrichtung lassen sie sich in 4 Gruppen unterteilen (BORTZ, 1984).
(B₁) **Zusammenhangshypothesen.** Unter der Bezeichnung Interdependenzanalyse versucht man in dieser Gruppe, Kausalbeziehungen zu klären. Man kann z. B. einen Zusammenhang zwischen der Häufigkeit von Diskussionsbeiträgen eines Mitglieds (Kriterium) einer zufällig zusammengekommenen Gemeinschaft und der Intelligenzeinschätzung dieses Teilnehmers (Prädiktor) durch die anderen vermuten. Es kommt nun darauf an, diese Zusammenhangshypothese durch ein entsprechendes Forschungsdesign zu prüfen.
(B₂) **Unterschiedshypothesen.** »Hat diese Behandlungsmaßnahme *(treatment)* überhaupt einen Zweck? – Unterscheiden sich Frauen und Männer als Autofahrer?« Solche Differenzierungsanalysen zielen auf eine anteilige Trennung von 2 Sachverhalten *(treatment, Population)* an einem Effektbereich.
(B₃) **Veränderungshypothesen.** Kommutationsanalysen sind zwar beliebt (sie sollen mehr als die Hälfte der Forschungsenergien absorbieren; BALTES u. a., 1977), aber immer noch problematisch, weil dabei mehr Fragen offenbleiben, als gelöst werden. Einige typ. Alltagshypothesen dazu: Tägl. Fernsehen schädigt die Kinder ... Die Gesundung des Patienten hängt von seinem Gesundungswillen ab ... Die Schule unterdrückt kreative Kinder! Problematisch sind unabhängige Drittvariable (Y_3), deren Einfluß nicht erkannt wird (vgl. IV/6).
(B₄) **Einzelfallhypothesen.** Die Ps. muß sich ihrem Auftrag gemäß in vielen Aufgaben mit dem Einzelfall beschäftigen. Wenn z. B. die Tat eines Beschuldigten auf ihre Verursachung zu prüfen ist, nützen allg. Kenntnisse über menschl. Reaktionen wenig. In der Psychodiagnostik (s. XIX) werden sog. Testbatterien (d. h. Zusammenstellungen mehrerer Tests von T_1 bis T_n) eingesetzt, die in Gestalt eines »Testprofils« dem Diagnostiker Hinweise liefern, z. B. über die individuelle Intelligenzausprägung. Die Hypothesen dieses Bereiches unterscheiden sich von denen der anderen, da sie zumeist standardisiert sind; d. h. der Diagnostiker stützt sich auf die in der Testtheorie und der Testentwicklung durchgeführte hypothet. Prüfung der Gütekriterien des angewandten Tests.

Für Hypothesen gilt i. a., daß man nicht von einer endgültigen Bestätigung (Verifizierung) oder Widerlegung (Falsifizierung) ausgeht, sondern nur von der Beibehaltung (Verneinung der Erwartung) oder der Verwerfung (Bejahung der zugrundeliegenden Annahme) der Nullhypothese spricht.

54 III. Methodik / 6. Observation

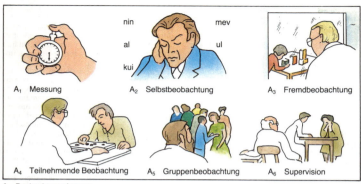

A Beobachtungsformen
- A_1 Messung
- A_2 Selbstbeobachtung
- A_3 Fremdbeobachtung
- A_4 Teilnehmende Beobachtung
- A_5 Gruppenbeobachtung
- A_6 Supervision

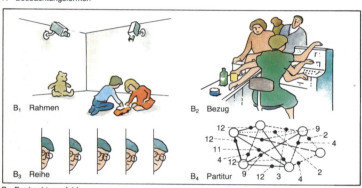

B Beobachtungsfeld
- B_1 Rahmen
- B_2 Bezug
- B_3 Reihe
- B_4 Partitur

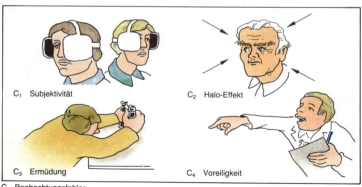

C Beobachtungsfehler
- C_1 Subjektivität
- C_2 Halo-Effekt
- C_3 Ermüdung
- C_4 Voreiligkeit

Die Ps. verfügt über eine große, kaum übersehbare Zahl von Untersuchungsmethoden; aber alle stützen sich auf nur 3 (kombinierbare) Grundlagen: auf die systematisierte Wahrnehmung, die bewußt gestellte Frage (S. 57) und den gezielten Versuch (S. 59).

A Beobachtungsformen

Als systematisierte Wahrnehmung, Observation, umfaßt die erste Methodengruppe eine Reihe von Beobachtungsformen.

(A_1) **Messung.** Der gelegentl. Vorwurf der »Unwissenschaftlichkeit« der Beobachtungsmethode trifft am seltensten die Messung. Sie ist zwar auch eine (zumeist visuelle) Wahrnehmung, aber dabei wird das Ereignis nicht selbst beobachtet, sondern ein techn. Apparat (u. a. Stoppuhr, Galvanometer, ein Polygraph mit vielen Aufzeichnungsarten, z. B. für phys. Vorgänge) zwischengeschaltet, der die Beobachtung zur »Ablesung« verdichtet.

(A_2) **Selbstbeobachtung.** Sie ist die subjektivste Beobachtungsart. Allerdings konnte EBBINGHAUS zu Beginn unseres Jh. ihren wiss. Wert nachweisen, indem er sinnlose Silben (nin, mev) memorierte und dann seine Vergessenskurve über Jahre hinweg aufzeichnete. Prinzipiell gelten seine Selbstbeobachtungsergebnisse noch heute.

(A_3) **Fremdbeobachtung.** Wohl die meisten ps. Erkenntnisse haben ihren Ursprung in Fremdbeobachtungen. Um belästigendes Anstarren zu vermeiden, das die Ergebnisse verfälschen kann, benutzt man oft Schutzeinrichtungen, z. B. die Einweg-Spiegelscheibe oder Fernsehkameras, damit sich die Vpn., bes. wenn es sich um Kinder handelt, ungestört fühlen können.

(A_4) **Teilnehmende Beobachtung.** Bei ihr unterscheidet sich der Beobachter nicht von den Mitwirkenden der Beobachtungsgruppe; z. B. kann der Beobachter auch Mitspieler sein.

(A_5) **Gruppenbeobachtung.** Hier wird nicht nur die Zahl der Beobachtungen durch Vermehrung der Vpn. erhöht, sondern es werden zusätzlich auch die zwischenmenschl. Ereignisse beobachtet.

(A_6) **Supervision.** In der Ausbildung wird die prakt. Tätigkeit des Lernenden meist durch einen »Supervisor« (Ausbildungspsychologen) direkt oder indirekt (d. h. über die Aufzeichnung, z. B. der Gesprächsführung) überprüft; Korrekturen werden mit dem Lernenden besprochen.

B Beobachtungsfeld

Die wiss. Beobachtung muß organisiert werden; dabei sind 4 Bereiche hervorzuheben.

(B_1) **Beobachtungsrahmen.** Der Ausschnitt (z. B. die räuml. Begrenzung) und die Thematik (z. B. Verhaltensweisen) müssen festgelegt werden, auch die Beobachtungsmittel (z. B. Verwendung von Video-Geräten).

(B_2) **Beobachtungsbezug.** Die Art der Beobachtungssystematisierung reicht von der Gelegenheitsbeobachtung bis zur Verhaltensanalyse (z. B. als Arbeitsanalyse mit registrierter Arm- und Handbewegung bei Arbeitsvorgängen). Da alle Beobachtungseinheiten im Kontext mit anderen Verhaltenselementen stehen, müssen auch deren Ausdrucksmerkmale (z. B. Anzeichen von Ermüdung) registriert werden (vgl. XIX/2).

(B_3) **Beobachtungsreihe.** Beobachtung ist immer ein zeitl. bestimmbares Ereignis. Die Stichproben beziehen sich daher oft auf zeitl. wiederholte Beobachtungsstadien *(time sampling)*.

(B_4) **Beobachtungspartitur.** Eine der größten Schwierigkeiten ist die Flüchtigkeit der zu beobachtenden Merkmale. Wie die Noten- bzw. Choreographie-Schrift für Musik und Tanz wird eine Partitur als Aufzeichnung der Beobachtungsmerkmale erstellt (z. B. für die Anzahl der Blickkontakte zwischen den einzelnen Vpn. in einer Gruppe). Seit die opt.-akust. Aufzeichnung technisch zunehmend besser gelöst wird, wächst auch der wiss. Wert der Beobachtung.

C Beobachtungsfehler

(C_1) **Subjektivität.** Für die »Scheuklappen« bei der Beobachtung werden hauptsächlich 5 Bereiche genannt:

Horizont (Unvollständigkeit je nach Verarbeitungshöhe entsprechend Intelligenz, Vorkenntnissen, Interessenrichtung, Aufmerksamkeitsgrad),

Unsachlichkeit (Selektion von ichbezogenen Werten ggü. gegenständl. Merkmalen),

Gefühlsbetonung (affektive Verzerrung),

Perspektivität (falsche Auswahl: Auslassung oder Überflüssigkeit von Merkmalen),

Parteilichkeit (Vor-Beeinflussung durch andere, individuelle Vorurteile gegenüber Menschen und Menschengruppen).

(C_2) **Halo-Effekt,** auch »Hof-Effekt« genannt: manche vordergründigen Merkmale (z. B. der Ersteindruck) ziehen andere Merkmale an und überstrahlen sie. Ähnliche Beobachtungsfehler sind u. a. der Barnum-Effekt (leichtere Akzeptanz unpräziser Beobachtung), Appetenz-Effekt (Beobachtungsauslese in der Erwartungsrichtung), Zentraltendenz (Bevorzugung von Mittelwerten), Aggravationseffekt (Verstärkerwirkung bei benennbaren Beobachtungen), Milde-Effekt (positive Beobachtungsverschiebungen zugunsten von Bekannten).

(C_3) **Ermüdung.** Jeder Beobachter muß mit der von ihm selbst unbemerkten Abnahme seiner Aufmerksamkeit bei der Beobachtung rechnen.

(C_4) **Voreiligkeit.** Beim abschließenden Urteil kann es zu vorschnellen Bewertungen kommen, denen nachfolgende Beobachtungsmerkmale nicht entsprechen; sie werden aber nicht mehr berücksichtigt, weil das Urteil schon feststeht.

56   III. Methodik / 7. Exploration

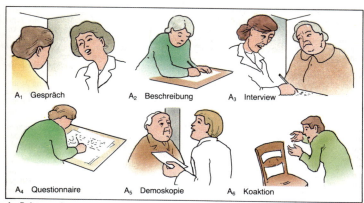

A₁ Gespräch   A₂ Beschreibung   A₃ Interview
A₄ Questionnaire   A₅ Demoskopie   A₆ Koaktion

A Befragungsformen

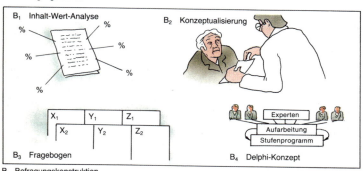

B₁ Inhalt-Wert-Analyse   B₂ Konzeptualisierung
B₃ Fragebogen   B₄ Delphi-Konzept

B Befragungskonstruktion

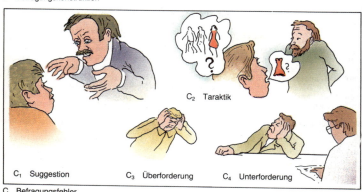

C₁ Suggestion   C₂ Taraktik   C₃ Überforderung   C₄ Unterforderung

C Befragungsfehler

III. Methodik / 7. Exploration 57

»Gut Gespräch verkürzt den Weg«, heißt es im Sprichwort. Für die Ps. gibt es keinen Ersatz für die Frage an Betroffene. Als 2. Hauptgruppe der Methoden weist sie erhebl. qualitative Unterschiede hinsichtlich ihrer zahlreichen Unterarten auf.

A Befragungsformen

(A₁) **Gespräch.** Seit dem Aufschwung der Klin. u. Päd. Ps. (s. XX) wird der Gesprächsführung erhöhte Aufmerksamkeit geschenkt. In der Gesprächspsychotherapie stehen emot. Wärme, Wertschätzung und Echtheit auf seiten des Therapeuten im Vordergrund; dagegen stören Monolog, Streitgespräch, Prüfhaltung, Projektion (XX/7, B) und unterdrückende Umlenkungen der Themen.

(A₂) **Beschreibung,** reicht von den biograph. Selbstbeschreibungen, die nicht viel mehr als »Lebensläufe« sind, bis zum »Semantischen Differential« (OSGOOD, 1953), einer Form der Selbstbeschreibung nach vorgegebenen polaren Vergleichsbegriffen, z.B. ruhig-aufgeregt, freundlich-unfreundlich, leichtsinnig-vorsichtig (SCHÖNBACH, 1972).

(A₃) **Interview.** Diese verbreitetste Form der Befragung gibt es in zahlreichen Unterformen: Erstinterview in der Therapie (das der amerikan. Psychotherapeut A. LAZARUS als entscheidende Weichenstellung für die Therapie ansieht), diagnostisches, Befragungs-, Forschungs-, Panel-Interview und angeleitete Gruppendiskussion (Meinungsbildungsprozesse; E. DICHTER, 1964).

(A₄) **Questionnaire,** ein feststehendes Inventar von Fragen, das zumeist für diagnost. Zwecke, Ermittlung von Meinungen oder Einstellungen verwendet wird.

(A₅) **Demoskopie.** Seit G. GALLUP (1936) ist die öffentl. Meinungsbefragung ein etabliertes Gebiet, das am Miniaturmodell von ca. 2000 Befragungspersonen (Bp.) die Meinung der Gesamtbevölkerung wiedergibt.

(A₆) **Koaktion.** In dieser Befragungsform läßt man die Bp. ihre Einstellungen, Meinungen etc. ausagieren, z.T. gegenüber einem leeren Stuhl, auf dem sie sich selbst oder eine Bezugsperson vorstellen soll.

B Befragungskonstruktion

Die Erstellung von Fragebogen erfordert einen hohen Aufwand an Vorbereitung, Erfahrung und Überprüfung. Zunächst muß man sich für die »harte« oder »weiche« Befragungskonstruktion entscheiden. Bei *fokussierten* (gezielten) Befragungen besteht nur wenig Spielraum für freie Äußerungen, dagegen eignen sich *narrative* (erzählende) Befragungen mehr für komplexe, wenig strukturierte Untersuchungsgegenstände.

(B₁) **Inhalt-Wert-Analyse.** Um Begriffe, Fragesätze und Fragepassagen als Antwortauslöser abschätzen zu können, bedarf es zumeist einer Analyse, wie ihre Textelemente nach Verwendungshäufigkeit, Verständnis usw. in

der Bevölkerung verteilt sind. Wertanalysen sind ferner quantitative Verfahren zur Ermittlung von Bedeutungshäufigkeiten.

(B₂) **Konzeptualisierung.** Unter diesem Begriff (MEICHENBAUM, 1977) wird die angemessene Ausstattung der Bp. mit dem »formulierten« Problem verstanden, d.h. es muß in eine sie interessierende und ihr verständl. Sprache umformuliert werden.

(B₃) **Fragebogen.** Bereits 1880 legte F. GALTON Fragebogen zur Untersuchung individueller Unterschiede vor. Heutige Fragebogen sind zumeist *item*-analysierte, psychometr. Testinstrumente, die, faktoren-analytisch geprüft, durch Ermittlung von Übereinstimmungs- und Vorhersagekoeffizienten und ausgestattet mit Korrekturskalen wesentlich trennschärfere Resultate liefern.

(B₄) **Delphi-Konzept,** eine hochstrukturierte Expertenbefragung, die in aufgearbeiteter Form in mehreren Stufen, bei gegenseitiger Kenntnis der Aussagen, Problemlösungen schrittweise erreicht; ergänzt durch Expertensysteme, d.h. Computer-Programme mit gestuften Bestlösungen unter Ausschluß von Fehlentwicklungen (»Evolutionsstrategie«).

C Befragungsfehler

(C₁) **Suggestion.** »Sind Sie auch der Meinung, daß ...«, eine so gestellte Frage erkennt wohl jeder als Suggestivfrage. »Trinken Sie lieber helles oder Malz-Bier?« diskriminiert das dunkle Bier unbemerkt als »Kinderbier« und wirkt ebenfalls suggestiv verzerrend. Dieses Beispiel zeigt, daß kaum eine »normale« Frage unbesehen in einen wiss. Fragebogen übernommen werden kann.

(C₂) **Taraktik.** Unter diesem Begriff (PAULI, 1957; taraktisch = verwirrend) werden Fragen verstanden, die die Bp. überrumpeln. Solche »Fehler« können allerdings bei Überführungsfragen (»War das Kleid der Frau rot«, um herauszufinden, ob überhaupt eine Frau anwesend war), etwa in kriminalist. Untersuchungen, Erfolg haben.

(C₃) **Überforderung.** Der Befragte kann in mehrfacher Hinsicht »überfragt« sein. Die einfachste Form ist dabei die Unkenntnis; wobei aber berücksichtigt werden muß, daß auch dann Antworten erfolgen können. Schwieriger zu beurteilen sind die Überforderungen aus entgegenstehender Motivierung, z.B. Antworten gegen die eigenen Interessen.

(C₄) **Unterforderung.** Am leichtesten werden diese Verzerrungsgefahren übersehen. Ein Befragter, der die Fragen z.B. als zu naiv verachtet, kann leicht in ironisierende Komplementärantworten verfallen.

Kritiker der Exploration heben hervor, daß diese Methode nur wegen ihrer leichten statist. Verarbeitung beliebt sei. So würden oft Themen der Alltagswirklichkeit in den Fragebogen über Gebühr schematisch beschnitten.

58 III. Methodik / 8. Experiment

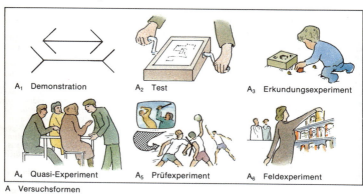

A₁ Demonstration A₂ Test A₃ Erkundungsexperiment
A₄ Quasi-Experiment A₅ Prüfexperiment A₆ Feldexperiment

A Versuchsformen

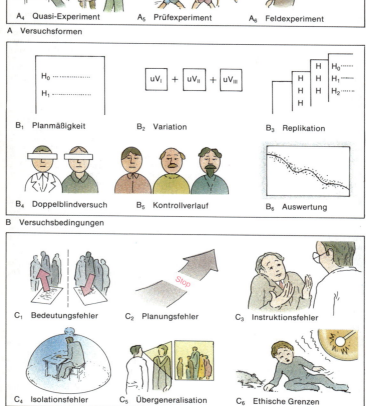

B₁ Planmäßigkeit B₂ Variation B₃ Replikation
B₄ Doppelblindversuch B₅ Kontrollverlauf B₆ Auswertung

B Versuchsbedingungen

C₁ Bedeutungsfehler C₂ Planungsfehler C₃ Instruktionsfehler
C₄ Isolationsfehler C₅ Übergeneralisation C₆ Ethische Grenzen

C Versuchsfehler

Vor der Einführung des Experiments in die Ps. um die Mitte des vorigen Jh. mußte man sich auf die persönl. Erfahrung einzelner Menschen stützen. Das Experiment erweitert diese »natürlichen« Einsichten durch »synthetische«. Der Vorteil dabei ist, daß man sie planmäßig und unabhängig von der nur subjektiven Geltung erarbeiten kann. Auch diese 3. Gruppe der Hauptmethoden umfaßt zahlreiche Unterformen.

A Versuchsformen

(A₁) **Demonstration.** Die Vorführung der Müller-Lyerschen Täuschung (S. 97) soll nicht zu neuen Erkenntnissen führen, sondern den Lernenden eine wohlbekannte Erscheinung (Größeneindruck der unteren Linie) in experimenteller Vorführung nahebringen.

(A₂) **Test,** ein »Kurzexperiment«, dem einige Merkmale der späteren Experimente (z. T. die Bedingungsvariation) fehlen (vgl. XIX/6, Zweihandprüfer für Koordinationen).

(A₃) **Erkundungsexperiment,** auch *pilot study* genannt, zielt auf die Verbreiterung der Hypothesenbasis oder auf einen Zugewinn an allg. Erfahrung, die durch weitere Experimente untermauert werden soll.

(A₄) **Quasi-Experiment,** bzw. Interdependenz-Analyse, Versuchssituation mit »nur der natürlich vorgefundenen Variiertheit« (Selg u. Bauer, 1971), z. B. wenn zu einer Experimentalgruppe von 3 Personen eine 4. hinzutritt, wobei Änderungen des Gruppengeschehens nicht kausal (als Bedingung für die Veränderung) interpretiert werden.

(A₅) **Prüfexperiment,** das »klassische« Experiment, bei dem Hypothesen kausal geprüft werden; z. B.: Fördert die Aggressionsdarstellung im Film (unabhängige Variable) die Aggressivität im nachfolgenden Spiel (abhängige Variable)?

(A₆) **Feldexperiment,** im Gegensatz zu den vorherigen »Labor-Experimenten« wird dieses in natürl. Umgebung (z. B. in einem Kaufhaus) durchgeführt, wobei es bes. schwierig ist, »konfundierende« (nebenwirkende) Variable auszuschalten.

B Versuchsbedingungen

(B₁) **Planmäßigkeit.** Experimentelle Bedingungen müssen nachher genau beschrieben werden, folglich ist eine Vorausplanung der Versuchsbedingungen unerläßlich.

(B₂) **Variation.** Die identische Wiederholung kann kaum zu interessanten Ergebnissen führen. Erst die Variation der Bedingungen mit einem anschließenden Ergebnisvergleich bringt die gewünschte Information.

(B₃) **Replikation.** Ein Experiment muß so geplant sein, daß es jedermann bei Einhaltung der gleichen Versuchsbedingungen wiederholen und überprüfen kann.

(B₄) **Doppelblindversuch.** Die »schlimmste« Störung der Experimente ist der Versuchsleiter. Damit seine Annahmen nicht von der Vp.

unbewußt übernommen werden, beläßt man bei der Verteilung der Bedingungen (z. B. Medikament und wirkungsloses Präparat, »Placebo«) auch ihn in Unkenntnis.

(B₅) **Kontrollverlauf.** Bei jedem Experiment ist die Vp. als ganzer Mensch, u. a. mit ihren Motivationen, beteiligt. Folglich muß während des Versuchs kontrolliert werden, ob sich bei ihr nicht ps. Veränderungen ereignen.

(B₆) **Auswertung.** Die Ergebnisse sind »Rohdaten«, erst ihre Verarbeitung (mit Hilfe statist. Mittel) läßt die Verwertung zu.

Noch weitgehend offen ist das Teilproblem der Vp.-Motivation, d. h. die Auswirkung von Motivationen auf seiten der Vpn. auf die Versuchsergebnisse.

C Versuchsfehler

(C₁) **Bedeutungsfehler.** Die experimentelle Planung engt die Untersuchungsmöglichkeiten auf »machbare« (operationalisierbare) Anordnungen ein. Aus bed. Problemen werden deshalb oft nichtige, die zu einer »leblosen Psychologie« führen, weil eher eine Methode demonstriert als Inhalte ermittelt werden.

(C₂) **Planungsfehler.** Auch die vorausschauendste Planung wird nicht alle mögl. Gründe für ein Scheitern der Versuche verhindern können; man sollte also vor Versuchsbeginn eine »taktische« Überlegungspause einlegen.

(C₃) **Instruktionsfehler.** Fehler entstehen häufig durch mangelhafte Unterweisung der Vp.

(C₄) **Isolationsfehler.** Durch die unnatürl. Versuchssituation können »Isolationseffekte« bei der Vp. entstehen, die die Ergebnisse verzerren.

(C₅) **Übergeneralisation,** ergibt sich, wenn die Ergebnisse über die (zumeist engbegrenzte) Gültigkeit verallgemeinert werden.

(C₆) **Ethische Grenzen.** In einem frühen Verhaltensexperiment (Watson) wurde ein Kleinkind immer durch Geräusche erschreckt, wenn es eine zahme Ratte sah. Dadurch konnte eine vorher nicht vorhandene Rattenphobie ausgelöst werden. Viele Kritiker sahen darin die Überschreitung eth. Grenzen. Man kann und darf nicht alles experimentell untersuchen, was sich nur planen läßt.

Das Experiment gilt als Grundmethode der auf das physikal. Vorbild ausgerichteten Ps.: mit der Änderung der unabhängigen Variablen wird über die nachfolgende Änderung der abhängigen Variablen auf die Wirkung der ersteren rückgeschlossen. Analog zur Physik wird eine *feste* kausale Beziehung zwischen Meßwert und Erscheinung angenommen und vorausgesetzt. Demgegenüber betonen Kritiker, daß ps. Erscheinungen eine grundsätzl. Inhaltsmehrdeutigkeit (Ambiguität) aufweisen, die man mit der Experimentalanordnung kategorial verfehlen kann. Das Experiment in der Ps. ist daher in der epistemolog. Diskussion nach wie vor umstritten.

A Symbolik

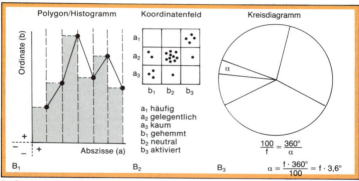

B Graphische Darstellung

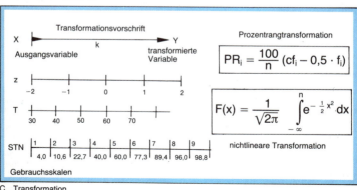

C Transformation

IV. Statistik / 1. Transkription   61

Mit der *Logik* besitzt die Wissenschaft ein über 2000 Jahre altes Instrument zur Prüfung von (verbalen) *Aussagen*. Erst seit rd. 100 Jahren bietet die Angewandte Mathematik ein Prüfinstrument für den prakt. Umgang mit *Zahlen* (»Zahlenlogik«). Seit es eine Quantifizierung in der Ps. gibt, ist das Prüfinstrument Statistik unerläßlich.

Mit Hilfe der *Statistik* werden quantitative Werte in ihrer »Objektivität« in 5facher Weise gestützt:

1. Statistik soll Zahlen graphisch besser überschaubar machen;
2. sie gibt Auskunft, in welchem Umfang man sich auf Zahlenwerte verlassen kann;
3. sie ermittelt die Beziehung bzw. Abhängigkeit von Zahlenwerten untereinander;
4. sie klärt die Höhe der Wahrscheinlichkeit ab, mit der der Eintritt von Ereignissen angenommen werden darf;
5. sie versucht durch die Reduzierung von Zahlenmassen auf wenige grundlegende Werte, eindeutige Mengenordnungen herbeizuführen.

A   Symbolik

(A₁) **Schreibweise:** Oft schreckt die Statistik wegen ihrer Formelsprache ab. Diese leicht lernbare Ausdrucksweise dient aber der präziseren Verständigung. Zum Beispiel wird der Ausdruck in der Abb. (A₁) gelesen:

Die Summe (Σ) aller ax_i-Werte (= a mal x_1, plus a mal x_2, plus a mal x_3) von x_1 (i = 1) bis x_3 (über Σ).

(A₂) **Zeichen:** In der Formelsprache gehen Zeichen und Buchstaben ein. Eine Auswahl von Zeichen zeigt die Abb.

(A₃) **Alphabet:** Buchstaben werden als Großbuchstaben (Zufallsvariable: X) und Kleinbuchstaben (unterschiedl. Werte: x_3; mit der Zahl 3 als Index für den dritten Wert von X [$x_1, x_2, \dots x_n$]) den letzten Buchstaben des lat. Alphabets entnommen. Viele weitere werden dem griech. Alphabet entliehen.

Der oben verwendete Großbuchstabe Σ (Sigma) steht für Summe; der entsprechende Kleinbuchstabe σ wird oft zur Kennzeichnung der Varianz verwendet.

B   Graphische Darstellung

In der beschreibenden Statistik soll schwer überschaubares Zahlenmaterial übersichtlich dargestellt werden.

(B₁) Im Häufigkeitspolygon (Verbindungslinie) und im Säulen- oder Stabhistogramm (graue Balken) werden auf der **Abszisse** (der Merkmalsachse a) in »diskreten« Abständen die Meßwerte und auf der **Ordinate** (der Häufigkeitsachse b) die Frequenz oder Ereignismenge (in die negative Richtung mit Minuswerten) eingezeichnet.

(B₂) In Koordinatenfeld können 2 Einschätzungen (z. B. Anzahl a und Stärke b) durch 3 Stufen (Index 1 bis 3) als »Punktwolke« wiedergegeben werden.

(B₃) Beim Kreisdiagramm werden die Zentriwinkel für die Prozentwerte nach der Formel für α berechnet.

C   Transformation

Die »rohen« Zahlenwerte einer Untersuchung sind oft sehr groß oder kaum bzw. nicht vergleichbar, für eine Person gibt es oft mehrere Werte oder man benötigt eine Normalverteilung bzw. eine Varianzhomogenität: alles Gründe für eine Umschrift der Rohwerte.

Für diese math. Prozeduren stehen eine Reihe von Zahlenübersetzungen zur Verfügung, die alle nach der allg. *Transformationsvorschrift* Y = k(X) aus der Ausgangsvariablen X die transformierte Variable Y herstellen.

In der **Prozentrangtransformation** (als Beispiel) werden die zahlenmäßigen Ergebnisse in Rangplätze übergeführt. f_i und c f_i sind die zu x_i gehörenden absoluten bzw. absoluten kumulierten Häufigkeiten. Durch die Subtraktion der Größe $0{,}5$ f_i wird bei gruppierten Daten der Bezug zur Klassenmitte hergestellt und vermieden, daß der größtmögliche Wert PR = 100 erreicht wird.

Die **Gebrauchsskalen** sind Beispiele für Ergebnisse von Transformationen. Zur Normalisierung von versch. Meßwerten dient zur *linearen Transformation* der x-Werte in z-Werte die Formel

$$z = \frac{x_i - \bar{x}}{s}$$

mit »Standardpunktwerten« von -2 bis $+2$ (der mittlere Wert ist 0 und die Standardabweichung ist 1).

Bei der T-Skala gilt die Formel: T = 50 + 10z (Mittelwert = 50, Standardabweichung =10).

Die Stanine-Skala (STN; Abkürzung von *standard nine*) besteht aus neun Skalenabschnitten mit dem Mittelwert 5 und der Standardabweichung 2. Im Anschluß an die vorherige Prozentrangtransformation entsprechen den 9 Werten dann die eingezeichneten Prozentrangwerte (unten).

Wenn Meßwerte bestimmte Voraussetzungen für die Anwendung statist. Analyseverfahren (Linearität und Additivität der Effekte, Varianzhomogenität, Normalverteilung) nicht erfüllen, kann man sie in *nichtlinearer Transformation* so umformen, daß die transformierten Daten diese Voraussetzungen besser erfüllen.

In der wiedergegebenen nichtlinearen Flächentransformation wird in Verbindung mit vorher genannten Transformationen (T-, Stanine-, Normalrang-Transformation), die nacheinander ausgeführt werden, versucht, z. B. anormale Verteilungen der Normalverteilung anzunähern, Standardwerte für Tests zu gewinnen, Rangwerte in quasi-normalverteilte Meßwerte zu transformieren.

62 IV. Statistik / 2. Verteilungen

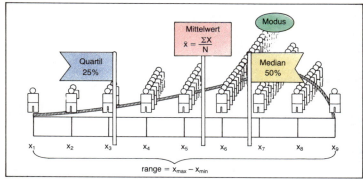

A Durchschnittstendenzen

B Streuungsmaße

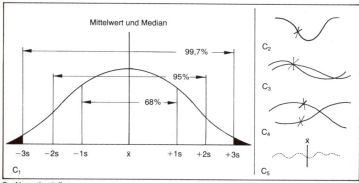

C Normalverteilung

IV. Statistik / 2. Verteilungen   63

Von PYTHAGORAS stammt der Ausspruch: »Die Zahl ist das Wesen aller Dinge.« Und ihr Wesen wiederum ist, daß sie eine Menge darstellt. Mengen können versch. Gestalt annehmen; ihr Aussehen bildet den Ausgangspunkt für die weiteren statist. Verarbeitungen. Folglich gehören die Verteilungen zu den statist. Grundlagen und zum Grundwissen.

A   Durchschnittstendenzen

Wie ordnet man Mengen? Die erste der abgebildeten 5 Formen ist die Errechnung der zentralen Zahl, des **Mittelwerts** (bei Stichproben mit x̄, sprich »x quer«, symbolisiert). Dieses arithmet. Mittel wird aus der Summe aller Meßwerte als Teilung durch die Anzahl der Einzelwerte gebildet.
Beim *gewogenen* (auch gewichteten) arithmet. Mittel der zusammengefaßten Stichprobenmittelwerte werden die versch. Größen durch Faktoren unterschiedlich bewertet.
Der **Median** halbiert eine Meßreihe nach der Anzahl der Einzelwerte (50% zu 50%); er stimmt bei schiefen Verteilungen nicht mit dem Mittelwert überein. **Quartile** trennen die Viertelwerte (25% zu 75%) ab.
Der **Modus** (Modalwert) ist der in einer Zahlenverteilung am häufigsten vorkommende Meßwert. Er dient vor allem dazu, mehrgipfelige Verteilungen zu charakterisieren, die bei den anderen ermittelten Durchschnittstendenzen unberücksichtigt bleiben.
Der **range** (die engl. Bezeichnung wird vorgezogen, weil man sich noch nicht auf einen anderen Terminus einigen konnte: Variationsweite, Streubreite, Dispersionsspanne, Spannweite u. a.) ist die Differenz zwischen dem größten und dem kleinsten Meßwert, d. h. der Bereich der Häufigkeitsverteilung.

B   Streuungsmaße

Durchschnittswerte teilen das »Mittelmaß« mit, geben aber nicht Antwort auf die Frage: »Wie ähnlich sind sich die Individuen der untersuchten Gruppe?« Gefragt wird nach der Abweichung oder Devianz.
> Der Mittelwert z. B. der Temperaturwerte eines Jahres mehrerer Orte kann einheitlich 12° C betragen, trotzdem schwanken die Einzelwerte für die Orte Quito, Mailand und Peking sehr unterschiedlich. In Peking ist es im Sommer sehr heiß und extrem kalt im Winter, aber im Jahresschnitt trotzdem 12° wie in Quito (Ecuador) mit wenig Schwankung.

Zahlenreihen können bes. ausgefallene Einzelwerte aufweisen, die sich sehr weit vom Mittel der Verteilung entfernen. Diese Streuung wird durch die *Varianz* s^2 (=σ) der Stichprobe beschrieben, den Durchschnitt aller quadrierten Abweichungen vom arithmetischen Mittelwert.

$$s^2 = \frac{\Sigma(X-\bar{x})^2}{N}$$

In dieser Formel ist:
x̄ der Mittelwert der Ergebnisse;
(X–x̄) die Differenz zwischen einem Einzelwert und dem Mittelwert, d. h. die Abweichung eines Wertes vom Mittel;
$(X-\bar{x})^2$ das Quadrat jedes Abweichungswertes (dadurch erhalten die Extremwerte ein bes. Gewicht);
$\Sigma(X-\bar{x})^2$ die Summe aller quadrierten Abweichungen;
N die Anzahl der Ergebnisse.

Da durch die Quadrierung die Zahlen nicht direkt vergleichbar sind, zieht man die Wurzel (macht die Quadrierung rückgängig). Das (positive) Ergebnis wird
Standardabweichung (*standard deviation*) s genannt. Dieses Streuungsmaß ist wichtig für die Beurteilung der Zuverlässigkeit von Schätzwerten:
unter der Voraussetzung, daß verglichene Stichproben gleichskaliert, einen gleichen Umfang und in den Mittelwerten ungefähr die gleiche Größenordnung aufweisen (Varianzhomogenität: zwei Stichproben sind in ihrer Varianz nicht signifikant verschieden).

C   Normalverteilung

1832 stellte CARL FRIEDRICH GAUSS (1777–1855) die nach ihm benannte »Fehlerkurve« auf, mit der er die Beobachtungsfehler bei astronom. u. a. Messungen wie eine Glokke darstellte:
symmetrisch, eingipfelig, Maximum über x̄, Ordinate über x̄ halbiert die Kurvenfläche (Mittelwert und Median fallen zusammen);
je geringer die Standardabweichung, desto weniger schwingt die Kurve aus, sie nähert sich asymptotisch der x-Achse, es besteht eine feste Beziehung zwischen der Standardabweichung s einer Stichprobe und den prozentualen Flächenanteilen unter der Kurve.
Normalverteilungen treten immer dann auf, wenn ein Merkmal (z. B. die Intelligenz) durch das Zusammenwirken vieler Einflußgrößen zustandekommt. Die Vorteile liegen in der besseren statist. Weiterverarbeitung normalverteilter Ergebnisreihen (»Standardbezugsgröße«).

Die Normalverteilung ist aber nicht das »göttliche Universalgesetz«, das man zunächst in ihr sah (EINSTEIN: »Gott würfelt nicht«). Daneben gibt es U-förmige (C_2), J-förmige (C_3), links-rechts-schiefe (C_4) und sog. Poisson-Verteilungen (C_5), bei denen nur der Mittelwert x̄ bekannt ist, aber die z. T. vielgipfelige Verteilung unbekannt bleibt (bei seltenen Ereignissen, z. B. Unfällen). Um trotzdem die rechner. Vorteile der Normalverteilung zu erhalten, werden diese Verteilungen transformiert, z. B. durch Umrechnung in z- bzw. T-Werte (S. 61).

64 IV. Statistik / 3. Wahrscheinlichkeit

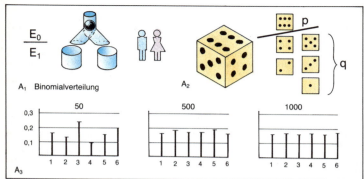

A₁ Binomialverteilung

A₃

A Zufallsereignis

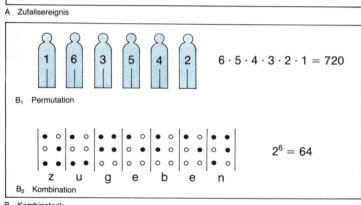

B₁ Permutation

$2^6 = 64$

B₂ Kombination

B Kombinatorik

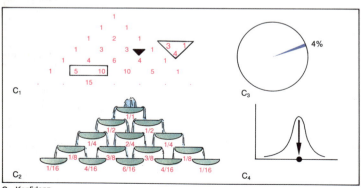

C Konfidenz

IV. Statistik / 3. Wahrscheinlichkeit 65

Die Vergangenheit kennt man, die Zukunft nicht. Um zukünftige Ereignisse in der *Wahrscheinlichkeit* ihres Auftretens abzuschätzen, mußte man sich bis zur Einführung der Statistik auf Mythen und Orakel, wie das von Delphi, stützen.

Die Wahrscheinlichkeitsrechnung macht quantitative Aussagen über »die Möglichkeit des Auftretens stochastischer Ereignisse« (stochastisch = zufällig, beliebig, ohne erkennbares System auftretend). Die Wahrscheinlichkeitsrechnung ist aber auch der »ehrlichste« Teil der Statistik: sie stellt scheinpräzise Zahlen in Frage.

A Zufallsereignis
(A$_1$) **Binomialverteilung** (aus lat. »ex binis nominibus«, d.h. aus zwei Ausdrücken bestehend): Die einfachste quantitative Charakterisierung eines Ereignisses ist die Unterteilung in *zwei* unterscheidbare Zustände:

Eintritt (E$_1$) oder Nichteintritt (E$_0$) des Ereignisses, Eintreffen der Kugel im linken oder rechten Behälter, Junge oder Mädchen bei der Geburt usw.

Durch die Computertechnologie ist bekannt, daß mit den beiden Zuständen »ein« (1) und »aus« (0) fast alle Informationen dargestellt werden können.

(A$_2$) **p-q-Verteilung:** Viele Verteilungen weisen aber mehr als 2 Zustände auf. Beim Würfeln sind es 6 Möglichkeiten.

Durch den Trick der Unterteilung in z.B. gewürfelte 6 (Symbol p für lat. probabilitas, Wahrscheinlichkeit) und alle Nicht-6 (Symbol q für 1 bis 5) ist die Zweiteilung herstellbar. Allerdings umfaßt die »Nicht-6« mehrere Zustände.

(A$_3$) **Phimusverteilung** (lat. Würfelbecher): Man kann auch die Wahrscheinlichkeit aller 6 Zustände messen. Würfeln wir 5mal, kann die 6 z.B. 3mal auftauchen. Die Ungleichmäßigkeit schwindet aber mit der größeren Anzahl der Würfe.

Bei 50 Würfen erbrachte unser Versuch: 1=8 (0,16 zu 1), 2=7 (0,14), 3=11 (0,22), 4=5 (0,1), 5=9 (0,18) und 6=10 (0,2).

Bei 500 und 1000 Würfen gleichen sich die Säulen gegenseitig an, so daß sie sich dem erwarteten $\frac{1}{6}$ ($\approx$ 0,17) ihres Auftretens annähern.

B Kombinatorik
Der Vorteil des Binomialkoeffizienten zeigt sich auch, wenn Kombinationen zu bestimmen sind: In wieviel versch. Anordnungen können sich (jeweils sämtl.) 6 Personen nebeneinander aufstellen? Man soll also hierbei die Reihenfolge in allen erdenklichen Zusammenstellungen wechseln.

Eine solche Anordnung heißt **Permutation** und errechnet sich aus n!, d.h. der Fakultät (!) der n Elemente, dem fortlaufenden Produkt: im vorliegenden Fall 1·2·3·4·5·6 = 720 Permutationen.

Die **Kombinationen** haben eine prakt. Bedeutung u.a. bei der Zeichenermittlung. Für die Erstellung des Blindenalphabets benötigt man je Zeicheneinheit 6 Elemente, um 64 Zeichen (26 Buchstaben und 38 sonstige Zeichen) abzubilden. Die Erhebungen (dunkel) ergeben hier das Wort »zugeben«. Man unterscheidet bei den Kombinationen solche mit und ohne Wiederholungen.

C Konfidenz
Der wichtigste Vorteil des Binomialkoeffizienten ergibt sich aus der Vorhersage von Zahlenwerten.

(C$_1$) Aus dem Arithmetischen (fälschl. nach PASCAL benannten) Dreieck lassen sich die Wahrscheinlichkeiten von Zufallsereignissen aller Art ablesen. Bei ihm handelt es sich um ansteigende Zahlenzeilen. Sie werden von einem Kranz von Einsern umgeben.

In den Zwischenräumen der nächsten Zeile finden wir die Summe der schräg darüberstehenden Zahlen (s. Dreieck); durch Addieren weiterer Zahlen (s. Rechteck) lassen sich die nächsten Zeilen herstellen.

(C$_2$) Den umgekehrten, absteigenden Fall kann man sich am Beispiel des Römischen Brunnens verdeutlichen:

aus dem obersten Brunnen fließt das Wasser in 2 darunter befindliche Schalen usw., so daß in den unteren Behältern nur noch Teile des Wassers aufgefangen werden.

Wie läßt sich aus diesen scheinbaren Zahlenspielereien die Auftretenswahrscheinlichkeit ableiten?

Werfen wir eine Münze, so fällt sie entweder auf die Vorderseite (Kopf = K) oder Rückseite (Wappen = W).

Jede Seite weist eine Wahrscheinlichkeit von 0,5 auf, d.h. der Hälfte von *einem* Fall (umgangssprachlich »fifty-fifty« für vorn und hinten). Werfen wir öfter, so folgen die Kombinationen KWW, KWK, KKK usw. 0,5 mal 0,5 = 0,25, also ein Viertel usw.

Entsprechend lassen sich die Wahrscheinlichkeiten aus den beiden Modelldreiecken ablesen.

(C$_3$) Die Sicherheitswahrscheinlichkeit wird um so größer, je größer (bei homogener Grundgesamtheit) die Stichprobe ist. Eine doppelte Genauigkeit erhält man mit einem 4fachen Stichprobenumfang. Das Ergebnis ist ein Konfidenzbereich (in dem man den Zahlen vertrauen kann), der nur eine geringe Fehlerspanne (z.B. 4%) offen läßt.

(C$_4$) Die höchste Sicherheitswahrscheinlichkeit ermittelt man mit der **Maximum-likelihood-Methode** von R. A. FISHER, einer Kombination der Schätzfunktionen. Sie gibt Antwort auf die Frage:

Wie wahrscheinlich ist es, daß genau dieses Stichprobenereignis eintritt?

Die Wahrscheinlichkeit ist am höchsten, wo die Stichprobenproportion der Grundgesamtheitsproportion am nächsten kommt.

66 IV. Statistik / 4. Inferenzstatistik

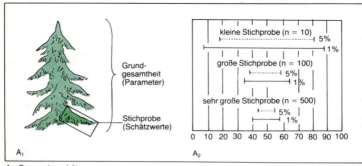

A Parameterschätzung

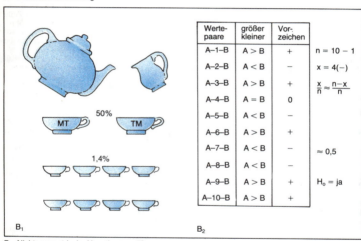

B Nichtparametrische Hypothesenprüfung

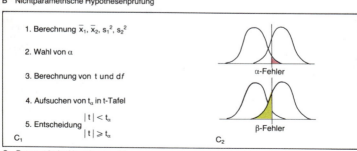

C Parametrische Hypothesenprüfung

Ein Experiment, das nur für sich selbst gilt, ist kaum mehr als eine Spielerei. In der Regel zielen Untersuchungen auf Verallgemeinerungen. Um aber nicht vorschnell zu verallgemeinern, werden Versuche in dreierlei Hinsicht geplant: nach Datenerhebung (Ermittlung von Rohwerten), Datenaufbereitung (z. B. Herstellung übersichtl. Graphiken) und Datenauswertung (z. B. statist. Tests).

A Parameterschätzung

»Keine Statistik ist besser als ihr Rohmaterial« (SWOBODA, 1971). Wie früher dargestellt (S. 49), benötigt man zunächst eine Merkmalstheorie, ehe Daten erhoben werden.

Um die Anzahl der Nadeln einer Fichte (A_1) zu erfahren, muß man nicht alle Nadeln nachzählen. Man wählt statt dessen eine »Stichprobe« aus (der Name kommt aus der alten Bergmannssprache). Von ihrer durchgezählten Nadelzahl schließt man nun auf die »Grundgesamtheit« aller Nadeln. Um zu einem korrekten Rückschluß zu kommen, stellt die Inferenzstatistik Schlußverfahren zur Verfügung. Die Merkmale der anvisierten Gesamtheit (»Population«, wenn es sich um Personen handelt) werden *Parameter* genannt und mit griech. Buchstaben gekennzeichnet. Die Merkmale der Stichprobe heißen *Statistiken* oder *Schätzwerte* und werden mit latein. Buchstaben charakterisiert.

Die Stichprobe ist eine *Parameterschätzung*, weil sie nie 100% der Grundgesamtheit wiedergibt.

Die Genauigkeit hängt i. a. von der Größe der Stichprobe ab (A_2): je größer, desto genauer. Auf dem 5%-Niveau der Irrtumswahrscheinlichkeit beträgt die Sicherheitswahrscheinlichkeit 95%; beim anspruchsvolleren 1%-Niveau 99%.

Um die Grundgesamtheiten und die Stichproben auseinanderzuhalten, werden auch die Werte anders benannt, z. B. der Mittelwert der Grundgesamtheit mit μ, dagegen der der Stichprobe mit $\bar{x}$.

Die Prüfverfahren gliedern sich in 2 Hauptgruppen. Die nichtparametrischen setzen keine Normalverteilung der Grundgesamtheit voraus, dagegen verlangt man sie für die parametrischen, weil bei der Datenauswertung die Berechnung von Mittelwert und Standardabweichung, also die Schätzung von Parametern, aus der Normalverteilung nötig sind.

B Nichtparametrische Hypothesenprüfung

(B_1) Der Statistiker Sir RONALD AYLMER FISHER (1890–1962) berichtete von einer Dame, die behauptet, sie könne herausschmekken, ob bei einer Tasse Milchtee zuerst die Milch (M) oder zuerst der Tee (T) eingegossen wurde. Wie prüft man diese »Hypothese«? Bei der wechselnden Reihenfolge TM und MT gäbe es 50% Zufallstreffer. Richtiger ist die Bestimmung von 4 TM-Tassen aus 8 zufällig aufgestellten TM- und MT-Tassen.

Jetzt beträgt der mögliche Zufallstreffer nur 1,4% (NEYMAN, 1950).

(B_2) Ein einfaches Beispiel für ein nichtparametr. Verfahren (auch parameterfrei, verteilungsfrei, verteilungsunabhängig genannt) ist der Vorzeichentest. Zwei Kommissionen A und B haben 10 Fälle (z. B. Sportleistungen) nach 6 Noten zu bewerten: die Nullhypothese H_0 besagt, daß zwischen beiden Kommissionen kein Unterschied im Niveau der Bewertungen besteht. Manche Bewertungen von A sind höher ($+$), andere niedriger ($-$) als die von B. Nach der Formel

$$\frac{x}{n} \approx \frac{n-x}{n} \approx \frac{1}{2}$$

müßte x, die Anzahl der selteneren Vorzeichen, ungefähr gleich n−x, der Anzahl der anderen Vorzeichen, betragen. n ist dabei 10−1 (eine Bewertung ist gleich und fällt weg). Mit einer auf dem 5%-Niveau akzeptablen Fehlerspanne kann die Nullhypothese beibehalten werden. Mit anderen Worten: Man kann beiden Kommissionen ein gleiches Bewertungsniveau bescheinigen.

C Parametrische Hypothesenprüfung

W. S. GOSSET (1876–1937), ein Pionier der Statistik, konnte als Angestellter einer Brauerei nur unter einem Pseudonym (»Student«) seine bahnbrechenden Arbeiten veröffentlichen. Aus seiner »t-Verteilung« ist inzwischen eine Familie von t-Tests entstanden, die zur Hypothesenprüfung normalverteilter Merkmale in der Grundgesamtheit eingesetzt wird. Ist die Normalverteilung gewiß und die Nullhypothese formuliert, geht man weiter in 5 Schritten vor: man berechnet die arithmet. Mittel und Varianzen der (beiden) Stichproben; dann folgt die Wahl des Wahrscheinlichkeitsniveaus α; nun erfolgt die Berechnung von

$$t = \frac{\bar{x}_1 - \bar{x}_2}{\sqrt{s_1{}^2/N_1 + s_2{}^2/N_2}}$$

und die Ablesung des krit. Wertes t_α in der t-Tabelle bei d $f = n_1 + n_2 - 2$ Freiheitsgraden, um schließlich die Entscheidung zwischen »nicht signifikant« ($t < t_\alpha$) oder »signifikant« ($t \geqq t_\alpha$) zu treffen.

Dabei können 2 Fehler gemacht werden. Ein α-Fehler (Fehler 1. Art) unterläuft, wenn eine richtige Hypothese innerhalb der Fehlerwahrscheinlichkeit abgelehnt wird (C_2 oben). Ein β-Fehler (Fehler 2. Art) wird begangen, wenn innerhalb der Irrtumswahrscheinlichkeit eine falsche Hypothese akzeptiert wird (C_2 unten). Im ersten Fall wird z. B. ein Ungeübter aufgrund seiner Fähigkeitsstichprobe als Geübter, im zweiten Fall ein Geübter fälschlich als Ungeübter klassifiziert.

Die Grenzen für die Klassifikationsentscheidungen – und damit für die Fehler – werden vom Untersucher festgesetzt.

68 IV. Statistik / 5. Varianzanalyse

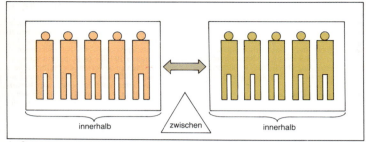

A Streuungszerlegung

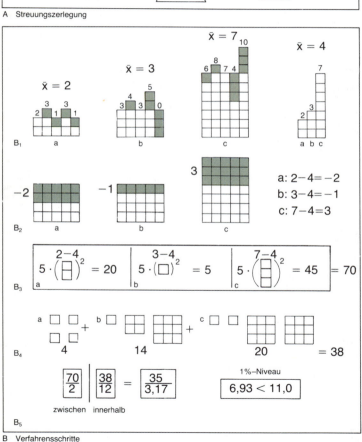

B Verfahrensschritte

IV. Statistik / 5. Varianzanalyse   69

Unter dem Begriff Varianzanalyse wird eine Gruppe von statist. Prüfverfahren zusammengefaßt, bei der Mittelwertunterschiede einer abhängigen Variablen kontrolliert werden. Bei der *einfachen* Varianzanalyse geschieht das bei *einer* (mehrklassigen) unabhängigen Variablen, bei der *zweifachen* bzw. *mehrfachen* (komplexen) Varianzanalyse entsprechend mit 2 oder mehr unabhängigen Variablen.

A Streuungszerlegung

Der stark vereinfachte Versuchsplan zeigt 2 Versuchsgruppen zu je 5 Vpn.; sie werden mit unterschiedl. Methoden behandelt. Man erwartet daher nach der Einübungsphase einen Unterschied im Leistungsstand zwischen beiden Gruppen. Allerdings sprechen auch innerhalb der Gruppen die einzelnen Vpn. auf die jeweilige Methode unterschiedlich an. Bei der Beurteilung der Güte beider Methoden kommt es also nun auf eine Zerlegung der Variation »zwischen« (*between*) und der Variation »innerhalb« (*within*) an.

Nach dem F-Test (F steht zu Ehren von R. A. FISHER) wird geprüft:

$$F = \frac{\text{Varianz »zwischen«}}{\text{Varianz »innerhalb«}}$$

Der Gang der Berechnungen soll an einem einfachen Beispiel verfolgt werden.

B Verfahrensschritte

(B_1) Die Stichproben a, b und c sollen auf ihre Streuung untersucht werden. Dazu ist es nötig, die Abweichung jeder Stichprobe von ihrem eigenen Stichprobenmittel festzustellen.

Jede Stichprobe hat 5 Vpn. (in 5 Säulenreihen). Die erste Vp. in der Stichprobe a hat 2 Werte erreicht; die zweite Vp. 3, die dritte 1; die vierte 3 und die fünfte 1. Entsprechend sind die Werte der jeweils 5 Vpn. der Stichproben b und c abzulesen.

Im zweiten Schritt wird das Mittel der Stichprobe a erstellt: $(2 + 3 + 1 + 3 + 1) : 5 = 2$. Von dem Mittelwert 2 weichen die Einzelwerte jeweils um die *dunklen* Quadrate ab. Das arithmet. Mittel der Mittelwerte aller drei Stichproben beträgt $(2 + 3 + 7) : 3 = 4$.

(B_2) Jetzt werden die Stichproben intern bereinigt. Das geschieht (unabhängig von dem Vorzeichen) durch den Vergleich mit dem totalen Mittel 4.

Für die Stichprobe a heißt das: der Mittelwert von a ist 2, er weicht durch weitere 2 Werte vom Totalmittelwert 4 ab; bei b um 1 und bei c um 3 Werte.

So ist ein Vergleich der Variationen von »innerhalb« und »zwischen« angebahnt.

(B_3) Bei der Berechnung der Streuung *zwischen* den Stichproben muß besonders auf die Quadrierung der Einzelwerte geachtet werden.

Für a ergibt das $5 \cdot 2^2 = 20$, für b ergibt es $5 \cdot 1^2 = 5$, für c ergibt es $5 \cdot 3^2 = 45$. Der Gesamtwert der Streuung zwischen den Stichproben beträgt also $20 + 5 + 45 = 70$.

(B_4) Die Streuung *innerhalb* der Stichproben kann aus B_1 abgelesen werden. Allerdings darf hier ebenfalls die Quadrierung nicht vergessen werden.

Sie fällt aber erst bei der vierten und bei der fünften Vp. der Stichprobe b auf: $2^2 = 4$ bzw. $3^2 = 9$. Die Summe der quadrierten Abweichungen innerhalb der drei Stichproben ergibt 38.

(B_5) Die eigentl. Rechenarbeit beginnt erst mit dem fünften Verfahrensschritt (bei diesem extrem einfachen Beispiel benötigt man noch nicht die sonst übliche EDV). Für die Berechnung ist die Kenntnis des Begriffes »Freiheitsgrad« unerläßlich:

Wenn man die Zahl 10 aus der Summe von 3 Zahlen bilden will, kann man zwei davon frei wählen, z. B. 4 und 3; jetzt ist man aber unfrei in der Wahl der dritten Zahl: es *muß* 3 sein, damit die Summe der drei Zahlen 10 ergibt.

Das Beispiel B_1 hatte 3 Stichproben; das ergibt $3 - 1 = 2$ Freiheitsgrade. Insgesamt waren es 15 Messungen; das ergibt $15 - 1 = 14$ Freiheitsgrade; jede Stichprobe bestand aber nur aus 5 Messungen, also $5 - 1 = 4$ Freiheitsgraden, zusammen 12 Freiheitsgrade.

Das Ergebnis für die Varianz »zwischen« lautet 70 durch 2, für die Varianz »innerhalb« 38 durch 12. Das ergibt nach der obigen F-Formel 35 durch 3,17 = 11,0 als Prüfgröße.

Mit dieser Prüfgröße kann man in den umfangreichen F-Tabellen (ein dickes Buch) zur statist. Entscheidung gelangen.

Auf dem 99%-Niveau (1%-Irrtumswahrscheinlichkeit) findet man in der Zeile 12 (d. h. für 12 Freiheitsgrade) für die kleinere Varianz und der Spalte 2 (2 Freiheitsgrade) für die größere Varianz den Grenzwert 6,93. Auf dem 1%-Niveau für *hochsignifikante* Unterschiede liegt die Prüfgröße 11,0 weit darüber.

Das Ergebnis lautet: Mit allergrößter Wahrscheinlichkeit sind die Stichproben aus *unterschiedlichen* Grundgesamtheiten entnommen.

Die Mittelwerte der Leistungen lassen sich jetzt also statistisch gesichert, d. h. »signifikant«, *unterscheiden.*

So ermöglicht die Varianzanalyse die Interpretation von »Überzufälligkeiten« gegenüber den »Zufälligkeiten« innerhalb der normalen individuellen Streuung.

Die Kovarianzanalyse ist eine Erweiterung dieser Prüfung. Man untersucht mit ihr das »Miteinander-Variieren« zweier Verteilungen.

70 IV. Statistik / 6. Korrelationsstatistik

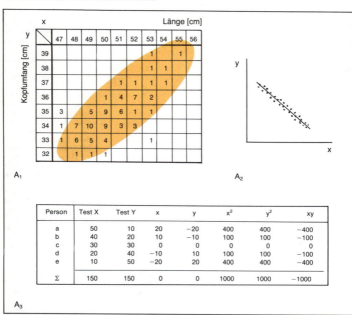

A Korrelationsanalyse

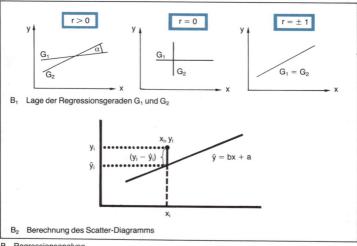

B₁ Lage der Regressionsgeraden G_1 und G_2

B₂ Berechnung des Scatter-Diagramms

B Regressionsanalyse

IV. Statistik / 6. Korrelationsstatistik 71

Die Korrelationsstatistik gehört zu einer weiteren statist. Hauptaufgabe: der Ermittlung der wechselseitigen Beziehung bzw. Abhängigkeit ein oder Zahlenwerten. Handelt es sich um Intervallskalen, so kann man zwei Fragen stellen: 1) wie hoch ist der Grad des Zusammenhangs mehrerer Zahlenreihen; 2) welcher Art ist dieser Zusammenhang? Ersteres ist die Aufgabe der Gruppe der Korrelationsanalysen, letzteres die der Regressionsanalyse.

A Korrelationsanalyse

Hier, am Beginn der »multivariaten« Analyse, wird die »Verwandtschaft« zwischen 2 oder mehreren Variablen untersucht, d. h. wie ähnlich oder unähnlich sie sind. Die totale Gleichheit (die eineiige Zwillinge schon nicht erreichen) wäre ein Wert von $+1$, die totale Ungleichheit -1, die 0 dazwischen zeigt keine erkennbare Beziehung. In der Regel tauchen Zwischenwerte auf, z. B. 0.81 (geschrieben oft nur .81, gesprochen: Punkt einundachtzig) als hohe Korrelation.

(A_1) Die Abb. zeigt die Verwandtschaft von Körperlänge und Kopfumfang bei Geburt (KREYSZIG, 1975). Dabei fällt auf, daß die Zahlenwerte eine Ellipse bilden, deren Hauptachse rechtsschräg nach oben weist. Je schmaler die Ellipse um ihre Achse liegt, desto (symmetrisch) positiver ist der Verwandtschaftsgrad der beiden Meßwertreihen, d. h. desto höher korrelieren sie.

(A_2) In dieser Graphik ist der umgekehrte Fall verzeichnet. Die Punkte als Repräsentanten der xy-Beziehungen liegen eng um eine Gerade, die von links oben nach rechts unten führt. Sie gibt eine stark (komplementär) negative Beziehung der xy-Korrelationen wieder.

(A_3) Für A_2 wurde hier zur besseren Übersicht der (unwahrscheinliche) extreme negative Zusammenhang als Rechenbeispiel gewählt. Bei 5 Testpersonen (a–e) werden je 2 Tests (X und Y) durchgeführt, deren Werte genau komplementär ausfallen. Zunächst berechnet man das arithmet. Mittel für beide:

$$\bar{x}_X = \frac{\Sigma X}{N} = \frac{150}{5} = 30 \text{ und}$$

$$\bar{x}_Y = \frac{\Sigma Y}{N} = \frac{150}{5} = 30$$

x und y sind die jeweiligen Abweichungen vom Mittel aller X- und Y-Werte, x^2 und y^2 ihre Quadrierungen und xy die Produkte aus den Abweichungswerten jedes Ergebnispaares. Die Standardabweichung ist für beide:

$$s = \sqrt{\frac{\Sigma x^2}{N}} \text{ bzw. } \sqrt{\frac{\Sigma y^2}{N}} =$$

$$= \sqrt{\frac{1000}{5}} = \sqrt{200} = 14,14$$

Nun können diese Werte in die Formel für den Pearsonschen Produkt-Moment-Korrelationskoeffizienten »r« eingetragen werden:

$$r = \frac{\Sigma xy}{N s_x s_y} = \frac{-1000}{5 \cdot 14,14 \cdot 14,14} =$$

$$= \frac{-1000}{1000} = -1.00$$

Dies ist ein Beispiel für eine maximal negative Korrelation. Wenn die Anordnung der Werte im Test Y umgekehrt wäre, d. h. wenn X- und Y-Werte identisch sind, ergäbe sich ein Korrelationskoeffizient von $+1.00$. Im Beispiel A_1 liegt er bei .67.

B Regressionsanalyse

Die Regressionsanalyse (auch »Dependenzanalyse« genannt) geht in der Korrelationsberechnung einen Schritt weiter. Man kann die »Abhängigkeit« zweier Wirkungsrichtungen X und Y teilen: als »Prädiktoren« (Vorhersagevariable) für das »Kriterium« (Variablen der jeweils anderen Wirkungsrichtung).

(B_1) Die Lage der Regressionsgeraden G_1 und G_2 wird durch den Korrelationskoeffizienten r angegeben: bei $r > 0$ liegen G_1 und G_2 im mehr oder weniger engen Winkel α nach dem Schnittpunkt von $\bar{x}$ und $\bar{y}$ zueinander – je schmaler dieser Winkel, desto größer die Verwandtschaft; für $r = 0$ besteht kein Zusammenhang, die Geraden stehen im Winkel von $90°$ zueinander; bei $r = \pm 1$ sind sie mit positiver oder negativer (Gegen-)Richtung identisch.

(B_2) Zur Berechnung der Regression (»linear« ist sie, wenn sie eine Gerade ist, »nichtlinear«, wenn sie z. B. in einer Parabel oder einer anderen Kurvenform erfolgt) verwendet man die algebraische Formel für den Schätzwert $\hat{y} = bx + a$. Das b (Koeffizient von x) kennzeichnet die Steigung der Geraden und das a den Schnittpunkt mit der y-Achse (y-Segment): in der Gleichung $y = 4x + 2$ ist 4 die Steigung der Geraden und 2 das y-Segment. Der Parameter a ist definiert durch $\bar{y} - b\bar{x}$. Der Regressionskoeffizient

$$b = r_{x,y} \frac{s_y}{s_x}$$

läßt sich nach der obigen Korrelationsrechnung bestimmen. Das Scatter-Diagramm (scatter = Streuung) gibt die Abweichung $y_i - \hat{y}_i$ als Fehler der Vorhersage wieder. Bei der Interpretation solcher wechselseitiger »Abhängigkeiten« ist Vorsicht geboten, denn sie können zu Schein- oder Unsinnkorrelationen führen, wenn hinter ihnen »dritte« Bedingungen stehen. HELEN M. WALKER beschrieb vor Jahrzehnten in ihrem Statistiklehrbuch die Unsinnkorrelation zwischen dem Alter der Frauen und dem Auswärtssetzen der Füße beim Gehen. Man kann aber weder das Alter von der Ganghaltung noch diese vom Alter für abhängig halten. Vielmehr sei es so, »daß die älteren Frauen zu einer Zeit aufwuchsen, in der einem jungen Mädchen beigebracht wurde, beim Gehen die Füße auswärts zu setzen; die jüngeren aber . . . nicht . . .«

72 IV. Statistik / 7. Faktorenanalyse

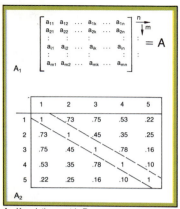

A Korrelationsmatrix R

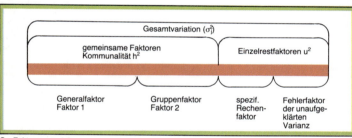

B Faktorenmatrix F

C Faktorenextraktion

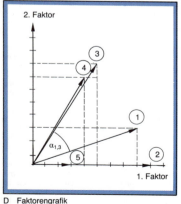

D Faktorengrafik

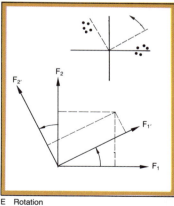

E Rotation

IV. Statistik / 7. Faktorenanalyse

Die Exaktheit der Naturwissenschaften beruht auch darauf, daß aus einer unendl. Zahl von Erscheinungen einige wenige Basisvariablen (z. B. Maße, Gewichte, chem. Elemente) extrahiert werden können, die zur Analyse und Vorhersage aller kombinierten Phänomene ausreichen. Das gleiche fordert P. HORST (1971) für die Ps.: »Was wir brauchen, sind objektive Methoden zur Definition primärer Variablen unserer Disziplin.«
Mit der Faktorenanalyse (FA) wird versucht, die Vielfalt der ps. Variablen auf wenige »primäre Variablen« (d. h. Faktoren) zurückzuführen.

A Korrelationsmatrix R

(A_1) Ausgangspunkt jegl. FA ist eine Matrix von Korrelationen, die in eine Klammer gesetzt werden, um sie als einheitl. math. Größe zu kennzeichnen (meist mit dem Buchstaben A). Diese Matrix hat Zeilen (n) und Spalten (m) und $n \cdot m$ Elemente ($m \times 1$ = Spaltenvektor; $1 \times n$ = Zeilenvektor). Spaltenvektoren können in Zeilenvektoren übergeführt (transponiert) werden.
(A_2) Die Korrelationen, z. B. die Produkt-Moment-Korrelationen r (S. 71), können in Tabellen dargestellt werden. Manche Variablen korrelieren höher miteinander (1/3 = .75), andere nur gering (4/5 = .10). Gelingt es, hohe Korrelationen zusammenzufassen, nennt man den neuen Ordnungsgesichtspunkt »Faktor«. Für jede Matrix läßt sich eine optimale Anzahl gemeinsamer Faktoren finden.

B Faktorenmatrix F

Die Überführung der Korrelationsmatrix in die Faktorenmatrix F ist die schwierigste Entscheidung. Stellt man zu wenig Faktoren auf, ist die Beschreibung ungenau; sind es zu viele, sind sie redundant (d. h. mit überflüssiger Information belastet). Die FA stellt dafür »Abbruchkriterien« (Hinweise, wann die optimale Faktorenzahl erreicht ist) zur Verfügung. Das geschieht u. a. durch die Angabe eines Prozentwertes, wieviel die aufgestellten Faktoren die »Gesamtvarianz« aufklären.
Im Beispiel sind es 2 Faktoren. Die Zahlenangaben vermitteln die »Ladung« der Variablen auf den 2 Faktoren (obere Zeile). Die Quadrate der Ladungen (untere Zeile) sind die Varianzanteile in den Variablen, die vom jeweiligen Faktor erklärt werden. Der fehlende Rest auf 1,00 steht in der Spalte u^2.

C Faktorenextraktion

Der Faktor 1 hat für alle 5 Tests eine Bedeutung; man nennt ihn den Generalfaktor.
Für den Faktor 2 ergeben sich nur für die Testgruppe 3/4 hohe Ladungen, er wird deshalb Gruppenfaktor genannt.
Der Varianzanteil, der durch die gemeinsamen Faktoren aufgeklärt wird, heißt **Kommunalität h^2.**

Die Einzelrestfaktoren (u^2) umfassen (leider mit wechselnder Terminologie) die für die Tests spezif. Varianzanteile sowie die Fehlervarianz, d. h. die durch die Tests nicht erklärbaren Varianzanteile.

D Faktorengraphik

In der graph. Darstellung werden die Endpunkte der jeweiligen Vektoren mit dem Nullpunkt des rechtwinkligen Koordinatensystems verbunden. Dadurch illustriert man die Ladungen der Variablen und ihre Korrelationen (durch das Produkt zweier Vektorenlängen und den Cosinus ihres gemeinsamen Winkels α).

E Rotation

Da die meisten Formen der FA ein rechtwinkliges Koordinatensystem voraussetzen, kann es sein, daß die Variablenklumpen nicht optimal von ihm getroffen werden; dem kann man durch Drehung des Koordinatenkreuzes abhelfen (Umrechnung mit Hilfe der Winkelfunktionen).

A bis E geben wesentl. Gesichtspunkte dieser Gruppe i. a. sehr komplizierter Verfahren wieder. Bei den dazu benötigten Rechenleistungen wird meist die Hilfe der EDV mit entsprechender Software (Rechenprogramme) nötig sein.
Die Komplizierungen der einzelnen FA-Verfahren ergeben sich aus den 3 wichtigsten Verfahrensschritten:
Kommunalitätsschätzung (versch. umfangreiche ökonom. Verfahren),
Faktorenextraktion (bes. die Hauptachsenanalyse) und
Rotation (neben der vom Pionier der FA THURSTONE entwickelten »Einfachstruktur« bes. die Varimax-Methode).
K. ÜBERLA (1958) faßt zusammen:
»Die beobachteten Korrelationen werden als Ausdruck einer nichtbeobachteten Größe, eines Faktors, angesehen, von dem aus die Korrelationen in einfacher Weise berechnet werden können. Der Faktor steht immer hinter den beobachteten Größen und ist direkt nicht zugänglich. (. . .) Die Faktorenanalyse ermittelt solche hypothet. Faktoren und hat durch diese Hypothesenbildung immer einen vorläufigen Charakter. Sie geht aber gerade damit über die üblichen statist. Verfahren hinaus, indem sie hypothet. Größen oder Faktoren aus den Daten ableitet.«
Weitere angrenzende Verfahren sind u. a. die Diskriminanzanalyse (Berechnung von Trennfunktionen zur Klassenbildung), Clusterbildung (Sortierung von miteinander korrelierenden Untergruppen oder Cluster bei geringeren statist. Voraussetzungen), Konfigurationsfrequenzanalyse (verteilungsfreies multivariates Verfahren zur Auffindung von Typen oder Syndromen).

74 IV. Statistik / 8. Zeitreihenanalyse

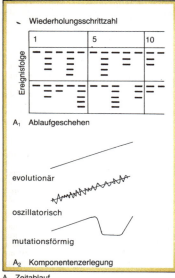

A Zeitablauf

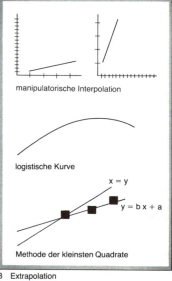

B Extrapolation

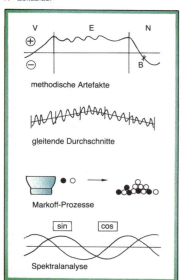

C Trendanalyse

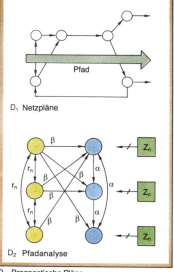

D Prognostische Pläne

Der statist. Hauptbegriff »Variable« verweist auf die fundamentale Eigenschaft der ständigen Veränderung des Psychischen. Dieser Dynamik wird in der Statistik am stärksten die *Zeitreihenanalytik* gerecht, indem sie die Veränderung selbst zu beschreiben versucht. Letztlich führt dieses Vorhaben zur Prognostik mit ihrer Frage, wie die erkannte Entwicklung weitergehen könnte. Da dabei aber bes. wiss.-theoret. und forschungsprakt. Schwierigkeiten auftauchen, gehört dieses Gebiet zu den am seltensten bearbeiteten.

A Zeitablauf

(A_1) **Ablaufgeschehen.** Nach dem poln. Aphoristiker LEC ist die »Zeit: der wichtigste Rohstoff«. Wie er in das Forschungsdesign einzubringen ist, stellt sich als Frage auch dem Statistiker. Nach BRÜCKER-STEINKUHL (1980) unterscheidet man die Wiederholungsschrittzahl (Versuchszahl) und die Ereignisfolge (geklumpte Reihenhäufigkeit von Ereignissen E; in konstanten Zeitsprüngen: Sequenzen; in willkürlichen: Iterationen). Das einfachste Forschungsdesign ist das Prä-Post-Design mit Messungen vor und nach einem Ereignis (z. B. einer therapeut. Behandlung). Erweiterungen sind Mehrpunkte-Designs (u. a. *Withdrawal-Design*: Abwechslung von Behandlungs- und Ruhepausen mit Messungen; das *Reversal-Design* mit umgekehrten Kontingenzen).

(A_2) **Komponentenzerlegung.** »In Ermanglung der Gewißheit gebrauchen wir die Wahrscheinlichkeit.« Nach diesem Satz des Philosophen WITTGENSTEIN kommt es für den Statistiker auf die prognost. Absicherung der Wahrscheinlichkeit an. Nach KELLERER (1960) unterscheidet man 3 »Zeitkomponenten«, deren Einflüsse getrennt werden:
1) einen »evolutionären« Trend (Entwicklungslinie aus der Vergangenheit in die Zukunft: Extrapolation),
2) eine »oszillatorische« Schwankung (Momentanunebenheiten der Entwicklungslinie),
3) eine »mutationsförmige«, scheinbar zufällige Trendverlagerung (Saltatorik; Katastrophentheorie; ZEEMANN, 1976).

B Extrapolation

Darunter wird die Fortschreibung einer Linie in gleicher, d. h. der vorher gemessenen, Ausrichtung verstanden. Oszillatorische Schwankungen können z. B. durch Interpolation (u. a. »geglättete« Kurven bei zusammengefaßten Wiederholungsschritten) ausgeglichen werden. Manipulatorisch wird sie eingesetzt, wenn das gleiche Ergebnis durch verschobene Einteilungen an (opt.) Steilheit gewinnt. Logistische Kurven werden bei einem (extrapolierten) Sättigungsgrad vermutet. Zur Trendberechnung wird häufig die Methode der kleinsten Quadrate (s. S. 71, B_2) verwendet: mit der Differentialrechnung wird die Summe aller Abweichungen so gering wie möglich gehalten (Gerade durch die Meßwertpunkte).

C Trendanalyse

Trendberechnungen können in versch. Weise erfolgen. Viele Befragungen B sind einen Tag nach dem Ereignis E (z. B. einem Fernseherlebnis) terminiert, wenn durch einen Ernüchterungseffekt die simultane Begeisterung (+) abgeflaut (−) ist. Solche method. Artefakte (Kunstprodukte) vermeidet man durch die Aufteilung der Untersuchung in die (prospektive) Vorzustandsphase V, die (simultane) Ereignisphase E und die (retrospektive) Nachwirkungsphase N.

Als statist. Aufbereitung der Ergebnisse dient die Methode der gleitenden Durchschnitte, wobei mehrere Meßtermine zu Durchschnittswerten zusammengezogen werden. Bei Zeitpunktmessungen vergleicht man gegenwärtige mit vergangenen Werten (Backshift-Operator). Bei den Markoff-Prozessen bestehen innere Abhängigkeiten in der wahrscheinl. Abfolge der Ereignisse (u. a. wenn aus einer Urne entnommene schwarze oder weiße Kugeln *nicht* mehr zurückgelegt werden und damit ihr Verhältnis in der Urne verändert wird). In der Spektralanalyse werden die Zeitreihen als Summe von unterschiedl. Sinus- und Cosinusschwingungen dargestellt. Mit dem Bayes-Theorem (s. S. 14) werden Wahrscheinlichkeiten nachträglich geprüft.

D Prognostische Pläne

sind Methodenkombinationen auf der Ebene der Netzwerkanalyse, und als solche die komplexeste Form der Prognostik.

(D_1) Netzpläne (s. XXI/5, B) geben in einem diagraph. Strukturmodell den Ablauf eines »krit.« Weges oder Pfades (P) als längster Zeiterstreckung eines Prozesses wieder. Im Netzplan verkörpern »Knoten« (Kreise) die vollzogenen Einzelereignisse, »Strecken« den Zeitaufwand ihrer Vorbereitung bzw. Durchführung sowie die »Rückschleifen« u. a. die Korrekturwege, Alternativen usw.

(D_2) Die Wechselwirkungen zwischen den »Knoten« werden durch Pfadanalysen, der komplexesten Form der Regressionsanalysen (S. 71), prognost. berechnet. In dieser quant. Analysetechnik können außerordentl. Einflußgrößen zur »mutationsförmigen« Trendverlagerung (zu oben A_2, 3) in Datenverarbeitungsanlagen vorausberechnet werden. Im Modell vertreten X_n die Ursachenvariablen oder Einflußgrößen, Y_n die Wirkungsvariablen oder Zielgrößen; r_n die Korrelationskoeffizienten und Z_n nichtspezifizierte Residualvariable. Jedem Pfad wird ein Pfadkoeffizient β (als Ursache – Wirkung) oder α (Nebenwirkung) zugeordnet.

Die so entstehenden *Strukturgleichungen* bilden durch geeignete Operationen (Multiplikation jeder Strukturgleichung mit jeder Ursachengleichung, Summation der Gleichungen über alle Meßwertprodukte und Division durch n−1) Gleichungssysteme für die unbekannten Pfadkoeffizienten.

76 V. Neuropsychologie / 1. Leib-Seele-Problem

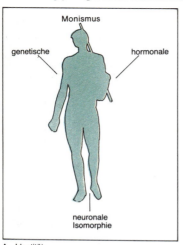
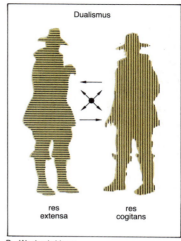

A Identität

B Wechselwirkung

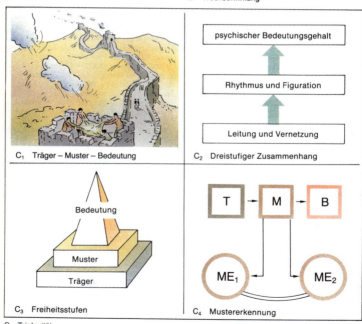

C₁ Träger – Muster – Bedeutung

C₂ Dreistufiger Zusammenhang

C₃ Freiheitsstufen

C₄ Mustererkennung

C Triplexität

V. Neuropsychologie / 1. Leib-Seele-Problem 77

Wie entstand unser Bewußtsein? Wie wird Psychisches in uns hergestellt? Wie schafft es unser Gehirn, daß wir fühlen, denken, erleben können? Diese alten Rätselfragen sind nach wie vor umstritten. Aber seit der Entwicklung der Psychokybernetik ist eine neue Situation entstanden.

A Identität

Das Leib-Seele-Problem hat nicht nur eine umfangreiche Geschichte, es wurde auch unter den verschiedensten Namen behandelt. Eigentlich handelt es sich immer um eine »Psychotheorie«, d. h. um die Frage, welche »substantiellen« Grundlagen das Psychische hat. Viele Autoren seit dem Altertum nahmen eine Isomorphie oder Identität zwischen Körper und Seele an.

Für PLATON war »Seele« ein sich selbst bewegendes Wesen, das im Prozeß des Denkens und nicht auf Gegenstände ausgerichtet sei. Insofern ist Seele auch unsterbl. »Weltseele«.

In der heutigen *Psychophysiologie* neigt man eher zur Aufteilung des psychophys. Zusammenhangs, wie ihn ARISTOTELES anregte. Man unterscheidet genetische, hormonale und neuronale Faktoren bei der Erklärung psych. Funktionen. Die Frage, wie sie zusammenhängen, wird eher in einer impliziten (stillschweigend vorausgesetzten) monist. Identitätsannahme umgangen.

B Wechselwirkung

Zu Anfang der neuzeitl. Wiss. trennte RENÉ DESCARTES (1596–1650) 2 Grundsubstanzen: res cogitans (Geistiges) und res extensa (Körperliches). Dadurch wurde eine »Immaterialität« (Unkörperlichkeit) des Psychischen postuliert. Um aber den offensichtl. Zusammenhang mit dem Körper nachzuvollziehen, nahm DESCARTES eine kreuzweise Wechselwirkung über die Zirbeldrüse an.

Im Gegensatz zur vorherigen »monist.« (einheitl.) Identitätsannahme der Psychophysiologie entstand eine »dualist.« (zweiheitl.) Wechselwirkungsannahme. Sie wird repräsentiert durch die *Psychosomatik*, die gegenwärtig zahlreiche Lehrstuhlinhaber und Kliniken vertreten.

C Triplexität

Seit der Mitte des 20. Jh. kam zur Psychophysiologie und Psychosomatik als übergreifende Disziplin die Neurowiss. mit ihrem ps. Teil, der *Neuropsychologie.*

(C$_1$) Statt eine Einheit (Monismus) bzw. Zweiheit (Dualismus) von Körper und Psychischem anzunehmen, erweitert man den Zusammenhang auf die Dreiheit »Träger-Muster-Bedeutung« (BENESCH, 1954; 1988). Dieses T-M-B-Prinzip geht auf die Zeichen-Kommunikationstheorie (G. FREGE, 1892; F. DE SAUSSURE, 1916; C. W. MORRIS, 1938; C. E. SHANNON, 1949) zurück.

An den Rauchzeichen der alten Chinesen läßt sich das Prinzip erläutern: Man benötigt als substantielle Grundlage einen kontinuierl. Rauchstrom (Trägerprozeß); dieser wird, z. B. mit einer Decke, in best. Rhythmen unterbrochen (Musterung; *pattern process*); mit der Kenntnis der Zeichenkonvention (Bedeutung) kann nun der Kode der Nachricht verund entschlüsselt werden.

Analog gilt das T-M-B-Prinzip nicht nur in der Nachrichtentechnik, z. B. bei der Kathodenstrahlröhre, sondern prinzipiell auch für die »Technologie« der Hirnprozesse.

(C$_2$) In diesem 3-stufigen Zusammenhang sind 2 neuronale Trägerprozesse (axonale Impulsleitung und synapt. Vernetzung) enthalten, die in 2 Musterarten (Rhythmus und Figuration) auftreten. Diese beiden Formgebungen sind die Grundlage für den (emotional-kognitiven) Bedeutungsgehalt des Psychischen. Dadurch erklärt sich sowohl die Verknüpfung des Psychischen mit dem Nervengeschehen wie dessen qualitativer Abstand von den Körperprozessen.

(C$_3$) Träger, Muster und Bedeutung weisen – trotz der Identität der neuronalen Grundlage in den Trägerprozessen – 2 *Freiheitsstufen* auf:

1) *Muster* sind »transportabel«; d. h. ähnlich wie die Melodiemuster von einem Tonträger zum anderen transferiert werden können, breiten sich Muster (Rhythmen und Figurationen) im Nervensystem sowie über Schall-, Licht-, Druckwellen usw. im physikal. Umfeld aus. Dadurch kann es Wechselwirkungen innerhalb wie außerhalb des Menschen geben.

2) *Bedeutungen* sind wiederum »freier«, da sie Konventionen unterliegen und prinzipiell variabel sind: ein Körpermuster wie z. B. das Nicken bedeutet konventionell in manchen Ländern Verneinung, in den meisten Bejahung. Damit ist begründbar, warum Psychisches »mehr« und »anders« als nur Körperliches ist, obgleich es nur auf neuronaler Grundlage existieren kann (pyramidenförmige »Emergenz«).

(C$_4$) Das Forschungsziel der Neurops. ist die »Mustererkennung« (ME) und zwar in 2 Richtungen.

ME$_1$ zielt auf die physiolog. Musterausprägungen: Welche elektrochem. Abläufe sind die Trägerprozesse und wie bildet sich deren Musterung?

ME$_2$ richtet sich auf die »Bedeutungshaltigkeit« der Muster.

Durch die Einführung des Musterbegriffs werden die alten Streitpositionen des (materialist.) Monismus und des (idealist.) Dualismus überwunden und eine vereinheitlichte kybernet. Position des psychophys. Bezugs erreicht.

Die Mustererkennung gehört zu den Hauptaufgaben der »neuroevolutionären Psychokybernetik« (s. S. 89).

78 V. Neuropsychologie / 2. Psychophysiologische Methoden

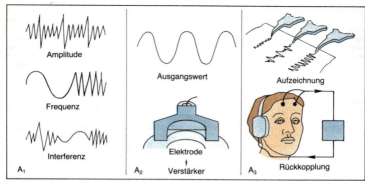

A Registrierung

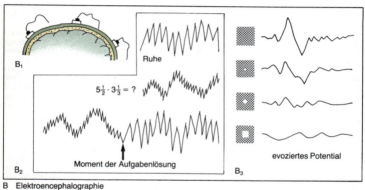

B Elektroencephalographie

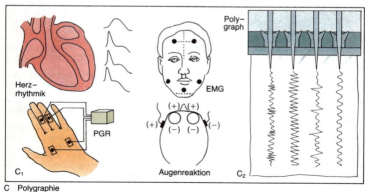

C Polygraphie

V. Neuropsychologie / 2. Psychophysiologische Methoden 79

Der gesamte Körper bildet eine Einheit. Zu dieser Einheit gehört auch das Psychische. Die Grenze zwischen Psychischem und Körperlichem ergibt sich aus der Art, wie wir beides erleben.

Wegen dieser engen Verflechtung können wir auch durch die körperl. Reaktionen Wichtiges vom Psychischen erfahren. Dies ist die Aufgabe der Psychophysiologie.

A Registrierung

Die Erfassung körperl. Reaktionen bei gleichzeitigen psych. Zuständen richtet sich nach der Reaktionsform. Bei bereits elektr. Formen können sie apparativ direkt weitergeleitet werden, bei chem. Reaktionen, z. B. bei Sekretionen, müssen sie erst durch »biolog. Wandler« in elektr. Registrierformen umgewandelt werden.

(A$_1$) In dieser elektr. Form werden sie hauptsächl. in ihrer Amplitude (Wellenhöhe), Frequenz (Ausschlagshäufigkeit) und Interferenz (Überdeckung versch. Wellenformen) greifbar.

(A$_2$) Wichtig ist dabei die Kenntnis des Ausgangswertes (z. B. des Ruhepotentials, *baseline*), um die folgenden Veränderungen richtig abschätzen zu können. Als Abgriffinstrument dient vor allem die Elektrode, also ein techn. Meßfühler. Die zumeist recht schwachen Biosignale (d. h. physikal. Größen biolog. Prozesse) müssen durch elektr. Verstärker erfaßbar gemacht werden.

(A$_3$) Die kurzfristigen Signale werden in der Regel durch Schreibgeräte aufgezeichnet, um sie später auswerten zu können. Eine Sonderform dieser Auswertung ist die Rückmeldung der Biosignale an den Aussender, wobei diese Signale wiederum zur Auslösung veränderter körperl. Reaktionen dienen.

B Elektroencephalographie (EEG)

Kurz nach der Erfindung der Verstärkerröhre entdeckte mit ihrer Hilfe HANS BERGER (1873–1941) die elektr. Wellengeschehen im Gehirn. Das EEG ist heute die wichtigste psychophysiolog. Methode.

(B$_1$) Mit (8 bis 25) Elektroden werden von der Kopfhaut durch den Schädelknochen hindurch die schwachen Ströme des Hirngeschehens abgegriffen.

(B$_2$) In einem seiner frühen Versuche mit seiner Tochter ließ BERGER sie eine Kopfrechenaufgabe lösen. Oben ist das Ruhepotential vor der Aufgabenstellung, in der Mitte der Zustand während der Aufgabenbearbeitung und unten die Veränderung des EEG im Moment der Aufgabenlösung zu sehen: i. a. kann man sagen, daß im Ruhezustand einfachere Rhythmen als im Tätigkeitszustand vorherrschen. Man unterscheidet heute für diese Rhythmen meist 4 Frequenzklassen, wobei der Rhythmus bei angespannter Aufmerksamkeit β-Rhythmus (auch Berger-Rhythmus) genannt wird.

(B$_3$) Heute werden die Versuchsbedingungen erheblich kompliziert, die Wellenarten durch Computer ausgewertet und die techn. Apparaturen verfeinert. Daneben dient das EEG-Gerät auch für diagnost. Zwecke, so u. a. zum Erkennen von Tumoren. Die wichtigsten Ergebnisse lieferte die EEG-Forschung zur Ermittlung von Aktivierungszentren (MORUZZI und MAGOUN, 1949), versch. Bewußtseinslagen (HAIDER, 1969) und zur Bio-Feedback-Therapie (s. XX/10, C).

Neben diesem *on-going-* oder Spontan-EEG (Abgriff je nach psych. Zustand) setzt man auch evozierte Potentiale ein, d. h. solche, die mit bestimmten (z. B. optischen) Reizen gekoppelt sind.

In diesem Beispiel (Abb. B$_3$) sieht man optisch evozierte Potentialänderungen nach 4 versch. Reizmustern.

C Polygraphie

Durch die Vielzahl der mögl. Registrierungen von Körperreaktionen bei psych. Zustandsänderungen benutzt man häufig mehrere Abgriffarten und vergleicht die Verzögerungen und unterschiedl. Intensitäten untereinander, um durch diesen Vergleich Zusatzinformationen zu erlangen.

(C$_1$) Neben seltener verwendeten Registrierungen (z. B. Hautverfärbungen beim Rotwerden) bedient man sich der folgenden 4 Arten:

Die psych. Bedeutung des Blutkreislaufes ist seit alters her bekannt. Zur einfachen Pulsmessung kamen komplizierte Verfahren wie das Elektrokardiogramm (EKG), das auch in der Forschung, allerdings in erhebl. differenzierter Form mit Abgriffen versch. Herzgebiete, Eingang fand.

Das Elektromyogramm (EMG) ist ein Beispiel für die vielfältige Erforschung des motor.-muskulären Systems. Bes. bei den Mikrovibrationen (Kleinstbewegungen, z. B. als Denkmitbewegungen) dienen diese Gewebeschwingungen als Indiz für Labilität (psych. Schwankungsbereitschaft).

Die psychogalvan. Reaktion (PGR) ist durch den sog. Lügendetektor bekannt. Dabei werden die elektr. Hautwiderstände bei versch. psych. Zuständen gemessen.

Auch die Augenreaktionen können in versch. Weise registriert werden; z. B. als Blickbewegung, Pupillenerweiterung oder als Elektrookulogramm (EOG) bei Schlafuntersuchungen der REM-Phasen (s. XX/18, A). Dabei werden die Spannungsänderungen zwischen Augenvorder- und -hintergrund durch Elektroden jeweils nach Hin- und Herbewegung der Augen gemessen.

Wie aber der »Lügendetektor« (PGR) zeigt, ist die Interpretation der psychophys. Beziehungen äußerst intrikate.

(C$_2$) Zur Aufzeichnung werden Polygraphen eingesetzt, die nebeneinanderliegend mehrere Abgriffpunkte oder -arten registrieren.

80   V. Neuropsychologie / 3. Genetische Äquivalente

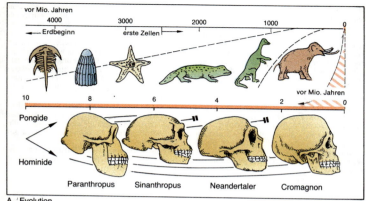

A Evolution

B Lebensgrundlagen

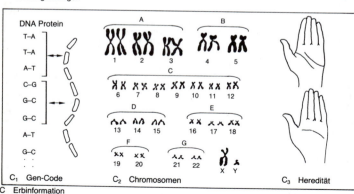

C₁ Gen-Code   C₂ Chromosomen   C₃ Heredität

C Erbinformation

Das Psychische ist genauso wenig wie das Körperliche mit einem Schlag entstanden. Durch langwierige genet. Prozesse bildeten sich die Arten heraus, und mit ihnen parallel stockte sich das Psych. auf. Logischerweise kann man annehmen, daß auch entsprechend den körperl. Residuen (Restbeständen früherer Stadien) im Psych. genet. Festlegungen vorhanden sein müssen.

A Evolution
Zeitlebens ärgerte sich CHARLES DARWIN (1809–82) über die zu niedrigen Schätzungen des Erdalters (ca. 25 Mio. Jahre). Heute wird die Erddauer mit 5 bis 6 Milliarden Jahren angegeben. In dieser Zeit hat sich die »Entstehung der Arten« nach DARWIN vollzogen, davon allerdings nur in unter 10 Mio. Jahren (roter Streifen) die Trennung der Pongiden (Affenähnlichen) von den Hominiden (Menschenähnlichen). Auch nach dieser Trennung sind noch Entwicklungslinien (wie die der Neandertaler) abgebrochen. Die übriggebliebenen sind unbekannte Vermischungen eingegangen, so daß in der heutigen Menschheit an »Rassen« nur noch 4 Hautfarben erkennbar sind. Entsprechend ist die psych. Unterscheidung je nach rass. Merkmalen äußerst zweifelhaft.

B Lebensgrundlagen
Am Anfang der Lebensentwicklung standen die Aminosäuren, deren Entstehung erst 1953 von einem Chemiestudenten im Labor nachvollzogen wurde: der erhitzten Ursuppe (Wasser, Kohlendioxid, Methan, Ammoniak) führte er Hochspannungsentladungen (entsprechend den heftigen Gewittern des Erdaltertums) zu. Die »Lebenskette« wird weitergetragen durch die Bildung der Zellen, Organe, Individuen, Gruppen bis zu den Populationen (Arten).
Hauptfunktionen: die Abgrenzung des Individuums (Individuenbildung), der Energieumsatz (Entnahme von Energie aus der Ernährung), die Fortpflanzung (Zeugung, Geburt, Aufzucht) und die Kommunikation – eine der Zentralaufgaben der Ps.

C Erbinformation
Nur wenige Gebiete der Ps. sind so umstritten wie die Psychogenetik. Eine gewisse Übereinstimmung besteht darin, daß man vererbte psych. Eigenschaften nicht bezweifelt, aber ihre tatsächl. Realisierung wesentlich stärker durch die Einflüsse im Lebenslauf überformt annimmt. In den Untersuchungen eineiiger Zwillinge findet man zwar erstaunl. Übereinstimmungen, auch wenn sie schon früh getrennt aufwuchsen; die Unterschiede sind jedoch unübersehbar und deuten auf den Einfluß der Umwelt hin.
(C_1) Der *Gen-Code* ist ein chem. Nachrichtengebilde. Die DNA (Desoxyribonukleinsäure) ist die Substanz der Information; sie besteht aus chem. Bausteinen, die sich nur in den 4 Basen Adenin = A, Thymin = T, Cytosin = C und Guanin = G unterscheiden. Je zwei bilden ein Basenpaar, wobei nur die Kombinationen AT, TA bzw. CG, GC möglich sind. Sie stellen zu je 3 Basenpaaren ein »Triplett« zusammen, das dann einer Aminosäure zuzuordnen ist. Die Kombinationsrate reicht aus, um die 20 regelmäßig vorkommenden Aminosäuren zu kennzeichnen sowie noch nachrichtentechn. Hinweise für den Anfang einer Sequenz (GTG) und ihr Ende (TAA) einzubringen. Die so entstehenden Molekülmuster aus mehreren hundert Aminosäuren sind die Proteine, die wiederum u. a. als Enzyme die chem. Eigenschaften des Körpers bedingen.
Neben einer steigenden Zahl von bekannten Genen wurden neuerdings Kontrollgene (Homöo-, Segment-, Chronogene) identifiziert, die eine raum-zeitlich-funktionale Steuerung der Zellentwicklung bewirken. Mit ihnen beginnt ein durchgängiges kybernet. Steuerungsprinzip, das bis zu den Kontrollmotiven der Persönlichkeitsps. (s. XIII/14) reicht.
(C_2) Die *Chromosomen* oder Kernschleifen sind die Träger der DNA-Erbinformation in den Kernen jeder Körperzelle (Ausnahme: die roten Blutkörperchen).
Die Keimzellen des Menschen enthalten 23, die Körperzellen 46 Chromosomen. Sie werden nach ihrer Größe in 7 Gruppen von 22 Autosomenpaaren (das kleinste Paar trägt wegen eines histor. Irrtums die Ziffer 21) und einem Geschlechtschromosomenpaar (bei Männern XY, bei Frauen XX) unterteilt. Ferner unterscheiden sie sich nach ihrer Gestalt und dem Ort der Verbindungsstelle zwischen den beiden Spalthälften. Beide Hälften werden von der Einschnürungsstelle zur Peripherie in versch. lange Regionen mit sog. Bandenarten unterteilt.
Da die Chromosomen im Stadium vor der Zellteilung mikroskopisch gut erkennbar sind, werden sie in diesem Zustand abgebildet.
(C_3) Die *Heredität* (Erblichkeit) ist als genet. Äquivalent psych. Festlegungen unklar. In der Soziobiologie (E. O. WILSON) wird auch soziales Verhalten auf die natürl. Auslese von Genen zurückgeführt.
Bei den körperl. Merkmalen kennt man genet. Bestimmungen besser, z. B. tritt bei einer Aufstockung des Chromosoms 21 auf 3 Chromosomen (sog. Trisomie) die Anomalie einer einzelnen Beugungsfurche auf der Handfläche (unten: »Vierfingerfurche«) statt den üblichen zwei Furchen (oben) gehäuft auf.
Für die Erblichkeit psych. Eigenschaften nimmt man eine vielschichtige Äquivalenz an. Im einfachsten Fall steht ein Gen für ein Merkmal, häufiger dürften mehrere Gene an einem psych. Merkmal (Polygenie) beteiligt sein oder ein Gen sich auf mehrere Merkmale (Polyphänie) auswirken.

82 V. Neuropsychologie / 4. Energetische Äquivalente

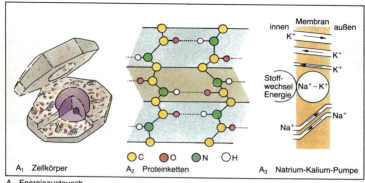

A₁ Zellkörper   A₂ Proteinketten   A₃ Natrium-Kalium-Pumpe

A Energieaustausch

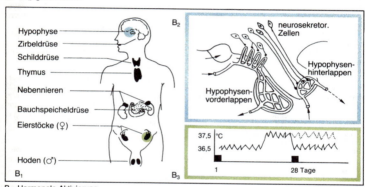

B₁ Hypophyse, Zirbeldrüse, Schilddrüse, Thymus, Nebennieren, Bauchspeicheldrüse, Eierstöcke (♀), Hoden (♂)
B₂ neurosekretor. Zellen, Hypophysenhinterlappen, Hypophysenvorderlappen
B₃

B Hormonale Aktivierung

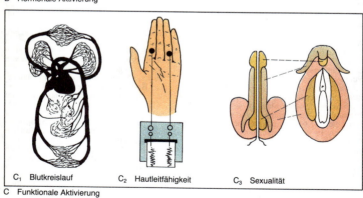

C₁ Blutkreislauf   C₂ Hautleitfähigkeit   C₃ Sexualität

C Funktionale Aktivierung

Das Psychische als Muster- und Bedeutungsinstanz besitzt keine eigene Energie, sondern bezieht seine Intensität aus energet. Körperprozessen. Diese werden als Musterbildungen (Frequenz, Amplitude, Interferenz) in ihrer Stärke dargestellt und ergeben so den psych. Eindruck von Dynamik und Intensität.

A Energieaustausch

In der Technik gibt es zumeist eine zentrale Kraftquelle (z. B. ein Kraftwerk), das die Energie für zahlreiche periphere Stromverbraucher liefert. Der Körper besitzt keinen solchen Zentraldynamo, seine Energien werden dezentral an Milliarden Stellen hergestellt und lokal verwertet. Das hat den großen Vorteil, daß es immer nur punktuelle Ausfälle, dagegen einen Totalausfall der Energieversorgung nur beim Tod gibt. Die Energieherstellung ist ein chem. Prozeß, der sich sowohl chemisch wie elektrisch darstellt.

(A_1) In den Zellkörpern erkennt man am aufgeklappten Modell den Zellkern mit dem Kernkörperchen, die Mitochondrien (bis zu 1000 Nahrungstransporter) und noch andere Organellen (Teile der Zellen).

(A_2) Gesteuert durch das genet. Material (S. 81) werden durch Umkopierung (Transkription) und Übersetzung (Translation) Wirkstoffe, vor allem die (kleineren) Peptide und die (größeren) Proteine, erzeugt. Die Ketten werden durch Wasserstoffbrücken (Punktlinien) stabilisiert und erhalten so bestimmte Strukturen (z. B. Faltstrukturen).

(A_3) Die erhöhte Stromproduktion der Nervenzellen geschieht durch die sog. Natrium-Kalium-Pumpe. Wegen der versch. wäßrigen Salzlösungen innerhalb und außerhalb der Zelle besteht an der Zellmembran ein elektr. Potential, das durch den Natrium-Kalium-Austausch aktiviert wird (Aktionspotential). Die Weiterleitung der Potentiale aktiviert andere Nerven- oder Körperzellen (z. B. Muskelzellen) und steuert so den Organismus.

B Hormonale Aktivierung

Hormone sind körpereigene Wirkstoffe, die oft in geringster Menge (beim Adrenalin z. B. schon bei einer Verdünnung von 1 : 400 Mio.) psychophysiolog. Effekte erzielen können.

(B_1) Die genannten 8 innersekretor. Drüsen vermitteln unterschiedl. Reaktionen; zwei Beispiele:

(B_2) Die Hirnanhangdrüse (Hypophyse) steuert eine Reihe von Prozessen wie z. B. das Wachstum und die sexuelle Potenz, aber auch, bei Über- oder Unterfunktion, psych. Merkmale wie Verstimmung, Gereiztheit bzw. Gleichgültigkeit bis Verwahrlosung. Die Hypophyse ist als hormonales Teilsystem in sich komplex gesteuert: Hypophysenvorder- und -hinterlappen werden durch neurosekret. Zellen aktiviert, geben hormonelle Substanzen an arterielle Gefäßgeflechte ab und bestimmen über den Blutstrom an entsprechenden Drüsen- oder Organsystemen (u. a. den Keimdrüsen) deren Aktivierung.

(B_3) Das andere Beispiel einer endokrinen Drüse ist der Gelbkörper (Corpus luteum), dessen Hormon eine Umbildung der Gebärmutterschleimhaut für die Einbettung eines befruchteten Eies bewirkt und weitere Befruchtungen verhindert. Seine Aktivierung wird mit der Stimmungslabilität vor Beginn der Menstruation in Verbindung gebracht. Die Gelbkörperphase endet in der Mitte der Menstruation, bleibt aber bei einer Schwangerschaft bestehen. Die Erhöhung der Körpertemperatur von ca. 36,5 °C auf ca. 37,5 °C zeigt dieses hormonale Geschehen an und dient deshalb als erster Hinweis auf eine bestehende Schwangerschaft.

C Funktionale Aktivierung

Die Körperprozesse interessieren den Psychologen sowohl in ihrer psych. Auswirkung wie in ihrer ps. Beeinflußbarkeit.

(C_1) Für den *Blutkreislauf* ist diese Wechselwirkung seit W. Harvey (1619) bekannt. Die Herztätigkeit befördert das Blut im »kleinen« Kreislauf durch die Lunge und im »großen« durch den Körper. Der Blutdruck schwankt je nach Blutmenge, Herzkraft, Gefäßwiderstand, Ort der Messung, Belastung, Lebensalter sowie nach Systole (Zusammenziehen) und Diastole (Erweiterung) des Herzmuskels. Für die Wärmeübung des Autogenen Trainings (s. XX/12, C), ist die nachfolgende Veränderung der Blutverteilung regelmäßig nachzuweisen. Umgekehrt kann mit einer Steigerung des Bluthochdrucks das Sozial- und das Risikoverhalten verändert werden.

(C_2) Die *Hautleitfähigkeit* hängt mit der Aktivität der Schweißdrüsen zusammen. Als Indiz der »Energiebereitstellung« verweist sie auf die höhere Beanspruchung bei Schreck, Angst usw. Ihre Verwendung für den sog. Lügendetektor ist zweifelhaft, weil schon die *Erwartung*, der Befrager könnte trotz eigener Ehrlichkeit auf eine Lüge lauern, zu überhöhten Meßwerten führt.

(C_3) Die *Sexualität* wird nicht erst seit Sigmund Freud als wesentl., auch psych. Körperfunktion angesehen. Dabei spielt oft die Frage nach dem Unterschied zwischen weibl. und männl. Sexualität eine Rolle. Für den Ablauf der Orgasmusphasen sind Unterschiede nachzuweisen.

Jedoch wird in letzter Zeit eher die Ähnlichkeit beider Geschlechter hervorgehoben. Dazu können die anatom. Entsprechungen der männl. und weibl. Genitalien (in der Abb. in 4 Beispielen hervorgehoben) herangezogen werden. Allerdings zeigen sich hier auch Unterschiede. Der anatom. Entsprechung der oberen Schwellkörper (Eichel und Klitoriskappe) stehen unterschiedl. Erregungsraten gegenüber: nur jede zweite Frau reagiert mit diesem Organ.

84 V. Neuropsychologie / 5. Neuronale Äquivalente

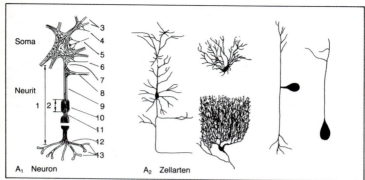

A₁ Neuron A₂ Zellarten

A Nervenzellen

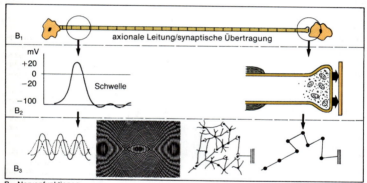

B Nervenfunktionen

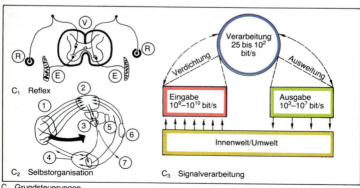

C₁ Reflex C₂ Selbstorganisation C₃ Signalverarbeitung

C Grundsteuerungen

V. Neuropsychologie / 5. Neuronale Äquivalente 85

Der menschl. Körper wird vom Nervensystem dirigiert. Dessen kleinste Einheit ist das Neuron, die Nervenzelle mit entsprechenden Untereinheiten. Ihr wichtigstes Merkmal ist ihre *Isolierung* von den anderen Zellen. Aber gerade daher stammt ihre bes. Fähigkeit, Verbindungen herzustellen. Diesen scheinbaren Widerspruch aufzulösen, ist eine der Hauptaufgaben der Neurowissenschaften.

A Nervenzellen

Die beiden Hauptteile des Neurons (A_1) sind der **Zellkörper** (Soma) mit dem Zellkern und dem Kernkörperchen sowie den Organellen und die **Nervenbahn** (Neurit) mit ihren Ausläufern. Der Neurit (1) kann durch andere Zellkörper (2) umhüllt oder nur schwach ummantelt sein; letztere leiten Impulse langsamer weiter. Ferner weist die Nervenzelle auf: Dendriten (3), axodendrit. Synapsen (4), axosomat. Synapsen (5), Synapsen am Initialsegment (6), Ursprungskegel oder Axonhügel (7), Kollaterale (8), Axon (9), Markscheide (10), Ranviersche Schnürringe (11; sie depolarisieren die Aktionspotentiale, so daß sie »saltatorisch«, von Schnürring zu Schnürring springend, die Erregungsleitung herstellen), Axonverzweigungen (12), präsynapt. Endköpfchen (13).

Dieses Grundprinzip wird in vielfältiger Weise für versch. Zellarten (A_2) realisiert, die mit ihresgleichen Nervenketten (*neural bonds*) bilden.

B Nervenfunktionen

Die Nervenzellen sind zu 2 physiologischen Hauptfunktionen befähigt:

(B_1) zur elektr. Impulsleitung entlang des Axons und zum erregenden oder hemmenden chem. Übersprung über die Synapse zur nächsten physiol. Einheit (Nervenzelle oder Funktionsorgan). Unter Synapse versteht man die Einheit aus dem präsynapt. Endköpfchen, einem winzigen Spalt und der postsynapt. Endplatte einer nächsten physiol. Einheit (z. B. einer folgenden Nervenzelle).

(B_2) Diese beiden Funktionen ergeben 2 versch. Reaktionsformen. Die elektr. Erregungsleitung wird von außerhalb, d. h. von einer anderen Zelle oder einem äußeren Reiz ausgelöst. Dadurch geht das Ruhepotential in ein Aktionspotential über, das aus einer Entladung und einer nachfolgenden Phase der Unempfänglichkeit für weitere Reizungen (Neurorefraktion) besteht. Die Erregungsleitung ist folglich *rhythmisch*.

Ganz anders ist die zweite Reaktionsform. Der chem. Übersprung der Erregung ist phylogenetisch (lebensgeschichtlich) älter; denn urspr. genügten in einfachen Individuen Nachrichten über kurze Strecken. Erst bei großen Individuen wurde die elektr. Reizleitung über große Körperentfernungen nötig. Dagegen ermöglichen die synapt. Übersprünge, die bei manchen Neuronen bis zu 1000

Endköpfchen vermitteln, einen äußerst wandlungsfähigen weiteren Streckenverlauf.

(B_3) Daraus ergeben sich zwei Mustersysteme. Das eine wird durch die vielen *rhythmischen* Entladungen der Einzelnervenzellen gebildet, die sich überlagern und ein Interferenzbild wie bei übereinanderprojizierten Kreisen ergeben. Das andere formiert eine momentane Vernetzungsstruktur (*neuronal tissue*) von einer bestimmten *Figuration*. Diese beiden Musterbildungen sind die Grundlage für die »Bedeutungshaltigkeit« des neuronalen Geschehens. Nach dem Träger-Muster-Bedeutung-Prinzip kann im Prozeß der Mustererkennung (S. 89) die rhythm. Musterung als emotionale und die figurative Musterung als kognitive Komponente der Psych. angesprochen werden. Dadurch erhält die seit dem Altertum bekannte Trennung in »Seele« und »Geist« einen neuropsychol. Sinn, auch wenn sich beide Funktionen der Nervenzellen nicht trennen lassen.

C Grundsteuerungen

Zwar sind die Nervenzellen die Grundeinheiten des Nervensystems, aber ohne Mithilfe anderer Sinnes- oder Nervenzellen können sie sich nicht entladen. Folglich muß man höhere Einheiten von Nervenzellen aufsuchen, um das Nervengeschehen in seiner Steuerungsaufgabe zu verstehen.

(C_1) Die einfachste Form einer neuronalen Gemeinschaftsaufgabe ist der Reflex. In dem Modell besteht er rechts aus zwei und links aus drei Neuronen. Zu jedem Reflex gehört eine Reizung (R), die zentrale Verarbeitung (V) und der Effekt (E), z. B. eine Muskelkontraktion.

(C_2) Die Selbstorganisation besteht aus Reflexkoppelungen mit Rückschleifen, d. h. mit einer Eigenreizung. Im Beispiel eines motor. Ganglienverbunds zeigen sich die Wechselbeziehungen zwischen Motorkortex (1), Striatum (2), Pallidum (3), Thalamus (4), Subthalamus (5), Substantia nigra (6) und Ausläufern zu tieferen Hirnregionen (7).

(C_3) Die Signalverarbeitung im gesamten Zentralnervensystem kann man sich zahlenmäßig durch Schätzwerte der kybernet. Verarbeitungsschritte (gemessen in bit pro Sekunde) vergegenwärtigen.

An Reizungen empfängt der Organismus die gewaltige Zahl von 10^9 bis 10^{10} bit/s aus der Innen- und Umwelt. Verarbeitet werden aber je nach Konzentrationszustand nur 25 bis 10^2 bit/s. Das ergibt eine Verdichtung oder Filterung des Erregungsmaterials. Bei der Ausgabe u. a. an die Körpereffektoren erfolgt wieder eine Ausweitung auf etwa 10^3 bis 10^7 bit/s.

An diesen gewaltigen Zahlen läßt sich ungefähr ermessen, welche Leistung unser Nervensystem in jeder Sekunde zu vollbringen hat (aber nur max. 150 bit/s mit Bewußtsein; vgl. Kap. IX/2).

86 V. Neuropsychologie / 6. Zentralnervöse Regulation

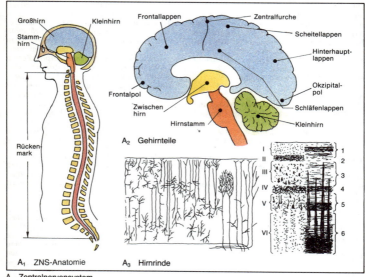

A₁ ZNS-Anatomie A₂ Gehirnteile A₃ Hirnrinde

A Zentralnervensystem

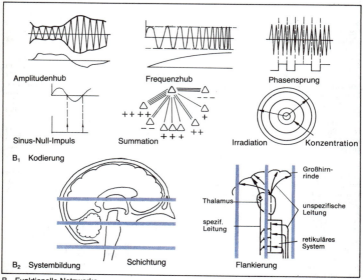

B₁ Kodierung

B₂ Systembildung Schichtung Flankierung

B Funktionelle Netzwerke

V. Neuropsychologie / 6. Zentralnervöse Regulation

Das Zentralnervensystem (ZNS) ist mit 10^{11} Nervenzellen und 384000 km Fasern die Regierungszentrale des Menschen. Buchstäblich alles, was Menschen zu leisten imstande sind, ist seine Aufgabe. Trotz der Menge an Erkenntnissen, die wir schon besitzen, birgt es noch zahlreiche Rätsel.

A Zentralnervensystem

(A_1) **Grobanatomie des ZNS.** Das Rückenmark besteht aus 30 Segmenten, die den einzelnen Wirbeln entsprechen; seine Hauptaufgabe ist die sensor.-motor. Reflexversorgung des Organismus. Das Stammhirn ist ein entwicklungsgeschichtlich alter Teil des ZNS. Seine Unterteilung wird versch. vorgenommen, i. a. (von unten nach oben) in: verlängertes Mark, Brückenhirn, Mittelhirn, Hypothalamus, Zwischenhirn und Thalamus. Schließlich folgen Klein- und Großhirn.

(A_2) Die Funktionen des **Stammhirns** beziehen sich bes. auf die vegetativen Regulationen (Atmung, Blutkreislauf) und die Umschaltung, z. T. auch die Zusammenschaltung der Außenweltkontakte und ihre Weiterleitung zur Großhirnrinde.

Ein überaus wichtiges Gebiet im mittleren bis oberen Bereich des Stammhirns ist die Formatio reticularis, mit einer sonst im Gehirn nicht vorkommenden Vielfalt an Zellarten. Dieses »unspezifische« Gebiet ist von »spezifischen« Nervengebieten umgeben. Letztere vermitteln über wenige Synapsen die Sinnesreize und sind in ständiger Aktion. Demgegenüber leistet das unspezif. Gebiet nur bei Bewußtheit Arbeit. Seine hochkomplexe Struktur entsendet Faserzüge über den Thalamus in die Großhirnrinde und empfängt Impulse aus deren Arealen.

Das **Kleinhirn** dient bes. der Bewegungskoordination. Das **Großhirn** wird durch 2 Hemisphären, verbunden durch den Balken, gebildet. Auf den Hemisphären lassen sich 4 Hirnlappen unterscheiden: Frontal-, Scheitel-, Schläfen- und Hinterhauptlappen. Auf ihrer Oberfläche sind die Windungen (Gyri) und die Furchen (Sulci) mit der auffälligen Zentralfurche (Sulcus centralis) zu erkennen.

(A_3) Unter der Oberfläche der Windungen befindet sich eine zellreiche »graue« Schicht von 2–3 mm Dicke: die **Hirnrinde** (Cortex). Hier enden und vernetzen sich die sensor. Nervenbahnen mit den motorischen.

Der linke Teil der Abb. zeigt ein schemat. Bild der Rindenzellen, dabei ist der Unterschied von afferenten (aufsteigenden) und efferenten (absteigenden) Zellarten deutlich. Der rechte Teil vermittelt einen Eindruck der 6 unterschiedenen Zellschichten (röm. Ziffern für das Zellbild, arab. Ziffern für das Faserbild).

B Funktionelle Netzwerke

Die entscheidende neurops. Frage lautet: Wie wird aus den Abläufen im ZNS das Psychi-

sche? Ähnlich wie auch in techn. Systemen ist eine Umsetzung von Qualitäten in Formen oder Muster nötig. Diesen Prozeß nennt man **Kodierung** (B_1). Dem Nervensystem stehen dazu eine Reihe von Kodierungsformen zur Verfügung.

Der *Amplitudenhub* bildet Nachrichten durch eine Modulation der Kurvenhöhe (ähnlich wie im Mittelwellen-Rundfunk) ab; demgegenüber steht der *Frequenzhub* mit der Modulation der Ausschlagshäufigkeit (wie im UKW-Bereich).

Die *Phasenmodulation* geschieht durch den Phasensprung, eine plötzl. Änderung des tragenden Ablaufschritts durch einen Sperrschritt.

Bei pulsierenden Trägern kann im Sinus-Null-Zustand eine *Impuls-Kode-Modulation* zur Nachricht dienen.

Durchgängig ist das *Summationsprinzip;* Nachrichten werden im ZNS zumeist mehrfach übermittelt, so daß Ausfälle sich weniger auswirken. Diese Redundanz (Nachrichtenüberfluß) ist aber nicht nur eine Parallelisierung, sondern in den meisten Fällen auch eine Kombination von erregenden und hemmenden Impulsen. Eine Impulsweiterleitung geschieht dann, wenn die erregenden Impulse als Summe die hemmenden überschreiten.

Die *Irradiation* ist eine Erregungsausbreitung über größere Nervengebiete und bildet mit der *Konzentration* (Verengung) zusammen eine dynam. Kodierung.

Diese Kodierungsbeispiele lassen sich erweitern; wichtig ist vor allem, daß sie kombinierungsfähig sind und somit die Musterkodierung potenzieren.

(B_2) Der Kodierung sind 2 weitere Netzwerkstrukturen anzuschließen, die als Systembildungen schon anatom. sichtbar sind.

Die **Schichtung** in tiefere und höhere Anteile im ZNS drückt sich auch in den Funktionen aus. Dabei gilt i. a. das Prinzip, daß tiefere Regionen entwicklungsgeschichtl. älter und in der Leistungsfähigkeit einfacher bzw. »emotionaler« sind; dagegen gelten höhere als »kognitionsnäher«, weil hier die Verbindungsstruktur gegenüber der bloßen Erregungsstruktur überwiegt.

Die **Flankierung** von Nervenprozessen ist grobanatom. an der Hemisphärenbildung erkennbar. Erst seit wenigen Jahren erkennt man darin auch eine Funktionsdifferenzierung, etwa in der individuellen Einlagerung der Sprachzentren. Die sog. Lokalisationslehre, die eine feste Zuordnung der Hirnareale zu best. Funktionen vorsah, ist dadurch modifiziert worden (relative Lokalisation).

Ein wichtiges Flankierungsprinzip ist auch in der Entdeckung des aufsteigenden Aktivierungssystems (ARAS) als »unspezif.« Nervensystem gelungen. Seither bahnt sich eine psychophysiolog. Erklärung des Bewußtseins in Gestalt der Zusammenschaltung von unspezif. und spezif. Nervensystem an.

88 V. Neuropsychologie / 7. Psychokybernetik

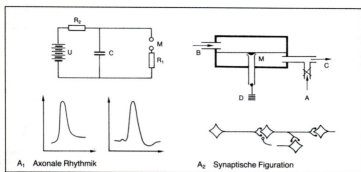

A₁ Axonale Rhythmik
A₂ Synaptische Figuration
A Neurobionik

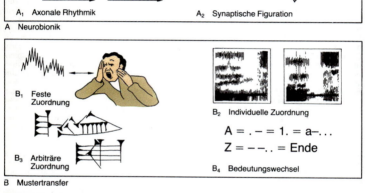

B₁ Feste Zuordnung
B₂ Individuelle Zuordnung
B₃ Arbiträre Zuordnung
B₄ Bedeutungswechsel
B Mustertransfer

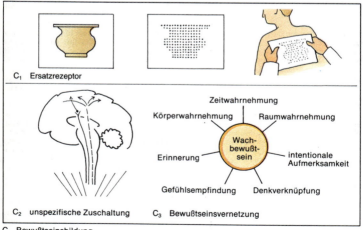

C₁ Ersatzrezeptor
C₂ unspezifische Zuschaltung
C₃ Bewußtseinsvernetzung
C Bewußtseinsbildung

V. Neuropsychologie / 7. Psychokybernetik 89

Das Wort Kybernetik ist aus dem Altgriech. entlehnt und benannte dort die Kunst, ein Schiff zu steuern. NORBERT WIENER begründete 1948 unter diesem Begriff eine fachübergreifende Disziplin, die alle Steuerungs- und Regelungsfunktionen modellartig erfassen sollte. Gegenwärtig umfaßt die Kybernetik zahlreiche Untergebiete, die (wie die Psychokybernetik) Grundmodelle ihrer Forschungsgegenstände unter Berücksichtigung eines math.-techn. Nachvollzugs erarbeiten.

A Neurobionik

Eine erste Annäherung an psychophysiolog. Modelle liefert die Bionik, eine kybernet. Funktionslehre zwischen Biologie und Technik. Als Neurobionik dient sie der techn. Modellierung des neuronalen Geschehens. Die beiden Hauptfunktionen der Nervenzelle können mit den folgenden Modellen approximativ simuliert werden.

(A_1) Die axonale Rhythmik wird mit der angegebenen Schaltung nachgezeichnet (U: Batterie, C: Kondensator, R: Widerstände, M: Meßgerät). Der Potentialverlauf dieser techn. Entladung (links) kommt dem Aktionspotential (rechts) im Nervenfortsatz nahe.

(A_2) Die synapt. Figuration ist dagegen ein chem. Strömungsvorgang. Ihn versucht man u. a. mit Luftströmen nachzubilden. In diesem Zweikammermodell öffnet oder schließt eine Membran M je nach Druckausgleich ein Ventil (B: Signaldruck, A: Betriebsdruck, C: Ausfuhr des Signaldrucks, D: freie Öffnung). Setzt man mehrere solcher Systeme gekoppelt hintereinander, so lassen sich Signale speichern und ähneln damit den Haltereglern (Ur-Merkfähigkeit) einfacher synapt. Systeme.

B Mustertransfer

Die neuronalen Prozeßmuster verklammern den physiol. Träger mit der psych. Bedeutung, denn physiol. Muster sind bedeutungshaltig, und umgekehrt beruhen alle ps. Bedeutungen auf Musterungen; allerdings in drei versch. freien Funktionen.

(B_1) Die einfachste Zuordnung der Trägerprozesse in den Nerven, ihrer Musterung und der psych. Bedeutung liegt bei den *festen* Zuordnungen, wie hier bei hochfrequenten Mustern und der Erregung, vor.

(B_2) *Individuelle* Musterbildungen lassen sich bei Sonogrammen gleicher Wörter (hier das Wort »eins«) bei versch. Personen studieren.

(B_3) *Arbiträre* Musterungen kommen am häufigsten vor. Der physiolog. Prozeß liefert zwar die Grundlage für die Muster, aber diese sind zu ihrer Bedeutung hin offen. Der Keilschrift (Abb.) könnte bei gleicher Bedeutung ein chines. Bilderschrift, ägypt. Hieroglyphen oder irgendein alphabet. Schrift »transferiert« werden. Das Psych. ist zwar von phys. Trägerprozessen abhängig, aber auch in seiner »Bedeutungshaltigkeit« arbiträr unabhängig.

(B_4) Noch deutlicher wird dies beim *Bedeutungswechsel*. Bedeutungen können bei gleicher oder gewechselter Musterung verändert werden: Die Buchstaben können in Morsezeichen umgewandelt werden; oder auch beim gleichen Muster, z. B. A, die Zusatzbedeutung eines höchsten Grades oder als a- die Bedeutung von ab-, ent-, miß- erhalten. Der Mensch lebt in einer Welt der Musterkontinuen. Folglich kann er überall Psychisches entdecken, wenn er will, bzw. stumpf dafür bleiben, wenn er diese Muster nicht für sich in Bedeutungen umsetzt.

C Bewußtseinsbildung

Die Erforschung dieser Träger-Muster-Bedeutung-Beziehungen dient nicht nur der theoret. Klärung des Leib-Seele-Zusammenhangs. Ein einfaches Beispiel für die Entwicklung techn. Rezeptoren, z. B. für Blinde, kann dies verdeutlichen.

(C_1) Das Realbild einer Kanne kann in ein einfaches Musterbild umgeformt werden, das man dann in dieser Musterform auf den Rükken des Blinden projiziert und ihm dadurch ein selbsterlebbares, primitives Abbild verschafft. Eine techn. Vervollkommnung solcher Sinnesprothesen, deren Muster direkt in das Nervensystem eingebaut werden sollen, wird seit längerer Zeit angestrebt. Damit verfolgt man einen Weg, den die Evolution des Nervensystems vorgezeichnet hat.

(C_2) Nach der Psychokybernetik (BENESCH) bildet sich Bewußtsein durch Zuschaltung des *unspezif.* Subjektsystems zum *spezif.* Objektsystem (Bewußtsein als »aktuelle Subjekt-Objekt-Beziehung«, H. THOMAE). Das Subjektsystem arbeitet nur im Wachzustand. Das Objektsystem dagegen ist dauernd tätig; es arbeitet als niederes Sinnesinstrument zur Lebenserhaltung auch im inaktiven Schlafzustand oder in der Narkose. Deshalb können wir auch von einem Geräusch geweckt werden, das wir nicht bewußt gehört haben.

(C_3) Das dem unspezif. Subjektsystem entsprechende Wachbewußtsein setzt sich aus zahlreichen ichbildenden Teilsystemen zusammen. Deren Zuschaltung nennt man »erleben«, z. B. nach einer Narkose oder nach einem plötzlich unterbrochenen Tiefschlaf: Man muß sich erst vergegenwärtigen, wo man ist, wie spät es ist und warum man so desorientiert ist.

Diese Teilsysteme (»Module«, GAZZANIGA, 1989) entwickeln sich (»selbstreferentiell«; PRIBRAM, 1971) in den ersten Lebensjahren. Das Kind beginnt schon früh, z. B. ein Bewußtsein des eigenen Körpers zu bilden, etwa durch das Funktionsspiel mit den Fingern. Ähnlich ist es mit den anderen Funktionskreisen des nebenstehenden Bewußtseinsmodells. Wachbewußtsein ist eine kybernetische Modulvernetzung zu einem »Ich-Erleben« mit vielen unterscheidbaren Selbstanteilen, die von Mensch zu Mensch verschieden sind.

90   VI. Wahrnehmungspsychologie / 1. Wahrnehmungsgrundlagen

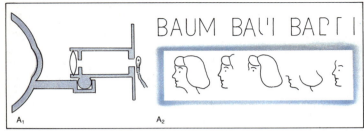

A   Fixierte Wahrnehmung

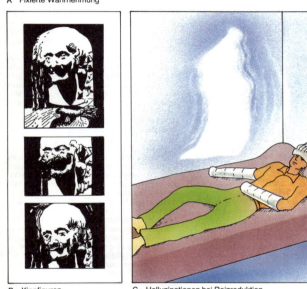

B   Kippfiguren   C   Halluzinationen bei Reizreduktion

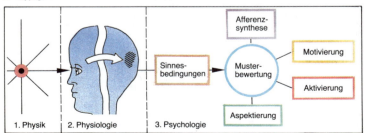

D   Wahrnehmungsverlauf

Sehen, Hören, Riechen usw. sind für den Menschen das Selbstverständlichste von der Welt. So überrascht, daß vieles an der Wahrnehmung noch ungeklärt ist. In absehbarer Zeit wird sogar kaum damit zu rechnen sein, daß sich das ändert. Je tiefer man in die Probleme der Wahrnehmung eindringt, desto Erstaunlicheres offenbart sich in dieser scheinbar »problemlosen Selbstverständlichkeit«.

A Fixierte Wahrnehmung
Jeder kennt den sog. Blickkrampf: man »stiert« in die Gegend. Dabei verschwimmen in eigenartiger Weise die Konturen des Gesehenen. Mit einer Apparatur (A_1) kann man (über Haftschalen und einen Zapfen) das Bild künstlich stillhalten. Dadurch wird der Nystagmus ausgeschaltet (eine vielschichtige unbemerkte Augenbewegung, bei der u. a. 30- bis 70mal in der Sekunde das Auge hin- und herbewegt wird). Mit einer anderen, neu entwickelten Apparatur kann der Nystagmus über Spiegel ausgeglichen werden, so daß das gesehene Bild »steht«.
(A_2) Nun geschieht etwas Merkwürdiges. Allmählich verschwindet das Gesehene, und nur noch ein leeres Feld bleibt übrig. Aber das Bild vergeht nicht gleichmäßig, es verwischt sich in zusammenhängenden, bedeutsamen Teilen. Bei Schriften können zeitweise sogar »falsche« Buchstabenfolgen auftreten. Je wichtiger das Bild oder Teile von ihm sind, desto länger bleiben sie bestehen. Der Teil, auf den man bewußt achtet, erhält sich am längsten.
Eine solche künstl. Versuchssituation übertreibt nur etwas, was auch den Wahrnehmungsalltag bestimmt. Kein Mensch sieht »objektiv«. Jede Wahrnehmung ist eine Zusammenfügung von tatsächl. Reizgegebenheiten, von Bedingungen des körperl. Wahrnehmungsapparates und von psych. Mitbestimmungen.
Letztere können so stark in die »objektiven« Bilder eingreifen, daß der schwed. Psychologe KATZ von gelegentlichen »Falsch-Nehmungen« statt von »Wahr-Nehmungen« sprach.
In vielen Sprachen wird wie im Deutschen die Eigenbeteiligung des Wahrnehmenden in die Bezeichnung einbezogen. In wiss. Abhandlungen verwendet man auch den Begriff Apperzeption (nach lat. »etwas dazu erfassen«), wenn man auf den zusätzl. Anteil einer Sinneserkenntnis hinweisen will.

B Kippfiguren
Eines der berühmtesten Beispiele für nachträgl. Veränderungen des Gesehenen ist das Bild ›Der Sklavenmarkt‹ von SALVADOR DALI.
Im oberen Bildausschnitt kann man sowohl einige Herren mit Barett oder die Büste von VOLTAIRE hineinsehen (darunter sind beide Bildanschauungen für sich hervorgehoben).
Solche Figuren benennt man mit versch. Bezeichnungen: Vexier-, Kipp-, Inversions-(Umkehr-), Reversions-(Umschlag-)Figuren (S. 123). Die Bevorzugung einer der beiden gesehenen Kippformen läßt sich auch durch Belohnung oder Bestrafung dirigieren (Schafer-Murphy-Effekt). Solche Beispiele verdeutlichen den persönl. Anteil am Gesehenen.

C Halluzinationen bei Reizreduktion
Umgekehrt ist der Mensch existentiell von Außenreizen abhängig. In Reizentzugsuntersuchungen (vgl. Deprivation, Kap. XV/3) werden Vpn. so weit wie möglich von Außenreizen abgeschirmt. Regelmäßig kann dabei beobachtet werden, wie diese Personen zunächst sehr entspannt sind, oft auch einschlafen, aber allmählich in eine gesteigerte Unruhe verfallen. Spätestens nach 2 bis 3 Stunden werden weiße Gebilde, schlierenförmige Wahrnehmungseindrücke, bemerkt, die am nächtl. Halluzinationen einer gespensterhaften »weißen Frau« erinnern und oft in konkrete Wahrnehmungen überwechseln.
So verschafft sich der Mensch Wahrnehmungen, selbst wenn sie nicht vorhanden sind. Bei dem Bergwerksunglück in Lengede (1963) verbrachten 11 Kumpel 14 Tage in einer engen, dunklen Höhle 55 Meter unter der Erde. Einer der Kumpel berichtete später über seine Halluzinationen:
»Ich sah einen Obstgarten mit Apfelbäumen, Palmen, grünen Wiesen, weidenden Kühen, fremden Menschen . . . Ich habe alles ganz natürlich gesehen, genauso, als ob es wahr wäre.«

D Wahrnehmungsverlauf
Bei der Analyse der Wahrnehmung sollte man sich die drei wichtigsten Bereiche einer »Wissenschaft von der Wahrnehmung« vergegenwärtigen:
1) Die **Physik** des Sehens konzentriert sich auf die Funktionen des Lichts. Ihre Fragestellungen verfolgen die Bedingungen von der Reizquelle bis zum Sinnesorgan.
2) Die **Physiologie** des Sehens untersucht den körperl. Wahrnehmungsapparat vom Auge bis zur Sehrinde im Gehirn.
3) Die **Psychologie** des Sehens beschäftigt sich mit der Entstehung des Wahrnehmungsbildes und experimentiert mit den Bedingungen der Wahrnehmungsentwicklung. 5 Kontrollfunktionen (s. Abb.) stehen dabei im Mittelpunkt (s. S. 97 u. 123).
Alle 3 Bereiche bilden die Wahrnehmung. Die Natur steht nicht dem Physiker, dem Physiologen oder dem Psychologen am nächsten, sondern allen gleich weit entfernt. Aber die allg. verbreiteten Kenntnisse sind unterschiedlich verteilt. Die Erkenntnisse der Wahrnehmungsps. sind wenig bekannt geworden. Vor allem ihre weitreichende Gültigkeit, die z. B. bis zur Sozialps. (s. Kap. XV) reicht, wird häufig unterschätzt.

92 VI. Wahrnehmungspsychologie / 2. Physik des Sehens

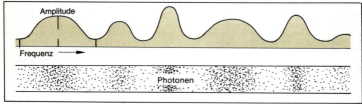

A Trägerprozesse

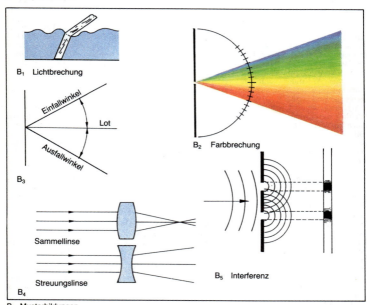

B₁ Lichtbrechung

B₂ Farbbrechung

B₃ Einfallwinkel / Lot / Ausfallwinkel

B₄ Sammellinse / Streuungslinse

B₅ Interferenz

B Musterbildungen

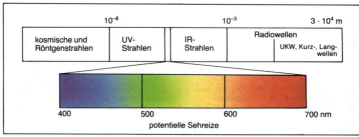

C Bedeutungsgehalt

VI. Wahrnehmungspsychologie / 2. Physik des Sehens 93

Ohne Licht gibt es keine volle Wahrnehmung. Aber was ist Licht?
Zur Antwort müssen wir auf das Träger-Muster-Bedeutung-Prinzip (s. S. 89) zurückgreifen: Licht ist gleichbedeutend
– mit bestimmten physikal. *Trägerprozessen,*
– diese Prozesse unterliegen einer Reihe von *Musterbildungen,*
– ihren *Bedeutungsgehalt* als Licht erhalten sie erst durch biolog. Reizbedingungen.

A Trägerprozesse
Wie das Licht zustande kommt, hat als Problem seit dem Altertum eine Rolle gespielt. PLATON meinte, die Augen würden Lichtstrahlen auf die Objekte aussenden. Aber schon zu seiner Zeit sah man das auch umgekehrt. PYTHAGORAS und seine Schule glaubten, daß sichtbare Gegenstände Ströme von Lichtpartikeln verbreiten. Für ARISTOTELES dagegen bewegte sich das Licht wellenartig. Erst im 17. Jh. ging man diese Frage experimentell an. ISAAC NEWTON vertrat (wenn auch mit Einschränkungen) die Partikel- oder Korpuskulartheorie, CHRISTIAAN HUYGENS dagegen die Wellen- oder Undulationstheorie. Zunächst ging die Wellentheorie als Sieger hervor. Erst in unserem Jh. gewann die Korpuskulartheorie erneut am Boden.
Heute wird das Licht als Kombination von Partikeln und Wellen angesehen. Die Abb. zeigt im oberen Teil die Wellenartigkeit (die Wellenhöhe wird Amplitude genannt). Diese Wellen transportieren eine große Zahl von Teilchen (Photonen), wobei das Quadrat ihrer Amplitude in einem best. Bereich zur Zahl der darin enthaltenen Teilchen (Abb. unten) proportional ist.

B Musterbildungen
Seit dem Altertum ist bekannt, daß sich Licht geradlinig ausbreitet.
(B_1) Die Lichtbrechung (opt. Refraktion), daß beispielsweise ein in Wasser getauchter Stab wie an der Wasseroberfläche abgeknickt wahrgenommen wird, erklärt man (seit dem Anfang des 17. Jh.) mit der unterschiedl. Durchlässigkeit der Medien, d. h. in Wasser ist die Ausbreitung des Lichts gegenüber in Luft verlangsamt.
(B_2) Die Brechung ist auch von der Wellenlänge abhängig. Weißes Licht, das in geeignetem Winkel auf ein Prisma trifft, wird in seine Farbbestandteile zerlegt. Ein blauer Lichtstrahl wird stärker gebrochen als ein roter.
(B_3) Ein weiteres physikal. Merkmal des Lichts ist ebenfalls seit dem Altertum bekannt: es wird an spiegelnden Flächen reflektiert; dabei ist der Einfallwinkel gleich dem Ausfallwinkel (wie beim Billard eine angestoßene Kugel von der Bande im gleichen Winkel zum Lot zurückgeworfen wird).
(B_4) Ein wichtiges Merkmal ist auch die Fokussierbarkeit des Lichts, wobei eine Sammellinse die parallelen Lichtstrahlen konvergent

bricht und eine Streuungslinse das Bild divergent zerstreut.
(B_5) Einen frühen Beweis für die Wellenartigkeit des Lichts lieferte die Untersuchung des Arztes und Physikers THOMAS YOUNG (1773–1829):
Er richtete eine Lichtquelle auf eine Fläche, auf der 2 kleine Öffnungen angebracht waren. Die nun geteilten Lichtaustritte überdeckten sich und verstärkten auf einer Projektionsfläche bei phasengleichen Wellen (Wellenberg plus Wellenberg bzw. Wellental plus Wellental) das Licht und löschten es bei Phasenverschiebung (Wellenberg plus Wellental) aus. Diese Interferenz der Wellen verschwindet sofort, wenn man eines der beiden Löcher abdeckt; es entsteht eine gleichmäßige Projektion.
Der Nachweis für die Korpuskulartheorie gelang erst zu Beginn unseres Jh. durch PHILIPP LENARD (1862–1947):
Er konnte mit dem sog. photoelektr. Effekt bei ultraviolettem Licht Elektronen aus Zink und später auch aus anderen Metallen herausschlagen (Strahlungsemission), wobei die Intensität des Strahls die Anzahl der ausgelösten Elektronen bestimmt.

C Bedeutungsgehalt
In den riesenhaften Wellenbereichen besetzt das sichtbare Licht nur den schmalen Spalt zwischen den Wellenlängen von ca. 380 bis 780 nm (1 nm = 10^{-9} m). Als Reizgegebenheit verfügt das Licht über einige physikal. Eigenschaften, die für die Wahrnehmung wichtig sind.
Die Lichtgeschwindigkeit scheint auf den ersten Blick nicht dazu zu gehören. Sie beträgt 299 792,458 km pro Sekunde (entsprechend ist z. B. die optische Information vom Andromedanebel Millionen Jahre »veraltet«).
Wäre diese Geschwindigkeit langsamer, so würde man z. B. ein Gebäude, an dem man entlang geht, jeweils in einem sich verbiegenden Bild sehen.
Eine andere physikal. Eigenschaft ist die Kombination von Gegenfarben zu weißem Licht (S. 111).
Ferner unterscheidet man künstliches und natürliches (Sonnen-)Licht (zusätzlich gibt es das technisch aufbereitete Laserlicht) und teilt in direktes und indirektes Licht.
Indirektes Reflexionslicht liefert z. B. der Mond. Dabei gelangen nur wenige Photonen in unser Auge, so daß wir bei einer nächtl. Zeitungslektüre im fahlen Mondlicht nur die Überschriften lesen können: ein Alltagshinweis für die Richtigkeit der Korpuskulartheorie.
Licht ist für die Wahrnehmung auch durch sein Gegenstück, den Schatten, wichtig. Die versch. Schattenformen (Schlagschatten, Halbschatten etc.) unterstützen, daß wir die Dinge plastisch sehen.

94 VI. Wahrnehmungspsychologie / 3. Physiologie des Sehens

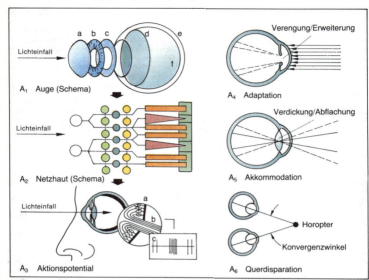

A Periphere Verarbeitung

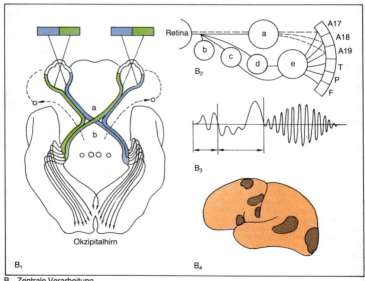

B Zentrale Verarbeitung

VI. Wahrnehmungspsychologie / 3. Physiologie des Sehens 95

Der Schritt von der Physik zur Physiologie des Sehens kompliziert die Befunde. Die Kenntnis der körperl. Seite der Wahrnehmung weist, trotz bedeutender Fortschritte in jüngster Zeit, noch große Lücken auf.

A Periphere Verarbeitung

(A_1) Das **Auge** als opt. Apparat: (a) vordere und hintere Hornhaut (Cornea) mit dem vorderen Kammerwasser, geschützt und opt. verbessert durch den Lidschlußreflex; (b) Regenbogenhaut (Iris) mit der Pupillenöffnung, die den Lichteintritt durch ringförmige (Sphincter) und radiäre (Dilatator) Muskelfasern regelt; (c) die an Zonulafasern aufgehängte Linse; (d) Augapfel (Bulbus), der durch (e) die Lederhaut (Sklera) umhüllt ist und das hintere Kammerwasser enthält; (f) Netzhaut (Retina), die bis weit nach vorn an der Innenwand des Bulbus angelegt ist und in deren Mitte sich die Sehgrube (Fovea centralis) befindet.

(A_2) **Retina.** Die Bezeichnung Netzhaut für das wichtigste Rezeptionsorgan ist sehr anschaulich. Ihre Vernetzung zeigt den Zusammenschluß der Elemente zu einem hochkomplexen Sinnesorgan.
3 Zellfunktionen werden unterschieden: Durchgangs-, Querverbindungs- und Stützfunktionen.

Zu den durchgängigen Zellen zählen die 2 Hauptsorten der Sehzellen, Stäbchen (orange) und Zapfen (lila), ferner die Bipolarzellen (blau) und die Ganglienzellen (weiß).
Die querverbindenden Zellen bestehen aus den Horizontalzellen (gelb) und den amakrinen Zellen (grün).
Die Glia und das Pigment (grau) bilden das Füll- und Stützgewebe.
Die Sehzellen sehen wie Pinsel mit Stiel aus. Die schmaleren Stäbchen sind lichtempfindlicher, aber sie weisen nicht die 3 farbempfindl. Untersorten wie die etwas dickeren Zapfen auf.
Die Kombination von Stäbchen und Zapfen, die nur die höchsten Lebewesen besitzen, ermöglicht die Farb-Form-Qualität des menschl. Auges.
Rund 250 Mio. Sehzellen besitzt der Mensch, im Verhältnis von 18 Stäbchen zu 1 Zapfen. Ihre Verteilung über die Retina ist ungleich. In der Fovea centralis dominieren die Zapfen, sonst die Stäbchen. Bei Lichteinfall wird der in ihnen enthaltene Sehpurpur (Rhodopsin) gespalten und bleicht aus.

(A_3) **Reizumwandlung.** Die komplizierten chem. Reaktionen nach Lichteinfall bewirken in der Retina (a) in noch nicht völlig geklärter Weise elektr. Impulse, die im Sehnerv (b) weitergeleitet werden. Im ungereizten Zustand haben die Stäbchen und Zapfen nur ein sehr niedriges Ruhepotential. Bei Reizung steigt das Membranpotential an. Allerdings ist ein Aktionspotential (mit Spikes nach Licht-

einfall wie in der Mitte von c) erst in den Ganglienzellen nachweisbar.

(A_{4-6}) **Augenreaktionen.**

(A_4) Wie bei der Kamerablende vermehrt oder verringert die Pupillenöffnung (Adaptation) den Lichteintritt. Die Lichtaufnahme richtet sich nicht nur nach der jeweiligen Helligkeit, sondern wird auch durch den psych. Zustand mitbestimmt.

(A_5) Die Verdickung oder Abflachung der Linse (Akkommodation) verändert die Lichtbrechung und ermöglicht das Nah- und Fernsehen (von ca. 10 cm bis zum allg. Fernpunkt von ca. 10 m).

(A_6) Die Verschiebung der Sehachsen (Querdisparation) beider Augen verhindert ein Doppelbild und begrenzt die Fixationsfläche (Horopter).

B Zentrale Verarbeitung

HERMANN V. HELMHOLTZ, dem großen Physiologen des 19. Jh., wird der Satz zugeschrieben: »Wenn das Auge von einem Optiker angefertigt worden wäre, dann müßte man ihm dieses zurückgeben.«
Daß trotz der opt. Schwächen des Auges die Sehwahrnehmung als die Krönung unserer Umweltbeziehung gilt, ist die Leistung der zentralen Verarbeitung.

(B_1) **Leitungssystem.** Die Sehbahnen (Nervus opticus) übermitteln das linke und rechte Augenbild getrennt für beide Augenhälften, so daß 4 Stränge bis in das Hinterhaupthirn (Okzipitalhirn) führen. Sie kreuzen sich teilweise im Chiasma (a).
Im mittleren Bereich (b) finden nicht nur Verschaltungen statt, sondern auch rückläufige Innervierungen für die vorher erwähnten Augenreaktionen.

(B_2) **Schaltsysteme.** Schematisch dargestellt erfolgen im Mittelbereich Verschaltungen über Corpus geniculatum laterale (a), akzessor. System (b), Praetectum (c), oberes Vierhügelfeld (d) und Pulvinar (e). Diese Potentiale strahlen auf die Okzipitalareale 17 bis 19 und zum Temporal- (T), Parietal- (P) und Frontalhirn (F) aus.

(B_3) **Potentialdifferenz.** Bei evozierten Potentialen (S. 79) lassen sich spezif. und unspezif. Signale unterscheiden. Sie sind ein Hinweis auf die Fähigkeit zur bewußten Wahrnehmung. Bei der Reizung reagiert der Sehnerv mit 3 elektrischen Effekten: mit der Primär- und der Sekundärantwort sowie dem Nachpotential.

(B_4) **Leseaktivierung.** Mit der Isotopentechnik können Durchblutungsunterschiede registriert werden, von denen man auf aktivierte Areale schließt. Mit dieser Methode ist die Beteiligung mehrerer Areale der Großhirnrinde beim Lesen nachweisbar. Bei Schädigungen kann die Arealumpolung (wenn überhaupt möglich) viele Monate dauern. Daran erweist sich die dynam. Funktionsverflechtung im gesamten ZNS.

96 VI. Wahrnehmungspsychologie / 4. Wahrnehmungstheorien

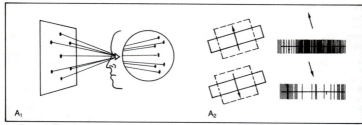

A Sensuale Theorien

B Molare Theorien

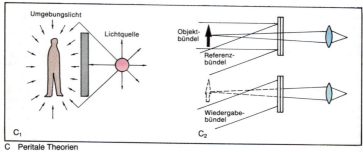

C Peritale Theorien

VI. Wahrnehmungspsychologie / 4. Wahrnehmungstheorien 97

Wissenschaft ist häufig Meinungskampf, in den auch allzumenschl. Emotionen einfließen. In der Auseinandersetzung um die Wahrnehmungsps. lassen sich seit Mitte des 19. Jh. 3 Hauptrichtungen unterscheiden.

A Sensuale Theorien

WILHELM WUNDT und EDWARD TITCHENER waren Vertreter des Sensualismus, einer Theoriengruppe, die sich auf die Sinnesleistung konzentrierte. Sie standen unter dem Eindruck der damaligen großen physiolog. Entdeckungen. Der Hauptgedanke war die ebenbildl. Übertragung der physiolog. Struktur auf die ps. Erscheinungen; deshalb wird ihre Richtung auch »Strukturalismus« genannt.

Ebenso wie Rezeptoren, Nervenfasern und Hirnregionen aus kleinteiligen Bausteinen bestehen, die sich zu Systemen zusammensetzen, glaubte man das gleiche von der Wahrnehmung (A_1). TITCHENER schrieb: »Jede der vierzigtausend Helligkeiten und Farben, die wir sehen können, jeder der elftausend Töne, die wir zu hören vermögen, ist eine Empfindung.« Solche Zahlenschätzungen finden heute keine Bestätigung mehr.
Noch stärkeren Widerspruch erregte die Annahme, daß sich z. B. die Wahrnehmung eines Stuhles aus einigen tausend Empfindungen zusammensetzen würde. Spätere Theoretiker nannten solche Auffassungen »elementaristisch«. Da aber kaum ein Theoriengebäude nur die eigene Auffassung enthält, finden sich auch bei den Sensualisten Hinweise auf integrative »dynam.« oder »voluntarist.« (willentl.) Momente, die man auf »unbewußte Schlüsse« zurückführte.
Der totgesagte Sensualismus erstand aber später in neuer Fassung über den Umweg der Psychophysiologie. Vor wenigen Jahrzehnten entdeckte man im Tierversuch die merkwürdige Tatsache, daß zentrale Ganglien eine Reizauslese entwickeln (A_2). Manche Nervenzellen feuern nur, wenn ein Querstrich von oben nach unten bewegt wird, andere nur beim umgekehrten Weg. Bei nichtadäquater Reizung entsteht eine viel geringere elektr. Impulsfolge. Offenbar war der sensualist. Theorieansatz von der »Empfindung als kleinster Wahrnehmungseinheit« nicht völlig abwegig. Unter der Bezeichnung »visuelle Detektoren« erkennt man nun Einheiten an, die spezielle Teilinformationen beitragen.

B Molare Theorien

Eine der bekanntesten Wahrnehmungstäuschungen wurde von FRANZ CARL MÜLLER-LYER entdeckt (1889) und auch nach ihm benannt (B_1). Im Alltag kann man sie an Raumkanten beobachten: eine gleichlange Vertikale wirkt größer bei perspektivisch Seitenlinien (links) und kürzer bei perspektivisch verengten (rechts). Die Wahrnehmung gibt also die Welt nicht »objektiv« wieder.

Unter dem von CHRISTIAN V. EHRENFELS geprägten Begriff »Gestalt« ermittelten die Gestalttheoretiker die Bedingungen, unter denen der Organismus die äußeren Erscheinungen erfaßt.
Mit dem von E. C. TOLMAN (1932) eingeführten Begriff »molar« werden die versch. ganzheitl. Schulen zusammengefaßt: eine Anzahl Flecken (B_2) können zu einem molaren Bild eines Reiters verschmolzen werden (Eidotropie).
HARRY HELSON erweiterte die Gestalttheorie zur Theorie des Adaptationsniveaus: Wahrnehmung setzt sich aus früheren Erfahrungen, einem erlebten Bezugsrahmen (Ankerreiz) und dem Verhältnis des gegenwärtigen Reizes zu ihnen zusammen.
Wer gerade ein sehr schweres Gewicht gehoben hat, empfindet ein leichteres, aber eigentlich schweres, als »leicht« (B_3).

C Peritale Theorien

Die Gestalttheorien wurden seit Mitte unseres Jh. von peritalen (auf Lernerfahrung bezogenen) Theorien abgelöst; für sie entsteht der Ganzheitseindruck nicht erst im Kopf, sondern steckt bereits im physikal. Reizgeschehen. Für JAMES GIBSON erhebt sich die Frage: »was davon ein Organismus mit Empfindungsfähigkeit für sich herausnehmen kann«. Nach seinem »ökolog. Aspekt« wird unsere Wahrnehmung laufend geschult; z. B. stammt das wahrgenommene Licht nur selten direkt von einer Lichtquelle, sondern ist meist indirektes Umgebungslicht (ambient light), das den Beobachter von allen Seiten einschließt (C_1).
Seit es Holographien (C_2) gibt, die durch interferierende Lichtbündel ein dreidimensionales Bild ergeben, weiß man noch genauer, daß die Wahrnehmung laufend geschult wird. Diese funktionellen Zusammenhänge werden in den peritalen Theorien unter versch. Aspekten gesehen: Körperzustand (z. B. als Veränderung unter Hunger), Trainingszustand, Verdrängung unangenehmer Sichtweisen, sozialer Gruppendruck, kognitive Einflüsse (z. B. Wahrnehmungsschulung).
Ferner werden 5 Kontrollfunktionen hervorgehoben:
Sinnesbedingungen (z. B. beteiligte Sinnesgebiete),
Afferenzsynthese (z. B. Zusammenspiel von Form und Farbe),
Motivierung (u. a. momentane Bedürfnisse),
Aktivierung (z. B. Sonderinteressen),
Aspektierung (auswählende Aneignung).
Neben diesen Theorien zur Gesamtsituation heben andere Theoretiker die Selektion (Reizauswahl), Interpretation (Bedeutungszuordnung), Wahrnehmungsentstehung (scanning, Aktualgenese), Feldabhängigkeit (Einflußgrad des Umfeldes), Musterbewertung, Wahrnehmungsentwicklung und die aktive Informationssuche hervor.

98 VI. Wahrnehmungspsychologie / 5. Wahrnehmungsorganisation

	Reize	Rezeptoren	Nervenbahnen	Kapazität bit/s	Zentralnervensystem	bewußte Verarbeitung
Augen	380–760 nm Schwingungen	10^7–10^8	$2 \cdot 10^6$	$5 \cdot 10^7$		
Ohren	18–18000 Hz	1–$3 \cdot 10^4$	$2 \cdot 10^4$	$4 \cdot 10^4$		
Druck Schmerz	Verformungen	$5 \cdot 10^5$ $3 \cdot 10^6$	10^4	$2 \cdot 10^5$	10^{15} Neuronen	16–150 bit/s
Kälte Wärme	Temperaturänderung	10^5 10^4	10^6	$2 \cdot 10^3$		
Geruch Geschmack	chemische Konzentrate	10^7 10^7	$2 \cdot 10^3$ $2 \cdot 10^3$	10–100 10		
	1	2	3	4	5	6

A Spezifität

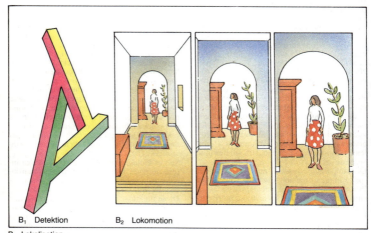

B₁ Detektion   B₂ Lokomotion

B Lokalisation

C₁   C₂

C Transduktion

VI. Wahrnehmungspsychologie / 5. Wahrnehmungsorganisation

Wenn man sich einen Kreis ins Unendliche vergrößert denkt, so lehrte im Spätmittelalter NIKOLAUS VON KUES, geht die Kreiskrümmung allmählich in die Gerade über. Für die göttl. Unendlichkeit postulierte er wie für Kreis und Gerade eine *coincidentia oppositorum:* einen Zusammenfall der Gegensätze. Bei der komplizierten Organisation der Wahrnehmung wird man ständig an das Prinzip der vereinigten Gegensätze erinnert.

A Spezifität

Seit undenkl. Zeiten werden dem Menschen 5 Sinne zuerkannt. Damit wäre ein erstes einfaches Organisationsmerkmal für die Wahrnehmung aufgestellt. Aber ebensogut käme man auf 3mal soviel und noch mehr Sinne, wenn man u. a. die Farb- von der Formwahrnehmung trennt und letztere in die versch. Formdetektoren einteilt. Obgleich man allg. 8 spezif. Sinneseingänge (2 Teleozeptoren oder Fernsinne und 6 Propterzeptoren oder Nahsinne) theoretisch festlegt, empfindet sich der Mensch nicht in ebenso vielen Sinneswelten. In der Afferenzsynthese (Reizzusammenschluß) lebt er in einer *einzigen,* allerdings subjektiven Welt.

Eine weitere »coincidentia« ist die Rivalität zwischen den Sinnen (z. B. opt. Eindrücke behindern akustische), wobei trotzdem Ergänzungen, sogar gegenseitige Verstärkungen möglich sind.

Die versch. Reize (Abb. A) der Umwelt (und des eigenen Körpers) werden von Rezeptoren von sehr unterschiedl. Anzahl aufgenommen und über eine im allg. geringere Anzahl von Nervenbahnen weitergeleitet. Die Transportkapazität wird in bit/s gemessen. Im Gehirn gibt es ca. 10^{15} Neuronen, deren Kapazität zu lediglich einigen Dutzend bewußtseinsfähigen bit/s zusammengeschlossen wird.

B Lokalisation

Die Hauptaufgabe der Wahrnehmung ist die Umweltorientierung. Der Zusammenfall der Gegensätze läßt sich auch hier beobachten.

(B_1) Auf den ersten Eindruck ist ein solches Gebilde durchaus denkbar. Läßt man aber den Blick wandern (ermöglicht damit mehreren sog. Kantendetektoren die Rückmeldung), entdeckt man schnell seine »Unmöglichkeit«.

(B_2) Die Orientierung muß auch während der Eigenbewegung (Lokomotion) erhalten bleiben. Betritt man neue Räume, so erfolgt eine blitzschnelle »Ortung« der Gegenstände.

C Transduktion

Neben den beiden vorherigen Organisationsprinzipien ist an dritter Stelle die Mustererkennung zu nennen, die mit dem biokybernet. Begriff »Transduktion« belegt wird. Wenn wir nicht wüßten, *was* das Wahrgenommene und Lokalisierte ist, wäre ein Wiedererkennen behindert.

(C_1) Man kann das blaue oder das gelbe abstrakte Gebilde erfassen: aber nicht beide gleichzeitig. Das zeigt eine wesentl. Funktion der Wahrnehmungstransduktion. Man legt sich bei jeder Wahrnehmung auf etwas Vorgestelltes fest, das man nur mehr oder weniger schwer wechseln kann. Diese zumeist unbewußte subjektive Entscheidung (schon HELMHOLTZ sprach von »unbewußten Schlüssen« in der Wahrnehmung) eröffnet der Erfahrung, der Motivation sowie der persönlichen und sozialen Situation einen Einfluß auf die Wahrnehmung.

(C_2) Normalerweise wird das gesehene Bild auf der Retina auf dem Kopf stehend abgebildet und im Gehirn wieder aufgerichtet. Mit einer Prismenbrille kann der Strahlengang umgekehrt werden.

Die Vp. sieht nun die Welt auf dem Kopf stehend. In diesem Versuch gelingt es den Vpn. regelmäßig nach einer knappen Woche unablässiger Benutzung dieser Brille, die Welt wieder normal, d. h. aufrechtstehend, zu sehen. Die Vp. kann nun wieder kaum behindert gehen, fahren und sich orientieren, wie vorher (vgl. S. 103).

Nach dem Absetzen der Brille steht dann die Welt wieder auf dem Kopf, um sich jedoch nach einem erheblich kürzeren Zeitraum wieder aufzurichten.

Die 3 Organisationsprinzipien sind an der Gestaltung des Wahrnehmungserlebnisses maßgeblich beteiligt:

Die **Spezifität** vermittelt uns eine vielschichtige Welt, weil sie sie uns aus mehreren Wahrnehmungsklassen nahebringt.

Die **Lokalisation** ermöglicht den Raumbesitz der Umwelt: wir können unsere Umwelt erobern.

Die **Transduktion** überführt das bloß Gesehene in ein Erkanntes; d. h. wir können uns in unserer Umwelt »daheim« fühlen.

Die Wahrnehmung wird durch diese Prinzipien zur stärksten Hilfe bei der biolog. Funktion der Anpassung. Seit der frühen Wahrnehmungspsychologie (HERBART, WUNDT, GIESE) werden für diese Wahrnehmungsintensivierung 3 Begriffe verwendet:

Perzeption (»ich höre einen Schuß«);

Apperzeption (»das ist gefährlich«);

Apprehension (»ich bin in Gefahr«).

Die vielschichtigen Einzelinformationen aus Spezifität, Lokalisation und Transduktion werden zu einer Gesamtbedeutung zusammengefügt.

Diese große zusätzl. Leistung zur bloßen Aufnahme von Reizen fällt erst auf, wenn sie z. B. durch Täuschungen in die Irre geleitet wird. Deshalb beschäftigt man sich in der Wahrnehmungps. sehr intensiv mit Wahrnehmungstäuschungen und der inadäquaten Wahrnehmung (S. 123), um durch solche »Entlarvungen« die tatsächl. Wahrnehmungsfunktionen genauer kennenzulernen.

100   VI. Wahrnehmungspsychologie / 6. Wahrnehmungsgesetze

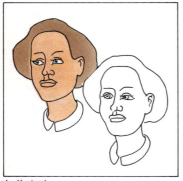

A   Kontrast

B   Schwelle

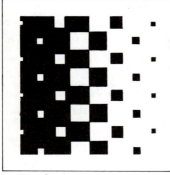

C   Figur – Grund

D   Konstanz

E   Assimilation

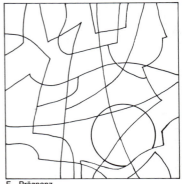

F   Prägnanz

VI. Wahrnehmungspsychologie / 6. Wahrnehmungsgesetze 101

»Gesetze« zu entdecken, gilt als Ziel jeder Wissenschaft. Für die Ps. ist es bes. schwierig, »feststehende Ereignisse« zu ermitteln, weil praktisch alles individuell abgewandelt wird. Nach WUNDT sind hier die Ausnahmen häufiger als die Regel. Die Wahrnehmungsps. kennt eine Reihe von Gesetzmäßigkeiten (d. h. angenäherte Gesetze), von denen die folgenden 6 die wichtigsten sind.

A Kontrast
Helligkeits- und Farbwerte sind nicht absolut, sondern in der Wahrnehmung ändern sie sich nach äußeren Bedingungen.

Fixiert man, nicht kürzer als eine halbe Minute, die Nasenspitze des Mädchens links und blickt dann auf die Nasenspitze des rechten, so bemerkt man ein kontrastierendes Nachbild: das Gesicht erscheint grün.

Diese Erscheinung geht auf physiolog. Vorgänge im Auge und Gehirn zurück und hat erhebl. prakt. Bedeutung (z. B. kann ein Arzt, der dunkle Partien in einer Röntgenaufnahme zu beurteilen hat, durch benachbarte helle Stellen in der Unterscheidung der dunklen Teile gestört werden). Die versch. Formen des Kontrasts (Rand-, Flächen-, Simultan-, Helligkeits-, Farbkontrast) bewirken insgesamt eine Genauigkeitsverbesserung der an sich nicht sehr ausgeprägten Abb. auf der Retina. Im Gegensatz dazu empfiehlt man, beim Fernsehempfang für eine zusätzl. Beleuchtung zu sorgen, um das Kontrastphänomen abzumildern.

B Schwellen
Bekannt ist, daß der Hund höhere Töne wahrnimmt als der Mensch: mit den sog. Hundepfeifen wird das praktisch genutzt.

Neben diesen »absoluten« Schwellen (nach oben und unten) kennt man die »Unterschiedsschwellen«.

Wenn man z. B. zu einer Kerze eine zweite anzündet, sieht man den Helligkeitsunterschied, nicht aber, wenn man zu 10 brennenden eine 11. stellt.

G. TH. FECHNER formulierte 1850 dafür das »Gesetz«:

»Die erlebte Intensität wächst proportional zum Logarithmus des physikal. Reizes«, d. h. man muß logarithmisch steigern $2^0 = 1$; $2^1 = 2$; $2^2 = 4$; $2^3 = 8$; $2^4 = 16 \ldots$, um 1, 2, 3, 4 ... lineare Helligkeitsstufen zu bemerken.

Die »Reaktionsschwellen« sind eine dritte Gruppe: je nach Situation werden Reize anders wahrgenommen (Bauchschmerzen werden in Erwartung einer gefürchteten Arbeit stärker erlebt als vor einem Ausflug).

C Figur und Grund
Die Zahl der Umweltreize ist unendlich. Auf alles kann niemand achten. Deshalb wird durch bewußte und unbewußte Heraushebung eine Auswahl getroffen, der Rest verschwindet als Hintergrund. Die Abb. zeigt den allmählichen Übergang von Figur zu Hintergrund. Wie hier ist meist die kleinere Form die Figur (links weiße, rechts schwarze Quadrate) und die größere der Hintergrund; allerdings spielen auch sinnvolle Zusammenhänge, starke Abgrenzungen, geschlossene, einfache Gestalten eine Rolle.

D Konstanz
Die Reizverhältnisse ändern sich ständig. Ein Stück Kohle reflektiert bei Sonnenlicht ungefähr gleichviel Licht wie ein Stück Kreide in der Dämmerung. Wenn man die Kohle nicht in jedem Fall schwarz und die Kreide weiß sehen würde, wäre die Orientierung erheblich erschwert (man müßte z. B. daran lecken!). Um diese und andere Schwierigkeiten zu verhindern, wird durch einen zentralen Wahrnehmungsmechanismus die ständige Veränderung der Dinge unterdrückt; sie werden nach Helligkeit, Größe, Ort, Gestalt und Färbung ungefähr konstant gehalten.

Das Konstanzgesetz läßt sich im Versuch überlisten (Abb. D). Die schwachem Deckenlicht wird, für die Vp. unbemerkt, die linke, schwarze Scheibe angestrahlt; sie sieht nun ähnlich der weißen, rechten Scheibe aus.

E Assimilation
Jeder Photograph weiß, wie schwierig Helligkeitsunterschiede mit der Kamera zu meistern sind. Die menschl. Wahrnehmung verfügt über einen Mechanismus, der ausgleicht.

Die Vp. sieht in eine Hohlhalbkugel und erkennt nur eine gleichmäßig ockerfarbige Fläche: auch dann, wenn man die Beleuchtung auf der einen Seite verstärkt.

Erst wenn man in die Halbkugel eine feine Linie projiziert, entstehen versch. gefärbte Flächen. Hier wirkt sich der Kontrast (A) aus.

Innerhalb der beiden kleineren Flächen gilt wieder die Assimilation: auch wenn deren Färbung abgewandelt wird, erscheint sie einheitlich.

Die Assimilation vereinfacht das physikalisch sehr viel differenziertere Bild.

F Prägnanz
Eine beliebte Wahrnehmungsspielerei ist das Vexierbild (S. 123). In einer verwirrenden Vielfalt soll man den Jäger, Hasen oder sonst eine Figur entdecken. Auch im Alltag verkriecht sich mancher Gegenstand in der Umgebung, ein anderer hebt sich »prägnant« heraus. Dieser Effekt ist z. B. bei der Herstellung von Werbemitteln zu beachten. Einfache, geschlossene Figuren (Rechteck, Kreis) heben sich besser aus der Umgebung heraus.

Dabei ist ein weiterer Mechanismus zu beobachten, den man Prägnanztendenz nennt: obgleich der Kreis (Abb. F) nicht vollständig ist, schließt man ihn unwillkürlich. Prägnante Figuren werden unbemerkt verbessert.

102　VI. Wahrnehmungspsychologie / 7. Wahrnehmungssemantik

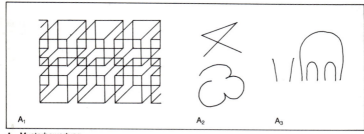

A　Musterbewertung

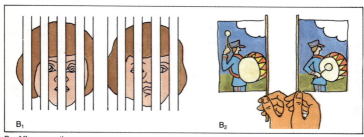

B　Afferenzsynthese

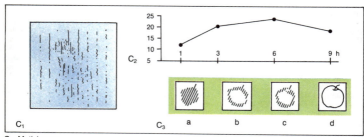

C　Motivierung

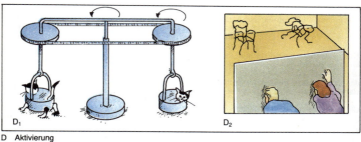

D　Aktivierung

VI. Wahrnehmungspsychologie / 7. Wahrnehmungssemantik

Der Mensch findet seine Welt, aber er erfindet sie auch. Damit soll gesagt werden, daß Wahrnehmung nicht nur Reproduktion äußerer Reizgegebenheiten, sondern gleichzeitig ein schöpfer. Akt ist.
Die Wahrnehmungssemantik als Zeichenlehre des Gesehenen ermittelt, wie Bedeutungen aufgebaut werden.

A Musterbewertung
Die 3 Beispiele sollen in jeweils versch. Weise darstellen, wie aus bloßen Mustern bedeutungsvolle Wahrnehmungsgegenstände entstehen.
(A_1) Die vielen Quader sieht man zunächst in einer bestimmten Tiefenrichtung. Stellt man das Bild auf den Kopf, so bleibt der Eindruck bestehen, obgleich nun die Figuren umgepolt werden. Man kann aber diese Quader willentlich in die entgegengesetzte Richtung (nach oben oder unten) weisend umdenken.
(A_2) Das eine der beiden Gebilde heißt Maluma, das andere Takete. Welches? Über 90% der Bevölkerung entscheiden sich oben für Takete und unten für Maluma. Zwar stellen die Figuren nichts dar, und die Wörter sind sinnlos, trotzdem können wir ihnen eine Bedeutung beilegen, die wir sogar zwischen den Wörtern und Zeichen identifizieren.
(A_3) Die 5 Linien besagen zunächst nichts. Wenn man sie aber als Putzfrau mit einem neben ihr stehenden Eimer benennt, läßt sich dies ohne weiteres in das Bild hineinsehen.
Auf diese Zusammenhänge geht auch die Signaldetektionstheorie (GREEN, SWEETS, 1966) ein. Im sog. weißen Rauschen (unbestimmbare Hintergrundgeräusche) werden fast unmerklich Signale eingebettet, die man nicht nur wegen der gesteigerten Intensität entdeckt, sondern die auch je nach dem Umfeld (Feldabhängigkeit), der eigenen Erwartung, der Bekanntheit der Signale und der persönl. Motivation die Wahrnehmungsschwelle überschreiten können.

B Afferenzsynthese
Durch die Bedeutungsstiftungen reichert der Mensch das Gesehene an. Je nach Umfang dieser Zugaben kann das Gesehene so bedeutungsgeladen werden, daß man auf Teile der Reizinformationen verzichten kann; sie sind »redundant«.
(B_1) Bes. bei Gesichtern, die man kennt, genügt ein kleiner Ausschnitt. Das Mädchengesicht wurde in Streifen geschnitten; jede Hälfte reicht zum Erkennen aus, das Gesamtbild wird »synthetisiert«.
(B_2) Zu einer anderen Synthese verhilft die Trägheit der Musterbildung. Die beiden auf Vor- und Rückseite eines Fähnchens gezeichneten Trommler lassen sich durch Drehen um die Stange abwechselnd aufdecken: bei schneller Hin- und Herbewegung schlägt nur ein Trommler die Trommel. Diese einfachste Form der Stroboskopie (S. 109) hieß früher »Lausbubenkino«. Die Synthese entsteht hier durch die Verschmelzung zweier Bilder.

C Motivierung
(C_1) In einem Versuch wurde unter einer Riffelglasscheibe ein Gebilde gezeigt, das man nur erraten konnte. In einem Versuchsteil mußten die Vpn. hungern. Es zeigten sich auffällige Veränderungen der gedeuteten Gegenstände.
(C_2) Nach 3 Stunden war der Anteil von eßbaren Dingen merklich gestiegen und erhöhte sich nach 6 Stunden nochmals, um nach 9 Stunden abzufallen, als der Hunger »übergangen« war.
(C_3) In einem ähnl. Versuch wurde a als Apfel nahezu nie erkannt, b jedoch häufiger von den Hungrigen identifiziert, c erst vermehrt von den Gesättigten; manche brauchten die Form d zum Erkennen.
Solche Versuche zeigen eine Abhängigkeit der Wahrnehmungsinhalte von psych. Qualitäten, die nicht allein in der Wahrnehmung liegen. Diese Wechselbeziehung bemerkte bereits ARISTOTELES:
»Jede Erscheinung, wie immer sie sein möge, präsentiert sich selbst, nicht nur wenn das dazu passende Objekt den Sinn erregt, sondern auch wenn der Sinn von sich selbst aus in Erregung gerät, vorausgesetzt jedoch, daß die Erregung in derselben Weise erfolgt, als wäre das Objekt wirklich da.«
In der neueren (»funktionalistischen«) Wahrnehmungsforschung wurden eine Reihe möglicher Eingriffsmomente hervorgehoben: personentypische (u. a. persönl. Suggestibilität, Perseveration, Rigidität, Feldabhängigkeit), situative (u. a. unerledigte Handlungen, Mißerfolge, Momentaninteressen) und soziale (u. a. Gruppenurteile).

D Aktivierung
(D_1) In einem Versuch von HELD und HEIN ließ man junge Kätzchen nur während der Versuchszeit sehen. Eines der Tiere saß dabei regungslos im Korb, den die andere Katze auch für dieses gleichartig bewegte. Nach der längeren Versuchszeit ergab sich, daß allein die aktive Katze zu Wahrnehmungsleistungen fähig war. Diese und ähnl. Versuche zeigten den großen Anteil der Eigenaktivität an der Wahrnehmung. Auch die Umkehrbrillenversuche (S. 99) erbrachten in der ersten Phase merkwürdige Verschiebungen: Bei Eigenbewegungen oder auch rational nicht einsichtigem Geschehen kippte das umgekehrte Bild kurzfristig in die richtige Lage.
(D_2) Die Vpn. sehen links einen Stuhl aus Seilstücken, sie erkennen aber auch rechts in dem wirren Durcheinander einen Stuhl. Bei solchen und ähnl. Versuchen (Fensterkreuztäuschung) mit Vpn., die solche Gegenstände vorher nicht kannten (im afrikan. Busch), zeigte sich, daß diese Täuschungen nicht eintraten.

104 VI. Wahrnehmungspsychologie / 8. Gestaltwahrnehmung

A Gestalteindruck

B Schemabildung

C₁ Kontur

C₂ Ähnlichkeit

C₃ Kontinuität

C₄ Gruppierung

C₅ Kohärenz

C Gestaltfaktoren

VI. Wahrnehmungspsychologie / 8. Gestaltwahrnehmung 105

»Das Ganze ist mehr als die Summe seiner Teile.« Dieser Slogan kennzeichnet bis heute die Gestaltps.: der »Gestalteindruck« als Eigenleistung des Wahrnehmenden. In der Nachfolge der gestaltps. Schulen unterstreicht die Kognitionsps. die Bedeutung der geistigen Vorwegnahmen vor jegl. psych. Abläufen. Einer ihrer Begründer, F. C. BARTLETT, schrieb über sein Tennisspiel:
»Wenn ich den Schlag ausführe, produziere ich eigentlich nicht etwas absolut Neues und wiederhole nie bloß Altes. Der Schlag wird wirklich aus den augenblicklichen, lebendigen ›Schemata‹ des Sehens und der Stellung und ihren Wechselbeziehungen hergestellt.«
Den Begriff Schema hat bereits F. W. v. SCHELLING 1799 in seiner Naturphilosophie für die Umweltmodelle im Kopf jedes Menschen verwendet.

A Gestalteindruck
Am Beispiel des Rubin-Pokals (nach dem dän. Psychologen EDGAR RUBIN) läßt sich das Umkippen (Inversion) aus einem Bild (Darstellung eines Pokals) in ein anderes (2 Gesichter sehen sich an) wiedergeben. Man kann nur einen der beiden Bildeindrücke haben, nur eine »Gestalt«, nicht beide gleichzeitig. Gestalten sind Bedeutungseinheiten, die für den Wahrnehmenden ein Ganzes bilden. Sie werden nicht als bloße Reizkonfigurationen aufgefaßt, die in jedem Fall das gleiche Bild ergeben müssen. Ebensowenig sind sie subjektiv willkürl. Deutungen. Man stellt sie zwischen beide Positionen als eigenartige Zusammenhänge von Einzelmerkmalen, die 4 Qualitäten aufweisen:
– *Figurprägnanz:* Gestalten setzen sich beim Wahrnehmenden je nach ihren Gestaltfaktoren (C) im »Wettbewerb« durch.
– *Übersummativität:* Die Hauptform ist bedeutungsvoller und einprägsamer als die Summe ihrer Einzelteile.
– *Transponierbarkeit:* Wie beim Melodiemuster läßt sich die Gestalt (z. B. trotz anderer Instrumentierung) wiedererkennbar übertragen.
– *Beziehungsrahmen* (frame of reference): In der Gestalt wirkt ein »Ankerreiz« wie ein Schlüssel zur Öffnung der jeweiligen Auffassung.

B Schemabildung
Eine andere Gruppe von Wahrnehmungstheoretikern hebt aus dem Wahrnehmungsprozeß einen bes. Aspekt heraus. Für U. NEISSER sind die Schemabildungen ein
»Teil des ganzen Wahrnehmungszyklus, der im Innern des Wahrnehmenden ist, durch Erfahrung veränderbar und irgendwie spezifisch für das, was wahrgenommen wird.«
Sie werden auch »feed forward units« (Vorauskoppelungseinheiten) genannt. Ein guter

Billardspieler unterscheidet sich vom schlechten in erster Linie durch seine besseren Billardschemata. Er besitzt exakte Vorstellungen vom Lauf der Kugeln, wenn er sie in bestimmter Weise anstößt *(mental map)*.

C Gestaltfaktoren
Gleichgültig nach welcher theoret. Richtung die Wahrnehmung interpretiert wird, alle unterstreichen die menschl. Fähigkeit, »ikonische Zeichen« bilden zu können. Die einen sehen darin Übereinstimmungen zwischen den Gegenständen und der Sinnesstruktur (z. B. daß unsere Augen evolutionär nebenund nicht übereinander placiert sind), andere erkennen in ihnen gelernte Stereotype, wieder andere meinen, sie seien tiefenps. Urbildwiedergaben. H. HELSON hat die umfangreichste Sammlung vorgelegt: 114 Gestaltfaktoren. Von ihnen sind einige unstrittig (unter versch. Bezeichnungen).
(C_1) *Kontur.* Gestalten sind begrenzt. Wo sie in der Außenwelt nicht schon Absetzungen von der Umgebung aufweisen, werden sie von best. Hirnprozessen umrandet. An den Kanten wird die Erkennbarkeit einer Figur (wie bei dieser Katze) durch Kantendetektoren verbessert. Von der Verhaltensforschung wurden best. tierische Auslöseformen ermittelt (vgl. AAM, s. XVIII/1, D). So läßt sich die Konturierung mehrfach theoretisch unterbaut als ein bed. Gestaltfaktor bestätigen.
(C_2) *Ähnlichkeit.* Bereits in der engl. Assoziationsps. des 18. Jh. wurde der Faktor Ähnlichkeit als Gedächtnisstütze erkannt. Obgleich die Figuren der Abb. waagerecht und senkrecht den gleichen Abstand haben (als Faktor der Nähe von einigen Theoretikern angezeigt), erhöht die Gleichartigkeit die waagrechte Streifenbildung.
(C_3) *Kontinuität.* Die eingezeichnete Kurve wird bevorzugt, obgleich man sie auch mit den Balken als eine Art Talbildung verbinden könnte. Auf so eine Bildgestaltung kommt man wegen der zusammenhängenden Struktur der Kurve jedoch kaum.
(C_4) *Gruppierung.* Die älteste Zusammenhangsdeutung sind die Sternbilder. Die Sterne des Großen Bären werden durch ihre Nachbarschaft ebenso wie die Kreise durch geringere Spanne zum »Gruppenbild«.
(C_5) *Kohärenz.* Die 3 Beispiele zeigen versch. Wirkungen des synthetisierenden Faktors.
a: Wohl jeder sieht die Figur als »gewöhnliche« Überdeckung von Kreis und Sechseck, statt wie rechts als diese »ungewöhnliche« Kombination.
b: Das Motorrad ist in beiden Fällen gleich groß, aber durch den größeren Fahrer wirkt das untere kleiner.
c: Wenn das rote Quadrat als Anker für das aufrechtstehende Oval genommen wird, ist es eine Raute; zusammen mit dem gestrichelten Oval dagegen faßt man es als schräges Quadrat auf.

106 VI. Wahrnehmungspsychologie / 9. Raum- und Zeitwahrnehmung

A₁ Tiefentäuschung A₂ Größentäuschung
A₃ Mondtäuschung A₄ Raum-Luft-Perspektive

A Raumerlebnis

B Zeiterlebnis

VI. Wahrnehmungspsychologie / 9. Raum- und Zeitwahrnehmung 107

Raum und Zeit sind die allgemeinsten Grundkategorien (s. S. 41). Alle Wissenschaften, von der Physik bis zur Philosophie, müssen sich mit ihnen aus ihrer jeweiligen Sicht auseinandersetzen. Für die Ps. kommt es dabei auf die Klärung der Bedingungen für die Raum- und Zeiterlebnisse an.

A Raumerlebnis

Das Fernsehbild entsteht durch einen modulierten Lichtstrahl auf dem flachen Boden der Fernsehröhre. Das Bild ist also plan; trotzdem entsteht der Eindruck der Raumtiefe; man sieht das Fernsehbild wie eine nach hinten ausgedehnte Höhle in den Fernsehapparat hinein.

Um Tiefenwirkungen zu erleben, benötigt man eine Anzahl von »Tiefeninformationen«. Die Augenreaktionen (Akkommodation, Querdisparation, S. 85) bilden ein schärferes Bild für die Nähe und ein undifferenziertes für die Ferne ab. Allerdings reicht diese Information nur für den Raum zwischen opt. Nah- und Fernpunkt (ca. 10 cm bis 10 m). Noch geringere Daten liefert der Greifraum.

Die folgenden Daten sind ergiebiger. Gegenstände können hintereinander stehen, wobei die vorderen die hinteren z. T. verdecken. Außerdem besteht zwischen ihnen meist eine Größenstaffelung, wobei für den Betrachter i. a. groß und vorn identisch ist. Auch durch Horizontbildung und Schattierung sind Vergleichsmaße gegeben.

Eine wichtige Tiefeninformation bieten die Fluchtlinien der Perspektive. Ähnlich perspektivistisch wirkt die Luft mit ihren nach hinten flauer werdenden Konturen und Farben. Die Farben ihrerseits verändern die Tiefenschätzung (vgl. S. 111).

Schließlich liefert das Umfeld zusätzl. Raumhinweise, wenn man z. B. die übliche Größe von Autos mit der Größe oder Kleinheit des gezeigten Autos vergleicht.

Alle diese Informationen können aber auch täuschen.

(A₁) *Tiefentäuschung*. In ausgeklügelten Experimenten (J. J. GIBSON) läßt sich die Tiefenschätzung in best. Fällen überlisten: wenn man 3 Bildgegenstände, z. B. Spielkarten, so ausschneidet, daß die ferneren, viel größeren, die näheren scheinbar überdecken. Die ferneren Karten erscheinen näher.

(A₂) *Größentäuschung*. In diesem Demonstrationsversuch sind die Raumbegrenzungen so verzerrt wie im eingezeichneten Grundriß. Beim Durchblick durch ein Loch wirkt der Raum aber normal proportioniert: nicht jedoch die Personen, die je nach Standort groß oder klein erscheinen.

(A₃) *Mondtäuschung*. Der Mond wirkt in Horizontnähe größer, weil (neben Wirkungen der Lichtbrechung) das »Himmelszelt« im Zenit unbewußt entfernter gedacht wird.

(A₄) *Raum-Luft-Perspektive*. Die Raumperspektive (links) stützt sich auf die Fluchtlinien und den opt. Horizont, der sich in Höhe der eigenen Augen befindet. Die Luftperspektive (rechts) erweitert die Tiefenillusion, indem eine farbl. Flachheit (blasse, blaue Farben) und die nebelhafte Ferne suggeriert werden.

B Zeiterlebnis

Die Zeit erlebt der Mensch als Abfolge laufender, ungleich langer Jetztabstände, die je nach Erlebnisinhalt und Ereignisbedeutung gedehnt oder verkürzt erscheinen (»subj. Zeitparadox«: Ereignisfülle verkürzt den Eindruck der verronnenen Zeit; rückblickend aber wird der Zeitraum als gedehnt erlebt). Die Zeitps. umfaßt 4 Schwerpunkte:

1. Die *Zeitabhängigkeit* erfährt man nach längeren Flugreisen als Anpassungsschwierigkeit *(time-lag)*: die »Kopfuhr« (psychophys. Zeiteinbettung, richtige Anpassung an Zeitspannen) gerät durcheinander.

2. Die *Zeitschwellen* untersucht man als absolute (kürzeste Erfassungszeit für Sehen: 0,01–4 s, für Hören kürzer: ca. 0,002 s) und relative Unterschiede (»Zeitlage«): 2 Töne je über eine Kopfhörerseite werden bis 1 ms Abstand als 1 Ton in der Mitte des Kopfes gehört; bis 3 ms verschoben zum ersten Ton; erst ab 30 ms wird ihre Reihenfolge bestimmbar. Die Reaktionsschwellen (S. 101) hängen vom Gesehenen ab.

Ein chaot. Bild (B₁) braucht eine längere Expositionszeit. Dabei erscheint zunächst die Mitte strukturierter, z. T. bereits farbig (B₂). Erst bei längerer Expositionsdauer wird das Gesamtbild erkannt, wobei zunehmend eine Einzelheit (z. B. ein entdeckter Bekannter) herausgegriffen wird (B₃). Deutliche Verlängerungen dieser 3 Schwellen deuten psych. Störungen an.

3. Der *Zeitvollzug* wird durch den Ausgleich der Eigenzeit (»persönl. Tempo«, Rhythmusanspruch) mit der Sozialzeit (»soziales Tempo«, Umweltrhythmik) bestimmt: als Folge entsteht der Eindruck von Langeweile oder Hektik. Der Zeitdruck verändert i. a. die Leistungshöhe. Bei Verkürzung der Entscheidungszeit können Entscheidungshemmungen auftreten. Neben kulturellen, sozialen und situativen Unterschieden beeinflußt auch das Leben nach Zeitnormen die Zeitorientierung, d. h. die als überschaubar erlebte Zeitspanne.

4. Die *Zeitperspektive* bezieht sich auf die individuelle Verarbeitung und Bewertung der Ereigniszeit: man kann mehr auf die Vergangenheit, Gegenwart oder Zukunft ausgerichtet sein, sich dem »Zeitgeist« (prägender Charakter einer Epoche) anpassen (»up to date« sein) oder verwehren. Dieses »Zeitbewußtsein« hängt wiederum mit der persönl. Weltanschauung zusammen: ob sie mehr auf die Beibehaltung gegenwärtiger, der Wiederherstellung früherer oder auf die Hoffnung auf zukünftige Zustände ausgerichtet ist.

108　VI. Wahrnehmungspsychologie / 10. Bewegungswahrnehmung

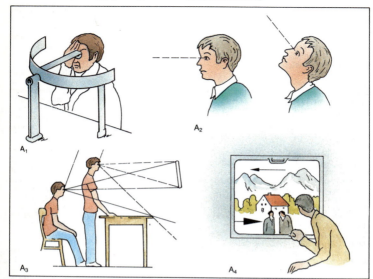

A　Blickfelder

B　Eigen- und Fremdbewegung

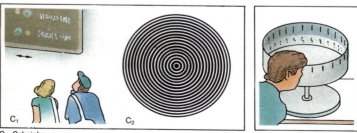

C　Scheinbewegung　　　　　　　　　　　　　D　Stroboskopie

VI. Wahrnehmungspsychologie / 10. Bewegungswahrnehmung 109

Wahrnehmung und Bewegung gehören zusammen. Dort wo Bewegung aufhört, wie beim fixierten Augenbild (S. 91), verschwindet auch die Wahrnehmung. Unser Körper unterliegt einer ständigen Mikrobewegung zwischen 4 und 25 Schwingungen pro Sekunde und einer Amplitude von 0,5 bis 5 Mikrometer als Spontanzustand. Davon heben sich die Makrobewegungen ab.

A Blickfelder

(A_1) **Perimetrie.** Die Fernsinne Gesicht und Gehör besitzen einen Wahrnehmungsradius. Beim Auge bildet er ziemlich genau einen Halbkreis. Man sollte also erwarten, daß für die opt. Reizaufnahme keine Augen- oder Kopfbewegung nötig ist. Das ist aber der Fall. Das opt. Bild ist im Verlauf des Sehhalbkreises sehr unterschiedlich und bei Bewegungsfreiheit erfolgt zuverlässig eine Hinwendung zum Blickpunkt des Interesses. Im perimetr. Verfahren kann die Notwendigkeit der Blickwendung ermittelt werden.

Auf dem Perimeter-Halbkreis, auf dessen Mittelpunkt der Blick der Vp. fixiert ist, wird ein Bild von außen zur Mitte bewegt. Bei etwa 10° bis 5° Abweichung vom Mittelpunkt erkennt die Vp. kaum etwas von dem dargebotenen Bild.

(A_2) **Blick und Kopfbewegung.** Wenn man eine Blickbewegung nicht wie beim Perimeter künstlich verhindert, so folgt die Kopfhaltung unwillkürlich jeder neuen Blickrichtung. Der Zwang hierzu ist mit dem sog. Orientierungsreflex (s. XIII/10, A) verbunden.

(A_3) **Körperbewegung.** Sobald der Wahrnehmende aufsteht und erst recht, wenn er sich bewegt, verändert sich das Gesehene oft erheblich. Das Konstanzphänomen (S. 101) ermöglicht es, daß die dabei auftretenden Bildänderungen keine völlige Neuorientierung nötig machen.

(A_4) **Umgebungsbewegung.** Schließlich bewegt sich meist auch das Umgebungsbild, bes. deutlich z.B. beim Blick aus der fahrenden Eisenbahn. Die näheren Gegenstände entfliehen rasch und sind kaum erkennbar, die Ferne dagegen bewegt sich langsam und (scheinbar) in entgegengesetzter Drehbewegung.

B Eigen- und Fremdbewegung

Die tägliche Wahrnehmung besteht aus der Zusammenfassung aller aufeinanderfolgenden Beobachtungsorte, -bewegungen und -fixationen. Den blitzschnellen Wechseln über einige Zeit experimentell zu folgen, gelingt erst seit wenigen Jahren durch eine auf einen Helm montierte Kamera in Verbindung mit einer Blickbrille. Später läßt sich im Film sowohl die Kopfbewegung wie der jeweilige Blickpunkt nach Ort und Dauer im Wahrnehmungsfeld ermitteln. So kann z.B. das Fahrverhalten eines Autofahrers auf Situationsanpassung geprüft werden (Abb. B: Reaktion auf ein Verkehrshindernis).

Die Eigenbewegungen dienen nicht nur »afferent« (aufnehmend), sondern auch »reafferent«, d.h. zur Rückmeldung des jeweiligen Körperzustands an das ZNS durch versch. Rezeptoren:
Golgi-Zellen, Muskelspindeln, Gelenkrezeptoren, Vibrationsrezeptoren u.a.

C Scheinbewegung

Bereits der Physiker FARADAY (1831) hat mit Scheinbewegungen experimentiert. WERTHEIMER (1912) bezeichnete sie als Phi-Phänomene: Phänomene sui generis, die nicht weiter zerlegt werden können. Später hat man sie doch in versch. Einzelphänomene aufgeteilt (Alpha- bis Epsilon-Bewegungen).
Es handelt sich dabei um Scheineindrücke, die in der Konstruktion unseres Wahrnehmungsapparates liegen.

(C_1) Auf den Anzeigetafeln in Flughäfen läßt sich die einfachste Art der Scheinbewegungen beobachten:

Die abwechselnd aufleuchtenden Lämpchen ergeben wegen der Trägheit unserer visuellen Wahrnehmung eine Hin- und Herbewegung des Lichtscheins, die es in Wirklichkeit nicht gibt.

(C_2) Die eng nebeneinanderliegenden Kreise werden nicht gesondert gesehen, sondern bilden wechselnde Überdeckungen: Die Scheinbewegung rotierender Kreise entsteht durch Interferenzen in der Netzhaut. (Ähnliches gilt auch für die Gegenbewegung bei der Exner-Drehspirale, einer Zentrifugaltäuschung.)

D Stroboskopie

Unter dem Begriff Stroboskopie (von griech. ›drehen‹) begann man im 19. Jh., bewegte Bilder mit dem Stroboskop (Abb. D) zu produzieren. Es folgte die Kinematographie, das spätere Kino, dann das Fernsehen. (In Zukunft wird daraus wohl ein holograph., dreidimensionales Medium werden.) Bei allen bedient die Technik sich der »Trägheit« unserer Wahrnehmungsorgane, um uns Scheinobjekte, die sich bewegen, vorzuführen.

Von der Normal-Wahrnehmung unterscheidet sich der Fernseh-Wahrnehmung in mehrfacher Hinsicht:
Vorteilhaft ist die Eingrenzung des Bildrahmens, die Abdunklung der Umgebung, die Ereignisfülle gegenüber dem stat. Umfeld, die Höhlenartigkeit des Bildausschnitts und die dadurch erzeugte Sogwirkung.
Nachteile ergeben sich aus der geringen Plastizität der gezeigten Objekte oder Personen, z.B. die schlechtere Tiefenwahrnehmung wegen ausfallender Tiefensignale, die etwas reduzierte Unterscheidung von Figur und Grund, die gegenüber der Normal-Wahrnehmung höhere Rivalität zwischen opt. und akust. Wahrnehmung.
Solche Erfahrungen verändern allmählich die Erwartungen, die in die Wahrnehmungsangebote gesetzt werden.

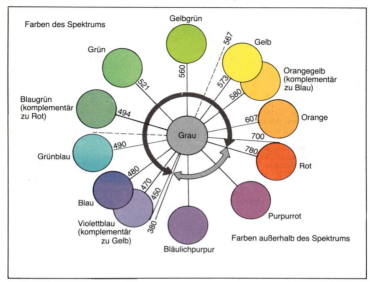

A Topologie der Farben

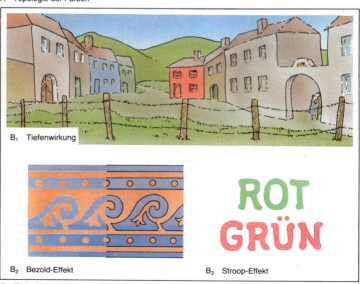

B₁ Tiefenwirkung

B₂ Bezold-Effekt

B₃ Stroop-Effekt

B Farbwirkungen

VI. Wahrnehmungspsychologie / 11. Farbwahrnehmung   111

Die meisten Lebewesen spezialisieren sich beim Sehen entweder auf Formen oder auf Farben. Der Mensch besitzt ein relativ gleichgewichtiges Farb-Form-System, bei hoher Ausprägung der Farbtüchtigkeit.

A Topologie der Farben

Das Farbensehen gehört seit Jahrhunderten zu den Streitthemen der Ps.; GOETHE bekämpfte NEWTON; im 19. Jh. stand HELMHOLTZ gegen HERING.

Bis heute gibt es kontroverse Richtungen; allerdings hat man erkannt, daß dabei mehr die Vormachtstellung einer physikal., physiolog. oder ps. Sicht eine Rolle spielt als tatsächl. Farberscheinungen.

Physikalisch gesehen sind Farben (Abb. A) Wellen unterschiedl. Länge aus dem Spektrum des sichtbaren Lichts (380 nm bis 780 nm). In dieses Feld versuchte man Abschnitte einzubauen.

Eine solche Skalierung mit gleichen Abständen bildet das Ostwald-Farbsystem (für die USA der Munsel-Atlas). Diese »Topologie« (Ortslehre) der Farben ist auch für die Ps. wichtig. Die Farben schließen sich durch die Ähnlichkeit von Anfang und Ende der Spektraldifferenz zu einem Farbkreis zusammen.

Physiologisch sind für die Farbwahrnehmung die 3 Zapfen der Retina zuständig. Die 3 Zapfentypen sind nicht gleichmäßig über das Spektrum verteilt. Bei größeren Wellenlängen dominieren die Gelb-Grün- und die Gelb-Rot-Rezeptoren, bei kleineren die Blau-Rezeptoren. Durch die der Retina nachgeschalteten Nervenzellen reduziert sich jedoch (ohne Informationsverlust) das 3- in ein 2-Kanal-System (Vorteil: höhere Verarbeitungsschnelligkeit).

Diese 2 Kanäle ermöglichen kybernetisch 4 Farbqualitäten:
Rot-Grün im einen Kanal, Gelb-Blau im anderen (daher rührt auch das Phänomen der Gegenfarben). Die beiden Kanäle arbeiten zusammen. Der Rot-Grün-Kanal hat sein Maximum bei ca. 655 nm, der Blau-Gelb-Kanal bei ca. 575 nm.

Neben unwesentl. Nachteilen ist dadurch der große Vorteil gegeben, daß wir gemischtes Licht zu einer Fülle von Farbnuancen kombinieren können. In Versuchen konnten 128 Farbtöne unterschieden werden. So entsteht sogar die Farbqualität Purpur, die es im Spektrum nicht gibt.

B Farbwirkungen

Physik und Physiologie bieten Grundlagen für eine *Psychologie* der Farbwahrnehmung. Zu ihr gehören 7 Hauptgebiete.

Das *Farberleben* stützt sich auf die »Urfarben« (HERING) Blau-Grün-Gelb-Rot. Wie man aber am Farbfernsehen beobachten kann, genügen technisch (wegen der Retinastruktur) die 3 Hauptfarben (Rot-Grün-

Blau), um den gemischten Farbraum abzudecken. Bei jeder Farbe ist ein Großteil des Spektrums (oft bis zur Hälfte) mit einem oder mehreren Schwerpunkten gegeben.

Farberlebnisse sind auch erfahrungsabhängig. »Gedächtnisfarbe« nennt man die Tatsache, daß man z. B. sein blaues Auto unter den verschiedensten Lichtverhältnissen mit äußersten Farbschwankungen meist auch als blau sieht.

Wenige Personen weisen Farbstörungen (Daltonismus) auf:
0,02% sind völlig farbenblind, 1,78% der Männer sind grünblind, 1,08% rotblind, Blaublindheit ist sehr selten; bei Frauen tritt Farbenblindheit erheblich seltener auf.

Die *Komplementärfarben* sind Paarfarben, die sich zu Weiß ergänzen. Analogfarben besitzen einen gemeinsamen Farbanteil.

Die *Farbsättigung* bestimmt die schwache oder starke Farbausprägung, wobei geringere Sättigung wie z. B. Rosa viel Weiß (also »alle« Farben) enthält. Ihr Eindruck wirkt verwaschen.

Die *Farbhelligkeit* sagt etwas über das scheinbare Leuchten der Farbe aus, das z. B. bei Gelb größer sein kann als bei Dunkelblau.

Für die *Feldfaktoren* unterscheidet man die versch. Wirkungen der Flächen-, Oberflächen- und Raumfärbungen, Spiegelungen, Changierungen, Transparenz usw.

(B₁) Daß auch das Tiefensehen (S. 107) von den Farben abhängen kann, zeigt das scheinbar vorgerückte rote Haus.

Der sog. Bezold-Effekt (B₂) veranschaulicht die Farbänderungen durch den Kontrast mit den Umgebungslinien.

Beim Purkinje-Phänomen ändern sich die Farben je nach der Umgebungshelligkeit: Im Hellen treten Grün und Blau hervor.

Das *Farbklima* bezieht sich auf die synästhetische Wärme oder Kälte der Farben. Grün gilt z. B. als beruhigend. Die praktische Farbenps. nutzt diese Erscheinungen zur ps. Raumgestaltung.

Die *Farbsymbolik* ist abhängig vom Kulturhintergrund. In östl. Ländern dient Weiß als Farbe der Trauer, in westl. steht dafür Schwarz. Wie stark Farben unser Denken mitbestimmen, zeigt der Stroop-Effekt.

(B₃) Wenn man Farbnamen mit falschen Farben malt oder durch falsche Hintergrundfarben umgibt, so erschwert man die Wiedergabe der benannten Farbnamen.

Was »nützen« dem Menschen die Farben? Farben wahrzunehmen macht die Welt nicht nur reizvoller:
sie vermitteln zusätzl. Informationen zur bloß formgerecht wiedergegebenen Welt;
sie kennzeichnen Stoffe nach ihrem stoffl. Charakter besser als Formen;
sie können zur Tarnung wie zur leichteren Entdeckung von Objekten beitragen;
Farben steigern die Gefühlsbeziehung zu den Gegenständen.

112 VI. Wahrnehmungspsychologie / 12. Physiologie des Hörens

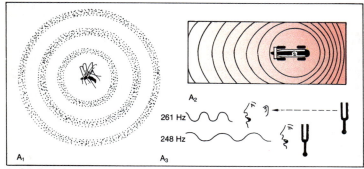

A Schallereignisse

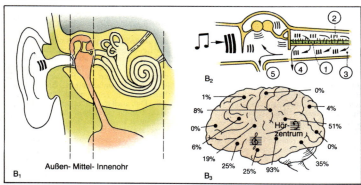

B Auditive Systeme

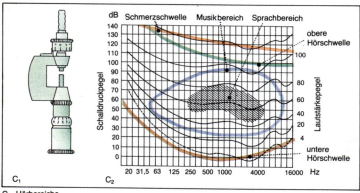

C Hörbereiche

VI. Wahrnehmungspsychologie / 12. Physiologie des Hörens   113

Das Ohr gilt als das komplizierteste Sinnesorgan, es ist differenzierter selbst als das Auge. Die Kompliziertheit liegt in seiner Schalldruckmechanik: über Membranen, Knochen, Muskeln, exakt geformte Gänge, gefüllt mit Flüssigkeit, werden Schallwellen in Druckschwankungen umgewandelt, die schließlich winzige Härchen umbiegen, durch deren Mechanik elektr. Impulse in das Schläfenhirn geleitet werden.

A   Schallereignisse

Normalerweise ist die Luft der physikal. Träger der Schallwellen. Der Physiker ROBERT BOYLE konnte das bereits im 17. Jh. nachweisen.

Er hängte eine Glocke in ein Glas, pumpte die Luft vollständig heraus und konnte nun so heftig wie möglich die Glocke anschlagen, ohne daß ein Ton zu hören war. Als er etwas Luft einließ, hörte er die Glocke leise und immer lauter, je mehr Luft zur Verfügung stand.

Die Schallgeschwindigkeit hängt von der Temperatur und vom Träger ab: bei warmer Luft von 20°C beträgt sie 343 m/s, bei 0°C nur 311 m/s; dagegen in Wasser 1480 m/s.

(A_1) Wie geringe Schalldrücke schon eine Gehörwahrnehmung ergeben, zeigt eine summende Mücke, die man bei einem Billiardstel Watt Schalldruck durch eine Glasscheibe hören kann.

(A_2) Der Doppler-Effekt (genannt nach dem Physiker CHRISTIAN DOPPLER) verweist auf die relative Trägheit des Schalls: Das Geräusch eines näherkommenden Rennwagens erscheint höher, das des sich entfernenden tiefer als für den sich mitbewegenden Fahrer.

(A_3) Auch die Entfernung der Schallquelle vom Ohr spielt eine Rolle:
Wenn man den Ton einer c-Tongabel von 261 Hz nachsingt, die ca. 3 m vom Ohr entfernt ist, gelingt eine Übereinstimmung; wenn die Stimmgabel ganz nah ans Ohr gehalten wird, singt man zumeist einen Ton von ca. 248 Hz.

B   Auditive Systeme

(B_1) Das Ohr wird in 3 Hauptabschnitte eingeteilt:
Außenohr (Ohrmuschel und Gehörgang), Mittelohr (Trommelfell mit dem Gehörknöchelchen, Hammer, Amboß und Steigbügel), Innenohr (Schnecke mit ovalem und rundem Fenster, Hörnerv).
Gleichgewichtsorgan s. Kap. VI/16, A.
Der Hörreiz wird (abgesehen von der weniger wichtigen Knochenleitung) durch den Gehörgang zum Trommelfell geleitet. Die Gehörknöchelchen transportieren die Schwingungen zum ovalen Fenster der Gehörschnecke.
(B_2) Stellt man sich die Gehörschnecke ausgerollt vor, ist sie ca. 3,5 cm lang und 1 cm breit, flacht aber zum Ende hin ab; zusammengerollt hat sie etwa die Größe eines Zuckerwür-

fels. Unterteilt ist sie durch die Basilarmembran (1) in eine obere und eine untere Kammer, durch die eine Flüssigkeitsbewegung erfolgt. Die Basilarmembran ist mit vielen (ca. 23500) Härchen (2) besetzt. Werden je nach Art der Druckwelle (3) einzelne Härchen umgebogen, setzen Nerven diese Reizung in elektr. Impulse um, die durch die entsprechende Nervenfaser (4) weitergeleitet werden. Für den Druckausgleich dient die Eustachische Röhre (5) als Ventil.
(B_3) Die Sammlung der ca. 30000 Nervenfasern erfolgt im Hörnerv, der – teilweise gekreuzt und aufgesplittert – über das Stammhirn (spezifisch und unspezifisch) in das Gehirn führt. Hier verteilt sich die Hörstrahlung über weite Strecken, wobei Konzentrationen bes. im Schläfenhirn entstehen. Die Prozentzahlen zeigen die Häufigkeit der elektr. Reaktionen.
Deutlich wird auch bei diesen evozierten Prüfungen eine Verteilung nach der Tonhöhe, die durch die Symbole des Violinschlüssels für hohe und des Baßschlüssels für tiefe Töne aufgezeigt wird.

C   Hörbereiche

Zwei Ton- oder Geräuschmerkmale stehen im Vordergrund: die Tonhöhe und die Lautstärke (S. 115).
Mit der Galton-Pfeife (C_1) läßt sich ein Pfeifton kontinuierlich anheben, bis die obere Hörschwelle überschritten ist. Dabei können erhebl. individuelle Unterschiede festgestellt werden.
(Manche Tiere, wie der Hund, hören viel höhere Töne, was mit der sog. Hundepfeife ausgenutzt wird.)
(C_2) Das menschl. Gehör reicht etwa von 18 Hz (untere Hörschwelle) bis 18000 Hz (obere Hörschwelle). Die Tonhöhe variiert mit der Frequenz, jedoch nicht ausschließlich. Die Querlinien deuten die Abhängigkeit von Lautstärke und Schallfrequenz in der Tonhöhe an. Ferner kann auch die Tondauer die Tonhöhe bei gleichbleibender Frequenz mitbeeinflussen.
Höhere Frequenzen werden auf dem Schallweg stärker absorbiert; deshalb kracht ein naher Donner im ganzen Frequenzspektrum, ein ferner »grollt« nur noch tief.
Aus dem Frequenzspektrum werden nur Teile für den sprachl. (schraffiert) und den musikal. Bereich (blau umrandet) verwendet. Die Einzeltöne sind i. d. R. Mischtöne, wobei Obertöne und Zusatzgeräusche eine weiter differenzierende Rolle spielen.
Hohe Töne erscheinen uns schärfer, härter, spitzer, kälter, schneidender; während tiefere Töne schwerer, voluminöser, voller, wärmer, weicher, verschwommener wirken.
Diese vielen versch. Merkmale machen es etwas verständlicher, wie es uns gelingen kann, Hunderte von Menschen allein an ihrer Stimme zu erkennen.

114 VI. Wahrnehmungspsychologie / 13. Gehörwahrnehmung

A Lautstärke (in Phon)

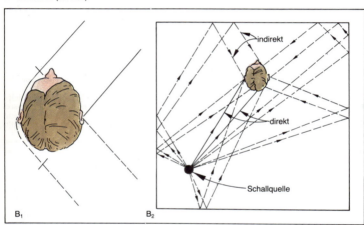

B Raumhören

C Bedeutungsbasis

VI. Wahrnehmungspsychologie / 13. Gehörwahrnehmung 115

A Lautstärke

Die Lautstärke ist das Ergebnis der Amplitudenunterschiede von Schallübertragungen (Beispiele in Phon-Stärken). Dabei ist der Schall an der Schmerzgrenze etwa tausend Milliarden Mal intensiver als der schwächste, noch hörbare Schall (nach LINDSAY). Die Lärmbelästigung beginnt bereits bei 35 dB, Behinderungen der Verständigung bei 45 dB, Leistungsminderung bei 70–85 dB, darüber geht es bis zur Zerstörung des Hörorgans.

Allerdings hängen Hörschäden auch mit der ps. Verarbeitung zusammen. Dirigenten, die unter erhebl. Schalldruck stehen, zeigen im Gegensatz zu Arbeitern, die ähnl. akust. Intensitäten erleiden, keine gleichartigen Hörschäden.

B Raumhören

Im Jahre 1895 wurde der Physiker WALLACE C. W. SABINE gebeten, die miserable Akustik im Hauptvorlesungsraum der Harvard-Universität zu untersuchen. Mit der Stoppuhr konnte er feststellen, daß der Nachhall eines Wortes fünfeinhalb Sekunden dauerte. Wenn also ein Redner einen Satz von 15 Wörtern sprach, hatten die Hörer am Schluß des Satzes noch den Nachhall des ersten Wortes im Ohr.

Als erstes ließ er die 1500 Sitzkissen eines nahegelegenen Theaters im Hörsaal aufstapeln und erreichte so eine Reduzierung auf 1,14 Sekunden Nachhall, bis er schließlich den Hörsaal mit Schallschluckmaterialien zufriedenstellend umbauen ließ. Das war der Anfang der ps. Akustik.

Um »richtig« hören zu können, braucht man eine ausreichende Differenzierung und Lokalisierung der Töne. Für die Differenzierung ist der optimale Nachhall (weder zu groß noch zu gering) wichtig. Die Resonanzbedingungen beginnen bereits im Mund-Nasen-Rachen-Raum des Sprechers oder Sängers.

Ein weiteres wichtiges Merkmal ist der Schallhintergrund.

Bei einer Party herrscht oft ziemlicher Lärm. Dabei noch ein Gespräch mit dem Partner aufrechtzuerhalten, fällt mit zunehmendem Alter schwerer (Party-Taubheit). Trotz dieser und anderer Mängel sticht das Hören, was die Differenzierung angeht, alle anderen Sinnesorgane aus. Ohne Schwierigkeit kann man sogar die Doppelgriffe eines Geigers heraushören (beim Sehen würde man beim überdeckten Gelb und Blau die Mischung Grün sehen).

Die Lokalisierung der Schallquelle geschieht durch Schalldruck (Entfernung) und Zeitdifferenz (Richtung), die der Schall zwischen beiden Ohren benötigt (B_1).

Schon eine Differenz von 0,003 Millisekunden wird für das Richtungsschätzen ausschlaggebend. Bei 0,6 ms erfährt man den Schall genau seitlich im rechten Winkel (90°). Unterschiede von 3° bis 5° werden bereits als Richtungsänderung erkannt.

In engen Räumen (B_2) herrscht ein kompliziertes Schallbild von (direktem) Schall und (indirektem) Schallschatten, das man entsprechend für die Schallokalisation nützt. Allerdings wirkt sich der Schallschatten erst bei höheren Frequenzen aus.

Deshalb ist es für die Stereophonie wichtig, die Höhenlautsprecher richtig zu placieren, wogegen die Baßlautsprecher auch irgendwo stehen können.

C Bedeutungsbasis

Das Hören dient nicht nur zur Orientierung, es ist auch das Hauptmittel der mitmenschl. Kommunikation: als verbale Kommunikation von Ausrufen (Onomatopoetik) bis zur Dichtung; als nonverbale Kommunikation von Signalgeräuschen (z. B. Klingel) bis zur Musik. Diese überragende Breite erhält die akust. Kommunikation durch ihre äußerst variablen Medien. In der Vermischung von Frequenz, Amplitude und Periode (Phase) sind sie als Trägermaterialien geeignet, komplizierte Muster zu bilden, die als Bedeutungsbasis dienen. Nach dem Träger-Muster-Bedeutung-Prinzip haben sowohl die Muster wie noch stärker die Bedeutungen Freiräume gegenüber den Trägermaterialien (Schall, Druckverläufe im Innenohr, rhythmisch-figurale Muster im neuronalen Geschehen).

Das Musikerlebnis fußt auf dem Musikverständnis, das als Beispiel für die Bedeutungsbasis des Hörgeschehens dienen kann. Schon der einzelne Ton weist Unterschiede in Stärke und Höhe auf. Das jeweilige Instrument verändert durch Obertöne und Klangansätze die Tonqualitäten (MOZART nannte sein Lieblingsinstrument wegen seiner Klangfarbe »Buttergeige«).

Die Tondichte steht für den Eindruck nach Komprimierung oder diffuser Streuung; das Tonvolumen für den vollen oder spitzen Eindruck; die Brillanz für Glanz oder Mattigkeit des Tones. Die Konsonanz schließlich sei als Verschmelzung in der unterschiedl. Vermischbarkeit der obigen Klangfarbeneigenschaften hervorgehoben.

Die Aufnahme dieser Merkmale ist aber nur die Voraussetzung für das Musikverständnis. Das eigentl. Musikerlebnis entsteht durch die Umsetzung des Mustermaterials in ein Bedeutungserlebnis. Mit ihm verbindet sich, wie die Bewegungen des Dirigenten veranschaulichen, ein synästhet. (Mitempfindung anderer Sinnesbereiche), imaginäres Raumerlebnis. Dieses dient zur gegenständl. Darbietung einer emotional-kognitiven Charakteristik, die in ihrer Differenziertheit als nonverbaler Ausdruck weit über die verbale Darstellbarkeit psych. Zuständlichkeit hinausgeht. Mittel dafür sind Melodie (u. a. als Erlebnis der Tonführung), Harmonie (u. a. Dur-Moll-Tonarten, Terz-Quinten-Intervalle) und Rhythmus (u. a. für die spezif. Darstellung psych. Energie).

116 VI. Wahrnehmungspsychologie / 14. Geruchs- und Geschmackswahrnehmung

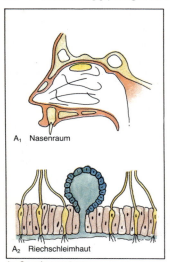

A₁ Nasenraum

A₂ Riechschleimhaut

A Geruchsrezeptoren

Art	Rohstoff u. a.	Ausdruck
orientalisch	Ambra, Sandel	warm, sinnlich
asiatisch	Patschuli-Pflanze	fruchtig, trocken würzig
Blumen	Rose, Flieder, Hyazinthe	anmutig, weiblich
Farnkraut	Farne, Lavendel	vital, sportlich
Gewürz	Jasmin, Iris, Würzstoffe	exotisch, extravagant
Holz	Zedern-, Sandelholz	kraftvoll, männlich
Hesperiden	Hesperiden, Bergamotte	kühl, elegant
Wasser	Zitrus, Moos	frisch, erregend

C Duftgenealogie

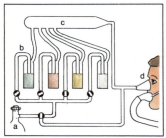

B Geruchsexperimente

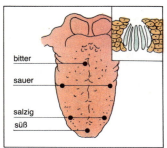

bitter
sauer
salzig
süß

D Geschmacksrezeptoren

E Nahrungseindruck

VI. Wahrnehmungspsychologie / 14. Geruchs- und Geschmackswahrnehmung 117

Geruch und Geschmack werden wiss. unterschätzt: es bringe angeblich kein Prestige ein, sich mit ihnen zu beschäftigen; schon die Bezeichnung »niedere« oder »chemische« Sinne verweise auf die Geringschätzung.

A Geruchsrezeptoren

(A_1) Der Nasenraum bildet ein trapezförmiges Zelt, das durch die Nasenscheidewand in 2 Kammern und durch 3 Muscheln in 4 Kanäle unterteilt ist. Diese engen Durchlässe erwärmen die Luft.

Beim normalen Atmen wird der unterste Kanal bevorzugt, erst beim sog. Schnüffeln entstehen Luftwirbel, die die Geruchspartikel bis in die oberen Regionen des Riechepithels tragen. Sobald die Strömung bes. in den oberen Teilen nachläßt, versiegt die Geruchsempfindung.

(A_2) Die Riechschleimhaut besteht aus kolbenartigen Riechzellen und Basalzellen, nach außen durch ein Schlußleistennetz abgeschlossen, durch das die Endkolben der Riechzellen mit ihren zahlreichen Härchen herausragen.

B Geruchsexperimente

Um Geruchsempfindungen zu prüfen, bedient man sich des Misch-Olfaktometers.

Durch den Druck eines neutralen Mediums (Dampf) aus einer Flasche (a) werden über eine regulierbare Mischbatterie (b) die gewählten Riechsubstanzen zu einem Mixer (c) geleitet, aus dem sie die Vp. aus einem Geruchstrichter (d) erhält; die Ausatmungsluft wird gesondert abgeleitet.

Bei der Prüfung fällt als erstes die Zeitdifferenz auf, bis der Geruchsstoff an das Epithel gelangt und eine Geruchswahrnehmung erzielt. Die Gerüche halten nicht lange in gleicher Stärke an (Adaptation z. B. von Käse 5–8 Min.), wobei die Gewöhnung teilweise auf nachfolgende ähnl. Gerüche übergreift. Andererseits behält man Gerüche noch lange »in der Nase«.

Durch welche chem. oder physikal. Eigenschaften Substanzen einen best. Geruch erzielen, ist noch offen. Diskutiert werden u. a. Molekülgröße oder -form, Wasserlöslichkeit, Infrarotstrahlung oder elektr. Eigenschaften (Ferromagnetismus).

Bei der ps. Untersuchung stehen Intensitäts- und Qualitätsmerkmale im Vordergrund. Intensitätsfragen: wann beginnen und enden Gerüche (absolute Schwellen), wie unterscheidet man sie (Unterschiedsschwellen), wie verändern sich Gerüche, wenn man sie konstant riecht (adaptive Schwellenverschiebung), unter welchen Umständen, z. B. an wem, riecht man sie (Reaktionsschwellen)?

C Duftgenealogie

Der Geruchssinn ist in erster Linie ein Warn- und Locksinn, der aber nur eine ungenaue Lokalisierung der Reizquellen zuläßt. Die beiden Funktionen Vermeidung und Anziehung werden durch den »Gestank« und die »Düfte« repräsentiert.

Lange wurde für die Qualitäten das 6wertige Geruchsprisma von HENNING (blumig, faulig, fruchtig, würzig, brenzlig, harzig) herangezogen, später erweitert um zusätzl. Grundqualitäten, bis man diese Einteilung als »Sackgasse« empfand.

Für die »Duftpsychologie« gingen die Parfümeure andere Wege. Sie untersuchten (unter Ausschluß der Warnfunktion) die versch. Lockfunktionen und kamen auf eine »Duftgenealogie«, an die sich vor allem die franz. Parfümerie hält (Abb. C).

Das Schwergewicht liegt in dieser Skalierung auf dem »Ausdruck« der Düfte, der auch synästhetisch mit den unterlegten Farben assoziiert wird.

D Geschmacksrezeptoren

Geruch und Geschmack gehören zusammen. Man riecht beim Essen mit, und umgekehrt steigen Geschmacksreize auch vom Rachenraum auf. Die Hauptorgane für den Geschmack sind in Papillenregionen mit 3 bis 150 Geschmacksknospen (D, rechts oben) konzentriert, auf der Zunge lassen sich best. Zonen für Geschmacksrichtungen unterscheiden: bitter, sauer, salzig und süß.

Eine solche Einteilung wird relativiert durch die Verflechtung des Geschmacks mit dem Geruch, mit Berührungsempfindungen (glatt, rauh, scharf, heiß usw.), mit dem Lösungszustand der Speise je nach der Speichelsekretion, ferner dem augenblickl. Organismuszustand (Hunger, Durst) und nicht zuletzt mit dem opt. Zustand der Speise: das Auge »ißt« mit. »Geschmack« ist sprichwörtlich eine sehr subj. Entscheidung.

E Nahrungseindruck

Aus den kombinierten Grundbedingungen der Nahrungsaufnahme ergibt sich die Geschmacksbewertung. Wenn jemand ein Mädchen »süß« findet und »zum Fressen« gern hat, so zeigt sich damit auch die starke Affektkomponente der Nahrungsaufnahme.

Die ersten Lernversuche von PAWLOW (S. 143) zeigen bereits den Lernanteil:

Tiere produzieren nicht erst Speichel, wenn das Futter die Geschmacksknospen erreicht, sondern nach einiger Zeit schon, wenn der Wärter erscheint (bedingte Reflexe).

Das, was man mit Schmackhaftigkeit des Essens meint, ist bedingt durch eine komplexe Eßbereitschaft, die aus angeborenen, erlernten und kognitiven Komponenten zusammengesetzt ist. Unsere Vorlieben für Geschmacksensembles sind stärker von Einstellungen als von tatsächl. Empfindungen abhängig. Daß aber auch angeborene Eigenschaften mitsprechen, zeigt die fast durchgängige Ablehnung von blauen Speisen (Abb. E).

118 VI. Wahrnehmungspsychologie / 15. Berührungswahrnehmung

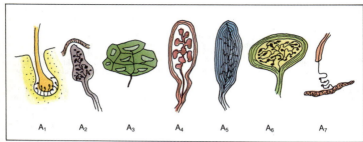

A Haptorezeptoren

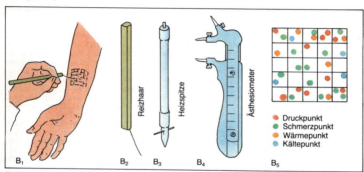

B Tastexperimente

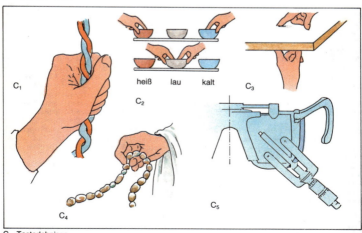

C Tasterlebnisse

Die Erforschung der Berührungswahrnehmung hat eine lange Geschichte. Schon ARISTOTELES bemerkte für seinen »fünften« Sinn, daß er kein einheitl. Organ besitzt. Er entdeckte auch die nach ihm benannte haptische (nach dem griech. Wort für »Berührung«) Täuschung: überkreuzt man Mittel- und Zeigefinger und steckt zwischen beide 1 Kügelchen, so glaubt man (wenn man nicht hinsieht), 2 Kügelchen zu halten. Bis in das 19. Jh. wurden hapt. Vorgänge erst allmählich unterschieden: BELL (1830) trennte die Wahrnehmung von warm und kalt, BLIX (1883) die von Druck und Schmerz.

A Haptorezeptoren
Die Haut warnt den Körper vor Gefahren. Dafür besitzt sie (außer den Muskelrezeptoren, S. 121) 7 relativ spezif. Sinneszellen:
(A_1) Haarfollikel (Berührung und Druck/Zug),
(A_2) Meissnersche Körperchen (Berührung; ferner Merkelsche und Dogielsche Tastkörperchen),
(A_3) freie Nervenendungen (Schmerz),
(A_4) Golgi-Mazzonische Körperchen (Druck),
(A_5) Vater-Pacinische Körperchen (Tiefendruck),
(A_6) Krausesche Endkolben (Kälte),
(A_7) Ruffinische Endorgane (Wärme).
Die Berührungsorgane sind nicht nur unterschiedlich über den Körper verteilt (s. u.), sondern reagieren auch verschieden. Um eine Berührungswahrnehmung zu erzeugen (absolute Schwelle), benötigt man auf der Nase 2 g/cm², auf dem Handrücken 12 g/cm² und auf dem Unterarm 33 g/cm² Druck.

B Tastexperimente
Wenn man 2 Bleistifte eng aneinander hält und sie nun (ohne hinzusehen) auf die Fingerkuppe hält, spürt man 2 Berührungspunkte, auf dem Handrücken dagegen meist nur einen. Das Unterscheidungsvermögen (Unterschiedsschwellen) richtet sich nach der Anzahl der Haptorezeptoren.
Bei Tastexperimenten stempelt man ein feines Gitter auf einen Hautabschnitt(B_1). Dort lassen sich mit den wichtigsten Reizgeräten, Reizhaar (B_2), Heizspitze (B_3) und Ästhesiometer (B_4), Reizversuche durchführen.
Das Ästhesiometer ist eine Art Schieblehre (die 3. Spitze dient zur gelegentl. Zwischenreizung mit nur einer Spitze, um evtl. Falschinterpretationen auszuschalten). Um zwei Reizspitzen auseinanderhalten zu können, sind folgende Mindestabstände nötig: Fingerkuppe 2,3 mm, Handfläche 11,3 mm, Fußsohle 16,0 mm, Handrücken 31,6 mm, Nacken 54,0 mm, Rücken 67,1 mm.
Die ca. 250 000 Kälte- und ca. 30 000 Wärmepunkte sind homogener auf der Körperoberfläche verteilt. Es gibt aber auch Körperteile (wie einige Stellen am Naseneingang), die kei-

ne, andere (z. B. Abschnitte am Knie), die nur Kältepunkte aufweisen.
Wie der Ausschnitt für den Unterarm (B_5) zeigt, sind die hapt. Rezeptoren relativ homogen verteilt.

C Tasterlebnisse
Läßt man durch 2 umeinander gedrehte Schläuche kaltes und warmes Wasser fließen (C_1), so entsteht in der umschließenden Hand eine Hitzeempfindung. Hierbei findet also keine Differenzierung statt. Extrem hohe Wärme- und Kältereizungen ergeben vermischte »brennende« Eindrücke. Der Übergang von der Kälte- zur Wärmereizung und umgekehrt ist von der Eigenwärme der Rezeptorumgebung abhängig. Beträgt diese 33°C, so liegt die Wärmeschwelle zwischen 34,5 und 36°C und die Kälteschwelle bei 32 bis 30,5°C.
In einem Schalenversuch (C_2) kann die Wirkung des Temperaturwechsels erlebt werden: Hält man 20 s die eine Hand in kaltes Wasser, die andere in warmes und steckt beide anschließend in lauwarme Wasser (ca. 30°C), so empfindet man es im umgekehrten Sinn in der einen Hand als warm und in der anderen als kalt.
Ähnl. Erscheinungen erhält man auch für Druckreize. Mit Reizhebelapparaten lassen sich dosierte Berührungen von unterschwellig bis schmerzhaft durchführen. In einem Versuch läßt sich nachweisen, daß ein zweiter Reiz die Qualität des ersten verändern kann: war dieser allein als deutlich und spitz empfunden worden, so wirkt er kombiniert mit dem zweiten jetzt dumpf und verwaschen.
Noch stärker treffen solche Erscheinungen bei Komplexreizen zu, die eine umfänglichere sensor. Grundlage haben und dann z. B. als locker oder fest, rauh oder glatt, hart oder weich, feucht oder trocken erlebt werden. Temperaturwechsel können diese Komplexqualitäten verändern, z. B. glatte Flächen bei Temperaturerhöhung als rauher erscheinen lassen.
Für die Tasterlebnisse ist die gleichzeitige Sehwahrnehmung wichtig, denn normalerweise arbeiten beide Wahrnehmungsfelder nicht getrennt. In Tastversuchen zu gegenüberliegenden Tastorten (C_3) wird mit allmählich sich öffnenden Verdunklungsbrillen (C_5) Tasten der Dunkelheit bis zu Helligkeit geprüft: verschwommene Tasteindrücke werden sukzessive konkretisiert.
Im Gegensatz zur geringen Gestaltgenauigkeit der Tasterlebnisse ragt ihre emotionale Funktion heraus. Streicheln und Gestreicheltwerden sind Ausdruck für sozialen Kontakt und dienen auch der somat. Stimulation. Daß das Streicheln auch narzißtisch (selbstbezogen) wirken kann, zeige die vielen, aus z. T. kostbaren Steinen hergestellten Handschmeichler (C_4), die bes. im Orient dem Körperspiel dienen.

120 VI. Wahrnehmungspsychologie / 16. Körperwahrnehmung

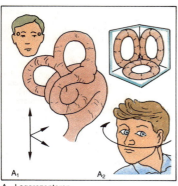

A Lagerezeptoren

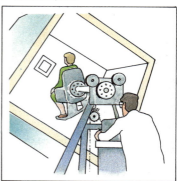

B Muskelrezeptoren

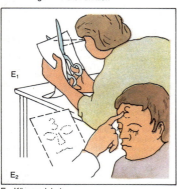

C Haltungs- und Stellfunktion

D Lageexperimente

E Körpererlebnisse

F Richtungsexperimente

VI. Wahrnehmungspsychologie / 16. Körperwahrnehmung 121

Unter Wahrnehmung versteht man i. a. den sensor. Außenkontakt. Der Körper hat aber auch Möglichkeiten, seinen eigenen Zustand wahrzunehmen.

A Lagerezeptoren
Der wichtigste Lagerezeptor ist das Gleichgewichtsorgan (Vestibularapparat) im Mittelohrbereich. Die Hauptteile (A_1) sind:
3 halbkreisförmige Bogengänge (Ducti), ihre Basisverbindungen (Ampullae) und ein längl. Sack (Utriculus, Sacculus). In ihnen befindet sich eine wässrige Flüssigkeit (Perilymphe)
Diese 5 Einheiten enthalten 2 Sorten feiner Härchen, die ähnlich wie im Innenohr mechan. Bewegungen an Nervenfasern weitergeben. Deren elektr. Impulse führen über den Hirnstamm in versch. Bereiche des Groß- und Kleinhirns.
Das Gleichgewichtsorgan versucht bei heftigen Bewegungen gegenzusteuern.
   Bei rascher Kopfbewegung z. B. rucken die Augen in die andere Richtung (A_2).
Auch Bergarbeiter, die im schnellen Lift bewegt werden, vollziehen eine entgegengesetzte Bewegung (»Liftreaktion« mit »Sprung- oder Fallbereitschaft«).
Karussellfahrten oder stürm. Seereisen können sogar zu Schwindel (Vertigo) und Erbrechen führen.
Durch die Aufhebung der Schwerkraft (Astronauten) gerät die Gleichgewichtslage in Unordnung und muß kompensiert werden.

B Muskelrezeptoren
Die Muskel- und Gelenkrezeptoren messen in den quergestreiften Muskeln und an den Gelenken deren Dehnungs- bzw. Beugungsgrad.
   Im Sack der Muskelspindeln liegen dünne Muskelfasern, die an den Spindelpolen befestigt sind (B_1). Ihr eigener Kontraktionszustand wird von feinen motor. Nervenfasern ermittelt.
   Um die Muskelfasern winden sich spiralförmige Nervenfasern. Die Nervenimpulse werden in das Kleinhirn und die sensor. Areale der Hirnrinde weitergeleitet. Man kann also auch bei Dunkelheit oder geschlossenen Augen Bewegungsrichtungen der Gliedmaßen erkennen (B_2).
Neben diesen propriozeptiv genannten Empfindungen besitzen wir noch die exterozeptiven (äußere Hautempfindungen weiterleitenden) und die enterozeptiven (Informationen aus dem Körperinneren übermittelnden) Körperwahrnehmungen.

C Haltungs- und Stellfunktion
Stehen und Gehen ist auch eine vielschichtige Wahrnehmungsaufgabe. Denn jede Stellung bedarf einer Rückmeldung, um die Kette der Bewegungen notfalls abzuändern. Man unterscheidet die lokalen (z. B. Augenstellung), die segmentalen (z. B. Kopf- und Halsstellung)

und die allgemeinen Reaktionen (z. B. Rückmeldungen während des Hüpfens).
Eine kleine Vorstellung von den vielfältigen Körperleistungen, die nötig sind, z. B. beim Aufstehen oder bei der Gehbewegung, kann man sich schaffen, wenn man die Modellpuppen, wie sie Maler verwenden, nach diesen Bewegungen einstellt.
Bereits im Mutterleib übt der Fötus diese Funktionen. Mit der Geburt ist ein Haltetonus festgelegt, der aber durch Training, Unfallreaktionen usw. sowie durch Altersrückbildungen verändert wird. Die aktuellen »Haltungen« sind ausdrucksdiagnostisch verwertbar.

D Lageexperimente
Links und rechts, vorn und hinten, oben und unten: diese Koordinaten werden ständig von den Gleichgewichtsorganen geprüft. Was passiert, wenn eine oder mehrere Informationen über die Körperlage »nicht stimmen«?
In einem Lagesimulator (Abb. D) kann man 1) den Umgebungsraum schräg kippen, 2) die Vp. auf ihrem Sessel kippen oder 3) beide Kippvorrichtungen gleichzeitig betätigen.
   Kippt man das Zimmer, so ergibt sich ein Unterschied zwischen dem opt. Eindruck des Zimmers zur Schwerkraftrichtung der Lagerezeptoren: die Vp. ist verwirrt.
   Kippt man nur den Stuhl: diese Situation ist alltäglich und wird von den Lagerezeptoren »verrechnet«.
An solchen Versuchen wird die Bedeutung der Übereinstimmung der versch. Informationen zur Lagewahrnehmung deutlich.
Bei Betrunkenen funktioniert die zentrale Verarbeitung nicht: die Umgebung scheint sich zu bewegen.

E Körpererlebnisse
Die rein somat. Körperbeziehungen (neben der Identifikation mit dem eigenen Körper, s. XIII/13, B) enden nicht an der Außengrenze der eigenen Haut. Kein Mensch sieht beim Schreiben auf die Tätigkeit seiner Finger; wer etwas schneidet, achtet auf die Stellen vor der Schnittstelle der Schere (E_1). Zu unserem Körper gehört ein »Körperareal«:
   Wenn wir z. B. mit einem Stock die Festigkeit eines schlammigen Bodens prüfen, so »spüren« wir den Schlamm wie mit den Fingern.
Malen wir einer Vp. ein ε (Epsilon) bei geschlossenen Augen auf die Stirn (E_2), werden die meisten aus der »Innensicht« eine 3 erkennen. Erst wenn man das griech. Alphabet der Reihenfolge nach andeutet, wird ε als Epsilon erkannt.

F Richtungsexperimente
Zu den schwierigsten Aufgaben der Körperwahrnehmung gehört die Ermittlung von Richtungsänderungen ohne opt. Kontrolle. Wer sich je im Walde verlaufen hat, wird sicher seinen »Linksdrall« bemerkt haben.

122 VI. Wahrnehmungspsychologie / 17. Inadäquate Wahrnehmung

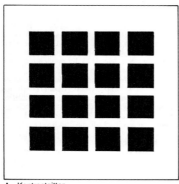

A Kontrastgitter

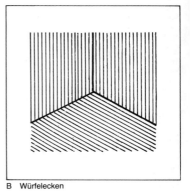

B Würfelecken

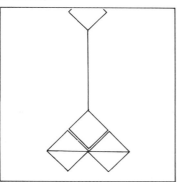

C Höhentäuschung

D Vexierbild

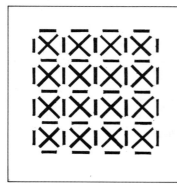

E Ehrenstein-Effekt

F Zöllner-Illusion

Im berühmten Höhlengleichnis behauptet PLATON, wir würden die Welt wie Gefesselte in einer Höhle sehen, an deren Rückwand nur Schattenbilder der oberen Welt zu erkennen seien. Und wenn man uns die Dinge, wie sie wirklich sind, sehen ließe, wären wir geblendet und glaubten nichts mehr.

Tatsächlich geben unsere Sinne die Welt nicht haargenau wieder. Wir sind durch die Wahrnehmungsschwellen beengt und durch die Differenzierungsschwellen unzureichend orientiert sowie durch eine Reihe von Wahrnehmungstäuschungen genarrt. Aber in der Evolution ist ein Prinzip durchgängig verfolgt, das uns die Welt letztlich so zeigt, wie wir sie zur Anpassung und Bewältigung benötigen: die *Redundanz*.

Dieses Prinzip besagt für die Wahrnehmung, daß die gleiche Erscheinung mehrfach, auch im gleichen Sinnesgebiet, übermittelt wird, so daß wir unter dieser (partiellen) »Überinformation« Vergleiche anstellen können.

A Kontrastgitter

Der Kontrast (S. 101) ist eine sehr sinnreiche Form der Wahrnehmungsverbesserung; durch ihn werden bes. die Begrenzungsflächen betont.

Gelegentlich kann er uns auch Dinge vorgaukeln, die nicht vorhanden sind.

Das Kontrastgitter erzeugt eine Randkontrast-Täuschung. Blickt man auf den mittleren Zwischenraum, so erscheinen zwischen den anderen weißen Kreuzungspunkten dunkle Stellen, aber nicht auf dem gerade fixierten Zwischenraum (E. HERING).

Das läßt sich sofort überprüfen, wenn man den Fixationspunkt verlagert.

Ähnl. Kontrasterscheinungen finden sich auf einer grauen Fläche, die man bei rotem Hintergrund leicht grünlich und umgekehrt auf grünem Hintergrund leicht rötlich sieht.

B Würfelecken

Sieht man nur die Umrisse eines Würfels oder wie hier nur eine Ecke, so reichen die opt. Informationen nicht aus, um ihn ausschließlich von unten (gesehen wird die Unterseite) oder von oben (gesehen wird in die Würfelecke hinein) zu erkennen. Bei einiger Übung kann man willkürlich von der einen in die andere Lesart übergehen und wieder zurück. Das zeigt, daß in die Wahrnehmung auch Auffassungen einfließen (L. A. S. NECKER).

C Höhentäuschung

Der horizontale Strich scheint kürzer als der vertikale. Wenn man nachmißt, sind beide gleich lang. Diese Höhentäuschung (BENESCH) gilt bes. beim Schätzen der Höhe von Gebäuden, Türmen usw. (Anisotropie). Die Unsicherheit liegt u.a. an perspektiv. Täuschungen und an der Querlage unserer Augen, wodurch für die Seiten- und die Höhendimensionen nicht die gleichen Wahrnehmungsbedingungen bestehen.

D Vexierbild

In diesem Vexierbild (Abb. D) ist die Figur (Bär) relativ leicht zwischen den Bäumen zu entdecken. Ein solches Bild ist auf die absichtlich, i. d. R. besser versteckte Figur hin konstruiert.

Umgekehrt ist der Vorgang, wenn in Wolkenbilder oder Wurzelknoten Gestalten hineingesehen werden. Die Psychodiagnostik (Kap. XIX/5) nutzt diese Wahlfreiheit, um projektive Tests herzustellen.

E Ehrenstein-Effekt

Zwischen strahlenförmigen Linien wirken die ausgesparten Überkreuzungen wie aufgeklebte Kreisfiguren. Diese Flächenkontrast-Täuschungen gibt es in einigen Varianten: mit schrägen Linien oder auch als trapezförmige Sinnestäuschung (W. EHRENSTEIN).

F Zöllner-Illusion

Durch die Seitensprossen verschieben sich die parallelen Linien. Blickt man aus einer unteren Ecke auf die Parallelen, so verschieben sie sich nicht mehr; dagegen ganz schräg von unten gesehen, werden sie wieder parallel. Diese Täuschung zeigt deutlich die sensor. Wechselwirkung einzelner Bildteile, die es u. a. auch bei Farben gibt (J. K. F. ZÖLLNER).

Neben diesen Täuschungen gibt es eine »Wahrnehmungsabwehr« (BRUNER, POSTMAN) mit Auffassungshemmungen:

Wenn Wahrnehmungsgegenstände auf Ablehnung oder auf Desinteresse beim Wahrnehmenden stoßen, ergibt sich eine längere Auffassungszeit und/oder eine höhere Fehlerquote für das richtige Erkennen der Gegenstände.

Ähnlich wie für die Signaldetektionstheorie (S. 103) wird diese Wahrnehmungsverschlechterung durch Zusatzbedingungen begründet.

Die neuere Wahrnehmungspsy. unterteilt deshalb in Sinnes- und Einflußfaktoren. Einerseits beschäftigt sie sich speziell mit der Übernahme von (physikalischen) Reizen in (physiologische) Erregungen und ihre Umsetzung in (psychologische) Innen- und Außenwelterlebnisse, andererseits mit Einflußfaktoren (VI/1, D_3) aus 5 Gruppen:

Afferenzsynthese (z. B. die gegenseitige Ergänzung von Sehen und Tasten),

Motivierung (z. B. sieht der Hungernde öfter Eßbares),

Aktivierung (bei einer Tätigkeit hebt sich das wahrgenommene Ziel spontan heraus),

Aspektierung (bei einigen mehrdeutigen Figuren kann willkürlich die eine oder andere Lesart bevorzugt werden),

Musterbewertung (siehe die folgenden Kapitel).

124 VII. Gedächtnispsychologie / 1. Gedächtnisfunktionen

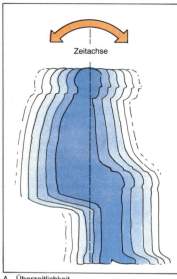

A Überzeitlichkeit

B Einprägung (Enkodierung)

C Behalten (Retention)

D Abruf (Ekphorie)

VII. Gedächtnispsychologie / 1. Gedächtnisfunktionen 125

Das Wort »Gedächtnis« verführt zu der Annahme, in unserem Gehirn gäbe es einen separaten Kasten, in dem wir wichtige Dinge lagern. Die Psychologen fördern diesen Irrtum, wenn sie aus der Computertechnologie den Begriff »Speicher« übernehmen. Aber unser Gedächtnis ist kein passiver Geräteteil, der unbeweglich festliegt, bis er eingeschaltet wird.

Gedächtnis ist vielmehr die Sammelbezeichnung für Funktionen, die fast allem Psychischen zukommen.

Die 4 wichtigsten sind Überzeitlichkeit, Einprägen, Behalten und Abrufen:

A   Überzeitlichkeit

Das Psychische weist eine Zeiterstreckung auf. Selbst Plattwürmer reagieren nicht nur auf Augenblicksreize, sondern verwerten vergangene Reize mit. Hunde erinnern sich an vergrabene Knochen, Affen erkennen Gegenstände wieder.

Das menschl. Gehirn verwahrt in ständiger Weiterverarbeitung eine ungeheure Menge gewesener Sachverhalte und Ereignisse. Wir könnten uns ohne diese Fähigkeit keinen Satz lesen, keinen Hammer benutzen, weder laufen, radfahren noch mit anderen Menschen reden. Zu allen psych. Prozessen gehört die Erfahrung vergangener Verrichtungen, mehr noch, auch die Erfahrung von vielen vergangenen Generationen.

Bezeichnungen wie Memorieren, Erinnern, Zurückrufen, Einfallen, Auffrischen, Entsinnen (Ent-Sinnen) usw. verweisen auf die Abhebung von der aktuellen, zeitlich festgelegten Gegenwart.

Diese Befreiung von der Zeitbindung gilt auch für die Zukunft. Schon wenn wir nur ein Stück Papier schneiden wollen, dient unsere beim Papierschneiden bisher gesammelte Erfahrung dazu, die entsprechende Handlung für die nächste Zukunft vorauszuplanen.

Die Überzeitlichkeit (Abb. A) verlängert das Psychische in die beiden Zeitachsen Vergangenheit und Zukunft: je besser das Gedächtnis, desto besser für die Zukunftsplanung. Deshalb ist die Erforschung der Gedächtnisleistungen eine wesentl. Aufgabe der Ps.

Die Schwierigkeit dabei liegt zunächst in der Vielschichtigkeit der vielen »Gedächtnisse«. Ein gutes Gedächtnis gehört zum intelligenten Menschen. Aber trotzdem gibt es viele kluge Leute, die Teildefekte des Gedächtnisses, z. B. für Namen, Zahlen, Gesichter, aufweisen. Auch hat niemand ein ununterbrochen gleiches Gedächtnis. Bei Erschöpfung, im Halbschlaf, im Fieber wird jeder seinen Gedächtnisabbau erlebt haben. Das Antibiotikum Puromyzin z. B. kann die Merkfähigkeit herabsetzen, andererseits kann die Gedächtnisleistung während der Hypnose gesteigert werden.

Das Gedächtnis ist ferner von der Situation, den gemerkten Inhalten, der Motivierung, Stimmungslage, Einübung, den Sinnzusammenhängen abhängig. Deshalb ist auch die Gedächtnisps. ein Gebiet, das trotz intensiver Forschung noch lange auf seine Vollendung warten muß.

Die 3 weiteren Hauptfunktionen des Gedächtnisses werden eingeteilt nach der Reihenfolge des Gedächtnisgebrauchs:
Einprägen, Behalten, Abrufen;
oder durch ihr Gegenteil, die Störungen, ausgedrückt:
Merkschwäche (z. B. unrichtiges Merken),
Vergeßlichkeit (z. B. Altersvergeßlichkeit für kurz zurückliegende Ereignisse),
Abrufversagen (z. B. Hemmungen in der Rückerinnerung).

B   Einprägen (Enkodierung)

Die Merkfunktion richtet sich nach zeitgebundenen Forderungen.

Früher, als nur wenige schreiben und lesen konnten, verbreiteten Märchenerzähler (Abb. B) den allg. wissenswerten Stoff; den Erfahrungsschatz zur Lebensbewältigung erwarb man durch Nachahmung.

Das heute für die meisten geforderte Gedächtnisrepertoire, der Lernstoff (die Curricula), sieht erheblich anders aus. Entsprechend wandelt sich zögernd auch die Art der Einspeicherung. Die elektron. Revolution verändert zunehmend die Art der »Enkodierungen«. Die Erleichterungen beim Einprägen vergrößern den Gedächtnisschatz.

C   Behalten (Retention)

Von HÖLDERLIN stammt der stolze Satz: »Was bleibt, stiften die Dichter.« Das Bleibende zu schaffen, ist aber die Funktion eines jeden von uns. Man hat unser Gedächtnis häufig mit einer inneren Bibliothek (Abb. C) verglichen: dieser Vergleich hinkt insofern, als unsere »Kopfbibliothek« teilweise besser funktioniert. Sie enthält auch *veränderbares* Wissen.

D   Abruf (Ekphorie)

In Prüfungen (Abb. D) fragt der Prüfer mehr oder weniger geschickt, so daß der Prüfling manchmal den für ihn selbst richtigen Abruf (engl. *retrieval*) erst finden muß. Oder: Auf einer lauten Party versteht man schon seinen Nachbarn nur mühsam; wenn aber weiter weg der eigene Name fällt, reagiert man prompt. Ähnlich gehört zur guten Gedächtnisleistung auch ein so direkt funktionierendes Suchsystem, daß wir unsere Kopfbibliothek schnell und sicher abgrasen können; z. B. suchen wir darin ein

»blau-weißes, dickes Buch, in dessen hinterem Teil, rechts oben, ein wichtiger Hinweis stehen muß«.

Welcher Bibliothekar oder gar Computer könnte mit diesem eigentüml. Abruf etwas anfangen?

126 VII. Gedächtnispsychologie / 2. Gedächtnistheorien

A Filtertheorien

B Assoziationstheorien

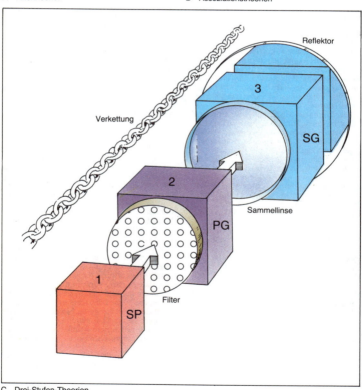

C Drei-Stufen-Theorien

Über die meisten psych. Vorgänge wissen wir physiologisch eine Menge. Nicht so über das Gedächtnis. Mehr oder weniger ist das ganze Gehirn, von den Nervenzellen aufwärts, ein Gedächtnisträger. Damit ist auch gesagt, daß das Gedächtnis nicht einförmig sein kann. Man muß mit vielen Gedächtnisvarianten (s. VII/6) rechnen.

Diese komplizierte Situation erklärt, warum es so viele Gedächtnistheorien geben muß, die sich den tatsächlich sehr vielschichtigen Gedächtnisleistungen annähern.

Um diese außerordentl. Vielzahl überschaubarer zu machen, kann man 3 Hauptgruppen unterscheiden.

A Filtertheorien
Wenn man Material durch ein Sieb schüttet (Abb. A), so fällt einiges durch die Maschen, anderes behält man im Sieb.

D. E. BROADBENT übermittelte seinen Vpn. über Kopfhörer Zahlen: über den linken Hörer z. B. 945 und über den rechten gleichzeitig 723. Bei der Reproduktion ergab das entweder 945 723 oder 723 945; dagegen wurden nie Zahlen in der Art 974 235 o. ä. beobachtet.

Aus vielen Untersuchungen schloß man, daß das Gedächtnis streng organisiert ist. Hauptgedanke dieser Forschergruppe:
nur durch Auswahl (Selektion) kann die Datenflut bewältigt werden.

In der Kohortentheorie (TYLER) z. B. meint man, bei der Worterkennung aktiviert der Beginn eines Wortes eine Kohorte von Wörtern gleicher Anfänge, bis fortschreitend nur noch ein Wortkandidat übrigbleibt.

B Assoziationstheorien
Diese Gruppe ist zwar schon Jahrhunderte alt, wird aber neuerdings vermehrt vertreten. Wie in einem Brennspiegel (Abb. B) werden nach dieser Theorie die übermittelten Sinnestatsachen nach best. Merkmalen zusammengesetzt:
Ähnlichkeit (Similanz), Gegenteiligkeit (Kontrast), Berührung in Zeit oder Raum (Kontiguität) und Zusammenhang (Kohärenz) erhöhen das Behalten.

Unter heutigen Aspekten begünstigen Gestaltherstellung, Mustererkennung, Schemabildung, kognitive Konstrukte die Gedächtnisleistung.

Man hat z. B. festgestellt, daß das Wort *butter* (Butter) schneller nach dem Wort *bread* (Brot) erkannt wird als nach dem gleichlangen *nurse* (Kindermädchen).

In einem anderen Versuch wurden in das Kartenspiel eine rotes Pik-As und eine schwarze Herz-Neun eingeschmuggelt, die von den Teilnehmern in die normalen Farben umgesehen wurden.

Jeder Zauberkünstler rechnet mit diesen im Gedächtnis verankerten Erfahrungen und schematisierten Erwartungen.

C Drei-Stufen-Theorien
Seit den 50er Jahren hat man in der Gedächtnisforschung eine allg. anerkannte Konsequenz gezogen: Das Gedächtnis wird nicht mehr als ungegliederte Einheitsform angesehen. Man ging zu sog. »Mehr-Speicher-Konzeptionen« über:
alle einlaufenden Informationen durchlaufen nacheinander oder nebeneinander »Kontrollstellen«, in denen versch. Verarbeitungen erfolgen, die sie mehr oder weniger speicherungsfähig machen.

Diese allg. Anschauung wird 3 gesonderten Aspekten unterzogen:
– der *strukturelle* Aspekt soll die innere Ordnung der Gedächtnisanteile klären,
– der *kapazitäre* Aspekt betrachtet die versch. Mengen der jeweiligen Speicherung,
– der *funktionale* Aspekt untersucht die Nutzanwendung der Speicher.

Das allg. Ordnungsprinzip umfaßt 3 Speicher, 3 Transferkontrollen und weitere Gliederungsgesichtspunkte. Die Bezeichnungen differieren und decken sich auch nicht vollständig:

1. Speicher, nimmt vieles auf, behält es aber nur sehr kurz. Namen: Sensor. Puffer (SP), Ultrakurzzeitgedächtnis, ikonisch-echoischer Speicher, sensor. Register.
2. Speicher, behält etwas länger, aber seine Kapazität ist gering. Namen: Primärgedächtnis (PG), Kurzzeitgedächtnis, Unmittelbares Behalten.
3. Speicher, behält praktisch zeitlich unbegrenzt, unterschiedl. inhaltsreich, ist aber schwerer zugänglich. Namen: Sekundärgedächtnis (SG), Langzeitgedächtnis, Permanenzspeicher (davon abgetrennt: »Tertiärgedächtnis«).

Die Pfeile deuten die Input-Richtung an, wobei Daten den direkten Weg zu den Einzelspeichern nehmen können oder über den indirekten Weg durch die vorgeschalteten Speicher führen. Die zwischengeschalteten Kontrollstellen (Filter, Sammellinse) arbeiten mit den Merkmalen der Filter- und Assoziationstheorien. Der Reflektor repräsentiert die Funktion des »Metamemory« oder die individuelle Einschätzung des eigenen Gedächtnisses (s. VII/4, F).

Im günstigsten Fall sind alle Teile verkettet, d. h. wir besitzen ein durchgängig funktionierendes Gedächtnis.

Dem widerspricht nicht, daß es spezielle Gedächtnisprobleme z. B. für Sprache, Gefühl, Denken gibt. Mancher besitzt z. B. ein besseres Bildgedächtnis für Gemälde als für Schemazeichnungen. Solche Unterschiede versucht die Hologrammtheorie des Gedächtnisses aufzuklären. Mit dem Vergleich zur physikal. Lichtholographie (S. 97) werden raumzeitlich-funktionale Überschneidungen den psychophysiolog. Hirnleistungen gegenübergestellt.

128 VII. Gedächtnispsychologie / 3. Ultrakurzzeit- und Kurzzeitgedächtnis

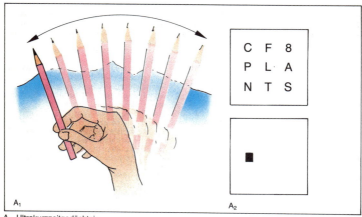

A   Ultrakurzzeitgedächtnis

B   Kurzzeitgedächtnis

Das Gedächtnis läßt sich ebensowenig von allen anderen psych. Zuständen trennen wie das Wasser von den Wellen: das eine spielt sich im anderen ab. Aber wie kann man dabei die verschiedenartigen Wellen, von dem kleinsten Gekräusel bis zu den großen Meereswellen, unterteilen? Für das Gedächtniskontinuum glaubt man an einigen wesentl. Merkmalen 3 Zeitphasen unterscheiden zu können, obgleich natürlich alle auch Gemeinsamkeiten aufweisen.

A Ultrakurzzeitgedächtnis

(A_1) Wenn man ziellos in die Gegend sieht und einen Bleistift schnell vor den Augen (besser vor einem Auge) hin- und herführt, zieht der Bleistift gleichsam einen Schatten hinter sich her.

Damit der Schatten kontinuierlich bleibt, muß der Bleistift in 5 Sekunden mindestens 20mal das Auge passieren. Wenn die Bewegung langsamer wird, hört der Schattenschweif auf.

Die Dauer dieser Nachbewegung liegt bei ca. ¼ Sekunde.

In unzähligen Fällen kann man ähnl. Erscheinungen verfolgen; z. B.

läßt sich der Glockenschlag einer Uhr unmittelbar nach der Beendigung nachzählen; allerdings nur schwer und recht ungenau, wenn es 12 schlägt.

Ein ähnl. Beispiel sind die sog. Gedächtnisfarben.

Bewegt man einen roten Bleistift in einem Periskop-Versuch (S. 109) langsam an den Rand des Gerätes, so wird die rote Farbe im seitl. Gesichtsfeld auch noch wahrgenommen, wo eine Farbwahrnehmung eigentlich nicht mehr möglich ist.

Tauscht man blitzschnell hinter einer Verdeckung den roten gegen einen blauen Bleistift um und führt diesen allmählich in die Mitte des Blickfeldes, so bleibt er immer noch rot, sogar noch im Bereich des Farbsehens.

Erst nach einer gewissen Zeit bricht der Roteindruck wie in einem Schock zusammen und das Blau taucht auf.

(A_2) Bietet man in einer 500stel Sekunde die obere Tafel, so gelingt die Reproduktion von höchstens 3 Zeichen, die zufällig über das Feld verteilt sind.

Projiziert man aber kurz nach der oberen die untere Tafel mit einem Balken über einer vorherigen Buchstabenstelle, so kann man diesen einen Buchstaben fast immer wiedergeben.

Den gleichen Effekt noch verstärkt erzielt man mit der Nachfrage: »Welche Zahl war unter den Buchstaben?«

Das Ultrakurzzeitgedächtnis spielt auch beim Lesen eine Rolle: das Auge »fließt« nicht über die Schrift, sondern ruckt beim geübten Leser über mehrere Wörter, die beim Stehenbleiben verarbeitet werden.

B Kurzzeitgedächtnis

(B_1) Beim Wählen einer Telefonnummer, die man nicht auswendig kann (nicht im Langzeitgedächtnis gespeichert hat), muß man ziemlich schnell wählen und darf nicht gestört werden, sonst ist die Zahl wieder weg. Im Unterschied zum Ultrakurzzeitgedächtnis, das kaum über eine Sekunde speichert, reicht hier die Speicherung bis zu 15 Sekunden.

Der große Nachteil des Kurzzeitgedächtnisses liegt in seiner begrenzten Kapazität. Im allg. lautet die Regel:

7 ± 2; d. h. zwischen 5 und 9 Einzelheiten (auch ein *chunk* oder Bündel genannt) lassen sich ohne Aufwand merken.

Aber schon wenn man unmerklich die Zahlen ununterbrochen wiederholt, kann der Sprung in das Langzeitgedächtnis glücken.

(B_2) In seltenen Fällen hat jemand ein »eidetisches« (von griech. *eidos*, Bild) Gedächtnis. Besonders Kindern, sogar geistig behinderten, kann man eine so komplexe Darstellung wie in Abb. B_2 kurz zeigen und dann selbst noch kleine Einzelheiten mit Erfolg abfragen.

Der Eidetiker kann gleichsam im stehengebliebenen Bild noch einmal nachsehen: Wo liegt der Ball?

(B_3) Durch viele Faktoren kann der Übergang vom Kurz- zum Langzeitspeicher beeinflußt werden. Der mühseligste ist das systemat. Wiederholen, das Lernen (Kap. VIII). Einfachere, fast unmerkl. Übergänge bieten die Mnemotechniken (S. 133).

Ein Weg zur Verbesserung ist die Visualisierung (Verbildlichung):

ein Knoten im Wasserhahn als Bild für eine durch Verkalkung verstopfte Wasserleitung.

(B_4) Früher machte man sich einen Knoten ins Taschentuch, um sich an etwas zu erinnern. Heute ist diese Mnemotechnik (auch wegen der Papiertaschentücher) aus der Mode gekommen. Durch die Hektik unsres Alltags fehlt die Beharrlichkeit früherer Zeiten, um Vorstellungen ausreifen zu lassen, damit sie sich »wie von selbst« entwickeln können.

Um das Gedächtnis zu schulen, ist es auch nötig, die Prozesse im Kurzzeitgedächtnis zu fördern.

Wer jemals irgendwo versuchte, einen Eindruck mit dem Bleistift als Skizze oder als Beschreibung festzuhalten, wird wissen, daß er plötzlich mehr erkennt (Seh- oder Erlebnisschulung).

In diesem Gedächtnisbereich wird bes. auch die Reservekapazität *(spare capacity)* des Behaltens untersucht, die unter außerordentl. Umständen, wie z. B. in Trance, höhere Behaltensraten aufweist. Man nimmt dabei an, daß hier störende Einflüsse anderer Sinneskanäle auf den Kurzzeitspeicher wegfallen und eine Überleitung zum Langzeitspeicher gebahnt wird. Nach dieser Theorie könnten Beispiele abnormen Gedächtnisses, etwa bei öffentlichen Quizauftritten, erklärt werden.

130 VII. Gedächtnispsychologie / 4. Langzeitgedächtnis

A Repertoire

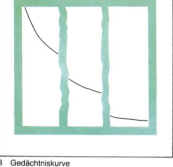
B Gedächtniskurve

C Reproduktion

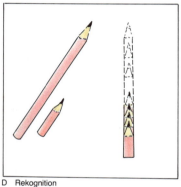
D Rekognition

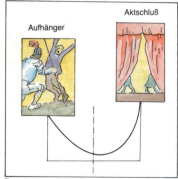
E primacy – recency

F Metagedächtnis

VII. Gedächtnispsychologie / 4. Langzeitgedächtnis 131

Nach wie vor gilt allg. das Langzeitgedächtnis (LZG) als das »eigentliche« Gedächtnis. Gelegentlich wird es auch »Wissensgedächtnis« genannt, was die Erwartungen offenbart, die man mit ihm verbindet.

A Repertoire

Den Umfang unseres LZG kennt niemand. Allein das aktive (tatsächlich eingesetzte) Wortgedächtnis beträgt einige tausend Wörter; dazu kommt noch der umfangreichere passive (zwar verstandene, aber nicht verwendete) Wortschatz. Rechnen wir dazu unser Bildgedächtnis, Zahlengedächtnis, Gedächtnis für unvergeßl. Erlebnisse, unser Spezialwissen usw., so ergibt das eine ungeheure Menge.

SINZ (1977) nimmt für das »Protokollgedächtnis«, einer frühen Form des LZG, eine Speicherkapazität von 10^8 bis 10^{16} bit an.

Das meiste davon ist nicht ständig parat, sondern man muß es im Bedarfsfall erst hervorholen.

Außerdem gibt es nachweislich ein Gedächtnis, das nur in außerordentl. Situationen, z. B. unter Streß, abrufbar ist. In den tiefenps. Schulen (s. XXI) rechnet man mit einem 3stufigen Unbewußten (persönliches, familiäres, kollektives), das nur mit Mühe aus dem LZG hervorzuholen ist.

Unser Gedächtnisrepertoire ähnelt dem Repertoire eines Schauspielers (Abb. A). Auch wir brauchen manchmal eine Art Souffleuse, die uns die Stichwörter liefert, die unser Gedächtnis aktivieren.

B Gedächtniskurve

Einer der ersten Gedächtnispsychologen, HERMANN EBBINGHAUS, experimentierte mit seinen eigenen Gedächtnisleistungen. Er lernte sinnlose Silben auswendig, bis er sie fehlerlos beherrschte; um die Dauerleistung besser prüfen zu können, ersann er die »Ersparnismethode«:

Wenn er später die gleichen Silben, die er natürlich bald vergessen hatte, erneut lernen mußte, um sie wieder fehlerlos zu beherrschen, brauchte er weniger Einübungsdurchläufe (= Ersparnis).

Mit dieser und anderen Methoden kam er zu einer Gedächtniskurve, die er bis zu 22 Jahre nach dem Erstlernen verfolgen konnte. Die Kurve (Abb. B) zeigt einen starken Abfall des Behaltens kurz nach dem ersten Einüben, später fällt sie langsamer ab.

Für die Gedächtnisinhalte unterscheidet man 2 wichtige Inhaltsarten: die realen (Reproduktion) und die gedachten (Rekognition).

C Reproduktion

Für die Reproduktion (recall) kommt es auf die richtige Wieder-Gabe des einmal Gespeicherten an.

Wenn wir uns in einer Stadt zurechtfinden sollen, merken wir uns bes. die markanten Punkte. In uniformen Stadtteilen gelingt uns das erheblich schwerer als bei gut unterscheidbaren Häusern: je ähnlicher, desto mehr Verwechslung (Abb. C).

D Rekognition

In der Rekognition (recognition) behalten wir allg. Ordnungsmerkmale, die zur geistigen Orientierung in der Welt nötig sind.

Ob ein Bleistift kurz oder lang ist, brauchen wir nicht zu überlegen, jeder hat ein entsprechendes Schätzungsschema in seinem Gedächtnis (Abb. D).

Die Zahl solcher Rekognitionsspeicherungen ist außerordentlich groß, sie sind hilfreich und sogar unentbehrlich; aber sie können auch zur Grundlage für starre Vorurteile werden.

E primacy – recency

Wenn wir einen Vortrag hören, ein Buch lesen, eine Sendung sehen, geht von dem Stoff das meiste verloren. Was übrig bleibt, hängt von persönl. Vorlieben, bes. eindrucksvollen Beispielen u. a. ab. Aber eine grundlegende Erscheinung prägt alle Einspeicherungen in das LZG:

der Primat-Rezenz-Effekt (gebräuchlicher unter der engl. Bezeichnung Primacy-recency-Effekt; verwandte Bezeichnungen sind u. a. Postremität, Jostsches Prinzip), d. h. die Tatsache, daß Anfang und Ende einer Mitteilung besser behalten werden als die Mitte.

Der Tiefpunkt liegt etwas rechts von der Mitte, wobei natürlich die Gesamtlänge sowie Gestaltungs- und Interessenmerkmale zu Verschiebungen führen können.

Die Werbung, die prinzipiell mit einem desinteressierten Publikum rechnen muß, legt deshalb Wert auf den »Aufhänger«, also die erste Kontaktaufnahme, die unmittelbares Interesse wecken soll.

In der Bühnendramatik braucht man den Aufhänger weniger, weil das Publikum bereits aufmerksam im Zuschauerraum sitzt. Dagegen muß der Dramatiker Wert auf den Akt- bzw. Stückschluß legen. Deren Eindrücke wirken nach einem Theaterbesuch am stärksten nach.

F Metagedächtnis

Jeder Mensch hat nicht nur ein Gedächtnis, er meint auch zu wissen, ob er ein gutes oder schlechtes Gedächtnis hat. Diese Urteile sind sehr schwankend und stimmen häufig nicht.

Unter dem Begriff Metagedächtnis werden die Reflexionen über das eigene Gedächtnis zusammengefaßt. In der Antike unterschied man ähnlich: Mneme und Anamnesis.

Diese Meinungsbildung ist als Rückkopplung für die Verschlechterung oder Verbesserung des Gedächtnisses von großer Bedeutung und muß bei der Behandlung von Gedächtnisstörungen besonders beachtet werden.

132 VII. Gedächtnispsychologie / 5. Gedächtnisverbesserung

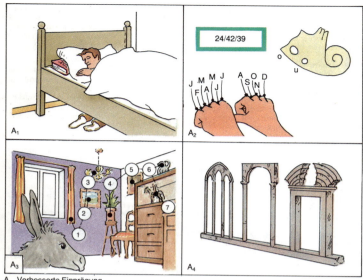

A Verbesserte Einprägung

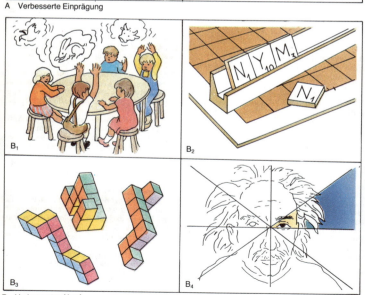

B Verbesserter Abruf

VII. Gedächtnispsychologie / 5. Gedächtnisverbesserung   133

Kaum jemand klagt über seine mangelhafte Intelligenz, dagegen klagen viele über ihr schlechtes Gedächtnis. Dabei ist das nicht trennbar; in den Intelligenztests sind auch Gedächtnisprüfungen enthalten. Allerdings kann man sich trösten:

Das Gedächtnis ist sehr anpassungsfähig, man kann es verbessern.

Am wichtigsten ist die Interessenverbesserung.

Darüber hinaus kann man die beiden bedeutendsten Seiten des LZG schulen: die Einprägung und den Abruf.

A   Verbesserte Einprägung

(A_1) *sleeper-effect.* Das Lehrbuch unter dem Kopfkissen gehört eher in den Bereich der Selbstsuggestion als der Lernps. Anders verhält es sich mit dem sog. »sleeper-effect«, der allmähl. Nachwirkung von Informationen.

Das Memorierte sollte man eine gewisse Zeit nachwirken lassen, bis es sich gesetzt hat.

Wer also bis zum letzten Augenblick vor der Prüfung lernt, schadet sich.

(A_2) *Hilfstechniken.* Viele Tricks werden zur Erleichterung des Behaltens angeboten, z. B.

Fraktionierung: das Gedächtnismaterial wird in handl. Einheiten, z. B. bei Telefonnummern, eingeteilt;

Vergleichsnutzung: bei der Gehörschnecke (s. S. 113) merkt man sich, daß das *o*bere Loch wie beim »*o*« oval, das *u*ntere wie beim »*u*« unten rund ist;

Verbildlichung: die Handknöchel bieten sich für die Monatslängen an (»Täler« sind die kurzen, die »Berge« die langen Monate).

(A_3) *Elaborierte Enkodierung.* Schon im Altertum gab es die »Eselsbrücke« (pons asinorum). Eine der ältesten ist die »Methode der Orte«. Man nimmt einen gut bekannten Ort, z. B. das eigene Zimmer, und hängt gedanklich an seinen Gegenständen der Reihe nach abstrakte Merkverläufe auf.

Hat man sich z. B. 15 Depressionsarten zu merken, gelingt das viel leichter, wenn man sie sich an 15 Gegenständen des eigenen Zimmers merkt.

(A_4) *Reduktive Enkodierung.* Die vorherige Einspeicherung unterstützt durch Hinzugabe (der Zimmergegenstände), die reduktive erreicht das gleiche durch Wegnahme.

Wenn man die Baustile von Gotik, Renaissance und Barock vergleicht, gibt es sehr viele Unterscheidungsmerkmale. Man kann sie aber auch auf typische »Merk-Male« reduzieren: z. B. auf die Fensterform des Spitzbogens, des »klaren« Bogens und des durchbrochenen Bogens.

Das Ungewöhnliche merkt man sich besser als das Gewöhnliche:

So versuchen manche Übungsverfahren, Lerninhalte »ungewöhnlich« zu machen. Das heißt aber auch, daß man einen Einfall kaum wiederholen kann: er »arbeitet« sich schnell ab und wirkt dann um so langweiliger.

B   Verbesserter Abruf

Unter Abruf versteht man die Hervorholung des Gemerkten. Der Wissensschatz und seine Auslösung im Bedarfsfall sind zweierlei. Man kann zwar etwas wissen, aber im entscheidenden Moment fällt es einem nicht ein. Es gibt 4 Abrufarten, die man gesondert üben kann.

(B_1) *Faktenabruf.* Im Kinderspiel »Alle Vögel fliegen hoch« übt man die Schnelligkeit des Abrufs. Bei richtigem Ausruf sollen die Teilnehmer die Arme hochreißen. Wer z. B. bei »Hasen« die Hände hebt oder sie bei »Spatzen« unten läßt, hat verloren. Der schnelle Abruf wird häufig als Zeichen für ein sicheres Wissen genommen. Wenn das auch oft nicht stimmt, so sollte man doch die Sprungbereitschaft des Gedächtnisabrufs üben.

(B_2) *Suchabruf.* Eine ganz andere Abrufart wird z. B. beim Scrabblespiel verlangt. Man sucht seinen Wortschatz nach einem Wort mit passenden Buchstaben ab, das möglichst lang und mit hohen Buchstabenwerten ausgezeichnet sein soll. Dabei kann man zu lange suchen, weil man ein noch längeres Wort möchte, oder sich zu schnell mit einem kurzen zufrieden geben. Dieser Suchablauf erfordert zusätzlich ein Einschätzen des eigenen Gedächtnisschatzes.

(B_3) *Verlangsamter Abruf.* Der Gedächtnisinhalt ist nicht statisch fixiert wie auf einem Tonband; man kann ihn während des Abrufs verändern.

Das Würfelmuster (B_3) läßt sich auch bei Drehung noch wiedererkennen und von anderen Mustern, die ihm nicht genau entsprechen, unterscheiden.

Bes. bei schwierigen Prüfungsaufgaben ist es ratsam, auf den verzögerten Abruf zurückzugreifen, um die Ausschöpfungsquote des eigenen Gedächtnisses zu erhöhen.

(B_4) *Produktiver Abruf.* Man kann immer wieder staunen, mit wie wenig Merkmalen der Gesamtinhalt abrufbar ist.

Etwa 12% des Bildes von EINSTEIN genügen, um das Gesicht wiederzuerkennen.

Selbst knappe Stichwörter lösen einen massierten Abruf aus; deshalb sind anregende Gespräche so fruchtbar.

In guten Prüfungen erlebt sich der Prüfling wissender als sonst, weil seine Gedächtnisproduktion intensiviert wurde.

Eine so gesteigerte Gedächtnisarbeit verbindet Inhalte, verknüpft sie wie bei einem Teppich zu einer höheren Einheit, deren Zusammenhang uns vorher noch gar nicht aufgegangen war. Das Gedächtnis zeigt sich hier als eine höhere Verarbeitungsstufe und nicht nur als passiver Eigenbesitz aus vergangenen Übungszeiten, als den man es häufig mißversteht.

Wenn man einen Drucktext, wie diesen, auf den Kopf stellt, so ist die Chance, daß er gemerkt wird, deutlich verbessert.

134 VII. Gedächtnispsychologie / 6. Gedächtnisvarianten

A mechanisch/produktiv

B akustisch/optisch/motorisch

C differenziert/integriert

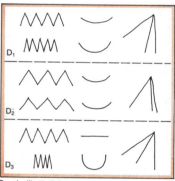

D nivelliert/präzisiert

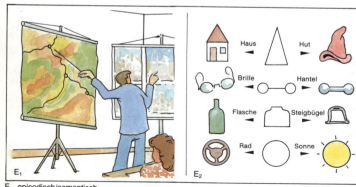

E episodisch/semantisch

Die Fülle der Gedächtnisleistungen zwingt den Spezialisten zu Ordnungsversuchen. Man hat Gegenüberstellungen konstruiert, die bestimmte Gedächtnismerkmale herausheben und andere vernachlässigen. Bei den Unterscheidungskriterien findet man nicht nur reine Gedächtnisaufteilungen, sondern auch Hinweise auf persönl. Gedächtnisneigungen oder individuelle Gedächtniseigenschaften.

A Mechanisch oder produktiv

Ein Vater stöhnt über seine Kinder: das eine versteht nichts, aber kann alles; das andere versteht alles, aber kann nichts. Diesen Unterschied erkannte bereits einer der ersten Intelligenzforscher, ALFRED BINET:

Im mechan. Gedächtnis ist ein tiefgehendes Verstehen unnötig, nötig dagegen beim produktiven, das er »ideativ« nennt.

Beim mechan. Gedächtnis reicht es wie in der Sonntagsschule (A₁) früherer Jahrhunderte aus, das zu lernende Wissen im Chor nachzusprechen, so oft, bis auch der letzte Merkschwache z. B. die Prophetennamen auswendig kann.

Wie dagegen das produktive Gedächtnis arbeitet, hat F. C. BARTLETT demonstriert.

Er zeigte einer Vp. kurz die Zeichnung einer Eule (A₂), die sie sofort aus dem Gedächtnis nachzeichnen mußte; deren Zeichnung wurde einer nächsten Vp. gezeigt usw.: Bei der 10. Vp. war daraus eine Katze entstanden.

BARTLETT schloß daraus, daß das Gedächtnis auch produktiv arbeitet.

Eine anschließende Sonderform ist das Potentialgedächtnis, das Merkinhalte durch gedankl. Anstrengung produziert. Dabei wirken sich Vergleiche und Überdeckungen bisheriger Gedächtnisinhalte sowie Gedächtnismotivierungen positiv aus.

B Akustisch, optisch oder motorisch

In Versuchen läßt sich nachweisen, daß der opt. und der akust. Kanal bei gleichzeitigen Eingaben in Konkurrenz stehen.

Allerdings kommt es dabei auch auf die Reizgegebenheiten (z. B. Lautstärke, Helligkeit), das Reizmaterial (u. a. die Menge), den Darbietungsart, die Situation und erst dann auch auf die persönl. Kanalpräferenz (Bevorzugung eines Sinneskanals) an, welcher die Oberhand behält.

Für manche ist es von Vorteil, einen Text zu hören oder laut zu lesen (B₁), für andere, ihn still zu lesen (B₂) oder abzuschreiben (B₃).

Letzteres geht über zu den Kinästhetikern, denen es lieber ist, etwas in Bewegung (motorisch) nachzuvollziehen.

C Differenziert oder integriert

Der amerikan. Psychologe WALTER KINTSCH erneuerte für das Gedächtnis die alte Trennung in den deduktiven und den induktiven

log. Weg. In manchen Fällen ist etwas schneller einzuspeichern, wenn man vom Allgemeinen (der Makrostruktur) zu den Einzelheiten (der Mikrostruktur) übergeht, in anderen ist es umgekehrt.

In der Literatur, z. B. bei manchen Kriminalromanen, die dem Leser stark entgegenkommen müssen, gibt es allg. Hinweise auf die beteiligten Personen (wie auf dem Theaterzettel). Mit dieser allg. Struktur werden nachher die Einzelheiten »differenzierend« memoriert.

Umgekehrt wird beim »integrierenden« Weg aus Einzelheiten allmählich die Gesamtheit aufgebaut:

Eine schattenhafte Person geht im Dunkel auf ein Haus zu . . . die Tür steht offen . . . langsam drückt sie sie auf . . . usw.

Solche Erlebnisstrukturen fassen Einzelheiten »integrativ« zum Handlungsfaden zusammen.

D Nivelliert oder präzisiert

Wie sich etwas im Gedächtnis verändern kann, zeigte F. WULF bereits 1922.

Bei den 3 Vorlagen (D₁) kam es bei der Wiedergabe (½ Stunde bis zu 1 Tag später) auf die Art der Veränderungen an. Bei manchen (D₂) wurden die Vorlagen »nivelliert«, d. h. einander angeglichen oder verschliffen (*leveling*), bei anderen (D₃) dagegen »präzisiert«, d. h. verschärft (*sharpening*).

Beide Tendenzen können allerdings auch bei einer Person je nach Aufgabe wechseln.

E Episodisch oder semantisch

Eine neuere Gedächtnisunterscheidung (E. TULVING, 1968) zielt auf einen bisher übersehenen Unterschied bei der Art der Einübung.

(E₁) Erklärt ein Lehrer best. Orte an einem Flußlauf, reiht dessen Namen auf und läßt alles wiederholen, so lernt man unvermeidlich auch diese »prozeduralen« Lernepisoden mit. Das Lernereignis selbst ist Teil des Memorierten.

(E₂) Bei »deklarativen« Reproduktionen, die nur einmal dargeboten werden und dann wiederzuerkennen sind, stechen sprachl. Momente bes. hervor (L. SQUIRE).

Legt man »neutrale« Skizzen jeweils anderen Vpn. mit den linken bzw. den rechten Bezeichnungen vor, so kommt es im Nachzeichenversuch zu charakterist. Verschiebungen je nach dem gegebenen Wortvorbild.

Für beide gilt aber, daß die Lernumstände das Behalten beeinflussen.

In einer Untersuchung von DÜKER u. TAUSCH (1967) wurde während des Verlesens eines naturkundl. Textes über Meerschweinchen ein Tiermodell bzw. ein lebendes Tier gezeigt.

Die Behaltensquote des Textes konnte deutlich gesteigert werden.

136 VII. Gedächtnispsychologie / 7. Vergessen

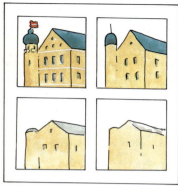

A Spontaner Verfall

B Fehlerhafte Reproduktion

C Interferenzvergessen

D Konfusionsvergessen

E Motiviertes Vergessen

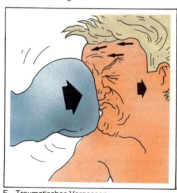

F Traumatisches Vergessen

VII. Gedächtnispsychologie / 7. Vergessen 137

Die Kehrseite des Erinnerns ist das Vergessen. Wir bedauern es i.a., wenn wir etwas vergessen. Aber wer nachtragend ist, nichts vergessen kann, ist kaum ein angenehmer Mensch. Vergessen kann heilsam sein. Das »Unmenschliche« am Computer ist auch, daß er nichts vergißt; man müßte ihm ein »Vergessensprogramm« eingeben. Ein einheitl. Vergessen gibt es nicht; man kann 6 Formen unterscheiden.

A   Spontaner Verfall

Das Gedächtnis zeichnet sich dadurch aus, daß es nicht wie die Wahrnehmung auf die Gegenwart der Gegenstände angewiesen ist. Die dafür nötigen Vorstellungen sind schemenhafter:

Ein vorgestellter Bleistift ist »unwirklicher« als der gesehene.

Wenn man Vorstellungen lange Zeit nicht benutzt, atrophieren sie wie ein ungebrauchter Muskel. Nichtgebrauchte Erinnerungen verblassen, bis sie völlig verschwinden.
Um das zu verhindern, müssen Erinnerungen immer wieder aufgefrischt werden. Geschieht das nicht, so werden sie gleichsam dünner, sie weisen weniger Einzelheiten auf und rücken in die Ferne. Diesem spontanen Verfall (Gedächtnisschwund, *obliviscence*) unterliegen grundsätzlich alle Erlebnisse. Daß sie nicht alle vergessen werden, liegt an der vielfältigen gegenständl., situativen und persönl. Verhinderung des Spontanverfalls.

B   Fehlerhafte Reproduktion

Eine ganz andere Form des Vergessens ist die Falscherinnerung. An die Stelle der tatsächl. Erinnerung, die vergessen wurde, drängt sich ein Ersatz, der der ursprüngl. Einspeicherung bestenfalls ähnlich ist. Ein typ. Beispiel ist die Lese-Rechtschreib-Schwäche (Legasthenie). Häufige Fehler sind dabei Buchstabenumkehrung (d/b), Buchstabenverwechslung (v/f), Wortruinen (Mma statt Mama), Endungsverluste (Löw).

C   Interferenzvergessen

Gleichzeitiges kann uns stören; wir vergessen etwas, weil wir zu sehr mit etwas anderem beschäftigt sind. Man nennt diesen Vorgang aktive Hemmung (in den 3 zeitl. Unterformen: retroaktive, proaktive Hemmung und negativer Transfer).
Die Vp. wird beim Erlernen einer Aufgabe einem Schock ausgesetzt: z.B. ein Pistolenschuß kracht, das Stuhlbein zerbricht und das Licht geht aus.
Eine solche Tortur vernichtet das eben Gelernte (*red out*, Überstrahlung). Im Extremfall (schwerer Unfall) kann eine retrograde Amnesie (rückwirkender Gedächtnisverlust) über vorausgegangene Tage und Wochen erfolgen. Der Vergessensmechanismus wird hier als Irradiation durch stärkere Reize interpretiert (Deckerinnerung).

D   Konfusionsvergessen

Je konzentrierter man bei der Sache ist, desto nebensächlicher und vergessenswürdiger wird anderes. Dadurch erscheint der Konzentrierte leicht konfus.
Früher war der »zerstreute Professor« eine stehende Witzfigur, der seine Brille auf dem eigenen Kopf nicht findet oder der beim Frühstück seiner Frau mit dem Eierlöffel auf den Kopf schlägt und das Ei küßt.
Diese Art Vergeßlichkeit drückt sich also in der Verwirrung tägl. Beziehungen aus.

E   Motiviertes Vergessen

Von Friedrich Nietzsche stammt der Satz:
»Das habe ich getan, sagt das Gedächtnis.
Das kann ich nicht getan haben, sagt mein Stolz und bleibt unerbittlich. Endlich – gibt mein Gedächtnis nach.«
Eine öffentl. Blamage oder Mißerfolge, bes. ein eigenes schäbiges Verhalten, z.B. eine unterlassene Hilfeleistung (Abb. E), verriegeln wir im Gedächtnis so fest, wie wenn wir den Schlüssel zu seinem Zugang verloren hätten. Wohl jeder Mensch besitzt eine »Kryptomnesie«, ein verborgenes Gedächtnis.
In der Psa. Freuds werden unter dem Begriff Verdrängung (s. XX/3, A) eine Reihe von Abwehrmechanismen zusammengefaßt, die sich gegen uneingestandene Triebansprüche wenden.
Allen diesen Formen motivierten Vergessens ist gemein, daß hier ein Versuch vorliegt, das Gedächtnis zu unterdrücken (meist werden negative Erlebnisse »vergessen«).

F   Traumatisches Vergessen

Boxer, die schwere Schläge an den Kopf einstecken mußten, können durch die harte Gegenbewegung des Gehirns ausgelöste Hirnschäden davontragen *(punch drunk)*. Gedächtnisausfälle *(black out)* treten zunächst verdeckt auf, einzelne Ereignisse können nicht mehr erinnert werden; der vom Gedächtnis abhängige Sprachschatz schrumpft, wobei allg. geläufige Redewendungen erhalten bleiben, kompliziertere aber verschwinden.
Bei hirnorganisch Gestörten (u.a. Alzheimer Krankheit) gibt es Ausfälle, die eher den jüngeren Zeitraum betreffen, wogegen intensive, bes. erfreul. Erlebnisse aus der »guten, alten Zeit« erhalten geblieben sind (Ribotsches Gesetz der Jackson-Regel).
Zur psychophysiolog. Begründung des Vergessens wird allgemein das Verlöschen bedingter Reflexe herangezogen. Sofern keine Bekräftigungen (Pawlow) oder Verstärkungen (Skinner) auftreten, folgt notwendig eine Löschung (Extinktion) der erstmaligen Verbindung (vgl. Kap. VIII). Nach Pawlow und Hull geschieht dies durch das Übergewicht der neuronalen Hemmungspotentiale, nach Guthrie als Verdrängung durch wirksamere Reize und nach Lawrence und Festinger durch eine aktive Vermeidungsreaktion.

138   VII. Gedächtnispsychologie / 8. Gedächtnisabweichungen

A   Gedächtnisrückkehr

B   Traumgedächtnis

C   Zungenphänomen

D   Gedächtnisblockade

E   Zeugenaussage

F   Pathologische Konfabulation

VII. Gedächtnispsychologie / 8. Gedächtnisabweichungen 139

Aus dem bisher Beschriebenen wird deutlich, wie empfindlich Gedächtnisleistungen sind. An einigen bedeutsamen Momenten sollen nun Bedingungen geschildert werden, in denen das Gedächtnis ungewöhnlich reagiert.

A Gedächtnisrückkehr (Primordium)
Bekannt ist der merkwürdige Zustand, der manchmal kurz nach dem Aufwachen (verstärkt nach Hypnose oder Narkose) auftritt: Wir müssen uns erst besinnen, wo wir sind. In diesem kurzen Zustand zwischen Bewußtlosigkeit und Bewußtsein (*Primordium,* erster Anfang, genannt) fällt uns i. d. R. zuerst das Einfache (z. B. wo wir sind) und danach Schwierigeres (z. B. Ereignisse vor dem Einschlafen) ein. Die Primordial-Phase verdeutlicht, wieviele Anteile zum Bewußtsein und einer vollen Gedächtnisleistung nötig sind.

B Traumgedächtnis
Das Gedächtnis ist nicht an den Zustand der Bewußtheit gebunden, auch im Traum spielt es eine Rolle. Zum einen sind das sog. Tagesreste, unvollständig abgebaute (d. h. nichtvollendete Sinn-) Erlebnisse aus der Vorschlafenszeit. Zum anderen wirken frühere Bilder nach. Sie sollen verschlüsselte Hinweise auf ungelöste Probleme sein.
Bes. in der Psa. wird der Traum als Entlarvung für Verdrängungen angesehen. In anderen tiefenps. Schulen interpretiert man den Traum sogar als archaisches Gedächtnis vieler Generationen.
Allg. anerkannt ist die Abweichung des Traum- vom Wachgedächtnis. Im Traumgedächtnis (bes. in den Non-REM-Phasen, s. XX/18) sind es nur »Gedankensplitter«, die erinnert werden. Es arbeitet mit Verkleidungen, die es oft unmöglich machen, hinter seinen Bildern sinnvolle Bedeutungen zu finden. Anders ist es bei den Standardträumen mit häufig wiederkehrenden Traummotiven, die eine engere Beziehung zur Lebensproblematik haben und besser im Gedächtnis haften bleiben als die Kasusträume, die nur gelegentlich auftauchen.

C Zungenphänomen
Manchmal liegt uns etwas »auf der Zunge«, d. h. wir haben das Gefühl, es müßte sofort kommen, bringen das Wort aber nicht zustande: ». . es muß irgendwie mit Ko oder so ähnlich anfangen . .«
Um diesen quälenden Zustand zu überwinden, kann man einmal die Sache auf sich beruhen lassen, bis sich der verkrampfte Suchzustand gelöst hat und das gesuchte Wort von allein erscheint. Oder man kann diesem Zustand systematisch zu Leibe rücken durch die (entkrampfte) Absuche der möglichen Verbindungen, z. B. Ka – Ke – Ki – *Ko* – Ku . . . Kob – Kod usw.
So gefunden, wird man das Wort (sofern es nicht motiviert verdrängt wird) so bald nicht

vergessen; denn man hat seine Suchbahnung eingeübt.
In dem Aufsatz ›Die Kunst des . . des . . ach ja . . . des Erinnerns‹ schreibt G. W. BOWER:
»In unseren Schulen sollten Gedächtnisfertigkeiten gelehrt werden, genauso wie man dort die Fertigkeiten des Lesens und Schreibens vermittelt.«

D Gedächtnisblockade
Gedächtnisblockaden sind kurze Ausfälle, die vorrangig das Kurzzeitgedächtnis stören. Die Zustände sind nicht einheitlich; je nach der Verursachung wirken sie sich anders aus.
Am bekanntesten ist die alkohol. Gedächtnisblockade. Der Betrunkene »vergißt sich selbst . . er weiß nicht mehr, wer er ist«. Auch nachher hat er für diesen Zustand keine Erinnerung (retrograde Amnesie).
Bei älteren Menschen können (wahrscheinlich hormonal bedingt) mnestische Blockaden von 1 bis 6 Stunden auftreten, die durch angstvolle Ratlosigkeit gekennzeichnet sind. Ähnliche funktionelle Blockaden finden sich bei einigen psych. Störungen.
Anders treten situative Blockaden auf. In Prüfungen z. B. erscheinen sie als zeitweiliger »black out« (proaktive Amnesie), der durch einen hohen Erregungszustand bedingt ist und dem Interferenzvergessen (S. 137) ähnelt.

E Zeugenaussage
Abgesehen von willkürl. Verdrehungen unterliegt auch der gutwillige Zeuge best. Täuschungen:
1. die Wahrnehmung des Tatherganges (zumal bei hoher Erregung) ist selektiv,
2. die Veränderungen gehen in eine best. Erwartungsrichtung,
3. die Resultate der Erwartungen verstärken sich mit der Zahl der Wiedergaben,
4. mit dem Zeitablauf erhöhen sich die Befürchtungen oder Hoffnungen gegenüber den realen Erinnerungen.

F Pathologische Konfabulation
Eine Reihe von Gedächtnisstörungen gehen über bloße Veränderungen hinaus: das Phantasieprodukt wird wie eine reale Begebenheit erinnert.
Relativ harmlos ist das déjà-vu-Erlebnis (»schon einmal gesehen«). Die gewisse Unheimlichkeit bei dem Erlebnis, man habe das schon irgendwann genau so erlebt, hat zu ideolog. Spekulationen (bis zur Annahme einer Seelenwanderung) geführt.
»Hirngespinste« finden sich in Form von Renommierungen (*Pseudologia phantastica*) bei Geltungssüchtigen.
Den dramatischsten Konfabulationen begegnet man bei Schizophrenen, die sich ihrer Wahrnehmungsverzerrung entsprechende Erinnerungswelten aufbauen, von denen ihre »ver-rückten« Andeutungen (z. B. auf irreale Stimmen) zeugen.

140   VII. Gedächtnispsychologie / 9. Gedächtnisbildung

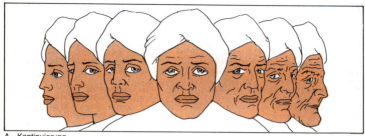

A   Kontinuierung

B   Exponierung

VII. Gedächtnispsychologie / 9. Gedächtnisbildung   141

Die Gedächtnisps. steuert in mehrere Richtungen. Die wichtigste ist die möglichst genaue Analyse der Gedächtnisleistungen. Ergänzt wird sie durch ihre Kehrseite, die Erforschung der Gedächtnisstörungen. In einer dritten Richtung wird das Gedächtnis in seiner Bedeutung für die Förderung der humanen Entwicklung und Bildung untersucht.

A   Kontinuierung

Das menschl. Leben ist ohne Gedächtnis undenkbar. In seinen einfachsten Funktionen dient es dem Wiedererkennen (Reminiszenz), seine höchsten reichen bis zur Ausgestaltung der reifen Persönlichkeit.

In einem einfachen Versuch (REICHER, LIGON und CONRAD, 1971) wurden in Zufallslisten von Wörtern einige Wörter beigemengt, die sich reimten (z. B. Korn, Horn, Zorn). Die Gruppe der gereimten Wörter wurde eindeutig besser erinnert.

Aus vielen ähnl. Untersuchungen kann man erkennen, daß unser Gedächtnis abstrahierbare Regeln befolgt. Wir erinnern nicht alles gleichmäßig gut oder schlecht, sondern best. Merkmale besser. Zu ihnen gehören an oberster Stelle die Sinnzusammenhänge. Was mehr Sinn gibt, wird besser behalten.

Damit reicht das Gedächtnis weit über einen bloßen Wissensspeicher hinaus. Es verknüpft Tagespartikel zu einem Lebensganzen.

In einer alten Hindugeschichte kehrte ein Brahmane nach 30 Jahren in sein Dorf zurück. Als ihn die Nachbarn erkannten, riefen sie: »So ist der Mann, der uns einst verließ, noch am Leben?« Der Brahmane aber erwiderte: »Ich sehe ihn ähnlich, aber ich bin nicht mehr derselbe!« (Abb. A)

Und trotzdem zerfällt das Leben nicht in Elemente, sondern bei allen Verwandlungen erinnern wir uns an gestern, vorgestern, letzten Monat, letztes Jahr: Wir verflechten unsere Vergangenheit mit unserer Gegenwart zu einer persönl. Einheit. Die Gedächtnisleistungen erschaffen die kontinuierl. Biographie unseres Lebens.

Diese höhere Funktion des Gedächtnisses, die Kontinuierung, gilt auch für die Menschheit als Ganzes: Durch die im Gedächtnis aufbewahrten Ereignisse entsteht ihre Geschichte.

B   Exponierung

Noch bedeutungsvoller ist die Exponierung (Heraushebung) von Ereignissen. Wir erleben die Geschehnisse des Alltags nicht alle auf dem gleichen Bedeutungsniveau: manche sind für uns unvergeßlich, andere nebensächlich, sogar scheinbar überflüssig. Diese Höhen und Tiefen im Erleben sind nötig; eine völlige Gleichmäßigkeit aller Erlebnisse würde uns (ähnlich wie bei den fixierten Wahrnehmungen, S. 91) innerlich ersterben lassen.

Damit aber Erlebnisse bes. bedeutungsvoll werden, reicht ihre aktuelle Wichtigkeit nicht aus, sie müssen auf der Gedächtnisfolie über dem Erinnerungsniveau liegen; mit anderen Worten: Wir müssen im Moment des Erlebens erfahren, daß sie unvergeßbar sind. Diese Gedächtnisqualität wird als Exponiertheit bezeichnet.

Welche Erlebnisse die Qualität »unvergeßlich« erhalten, dafür gibt es eine Unmenge an Beispielen. In Untersuchungen seit den 20er Jahren (SANDER, 1927; BENESCH, [3]1973; MONDEN-ENGELHARDT, 1986) wurden bei versch. Altersstufen die »unvergeßlichen Erlebnisse« eruiert. Sie lassen sich in folgende Hauptgruppen zusammenfassen:

(B_1) Die stärksten Eindrücke hängen mit Todesfällen zusammen: meist in der Familie, aber auch mitangesehene Unfälle mit Todesfolge.

(B_2) Wie stark die Familie das LZG prägt, zeigt sich an der Gruppe der Familienereignisse: Feiern (bes. Weihnachtsfeiern), Geburten, Hochzeiten.

(B_3) Gemeinschaftserlebnisse: Kennenlernen, Streit, Versöhnung, Trennung.

(B_4) Angstzustände, die je nach den Zeitläuften andere Inhalte aufweisen: Drucksituationen, durchlittene Gefahren, qualvolle Wehrlosigkeit.

(B_5) Naturerlebnisse: Sonnenuntergänge, Erlebnisse mit Tieren.

(B_6) Häufig sind berufl. Erlebnisse: Berufseintritt, Entlassungen, Auseinandersetzungen mit Vorgesetzten, Ärger mit Mitarbeitern.

(B_7) Reiseerlebnisse, Ferienaufenthalte, fremde Länder und Städte.

(B_8) Größere Erfolge und Mißerfolge; häufig sogar ungeschieden: in den Erfolgen wirken die kleinen Mißerfolge stärker nach.

(B_9) Ein erheblicher Erinnerungsfundus sind die Schulerlebnisse: Prüfungen, Streiche.

Der Gedächtnisschatz der 4 untersuchten Generationen ähnelt sich stark, wenn auch die Inhalte differieren. Bei allen bilden ungefähr $2/3$ ernste und $1/3$ heitere Erlebnisse eine einheitl. Selbstschöpfung.

Aus der existentiellen Bedeutung des Gedächtnisses als Form der »Vergangenheitsbewältigung« zogen versch. Therapien Nutzen. Das allg. Ziel ist (wo nötig) eine neue Sicht auf die Vergangenheit. In der Psa. FREUDS wird die Neurose bis auf die kindl. Auseinandersetzung mit den Eltern zurückgeführt. In der japan. Naikantherapie soll der Klient zur kathart. Einsicht kommen, wie er sein Gedächtnis von Fehlern aus seiner Vergangenheit befreien kann. In vielen Verfahren wird u. a. gefragt: Was bedeuten für mich best. Lebenserеignisse? Wie habe ich bedeutsame Ereignisse psych. verarbeitet? Was habe ich in der Vergangenheit versäumt?

Gedächtnis ist nicht nur ein psych. Prozeß oder ein »Besitz«, sondern auch eine Aufgabe, der man sich unterziehen muß. Als solche dient sie der Förderung der persönl. Reife. KANT drückt das in der Formel aus:

»Gedächtnis: Phantasie mit Bewußtsein.«

142 VIII. Lernpsychologie / 1. Klassische Konditionierung

A₄ Pawlow-Käfig

A Bedingte Reflexe

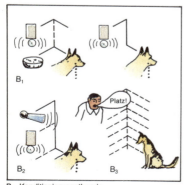

B Konditionierungstheorie

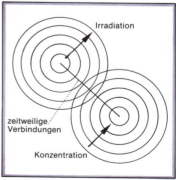

C Bedingte Nervenprozesse

VIII. Lernpsychologie / 1. Klassische Konditionierung   143

Die *Lernpsychologie* ist im Laufe des 20. Jh. zu einer der wichtigsten Teildisziplinen der Ps. ausgebaut worden. Gründe dafür sind die Entdeckung der naturwiss. Grundlagen des Lernens und die zahlreichen Anwendungsmöglichkeiten in Schule, Verhaltenstherapie, im Sport, bei Sprachkursen, in der Tierdressur. Das Lernen stand zeitweise so im Mittelpunkt des Forschungsinteresses, daß man glaubte, mit den Gesetzmäßigkeiten des Lernens das gesamte Psychische erklären zu können. Nach wie vor ist dieses Thema ein Hauptgebiet der Pädagog. Ps. (vgl. XXI/11).

A   Bedingte Reflexe

Der russ. Physiologe IWAN PETROWITSCH PAWLOW (1849–1936) erhielt 1904 für seine Untersuchungen des Speichelflußreflexes den Nobelpreis.

(A_1) Seinen Versuchshunden legte er Speichelfisteln an, damit er den Zeitpunkt und die Menge des Speichels messen konnte.

(A_2) Es fiel auf, daß dieser Reflex nicht nur an den urspr. Auslösereiz, die Nahrung, gebunden ist. Normalerweise müßte erst die Berührung des Futters mit den Geschmackspapillen den Reflex auslösen. Regelmäßig wurde er aber im Laufe der Eingewöhnung des Hundes bereits durch das Erscheinen des Futterwärters ausgelöst.

(A_3) Dieser vorzeitige Speichelfluß war ein gelernter Reflex. PAWLOW unterschied deshalb den ursprünglichen oder »unbedingten« Reflex, der angeboren ist, von dem gelernten oder »bedingten« Reflex, der erst durch die Lernbedingungen entsteht.

(A_4) Um die genauen Bedingungen für die »bedingten Reflexe« kennenzulernen, konstruierte er eine Experimentalanordnung. Der Versuchshund ist in einem Gestell (a) fixiert. Über die Fistel ist er an eine Apparatur (b) angeschlossen, die seinen Speichelfluß registriert. Das Klingelzeichen (c) wird regelmäßig *vor* der Futtergabe (d) ausgelöst. Nach mehrfachem Ablauf in der Reihenfolge Klingelzeichen – Futter (nicht umgekehrt), funktioniert der Speichelfluß auf das bloße Klingelzeichen ohne Futtergabe. Mit dieser Grundanordnung konnten im Laufe der jahrzehntelangen, weltweiten Nachuntersuchungen in immer wieder abgewandelten Bedingungen die Lernresultate erkundet werden.

B   Konditionierungstheorie

Die theoret. Grundlage stützt sich auf den Begriff »Reflex«, den der frz. Philosoph RENÉ DESCARTES (1596–1650) eingeführt hat. Der Reflex umfaßt afferente Leitung (aufsteigende Reizübernahme als Erregung), Verarbeitung im ZNS und efferente Leitung (absteigende Erregung, die zum Erfolgsorgan, z. B. der Speicheldrüse, führt). Die Theorie PAWLOWS besagt:

(B_1) Wenn Klingelzeichen und Futter gleichzeitig dargeboten werden, bildet sich zentral eine Bahnung, die er »zeitweilige Verbindung« nennt, aus. Die rechte Skizze zeigt den neugebahnten Weg: Das Klingelzeichen löst den Speichelfluß aus.

(B_2) Dieser einfache »bedingte Reflex« kann erweitert werden. Wenn mehrfach knapp vor dem Klingelzeichen ein Hupton erschallt, so kann dieses Hupsignal (ohne daß es je mit dem Futter gleichzeitig auftrat) den Speichelfluß auslösen. Diesen Vorgang nannte PAWLOW »bedingter Reflex 2. Ordnung«. Beim Menschen sind in ähnl. Versuchsanordnungen bedingte Reflexe der 7. Ordnung nachgewiesen worden.

(B_3) Ersetzt man die übl. Signale durch die Sprache, erreicht man mit diesem »zweiten Signalsystem« sehr viel variablere Auslöser, z. B. beim Hund mit »Platz«, »komm her«, »spazieren« etc. Das Tier antwortet nun nicht mehr allein mit einer einzelnen Reaktion, sondern mit einer Menge Einzelreaktionen, die im ZNS ein »dynam. Stereotyp«, einen Reaktionskomplex, gebildet haben.

C   Bedingte Nervenprozesse

Wie entstehen »zeitweilige Verbindungen«? Dieser Zentralfrage der physiolog. Lerntheorie galt PAWLOWS Hauptinteresse. Nach seiner Auffassung besteht die zentrale Verarbeitung aus Erregungsherden, die sich wie bei einem ins Wasser geworfenen Stein kreisförmig ausbreiten. Überdecken sich nun 2 Kreise, so entsteht eine »zeitweilige Verbindung«, die wieder erlischt (Extinktion), wenn sie lange nicht zusammen auftreten.

PAWLOW u. a. konnten in sinnreichen Versuchen nachweisen, daß sich die zentralen Erregungsherde tatsächlich ausbreiten und auch wieder zusammenziehen. Diese Prozesse nannte er »Irradiation« und »Konzentration«. Parallel dazu ergaben ähnl. Reize (z. B. Handglocke) ähnliche, aber schwächere Reaktionen (z. B. geringere Speichelabsonderung): »Generalisation«. Umgekehrt konnte man ähnl. Reize ausschließen, wenn sie negative Folgen (z. B. elektr. Schläge bei Handglocke) nach sich zogen. Dann wurde der bedingte Reflex nicht ausgelöst: »Differenzierung«.

Neben diesen Erregungsherden konnten auch Hemmungsherde registriert werden; wobei um einen Hemmungsherd ein Erregungskranz (positive Induktion) und um einen Erregungsherd ein Hemmungskranz (negative Induktion) besteht. Dieser Wettstreit wird Schizokinese genannt.

Solche Namensgebungen verweisen auf die physiolog. Funktionsmechanismen: Lernen ist physiologisch ein hochkomplexes System zeitweiliger Verbindungen, die bei mehrfach gleichzeitig dargebotenem Reizmaterial entstehen. Auf diese Weise kann das geringe Verhaltensrepertoire, das angeboren ist und genetisch vererbt wird, wesentlich vermehrt werden durch ein gelerntes.

144 VIII. Lernpsychologie / 2. Operante Konditionierung

A₁ Auftretenswahrscheinlichkeit
A₂ Belohnung
A₃ Skinner-Box Experimentalanordnung

A Verstärkerverhalten

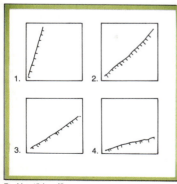

B Verstärkerpläne

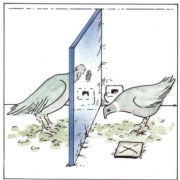

C Imitationslernen

VIII. Lernpsychologie / 2. Operante Konditionierung 145

BURRHUS FREDERIC SKINNER begründete 1938 eine zweite Theorierichtung zur Konditionierung. Nach ihm ist der auslösende Reiz nicht unmittelbar und eindeutig erkennbar. Folglich richtet sich sein Hauptaugenmerk auf den Teil der Versuche, den PAWLOW »Bekräftigung« (Unterstützung durch den sofort anschließenden unbedingten, angeborenen Reflex) nannte. Unter dem Begriff »Verstärkung« (reinforcement) untersuchten SKINNER u. a. die Verbesserung der Lernerfolge durch versch. Belohnungen (Verstärkungen der Verbindung). »Operant« wird diese Konditionierung genannt, weil das Versuchstier best. Operationen (z. B. auf eine Tafel zu pikken) durchführen muß, ehe es eine Verstärkung durch Futter erhält.

A Verstärkerverhalten

An die Stelle der quantitativen Reaktion (PAWLOW) setzte SKINNER die mehr qualitative »Auftretenswahrscheinlichkeit« einer Reaktion.

(A_1) Ein Vorgänger von SKINNER, EDWARD LEE THORNDIKE, sperrte Katzen in Käfige, deren Riegel sie durch Herumprobieren öffnen konnten. Wenn man ihnen vor den Käfig Futter stellte, gelang das häufiger (Gesetz des Effektes, S. 151). Diese Auftretenswahrscheinlichkeit (die Häufigkeit, mit der das Verhalten wiederholt wird) kann allerdings erst im Vergleich mit nicht-verstärkten (d. h. ohne Futter oder eine andere Belohnung erfolgten) Reaktionen bewertet werden.

(A_2) Die größte Auftretenswahrscheinlichkeit hat bei Tierversuchen das Fressen. Beim Menschen träfe das etwa für das allabendl. Telefonieren mit einem Freund zu. Nach PREMACK wird ein Verhalten verstärkt, wenn ihm ein anderes mit einer größeren Auftretenswahrscheinlichkeit unmittelbar nachfolgt (Premack-Prinzip). In der Tierdressur wird die Verstärkung durch regelmäßige Leckerbissen nach den Kunststücken herbeigeführt.

(A_3) Zur Untersuchung der Verstärkung verwendet man allg. die sog. Skinner-Box. In einem Käfig befindet sich das Versuchstier (häufig Tauben) vor einem automatisch hochhebbaren Futtertrog (a) und einem Signalkasten (b); eine Fernsehkamera (c) registriert das Verhalten über einen Spiegel (d). Wird die richtige Tafel im Signalkasten gezeigt und durch ein Picken an der Scheibe getroffen, hebt sich der Futtertrog kurz, die Taube kann sich ihre Belohnung holen; bei der falschen Tafel erhält sie keine Belohnung.
Im Laufe der Übungszeit lernt die Taube, nur dann zu reagieren, wenn eine Verstärkung durch Futter erfolgt. Entfällt die Belohnung oder erfolgt sogar eine Bestrafung (z. B. durch einen elektr. Schlag), so vermeidet das Tier die Reaktion auf die »falsche« Tafel. Allerdings erzeugt die Bestrafung als unerwünschte Folge eine Angstreaktion, die das bisher Gelernte auslöschen kann.

B Verstärkerpläne

Bei den Untersuchungen unterscheidet man eine dauernde oder Immer-Verstärkung von der gelegentlichen oder Partial-Verstärkung, die wiederum nach versch. Intervallplänen einen festen Rhythmus oder zufällige bzw. ganz seltene Verstärkungen enthalten können.
Die 4 typ. Arbeitskurven (Abb. B):
1. Verstärkung nach festen Quoten zeigt sehr gute Erfolge, 2. und 3. mit festen und variablen Intervallen geringere, 4. seltene Verstärkungen die geringsten.
Solche Untersuchungen haben aber auch ergeben, daß nicht immer die häufigsten Verstärkungen die größten Erfolge bringen.
SKINNER verweist auch auf die Selbstverstärkungen beim Menschen: »Ein Spieler, der einmal besonderes Glück hatte und bei dieser Gelegenheit eine bestimmte Krawatte trug, wird diese Krawatte gelegentlich als ›Glücksbringer‹ wieder tragen.«

C Imitationslernen

Eine wesentl. Ergänzung ist durch ALBERT BANDURA als »Imitationslernen« eingeführt worden. Er unterschied: (1) Tiere und erst recht Menschen ahmen Modelle nach, deren Verhalten sie als ›Komplexreize‹ (PAWLOW) übernehmen; (2) zuweilen stellen sie sich solch komplexes Verhalten vor, nach dem sie sich dann richten (Regellernen); (3) sie verändern ihr Verhalten, indem sie sich selber die Umweltreize herstellen (soz. Lernen), die dann Verstärkungen bieten (Selbstverstärkungen).
Gegenseitige Verstärkung beim Lernprozeß entsteht in diesem Versuch: Das »Vorbild« (links) und der »Nachahmer« (rechts) können sich durch eine Glasscheibe sehen. Wenn das Vorbild auf den Scheibenpunkt pickt, fällt Futter ins Futtermagazin (hinten) des Nachahmers. Steht der Nachahmer gleichzeitig auf dem Schaltbrett (X), erhalten beide Tauben Futter. Daraus entwickelt sich im Laufe der Übungszeit ein Interaktionsprozeß. Das Vorbild veranlaßt den Nachahmer durch aufgeregtes Trippeln, sich auf das Schaltbrett zu begeben, um dann erst selber auf den Scheibenpunkt zu picken.
Beim Menschen ermöglicht ein solches »stellvertretendes Lernen« den Erwerb neuer Verhaltensmuster, eine hemmende oder enthemmende Wirkung je nach den Konsequenzen des Verhaltens sowie die leichtere Äußerung von früher erlernten Verhaltensformen.
In der operanten Therapie wird ebenfalls imitativ vorgegangen, wenn z. B. ein ängstl. Kind angstfreie Kinder als Vorbilder erhält, bis es selbst deren angstfreies Verhalten übernimmt. Durch Rollenspiele wird in anderen Verfahren das vorgestellte Verhalten eingeübt. Aber auch im Alltag verfahren Kinder ähnlich. Sie spielen Vater und Mutter, Arzt, Polizist usw. Gewohnheiten müssen also nicht nur einzeln aufgebaut, sie können auch gleichsam vorgefertigt übernommen werden.

146 VIII. Lernpsychologie / 3. Kognitive Konditionierung

A Umstrukturierung

B Einsichtshandeln

C Neuartigkeit

VIII. Lernpsychologie / 3. Kognitive Konditionierung 147

Zur Konditionierung muß man sich nicht nur auf die vorher beschriebenen Verstärkungen stützen. Die Bedingungen, unter denen bedingte Reaktionen entstehen, können auch offen sein, d. h. man stellt eine Problemsituation auf und vertraut auf die Fähigkeit des Versuchstieres oder der Vp., diese Situation bewältigen zu können.

A Umstrukturierung

Der dt. Psychologe WOLFGANG KÖHLER wurde zu Beginn des I. Weltkriegs auf der Insel Teneriffa interniert. Während seiner 4jährigen Gefangenschaft durfte er sich eine Forschungsstation mit Menschenaffen aufbauen. In seinem berühmten Buch ›Intelligenzprüfungen an Menschenaffen‹ beschreibt er genau, wie die Affen mit Problemsituationen fertig wurden.
(A_1) Im Versuchskäfig befestigte er eine Banane so hoch, daß das jeweilige Versuchstier sie nicht erreichen konnte. Die Tiere hatten also ein Problem.
(A_2) Dann wurden den Tieren einige Geräte zur Verfügung gestellt, die eine Lösung des Problems ermöglichten. Dazu gehörten Kisten und Stäbe, die man ineinanderstecken konnte.
(A_3) Der Affe probiert herum, spielt mit den Kisten und Stäben. Plötzlich läßt sich die ruckartige Lösung beobachten. Dann geht alles ziemlich schnell. Der Affe stellt die Kisten übereinander und angelt mit den ineinandergesteckten Stäben nach der Banane.
In der Interpretation der Gestaltpsychologen um KÖHLER nannte man die Leistung, die dabei auftrat, »Umstrukturieren«. Gemeint ist damit die zielbestimmte Veränderung des Verfügungsmaterials, um es für die Lösung neu zu ordnen. Sehr wichtig ist dabei, daß eine so gefundene Lösung kaum noch verlernt wird.

B Einsichtshandeln

Die drei Konditionierungsformen (klassische, operante, kognitive) schließen sich nicht aus; aber sie verweisen auf unterschiedliche Schwerpunkte des Lernens. Der bestimmte Moment der Einsicht, von KARL BÜHLER »Aha-Erlebnis« (»Aha, so ist es«) genannt, läßt sich mit den vorherigen Konditionierungstheorien nicht erklären.
Auch in den Lernkurven bei solchen Lösungsabläufen tritt ein Knick auf, der auf eine Plötzlichkeit des Lösungserlebens deutet. Hier springt die Theorie der kognitiven Konditionierung ein. Ein solches Lernen fußt durchaus auf den vorher genannten Theorien, z. B. probiert auch das Versuchstier lange ohne Verstärkung herum (deutbar nach der klass. Konditionierung als unbedingte Reaktion). Untersucht man aber die Lösungswege, so entdeckt man immer wieder typ. Lösungsrichtungen. Sie lassen vermuten, daß, von einem best. Moment des Herumprobierens an, ein gründiges Wissen darüber besteht, worauf es bei der Lösung ankommt.
Mit dieser Feststellung befinden wir uns an einer Nahtstelle der psych. Prozesse. Denn diese Formen des Lernens sind mehr als nur Probieren oder Reagieren auf Verstärkung. Schon Menschenaffen stehen Lernformen zur Verfügung, die nicht nur Vermehrung von Wissen oder Fertigkeiten, sondern das Erfassen eines Lösungsprinzips sind. Der Philosoph HEGEL hat das so ausgedrückt:
»Lernen heißt nicht nur, mit dem Gedächtnis die Worte auswendig lernen – die Gedanken anderer können nur durch das Denken aufgefaßt werden, und dieses Nachdenken ist auch Lernen.«
Mit dieser Lernform stehen wir also an der Schwelle zum Denken – oder haben diese Schwelle schon überschritten.

C Neuartigkeit

Das chin. Tangram-Spiel ist ein schönes Beispiel für die Bedeutung der 3 Konditionierungstheorien. Im alten China hieß dieses Spiel »Sieben-Schlau-Brett«. Mit den 7 Formen (oben) lassen sich die unteren Figuren (hier verkleinert) zusammensetzen. Diese (und tausend andere) Figuren nachzulegen, bereitet viel Kopfzerbrechen. Bei manchen glaubt man nicht, daß das überhaupt geht. In anderen Fällen passiert die Lösung nebenbei; man entdeckt sie zufällig. Andererseits läßt sich die Lösung regelrecht konstruieren. Es gibt also mehrere Lernstrategien für dieses Spiel. Spricht man dabei von »Einsicht«, wird i. a. das Lernen einer Regel gemeint. Mit solchen Regeln durchschaut man das Prinzip, jedoch noch nicht die tatsächl. Lösung. Man ist aber auf dem richtigen Weg, und es ist nur noch eine Frage der Zeit, daß man die Lösung erreicht. Der Abschnitt zwischen dem Aha-Erlebnis und der Gesamtlösung der Fragestellung kann als einsichtiges Lernen bezeichnet werden.
Im einzelnen geschieht dies durch einen Informationsverarbeitungsprozeß. Zwischen einem Anfangs- und Endzustand einer Problemlage setzt man »Operatoren« (sinnvolle Teillösungsmomente, die bereits bekannt sind) ein. Dabei kommt es auf den »Bekanntheitsgrad der Mittel« (DÖRNER) an. Je mehr Lösungserfahrung die Vp. in dem Problembereich, z. B. für die handwerkliche Improvisation, hat, desto vielfältiger sind die Kombinationsmöglichkeiten zu neuen Lösungen. Ein solches Vorgehen läßt sich trainieren. Man erlernt ein schnelleres Umstrukturieren, eine Erweiterung des Lösungsraumes für den Problemtyp. Neues Wissen wird aus gespeichertem ähnlichem Wissen frei kombiniert und ergibt plötzlich einen neuen Lösungsansatz. PIAGET, der dieses Gebiet intensiv bearbeitet hat (vgl. XIV/4), verweist auf den Vorteil, möglichst auch fachfremde Gebiete dafür einsetzen zu können.

148 VIII. Lernpsychologie / 4. Formale Lerntheorien

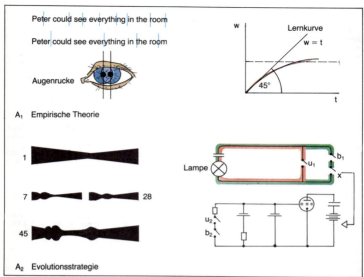

A₁ Empirische Theorie

A₂ Evolutionsstrategie

A Normative Theorien

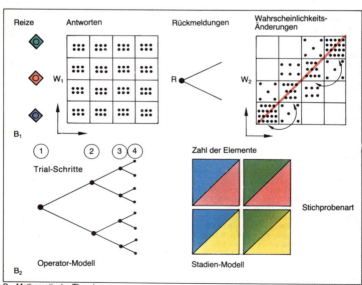

B Mathematische Theorien

VIII. Lernpsychologie / 4. Formale Lerntheorien 149

Allgemein ausgedrückt ist Lernen eine Änderung des Wissens oder Verhaltens durch Auswirkung von Erfahrung. Wenn man versucht, diesen Definitionssatz noch stärker zu verallgemeinern und zu formalisieren, hat man einen Ansatz für 2 formale Theoriengruppen: die *normativen* und die *mathematischen*. Es ist klar, daß so extreme Verallgemeinerungen Schwierigkeiten bei der Überprüfung bereiten; aber trotz aller Schwächen könnten diese Theorien Ansätze für zukünftige computerisierbare Lernvorhersagen liefern.

A Normative Theorien
Wie in jedem Verhalten stecken auch im Lernen Gesetzmäßigkeiten, die man in Theorien beschreiben möchte. Man kann sich begnügen, diese im Nachhinein (nach den Versuchen) in einer Lernkurve zu fixieren.
Um aber die Lernergebnisse voraussagen zu können, benötigt man Lerntheorien, deren Vorhersagewerte nach dem Lernen mit den tatsächlichen Ergebnissen des Versuchs verglichen werden. Je besser die Theorie, desto deckungsgleicher und zuverlässiger stimmen die Voraussagekurven mit den Ergebniskurven überein.
(A₁) Die erste Aufgabe ist dabei, die Lernergebnisse selbst zu formalisieren. »Besseres Lesenkönnen« ist formal nicht greifbar. Dagegen kann man die Lesefähigkeit an der Anzahl der Augenrucke quantifizieren (das Lesen erfolgt nicht »fließend«, sondern nach fortrückenden Phasen):
der ungeübte Leser benötigte in diesem Beispiel nach G. T. BUSWELL 8 Phasen, der geübte nur 4.
Die Lernkurve (rechts) ist eine graph. Darstellung der Übungsfunktion (w=Anzahl der falschen Antworten, t=Anzahl der Lernmuster). Bei der Zuordnung von sinnfreien Mustern und einer festgelegten Bedeutung sind ca. 40–60 Darbietungen bis zur festen Zuordnung nötig.
Die Kurve gibt den Lerngrad zwischen »alle falsch« (w=t) und »alle richtig« (parallel zur t-Achse) wieder. In der empir. Theorie wird nun die theoretische (schwarz) mit der konkreten (rot) Lernkurve verglichen.
(A₂) Unter dem Begriff Evolutionsstrategie werden (u. a. techn.) Nachahmungen der Evolution verstanden: »Mutationen« sind dabei die Veränderung techn. Bedingungen.
Die Abb. zeigt die »evolutionäre« Entwicklung einer Strömungsdüse: 1=Ausgangsform, 7=7. Stadium usw.; das 45. Stadium ergab dann die Idealdüse.
Solche techn. Abfolgen lassen sich auch auf ps. Probleme übertragen.
Das rechte Beispiel zeigt die elektr. Lösung einer Schaltung, die ein bedingt-reflektor. Geschehen nachahmt.
Die obere Schaltung (rot) ist gleichsam ein »unbedingter Reflex«. Der Schaltweg »grün« (bedingter Reflex) funktioniert nur, wenn beide rechten Schalter geschlossen sind. Schalter x wird durch die untere Schaltung ersetzt. Mit dieser ist es möglich, »zeitweilige Verbindungen«, d. h. bedingte Reflexe herzustellen (die Schalter u₂ und b₂ arbeiten über die Röhre und Kondensatoren wie »Bekräftigungen«).
Solche techn. Grundbausteine dienen in erhebl. Komplizierung als Grundlage für »lernende Automaten«.

B Mathematische Theorien
Math. Lerntheorien leiten aus einer geringen Zahl von Annahmen über Lernprozesse formale Prinzipe ab, die Lernvorhersagen in mathematisierter Form gestatten. Man unterscheidet dabei 2 Hauptmodelle: die Operator- und die Stadien-Modelle (COOMBS u. a., 1975). Für beide müssen aber zunächst die Lernabläufe formalisiert werden.
(B₁) Die einfachste Form umfaßt 4 Schritte:
– eine Anzahl *Reize* (ohne Bezug auf das Verhalten beschreibbar),
– eine probabilist. *Antwort* (ihre Zufallswahrscheinlichkeit W_1 wird z.B. mit r=0 angenommen, d. h. alle Versuche haben die gleiche Chance),
– die *Rückmeldung* (outcome, das Ergebnis der Versuchsantwort wird von der Vp. erkannt und »wirkt«),
– die *Wahrscheinlichkeitsänderung* W_2 (im Beispiel engt sich der Verhaltensspielraum auf die rote Gerade ein: r=.90).
(B₂) Die Operator-Modelle beziehen ihren Namen aus der *Übergangsregel* zwischen den Wahrscheinlichkeiten w_1 und w_2.
Im linken Beispiel sind 4 Versuchsschritte (*trials*) vorgesehen. Die einfachste aller Alternativen würde jeweils 2 Antwortungen zulassen. Daraus ergibt sich ein Aufspaltungsprozeß mit entsprechenden Rückmeldungsverteilungen.
Die Verteilungen unterliegen von Versuch zu Versuch wahrscheinlichkeitstheoret. Gesetzmäßigkeiten, die den eigentl. theoret. Inhalt der Operator-Modelle ausmachen.
Die Stadien-Modelle unterscheiden sich von ihnen durch die Endlichkeit der angenommenen Zustände (daher auch »endl. Zustands-Modelle«).
Die Modelle werden unter 2 Aspekten klassifiziert:
nach der Zahl der Elemente (Reizkomponenten) und der Auswahl der Stichprobenart (Klein-Element- und N-Element-Modelle):
1–2 Elemente (Blau); N-Elemente (Grün); bestimmte Größe (Rot); unbestimmte Größe (Gelb).
Gemeinsam ist beiden Gruppen das Ziel, eine angemessene mathematisierte Form der Lernfortschritte erstellen zu können, aus der sich exakte quantitative Vorhersagen der Beobachtungsgrößen bei Lernprozessen ableiten lassen.

150 VIII. Lernpsychologie / 5. Lernstufen

A Zufallslernen

B Akkumulationslernen

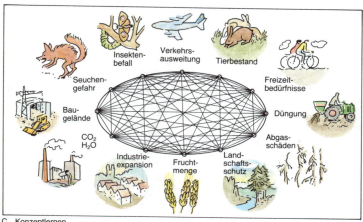

C Konzeptlernen

Lernen ist kein einheitl. Prozeß. Neben den inhaltl. Verschiedenheiten (S. 153) gibt es versch. Arten, wie der Zuwachs an Fertigkeiten, Wissen usw. herbeigeführt wird. Diese Unterschiede kann man in 3 Stufen unterteilen. Wenngleich eine Reihenfolge im Hinblick auf die Verbesserung der Lernstrategien mitgemeint ist, lassen sich die Stufen nicht einfach als Höherentwicklungen begreifen, denn sie setzen sich auch gegenseitig voraus und ergänzen sich.

A Zufallslernen

Für diese Gruppe gibt es versch. Namen: blindes Suchen, Probieren und dem seit THORNDIKE verwendeten Ausdruck *trial and error* (»Versuch und Irrtum«), womit das Grundprinzip angedeutet ist. Blinde Versuche führen meist zu unbefriedigenden bis falschen Lösungen; sie werden verworfen. Aber unter den vielen Versuchen taucht irgendeinmal eine gute Lösung auf. Sie ist durch einen sichtbaren Erfolg gekrönt. THORNDIKE formulierte dazu sein »Gesetz des Effektes«:

Eine Handlung wird um so sicherer wiederholt, je befriedigender der sie begleitende Gesamtzustand ist – oder einfacher: Erfolg wiederholt man gern.

Eine zweite Gesetzmäßigkeit bestimmt die Aussichten von *»trial and error«:* Der Erfolg des Ausprobierens hängt von der Anzahl der Alternativen und der richtigen Lösungen ab. Gibt es nur eine Lösung, aber unzählbare Alternativen, die als *»error«* (Fehler) einzustufen sind, lohnt dieses Verfahren nicht.

Den gründl. verdrehten Zauberwürfel wieder zur Ausgangsstellung zurückzudrehen, gelingt kaum durch Herumprobieren.

B Akkumulationslernen

Lernen hat meist mit Vermehrung, Steigerung, Zuwachs von Leistung bzw. Erfahrung zu tun. Zu einer Ausgangsposition treten Veränderungen in Richtung auf eine räumliche, zeitliche, qualitative oder quantitative Erweiterung.

Das Akkumulationslernen (graduelles, inkrementelles, additives, zielerreichendes Lernen) wird in dreierlei Hinsicht beurteilt: nach (1) der Vorgabe, (2) dem Ablauf und (3) der Methodik.

(1) Die vorgegebene Tendenz gibt die Richtung des Lernens, d. h. die Sollwerte an.

Bei Leistungen wie dem Hochsprung deckt sich die Lerntendenz mit der durchschnittl. Steigerung der Sprunghöhe.

Bei der Wissensvermittlung spielen neben der Faktenvermehrung auch qualitative Merkmale wie Präzision und Transfer (Genauigkeit und erweiterte Anwendbarkeit der Fakten) eine mitbestimmende Rolle.

(2) Der Verlauf der Leistungssteigerung ist selten stetig.

Beim Hochsprung gerät der Sportler je nach Übungsstand und Tagesform an unterschiedl. Grenzen.

Lernprogressionen weisen gelegentl. Abflachungen der Steigerungsraten (sog. Lernplateaus) auf.

(3) Um über diese Plateaus hinwegzukommen, wird zumeist die Lernmethodik gewechselt.

Beim Hochsprung wird aus dem anfängerhaften Schrittsprung der Fosbury-Flop.

C Konzeptlernen

In der neueren Lernps. wird die 3. Lernstufe *learning by concept* (»Lernen durch Merkmalklassifizieren«) genannt. Hier handelt es sich nicht mehr nur um die Aufstockung wie beim Akkumulationslernen, sondern um die Gewinnung vernetzter Sicht- bzw. Handlungsweisen. Die beiden amerikan. Psychologen JEROME BRUNER und DAVID AUSUBEL sehen im Lernenden auch einen Entdecker (*discoverer*), der neues Material eigenen geistigen Ordnungen einverleibt (*subsumption*).

Schon das Kind vereinigt aus den ihm bekannten Kastanienbäumen, Tannen usw. ein »Baumkonzept«, d. h. eine Vorstellung, was alles zu einem Baum gehören muß.

Beim bloßen Akkumulationslernen erhält der Mensch ein zunehmend umfangreicheres Wissen, aber er unterliegt heute einer Überschwemmung mit Fakten, die ihm die Überschau erschwert oder unmöglich macht. Er müßte eigentlich alle Daten in ihrem Wechselverhältnis richtig einschätzen (BRUNER spricht von einer Simultanprüfung, d. h. einer gleichzeitigen Wirkungseinschätzung).

Wenn man im ökologisch-sozialen Gleichgewicht auch nur (wie in der Abb.) wenige Einflußfaktoren in ihren Wechselbeziehungen gleichzeitig bedenken wollte, käme man schon an den Rand seiner Auffassungsfähigkeit.

Es ist wie beim Sportler, der an die Grenze seiner Leistungsfähigkeit kommt. Aber gibt es eine absolute Grenze z. B. für den Hochsprung? Wenn wieder ein neuer Schub an Weltrekorden einsetzt, liegt das meist an neuen Trainingsmethoden.

In der Wiss. geschehen solche Sprünge durch neue Techniken oder Theorien.

Nachdem die Verstärkerröhre erfunden war, dauerte es nicht lange, bis BERGER sie für die Verstärkung der schwachen Hirnsignale (EEG) einsetzte.

Neue Theorien schaffen »wissenschaftliche Revolutionen« (TH. KUHN), weil sie bisher für unaufhebbar gehaltene Schwierigkeiten durch neue Lösungen oder »Anschauungssysteme« überwinden.

Das Konzeptlernen braucht eine andere Lernmethodik. Die Lerngegenstände sich auf Systeme bzw. Supersysteme (Systeme von Systemen) beziehen, ist es sinnvoll, für dieses »systematische« Lernen ein computergestütztes Lernen, bei dem Mensch und Computer zu einer Lerneinheit zusammengefügt werden, einzusetzen (vgl. S. 205).

152 VIII. Lernpsychologie / 6. Lernbereiche

A   Lernen von Fertigkeiten

B   Lernen von Wissen

C   Lernen von Verhalten

D   Lernen von Anpassung

VIII. Lernpsychologie / 6. Lernbereiche 153

Aus dem 16. Jh. berichtet der böhm. Theologe und Pädagoge JOHANN AMOS COMENIUS (1592–1670) über einen 7jährigen Jungen, der im Wald unter wilden Tieren aufwuchs. Solche Fälle gab es immer wieder; so vor einigen Jahrzehnten in Indien, wo zwei Geschwister ihre frühe Jugend unter Wölfen verbrachten. In diesen Berichten zeigte sich, daß es später kaum noch möglich ist, die Kinder zu normalen Erwachsenen zu entwickeln. Die ersten Lebensjahre sind für das spätere Leben entscheidend.

Aber auch in den folgenden Lebensabschnitten müssen wir ständig hinzulernen, um nicht zu erstarren und seelischen Schaden zu erleiden. Allerdings bleibt sich das lebenslange Lernen nicht gleich. Es unterliegt ständigen Wandlungen sowohl nach Inhalten wie nach Methoden.

A Lernen von Fertigkeiten

Ein erster inhaltl. Lernbereich sind die Fertigkeiten, die für unsere wichtigsten Tätigkeitsabschnitte in Beruf, Freizeit und für Alltagsaufgaben benötigt werden.

In diesen Abschnitten werden sehr unterschiedl. sensomotor. Verrichtungen, wie z. B. für das Autofahren, gefordert. Für das Korbflechten oder das Töpfern (als Beruf wie als Freizeitbeschäftigung) braucht man Kenntnisse, Geschicklichkeit, richtiges Material, Ausdauer usw.

Faßt man die Voraussetzungen (so in GUILFORDS Faktorenanalysen für techn. Leistungen) zusammen, stößt man auf 4 herausragende Lernaufgaben:

(1) Die Bereitstellung der techn. Voraussetzungen kann sowohl selbst- wie fremdgesteuert erfolgen; wobei die Selbstbeteiligung vorteilhafter ist.

(2) Die persönl. Voraussetzungen konzentrieren sich trotz erhebl. Unterschiede je nach der Aufgabe auf: Körperkraft, Gesundheitszustand, Sinnestüchtigkeit, Reaktionsschnelligkeit, Auffassungsumfang.

(3) Das Feedback der Leistung ist als Wissen über die eingetretenen Resultate für den Fortgang der Leistung wichtig; das schließt auch die weiterführende Motivation ein.

(4) Die Gesamtkoordination tritt erst auf bei vollendet beherrschter sensomotor. Leistung, sowohl nach Harmonie der Teilleistungen wie als dynam. Zielstrebigkeit.

B Lernen von Wissen

Ist der Fertigkeiten Lernende immer auch gedanklich oder verbal auf sein Lernen bezogen, so trifft das für den Lernenden von Wissen erheblich weniger zu. Bei ihm steht das Wissen selbst im Vordergrund, es füllt sein Denken aus. Daher kommt es, daß das Lernen von Wissen so selten thematisiert wird.

Erst in den letzten Jahrzehnten, in der Kreativitätsforschung, wird der unterschiedl. Wissenserwerb untersucht. Im wesentlichen handelt es sich um die Unterscheidung zwischen konvergentem und divergentem Lernen bzw. Denken.

Im ersten Fall gibt es nur eine Zielform, die erarbeitet werden muß, im zweiten keine oder vielmehr viele mögl. Zielformen, die man anstreben kann.

Diese Unterschiede sind nicht immer nur vorgegeben, man stellt sie sich auch selbst.

Ein Anfänger, der den Baustil der Renaissance erarbeitet, wird jedes »richtige« Bauelement erlernen.

Der Fachmann spielt mit seinem Wissen: Er wird Abwandlungen antiker Vorbilder erkennen oder auch beispielsweise provinzielle Verschiebungen bemerken. Sein Lernen ist flexibler als das starre Lernen des Anfängers.

C Lernen von Verhalten

In diesem dritten Lernbereich wird Regelverhalten gelernt, meist unbemerkt durch Vorbilder.

Wenn man z. B. die Regeln im Straßenverkehr eingeübt sehen möchte, hilft die Ermahnung wenig, wenn im nächsten Moment jemand ungestraft bei Rot über den Fußgängerweg geht.

Das (negative oder positive) Vorbild wirkt als Lernanstoß intensiver.

In den Untersuchungen über die Vorbildwirkung sind einige Merkmale bes. wichtig. Vorbilder wirken stärker, wenn sie häufig anwesend sind, und wenn man sich mit ihnen (z. B. im Rollenspiel) identifizieren kann.

Das trifft zunächst i. d. R. für die Eltern häufiger zu als für andere.

Später wirken auch andere Vorbilder, wenn sie allg. anerkannt, bes. attraktiv oder ehrenhaft sind, und sofern man nach ihrem Muster die gesteckten Ziele leichter zu erreichen glaubt.

D Lernen von Anpassung

Dieser Lernbereich ist der umfassendste. Das meiste Anpassungsverhalten mußte nicht individuell erlernt werden.

Eine Vogelart lebt z. B. paarweise im Dschungel, dagegen scharenweise in der Savanne, weil das Nahrungsangebot so besser zu nutzen ist.

Auch beim Menschen sind viele Anpassungsformen angeboren, trotzdem gelingen auch neue Anpassungen.

Beispiele sind die Trainingsprogramme für Taucher oder Astronauten.

Bei diesem Lernen muß man dem Körper Zeit lassen und ihn trainierend unterstützen, damit er sich auf die neuen Bedingungen einstellen kann.

Die dem einzelnen zugänglichen Anteile und Grade dieser 4 Lernbereiche und ihrer Lernformen sind von Mensch zu Mensch verschieden. Im allg. werden die Möglichkeiten nicht voll ausgeschöpft.

154 VIII. Lernpsychologie / 7. Lernschritte

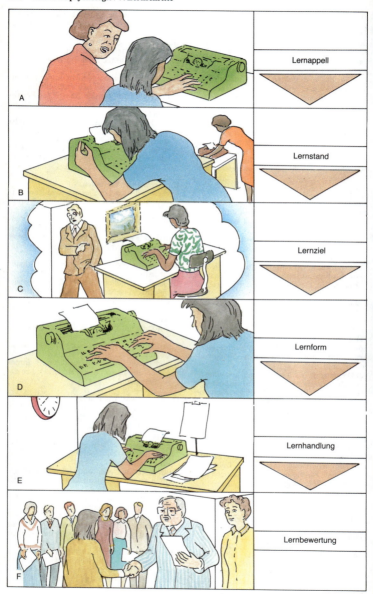

VIII. Lernpsychologie / 7. Lernschritte 155

Nur zum geringen Teil geht Lernen »wie von selbst«. Häufiger ist es mühselig, anstrengend, zeitraubend und enttäuschend. Der Lehrende sollte sich (auch wenn es schwerfällt) in die Lage des Lernenden versetzen. Diese Lage verdeutlicht die allgemeine Schrittfolge des Lernens.

A Lernappell
Die Lerngegenstände stehen untereinander in Konkurrenz. Kein Mensch kann alles lernen. Deshalb muß der eine Gegenstand, der gelernt werden soll, in seiner Bedeutung hervorgehoben werden.
Zum Beispiel das Maschineschreiben. Man kann doch auch anderes lernen wollen: Warum gerade das Maschineschreiben?
Die Antworten zielen auf den Aufbau einer Motivation für diesen Lerngegenstand.

B Lernstand
Die Schüler eines Schreibmaschinenkurses, auch wenn sie noch nie mit einer Maschine geschrieben haben, haben unterschiedliche Vorkenntnisse, z. B. im Umgang mit technischen Geräten, in der Eingewöhnung bei Kursen usw.
Um nicht von vornherein abgeschreckt zu werden, müssen sie sich meist erst einen Überblick verschaffen, mit der Schreibmaschine »warm« werden, daran herumspielen, sich an die Kursatmosphäre gewöhnen.
Bei jedem Lernen kommt es sehr auf den Erstkontakt an (wie beim Ersteindruck von Menschen).

C Lernziel
Unter Motivation wird häufig nur die Vorausmotivation verstanden. Für das Lernen ist die Zielmotivation wichtiger: Was kann ich später mit dem Gelernten, mit dem *Gekonnten,* anfangen?
Die Schülerin, die sich schon als perfekte und erfolgreiche Chefsekretärin sieht, d. h. die sich die »Belohnung« für ihre Mühen schon vorstellen kann, hat die besseren Voraussetzungen, auch bis zum Schluß des Kurses durchzuhalten.
Lerntheoretisch wartet der Mensch nicht wie die konditionierte Taube auf Futterpillen, vielmehr ist ihm die Belohnung*erwartung* bereits eine Verstärkung. Deshalb ist ein gelegentl. Hinweis auf den »Sinn« der ganzen Mühe nicht verkehrt.

D Lernform
Beim Zehnfingersystem des Maschinenschreibens haben die Finger einen best. »imaginären« Platz einzuhalten, von dem aus sie die ihnen zugeordneten Tasten »blind« zu bedienen haben.
Auch der gute Torwart hat die Ausmaße seines Tors, egal wo er sich gerade davor befindet, im »Hinterkopf«.
Die beste Lernform ist diejenige, bei der dem

Schüler diese Form in Fleisch und Blut übergeht.
Wie das gelingen kann, ist auch das Thema der folgenden Seiten. Hier soll nur kurz auf den in der Lernforschung zu gering beachteten Lehrenden eingegangen werden. Die soziale Seite des Lernens ist nicht weniger wichtig als die didaktische.
Bei manchen Personen ist das Lehren besser aufgehoben als bei anderen. Wie schaffen sie das?
In der Hauptsache gehört dazu etwas Selbstverleugnung:
Man muß dem Lernenden entgegenkommen, die Hemmnisse vorausahnen, vor Widerständen nicht ärgerlich und durch Undank nicht verletzt werden.

E Lernhandlung
Der entscheidende und längste Teil des Lernens ist die Lerndurchführung. Weder der Lehrende noch der Lernende bleiben sich dauernd gleich. Während der eine ein »Auf« erlebt, beherrscht den anderen vielleicht ein »Ab«. Deshalb sind kleine Schritte und Wiederholungen so wichtig, damit die Chance eines Gleichschritts gewahrt wird.
Manchmal ist auch ein bißchen Leerlauf beim mündl. Lehren nötig (nicht beim schriftlichen, da besorgt es der Leser selbst!).
Dem Seelischen kommt die Wellenbewegung näher als die geradlinige. Wenn man spürt, der Sinn des ganzen geht verloren (und das passiert zwangsläufig), dann sollten sich Lehrende wie Lernende an die 4 Regeln für den Sinn der momentanen Lernmühe erinnern:
1) es nützt mir,
2) es ist wichtig,
3) allen würde es nicht schaden, und
4) es kann auch Spaß machen.

F Lernbewertung
Man muß beim Lernen möglichst immer wissen, wo man steht.
Es ist Aufgabe des Lehrenden, dem Lernenden Rückmeldung über das Erreichte zu geben, ihm zu sagen, wieviel er schon beherrscht und was ihm noch bevorsteht, ohne ihn abzuschrecken.
Dabei ist zuviel und zu früh meist besser als zu wenig und zu spät. Wenn man das Essen der Hausfrau lobt, dann lieber nicht erst nach der Nachspeise. Bei unserem Schreibmaschinenkurs bieten sich die Abschnitte der Lektionen für Zwischenprüfungen an.
Wichtig zu wissen ist auch, daß manche mehr Rückmeldung vertragen als andere, die meisten weniger negative als positive. Die richtige Dosierung lehrt nur die Erfahrung.
Die beste Lehrmethode ist: Begeisterung für eine Sache zu wecken. Das gelingt nur dort, wo die überall auftauchenden Begeisterungshemmnisse, sowohl in den äußeren Umständen wie in der inneren Kraftlosigkeit, behoben werden.

156 VIII. Lernpsychologie / 8. Lernregeln

A Lerneinheit

B Lernkontext

C Übungseffekt

D Lernmotivation

E Bedeutungsgehalt

F Sinngehalt

VIII. Lernpsychologie / 8. Lernregeln 157

Dieser Abschnitt handelt von der größten Zeitverschwendung, die es gibt. Wieviel Arbeitsstunden durch falsches Lernen täglich vergeudet werden, wieviel Aufwand durch schlechte Lehrbücher umsonst ist, läßt sich nicht ermessen.

A Lerneinheit

Jeder Lernstoff besteht aus einer Menge, die sich in versch. Weise ordnen läßt. Hat man z.B. das Wissen über den Kontinent Australien (als Lehrer/Autor oder Schüler/Leser) aufzuarbeiten, kommt es zunächst auf die Auswahl der Fakten an.

Vollständigkeit ist nicht zu erreichen; folglich muß man eine Entscheidung über das Weglassen treffen: Wegwerfen ist schwerer als Sammeln.

Was übrig bleibt, muß in Portionen verteilt werden. Dabei kommt man selten mit einer Portionsebene aus. Deshalb ist die nächste Überlegung ein hierarchisches (der Größe nach gestaffeltes) Inhaltsverzeichnis.

Weiter abwärts steigend kommt man auf untere Abschnitte, einzelne Perioden bis zu kleinen Informationsposten, die einen einzelnen Gesichtspunkt bzw. nur wenige Sätze umfassen. Diese letzten Einheiten werden in den Tests *Items* (Einzelaufgaben) genannt. Durch eine Gliederung als Lerneinheiten kenntlich gemacht, erleichtern sie das (Wieder-)Erkennen. Die beiden wichtigsten Kriterien:

Objektivität (wie verläßlich, genau, allgemeingültig oder hypothetisch?),

Schwierigkeitsgrad (wieviel Vorauswissen, wie neuartig, zeitraubend, für welches Publikum?).

Für den Schwierigkeitsgrad ist die Einführung einer Systematik der körperlichen oder geistigen Belastung (möglichst von leichter zu schwerer) nötig.

B Lernkontext

Wer Kenntnisse über Australien nicht für eine Prüfung, sondern für eine Reise dorthin erwirbt, ordnet die Informationen sofort in einen übergeordneten Zusammenhang (Kontext) ein. Das Wissen bildet eine Ganzheit, in der die unterste Lerneinheit nicht mehr isoliert ist. Wenn sie so zum Bindeglied einer Reihenfolge gemacht wird, erhält der gesamte Lernvorgang eine höhere Qualität. So lernt sich wesentlich leichter, wenn man genau weiß, wofür man lernt.

C Übungseffekt

Die Lerneinheiten müssen gefestigt und sie müssen für die Weiterverarbeitung vorbereitet werden. Für beides gibt es keine allg. gültigen Rezepte.

Beim Tennis ist z.B. die »Rückhand« eine Lerneinheit. Man kann zunächst Teilfunktionen, z.B. der Unterarmmuskulatur, wegtrainieren, dann vom Trainer gerade die linke Seite (beim Rechtshänder) dau-

ernd bedienen lassen, bis diese Lerneinheit gefestigt ist.

Danach kommt es auf den »Transfer« an. Darunter wird die Mitübung mit anderen Lerneinheiten verstanden, hier z.B. der schnelle Wechsel von Vor- auf Rückhand.

D Lernmotivation

Der Pokal ist beim Beispiel Tennis eine der besten Verstärkungen im Sinne der Lerntheorie von SKINNER (S. 145). Falls kein Pokal zu gewinnen ist, muß man die Motivation selbst trainieren. Das geschieht am besten durch das Reden über die Fortschritte (von Trainer und Spieler wechselseitig), bis die Leistungsverbesserung dem Spieler »auf den Nägeln brennt«.

E Bedeutungsgehalt

Mit dem Begriff *meaningfulness* (Bedeutungsgehalt) haben einige Forscher (NOBLE u.a. 1952) ein wichtiges Merkmal für Lerneffekte bezeichnet.

Fragt man eine Reihe Wörter nach den Vorstellungen ab, die sie auslösen, so gibt es welche mit vielen, andere mit wenigen Assoziationen.

Die Menge der ausgelösten Vorstellungen ist ein guter Hinweis für Einprägsamkeit und Suggestivwirkung des Wortes. Je mehr Vorstellungen es weckt, desto schwerer kann man sich ihm entziehen und desto sicherer wird es uns überzeugen.

Allerdings nicht nur im positiven Sinn; die Negativwirkung ist oft noch stärker.

Wörter wie »Baum« oder »Wald« gehören zu den »höchstbesetzten«. Man kann mit ihnen leicht »Schlagwörter« bilden (Waldfrieden, Baumsterben), die sich mit Schnelligkeit verbreiten; sie werden nicht selten wie Waffen gebraucht.

F Sinngehalt

In einer Untersuchung von LYONS (1974) benötigten die Vpn. im Schnitt

für 200 sinnlose Wörter 93 min Lernzeit,
für 200 Wörter Prosa 24 min, für 200 Wörter Reime 10 min.

Ein gereimtes Gedicht ist leichter zu behalten, es schwingt sich ein und nimmt uns gefangen. Die Intensität des Lernens steigt noch, wenn die Lerneinheiten einen direkten Bezug zu unseren persönlichen Sorgen und Zielen haben.

Jedes Lernmaterial weist Sinnstufen auf, und zwar inwiefern es individuell zweckvoll (verwendbar, der eigenen Erfahrung entsprechend), wertvoll (für das eigene Leben förderlich), allgemeinverbindlich (von vielen anerkannt) und lustvoll (Freude bereitend) erscheint.

Wer z.B. das chin. Schattenturnen gleichzeitig mit seinem Sinnhintergrund erlernt, wird auch dessen komplizierte Regeln gern beherrschen wollen.

158   VIII. Lernpsychologie / 9. Lerntraining

A   Lerngestaltung

B   Lernhilfen

C   Eigenbeteiligung

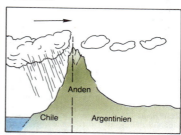

D   Stoffverdichtung

E   Sinnanreicherung

F   Angstabbau

G   Lernkontrolle

H   Lehrlernen

Lerntraining ist die bewußte Planung und Abwicklung der besten Lernvoraussetzungen. Seine wichtigsten Ansätze lassen sich in 8 Bereiche gliedern.

A Lerngestaltung
Ordnung ist das oberste Lerngesetz. Bei der kleinsten Lernaufgabe ist bereits die Regelung der Lernumgebung, die Gliederung der Lernzeit und die Aufteilung in Lerneinheiten von entscheidender Bedeutung.

(1) *Lernumgebung:* möglichst störungsfrei und lernförderlich. Dazu gehört, daß alle nötigen Hilfsmittel (z. B. Wörterbuch) griffbereit liegen.

(2) *Lerngliederung:* feste Lernzeiten, die man aber flexibel handhaben darf. Förderlich ist für größere Prüfungsarbeiten der systemat. Wechsel von Einzel- und Gruppenarbeit. Die Gruppen (ca. 4–5 Personen ähnl. Befähigung) haben klare Aufgabenteilung, dafür ist die Einzelvorbereitung nötig.

(3) *Lerneinheiten:* kleine Häppchen sind empfehlenswert (wie beim gesunden Essen). In Größe und Anzahl kann man die Lerneinheiten allmählich steigern. Kleine Zwischenerholungen (bis zu 1 min) dienen zur Entspannung.

(4) *Lernzeiten:* Im allg. ist 3mal 20 min zu lernen besser als einmal 60 min. Dabei mündlich, schriftlich und motorisch (mit Bewegungen) abwechseln.

B Lernhilfen
Lernhilfen sind äußerl. Handreichungen. Im Zuge der Computerisierung des Lernens werden zunehmend neue Formen selbstverständlich, aber auch die alten behalten trotzdem ihren Wert:

GOETHE hatte die Wände seines Arbeitszimmers mit vielen Tabellen gespickt.

Eine »Eselsbrücke« zeigt die Abb.: die engl. Vokabel *duck* (Ente) kann man sich mit einem (Schiffs-)Dock verbunden denken, in dem eine Ente watschelt.

C Eigenbeteiligung
Das zu Lernende ist zunächst noch fremd. Man muß es sich »zu eigen machen«.

SCHOPENHAUER sagt von der bloß übernommenen Wahrheit, sie sei wie der falsche Zahn ein künstl. Teil unseres Körpers. Nur die selbsterworbene Wahrheit »gehört uns wirklich an«.

Wie man sich etwas zu eigen macht, muß man selbst entscheiden.

Ein Beispiel ist der zusätzl. Besuch eines Lichtbildervortrags. Auch eine noch so unvollkommene Bleistiftskizze kann später schnell die Erinnerung auffrischen.

D Stoffverdichtung
Verstehen durch Verdichtung kann entstehen, wenn etwas zunächst vereinfacht wird (»in einem Satz«). Das Bild ist eines der stärksten Mittel »sonnenklarer« Dichte.

Warum Argentinien trockener und unfruchtbarer als Chile ist, teilt das Bild (Abb. D) plausibel mit.

HERDER sagt: »Um sich begreiflich zu machen, muß man zum Auge reden.«

E Sinnanreicherung
Zwischen dem Lernen sinnloser Silben und eines sinnvollen Textes bestehen nur graduelle Unterschiede. Fast alle sinnlosen Silben (z. B. neue Markennamen) werden bald mit irgendeinem selbstgemachten Sinn hinterlegt. Wer nicht zu dieser Sinngebung neigt, hat erhebl. Lernnachteile. Aber man kann die Sinnanreicherung bewußt fördern.

Das Bild (Abb. E) zeigt Vorschläge für unsere Zahlen.

Wer ein so persönl. Verhältnis zu Zahlen aufgebaut hat, dem gelingt auch in anderen Fällen eine sinnlich lebendige Vorstellung, ein Gewinn an Tiefe der Verarbeitung.

F Angstabbau
Angst vor der Prüfung ist natürlich; man soll sie nicht dramatisieren, sondern abbauen:

Entspannung vor der Prüfung (nicht bis zum Schluß lernen);

negative Gedanken stoppen;

Gespräche mit Leuten führen, die die Prüfung gut bestanden haben (»Das war so leicht!«);

Rollenspiele mit Positionswechsel zum Prüfer;

Einübung von Situationen, in denen man nichts weiß (kein Mensch kann alles wissen), mit Versuchen, aus einer solchen Situation möglichst natürlich herauszukommen;

Verstärkung der Selbstsicherheit: z. B. in einer Lerngruppe für Statistik sich mit »bedeutenden« Namen (»Herr Gauß«, »Herr Leibniz«) anreden.

G Lernkontrolle
Einen Abschnitt der frühen Kindheit nennt man das »Warum-Alter«. Später verliert sich leider vieles davon. Denn mit den Warum-Klärungen ist es wie mit den Straßenkreuzungen: je mehr Verbindungen, desto größer die Bedeutung des Knotenpunktes.

Zusatzverbindungen lassen sich durch Kontrolle einsetzen. Selbstkontrolle ist sehr wirksam durch die tägl. Buchführung über das geleistete Pensum (eine Art – nicht verwendeter – Spickzettel); Fremdkontrolle geschieht u. a. durch das Abhörenlassen.

H Lehrlernen
»Homines, dum docent, discunt« (Menschen, indem sie lehren, lernen), sagte SENECA.

Beim Lehren hält man wie selbstverständlich alle vorstehenden Regeln ein (Lehr-Lern-Effekt); vor allem setzt man den Stoff in eine sich selbst gemäße Form um.

160 VIII. Lernpsychologie / 10. Lernstörungen

A Bedingungsstörungen

B Vollzugsstörungen

VIII. Lernpsychologie / 10. Lernstörungen 161

Lernstörungen (Mängel im Lernfortschritt) müssen nicht nur Behinderungen sein, sie können auch durch bes. Fähigkeiten aus konkurrierenden Lernbereichen entstehen. Man kann sie nach ihrer Verursachung und nach ihrer Auswirkung unterteilen: Störungen der Vorbedingungen des Lernens und Störungen des Lernvollzugs.

A Bedingungsstörungen

(A_1) Wer könnte schon unbeeindruckt sein Lernpensum ableisten, wenn im Oberstock eine Party stattfindet? Für äußere Störungen gibt es kein einheitl. Maß. Was den einen stört, berührt den anderen überhaupt nicht. Man kann sich auch gegen Störquellen immun machen, z. B. durch Gehörschutz oder sogar durch Training. Selbstverständlich sind Störungen nicht mehr kompensierbar, wenn sie sich der Schmerzgrenze nähern.
Störquellen sind schädlicher, wenn sie unregelmäßig auftreten, und bes., wenn sie ungewohnt sind.
(A_2) Die inneren Bedingungsstörungen sind nicht so auffällig. Die Palette reicht von Kenntnislücken, die für den Lernfortschritt hinderlich sind, bis zur hochgradigen Erschöpfung, die ein Lernen unmöglich macht. Neben diesen vorübergehenden Behinderungen gibt es die dauerhaften: mangelhaftes durchschnittl. Lerntempo, zu engen Lernumfang, altersbedingten Lernrückstand, schlechte Abstraktionsfähigkeit, übergroße Ängstlichkeit.
Alle Bedingungsstörungen können einzeln oder in Kombination auftreten.

B Vollzugsstörungen

In einer alten Anekdote fällt jemandem durch Zufall KANTS ›Kritik der reinen Vernunft‹ in die Hände. Nach einigen Seiten entringt sich ihm der Seufzer: »Deine Sorgen möchte ich haben!«
Um etwas mit Erfolg in sich aufzunehmen, braucht man sehr viel an aktueller Bereitschaft.
Manches Kind lernt schwer, weil es sein liebstes Spielzeug nicht losläßt, seine Träume wie Schmetterlinge entschweben oder draußen seine Kameraden Fußball spielen. Die Chancen selbst eines didakt. Meisterwerks sind dann gering.
Noch weniger Lernerfolge erzielen Hausarrest oder sonstige Unterdrückungen.
Den größten Prozentsatz Lernstörungen bewirken Über- wie Untererwartungen. Beide schlagen sofort auf die tatsächl. Leistungen durch. Man erzeugt also unerkannt die Schädigungen, die man beseitigen möchte.
Ein weiterer ps. Grund für Lernstörungen: Ungefähr ab dem 10. Lebensjahr entwickelt der junge Mensch seine Spezialinteressen. In einem anregungsarmen Milieu oder bei unverständiger Umgebung bzw. bei Erziehern, die nur ihre eigenen Interessen gelten lassen,

wird es schwer, den inneren Drang zu Eigeninteressen aufrechtzuerhalten. Wer auf nichts mehr »Bock« hat, dem ist auch durch die besten Angebote nicht zu helfen. Bereitschaft, Neugierde, Begeisterung (in aufsteigender Linie) erreicht nur der, der sich anstrengen möchte.
Eine andere Gruppe Lernstörungen sind Anhängsel anderweitiger Störungen.
Bei Aggressivität, Geltungssucht, Hemmungen ist eine Interessensteuerung nur eingeengt auf die Zielpunkte der Verhaltensstörung möglich.
Dadurch wird der Aufbau einer Lernatmosphäre verhindert.
Ferner sind Konzentrationsmängel ein Grund für Lernstörungen. Der Unkonzentrierte vermag nicht genügend Energie zur Organisation seiner Aufmerksamkeit aufzubringen. Gründe sind u. a.:
körperl. Erschöpfung, Reizüberflutung, Fixierung auf andere Gegenstände, mangelnde Übung, schnelle Ermüdung, große Ablenkbarkeit, Überforderung.
Ein Ausgangspunkt für Lernstörungen wird in letzter Zeit bes. hervorgehoben. Lernen ist in der Regel ein soziales Geschehen. Sogar beim Einzellernen haben wir im Buch einen Partner vor uns.
Noch stärker gilt das für die 3 wichtigsten Verhältnisse:
Lehrer – Schüler,
Schüler – Schüler,
Schüler – häusl. Umgebung (Eltern, Geschwister).
Wie bei allen gruppendynam. Prozessen (s. XV/9) spielen hier Rang-, Rollen-, Kontakt-, Normenprobleme eine Rolle.
Beispielsweise können ein unsympath. Lehrer, ein mißachtetes Kind, eine gefürchtete Klassengemeinschaft wechselseitig Störungen verbreiten.
Falsche Interpretationen, z. B. ein Kind, das sich ängstlich abkapselt, als bockig mißverstehen, oder von einem Lehrer mehr Rückmeldung zu erwarten, als dieser geben kann, sind Anlaß für Vollzugsstörungen.
In einer Untersuchung (BRANDNER, 1959) lernten Schüler ein Gedicht auswendig. Von den Hörern unbemerkt *lasen* sie es bei der Prüfung ab, alle mit 15 Fehlern. Bei den besten Schülern entdeckten die Zuhörer im Schnitt nur 9 Fehler, bei den schlechten dagegen 14.
Auch sonst haben die weniger Anerkannten einen Leistungsmalus, d. h. von ihnen werden geringere Leistungen erwartet und dann auch für sie herausgelesen. Umgekehrt können die Anerkannten einen Leistungsbonus für sich in Anspruch nehmen. Dadurch werden Lernkarrieren mitbestimmt. Denn in einer Art *self-fulfilling-prophecy* (selbstgesteuertem Nachvollzug einer Vorhersage) richtet sich auch der Lernende nach den Erwartungen seiner Umwelt.

162 IX. Aktivationspsychologie / 1. Aktivationstheorien

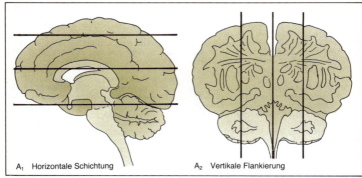

A₁ Horizontale Schichtung A₂ Vertikale Flankierung

A Energetische Theorien

B S-R-Theorien

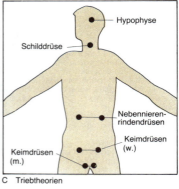

C Triebtheorien

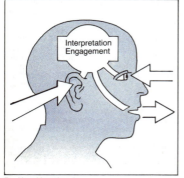

D Kognitionstheorie

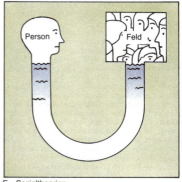

E Sozialtheorien

IX. Aktivationspsychologie / 1. Aktivationstheorien 163

Als Aktivationsps. wird eine neuere allg. Disziplin bezeichnet, in der man eine Reihe älterer Gebiete der Ps. (z. B. Wille, Aufmerksamkeit) sowie neuere (z. B. das Handeln in Systemen) unter dem Gesichtspunkt der »motalen« (bewegenden) Funktion zusammenfaßt. Diese themat. Vereinigung hat den Vorzug, bisher verstreute Problembereiche auf eine gemeinsame psychophysiolog. Basis zu stellen. Denn bei diesem Gebiet kommt es nicht mehr allein auf eine Beschreibung ps. Abläufe an, sondern hier soll eine Erklärung vorgebracht werden, wie überhaupt Psychisches in Gang kommt.

Bis vor wenigen Jahren schien das nicht erklärungsbedürftig zu sein. Man nahm einfach diese oder jene Anstöße für das Psychische als selbstverständlich an. Jetzt zeigen sich zumindest 5 Grundpositionen zum Start psych. Funktionen.

A Energetische Theorien

1845 beschrieb ROBERT MAYER das Gesetz von der Erhaltung der Energie. Bereits 1860 übertrug GUSTAV THEODOR FECHNER diesen ersten Hauptsatz der (späteren) Thermodynamik auf die psychophysiologischen Funktionen. Als »Nervenenergie« stellt danach das Nervensystem eine Kraft zur Verfügung, mit der die Lebensbewältigung erzielt und bei »Kraftüberschuß« (SPENCER) diese in das Spiel investiert wird.

Mit der Erweiterung der hirnphysiologischen Erkenntnisse kamen zwei weitere Aspekte hinzu:

(A$_1$) Das ZNS besteht aus horizontalen Schichten (Rückenmark, Hirnstamm, Kleinhirn, Zwischenhirn, Großhirn, Großhirnrinde) mit entsprechenden Energieentladungen. Im theoret. Anschluß bildeten sich ergänzt. Schichtentheorien (FREUD, LERSCH, ROTHAKKER) des Psychischen aus.

(A$_2$) Erst vor wenigen Jahren wurde daneben eine vertikale Flankierung (retikuläres unspezif. und einfacheres spezif. Nervensystem sowie unterschiedl. Funktionen der beiden Hemisphären) entdeckt.

Eine theoret. Verschmelzung beider Unterteilungen ist erst im Ansatz erkennbar. Gemeinsam ist allen energet. Theorien, daß sie den Fluß des Psychischen mit der Nervenaktivität für erklärt halten.

B S-R-Theorien

Eine zweite Gruppe bilden die Stimulus-response-Theorien (S-R-Theorien). Für sie wird Psychisches aktiviert, wenn Reize (*stimuli*) mit Reaktionen (*responses*) als Reizantworten zusammengeschaltet werden. Das geschieht immer dann, wenn Reize als psych. Schwelle überschreiten.

Dieser Übertritt wird unterschiedlich interpretiert: allein durch die Reizstärke bestimmt (HOLT), nur angeborene Reizmuster passieren (TAYLOR), nichtreaktionsfähige Reize

werden durch Filter abgehalten (BROADBENT), es gibt eine innerl. Gerichtetheit oder Reaktionstendenz (TOLMAN, TREISMAN).

Für die letzteren ist die Grenze zu den Kognitionstheorien fließend. Denn für manche Theoretiker tritt zwischen S und R eine »intermittierende« (dazwischentretende) Instanz in Gestalt von verdeckten (*covert*) Reizen des inneren Milieus (TOLMAN spricht von Reaktions-Reaktions-Verbindungen). Dadurch wird der von den Behavioristen (S. 45) abgelehnte Begriff des Denkens scheinbar umgangen.

C Triebtheorien

Gehen die Reiztheorien hauptsächlich von äußeren Anlässen aus, so die Triebtheorien von inneren. W. McDOUGALL schreibt:

»Jede Triebkraft erzeugt also, wenn sie angeregt, ausgelöst, geweckt wird, eine Wirk-Tendenz.«

Er nennt seine Theorie eine »hormische Ps.« (von griech. hormän: in Bewegung setzen, antreiben).

Neben dem Nervensystem steuert (auf das engste mit ihm verbunden) ein Hormonsystem das Verhalten. Schon im antiken Griechenland machte man »Körpersäfte« für psych. Reaktionen und Störungen verantwortlich.

Vor allem die Drüsen (Keimdrüsen, Nebennierenrinden-, Schilddrüse) bestimmen u. a. über die Geschlechtshormone das Verhalten. Für die Aggressivität nimmt man ebenfalls eine hormonale Grundlage (KERAMI) an.

Manche Triebtheorien gehen von über 100 Einzeltrieben aus.

D Kognitionstheorien

Die Kognitionstheorien (vgl. X/2) heben die menschl. Zielverfolgung (Destination) als Beweggrund des Handelns hervor. Die einfließenden Informationen werden danach in ihrer Qualität geprüft (Interpretation) und je nach der geistig festgelegten Ansprechbarkeit (Engagement) beantwortet.

E Sozialtheorien

Nach ihnen steht der Mensch in einem sozialen Feld, dessen Druck er, wie bei den kommunizierenden Röhren, ausgleicht (vgl. XV/1). Die »Topologische Ps.« (LEWIN) versucht, die Lage und die dynamisierenden Momente dieses Sozialfeldes (Gegenstände, Personen, Gruppen) zu bestimmen.

Andere Sozialtheorien erklären die Aktivierung auf soziobiolog. Grundlage (genet. Befriedigungstendenzen), unter ökonom. Aspekten (Geben und Nehmen bei ähnl. Angeboten), aus Gründen sozialen Rückhalts (um bestimmte Ziele zu erreichen, braucht man z. B. Mitstreiter in einer polit. Partei), aus Bewertungsgesichtspunkten (z. B. in Form der Absetzung von der Gemeinschaft, um sich selbst zu finden).

164 IX. Aktivationspsychologie / 2. Bewußtheitsgrade

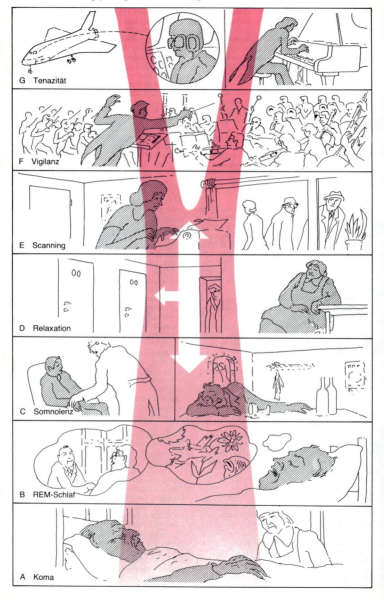

In der älteren Ps. der Jahrhundertwende interessierten sich die Forscher nur für die bewußt gewordenen psych. Prozesse. Unter dem Einfluß von SIGMUND FREUD wurden später alte Auffassungen von einem Unbewußten (LEIBNIZ, KNAPP, v. HARTMANN) aufgegriffen. Die Folge war, daß man zwei getrennte Instanzen, Bewußtes und Unbewußtes, annahm, die sich gegenseitig beeinflussen. Das »Bewußtsein« wurde gleichsam zu einem isolierten Gegenstand gemacht, den man besitzt oder nicht besitzt. Manche behaupteten sogar, daß man ein »falsches« Bewußtsein haben könne.

Diese Auffassung wurde jedoch als irrig erkannt. Es gibt nur eine einzige Art des Psychischen, allerdings mit außerordentlich vielen Qualitätsunterschieden. Eine bes. bedeutungsvolle Abwandlung ist die der Bewußtheitsqualität.

In versch. graduellen Abstufungen reicht das Psychische vom Koma, der tiefsten Bewußtlosigkeit (wobei trotzdem psychovegetative Abläufe stattfinden) bis zum höchsten Bewußtheitsgrad der Konzentration (s. u. und Abb.).

Wir erleben mit dem Erwachen, was sich verändert, wenn uns etwas bewußt wird. Dieser Wechsel in unserer psych. Befindlichkeit wird durch die Zuschaltung des bis dahin weitgehend blockierten unspezif. NS (ARAS, s. S. 87) zum immer wachen bespez. NS bewirkt. Das unspezif. System repräsentiert unser Selbstsystem (Körpererfahrung, Ortskenntnis, Ich-Vertrautheit usw.), das nun mit dem spezif. System (Sinnesleistungen in engerer Bedeutung) eine höhere Einheit ergibt, die des realitätsbezogenen Wachbewußtseins mit seinem eigenpersönlichen Identitätszustand.

Dieser Zusammenschaltung folgt zunächst ein breiter Zustand episod. Erscheinungen. Erst wenn dieser Strom vereinheitlicht und gegenständlich verengt wird, erreichen wir einen höheren Grad der Bewußtheit, in dem wir uns zunehmend entlang bewußtseinsfreier Nebenfelder auf ein Hauptfeld konzentrieren. Daraus ergeben sich zwei wesentl. Qualitätsmerkmale:

Parallel zur »Verengung« der Bewußtheit muß eine »Intensivierung« erfolgen, muß die psych. Verarbeitungsmenge erhöht werden.

Wenn man die psych. Leistungsmenge in der elektron. Grundeinheit mißt, so wurde die bisher höchste bit-Zahl pro Sekunde bei Weltraumpiloten während des Landemanövers errechnet. Diese Leistung erfordert höchste Konzentration, verbunden mit Austauschbarkeit bzw. Gleichzeitigkeit mehrerer Fixationspunkte.

Wir können zwischen mehreren Bewußtseinszentren wählen (s. die Aufspaltung des roten Bewußtseinsstroms in der Abb.). Die Zwischenräume bleiben dabei halb oder ganz unbewußt wie in den tieferen Bewußtheitsgraden: wir »schalten« sie in der Konzentration aus.

Die Abb. deutet zwar das unbewußt bleibende Psychische an, gibt aber seinen Mengenanteil viel zu gering wieder.

Das Bewußt-Psychische bildet nur einen Bruchteil des Nichtbewußten. Für manche Psychologen ist dieser Teil für ihre Auffassung des Psychischen ohne Belang. Demgegenüber muß aber betont werden, daß eine riesige Anzahl von psych. Verarbeitungsleistung, auch beim Denken, nicht die Schwelle des Bewußten überschreitet. Wenn uns etwas einfällt, so fällt es uns aus dem Unbewußten zu.

Bewußtes und Unbewußtes sind nicht nur höhenmäßig geschichtet, sondern säulenartig nebeneinandergestellt.

Als typ. Bewußtheitszustände lassen sich herausheben und beschreiben:

A Koma
Extremer Zustand, der nur wenige psychovegetat. Reaktionen zeigt; der Betroffene ist unansprechbar, z. B. bei Apallikern (Hirntoten) oder bei diabet. oder epilept. Schocks.

B REM-Schlaf
Versch. hohe Erlebensgrade beim Träumen: unzusammenhängende Bildvorstellungen bis wohlgeordnete Traumsequenzen.

C Somnolenz
Leichtestes Hypnosestadium, bei dem man zwar benommen ist, aber sich nach der Wachsuggestion an Teile der Geschehnisse erinnert.

D Relaxation
Man ist zwar wach, aber döst ohne Aufmerksamkeit vor sich hin, bes. in manchen Wartesituationen.

E Scanning
Neuer Begriff für den Zustand der schweifenden Aufmerksamkeit (Vagation), in dem man nicht gezielt ein Objekt beobachtet, sondern unbegrenzt die Gegend rasch nach Interessantem abtastet.

F Vigilanz
Daueraufmerksamkeit; Leiter und Orchester zeigen eine langanhaltende Konzentration, die bei schwierigen Stellen noch Steigerungen (Tenazität) zuläßt.

G Tenazität
Aufmerksamkeit höchster Anspannung und Verarbeitungsintensität, z. B. 150 bit/s bei Astronauten im Landeanflug, 90 bit/s bei Konzertpianisten. Abschweifungen müssen völlig vermieden werden, nichtrelevante Fixationspunkte also »bewußtlos« sein, damit die hohe bit-Zahl für die engbegrenzte Aufgabe erreichbar ist.

166 IX. Aktivationspsychologie / 3. Aktionsbereitschaft

A Aufmerksamkeit

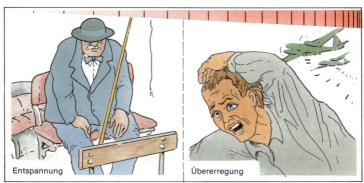

B Anspannung

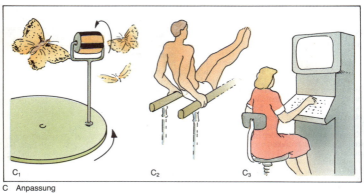

C Anpassung

»Geschieht es jetzt nicht, so geschieht es doch einmal in Zukunft. In Bereitschaft sein ist alles«, sagt Hamlet bei SHAKESPEARE. Bereitschaft ist die Vorbedingung der Handlung, gleichsam ihr Anlauf. Bevor gehandelt wird, sind einige Bedingungen zu erfüllen, je nach Aufmerksamkeit, Anspannung und Anpassung.

A Aufmerksamkeit

Jemand liest einen spannenden Roman und ist ganz gefangen genommen. Von sich selbst erlebt er im Augenblick nichts. Erst wenn z. B. das Telefon läutet, kehrt (ärgerlich) sein Selbstempfinden zurück.

Umgekehrt: Eine Landschaft weckt nur mäßige Aufmerksamkeit; plötzlich ein ungewöhnl. Vogel, die Aufmerksamkeit wächst.

Man kann 6 Qualitäten unterscheiden:

(1) *Aufmerksamkeitsrichtung*, bestimmt den (lokalen) Zielpunkt. In der Deflexion kann man dabei sogar die Selbstwahrnehmung ausschalten.

(2) *Aufmerksamkeitsumfang*, die (begrenzte) Menge der Gegenstände, die gleichzeitig beachtet werden können (etwa 7 Teile).

(3) *Aufmerksamkeitsintensität*, s. u. Anspannung.

(4) *Aufmerksamkeitsdauer*, die (begrenzte) zeitl. Ausdehnung.

(5) *Aufmerksamkeitsdiskriminanz*, die Heraushebung minimaler Unterschiede zwischen Gegenständen oder Ereignissen, um sie gegeneinander absetzen zu können.

(6) *Aufmerksamkeitsthematik*, die (begrenzten) inhaltl. Interessen.

Die beiden mittelalterl. Straßburger Plastiken (NICOLAUS GERHAERT) veranschaulichen zwei charakterist. Aufmerksamkeitsweisen: **Fixation** (punktuelle Aufmerksamkeit) und **Vagation** (umherschweifende Aufmerksamkeit).

Die Fähigkeit zur Aufmerksamkeit verhindert, daß wir im Chaos ständiger Reizüberflutung untergehen (C. CHERRY nannte es unser »cocktail party problem«). Bei wechselndem Aktivationsniveau (*level of activation, arousal*) wird die Aufmerksamkeit sowohl außengeleitet (durch intensive Reize) wie innengeleitet (durch motivierte Beachtung). Erhöhte Aufmerksamkeit engt die Fluktuation der Beachtung ein, verhindert, durch Nebengeräusche abgelenkt zu werden. Im Alter nimmt diese Fähigkeit ab (»Party-Taubheit«).

B Anspannung

Die Aktionsbereitschaft ist ein wandelbarer Zustand zwischen *Bequemlichkeit* (Kommodität) und *Unternehmungsgeist* (Initiative). Man kann sich bequem treiben lassen oder bewußt anstrengen. Das hängt auch von äußeren Anregungen ab.

Die Eckpositionen im Anspannungsspektrum sind die Spannungslosigkeit des Wartens und die Überspannung in der Todesangst.

Für ersteres hat der Psychotherapeut J. H. SCHULTZ in den 20er Jahren für seine Entspannungstherapie ein Beispiel in den (damals noch häufigen) Droschkenkutschern gefunden. Da sie oft stundenlang warten mußten, kam es auf eine möglichst entspannte Körperhaltung an: leicht gekrümmter Rücken, abgesunkener Kopf, leicht geöffnete Beine und an den Innenschenkeln aufgestützte Arme.

Dagegen ist die Körperhaltung bei Todesangst eine äußerste Anspannung. H. SELYE untersuchte später die Körperreaktionen bei schweren Belastungen wie Krankheit, Unglück, Kriegseinwirkungen. Er fand eine erhöhte Ausschüttung der Nebennierenrindenhormone, die bei häufiger Belastung sogar zu einer Vergrößerung der Nebennierenrinde führen. Unter der Bezeichnung »Streß« sind äußere und innere Druckzustände zusammengefaßt worden, wobei der Mechanismus gilt: »Streß verursacht Spannung« (SPIELBERGER). Die Anspannung wird in ihrer Bedeutung unterschiedlich beurteilt. FREUD meinte, der Mensch ziele auf eine Reduktion der Anspannung (er nannte dieses Streben »Nirwana-Prinzip«). Demgegenüber betonte der Philosoph SØREN KIERKEGAARD die Gefährlichkeit der Langeweile als spannungsloses Zustand. H. HECKHAUSEN postuliert einen »Zirkel«, der auf einem gewünschten Auf- und Abschwung der Anspannung beruhe. Auch SELYE unterscheidet beim Streß einen (schlechten) Distreß vom (guten) Eustreß. Nach dem »Yerkes-Dodson-Gesetz« ist ein mittleres Erregungsniveau günstig.

C Anpassung

Aufmerksamkeit und Anspannung sind Vorbedingungen der Handlung; für ihre Durchführung sind im Laufe der Evolutionsgeschichte mehrere Repertoires zur Umweltanpassung entwickelt worden.

(C_1) Das älteste Handlungsinventar sind die angeborenen Reaktionen. Minimale Auslösereize (*trigger*) genügen für den (gelb-schwarzen) Kaisermantel-Schmetterling zur Verfolgung eines scheinbaren Weibchens: eine rotierende Rolle mit gelb-schwarzen Streifen.

(C_2) In der Lernfähigkeit besitzen die meisten Tierarten ein weiteres Handlungsinventar. Der Mensch kann z. B. Turnübungen trainieren.

(C_3) Ein drittes Inventar umfaßt die bewußte Handlungssteuerung: In komplexen Situationen werden Pläne für Handlungsstrategien geschmiedet.

Die evolutionäre Tendenz dieser 3 Handlungsformen ist deutlich: Auf immer komplexere Reizsituationen wird mit immer komplizierteren Reaktionen geantwortet. Der Mensch überdeckt durch sein drittes, kognitives Handlungsinventar die beiden vorhergehenden, ohne sie ganz ausschließen zu können.

168   IX. Aktivationspsychologie / 4. Reaktive Aktivation

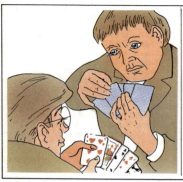

A   Zustandsreaktion

B   Situationsreaktion

C   Erfahrungsreaktion

Auf die Frage, worauf und wie der Mensch reagiert, gibt es unzählige Antworten. Trotzdem muß die Ps. versuchen, die Reaktionen, d. h. die »erwidernden Handlungen«, in ihren wichtigsten Merkmalen analysierbar zu machen. Die naheliegendste Unterteilung – wenn man sie auch wegen ihrer Verflochtenheit nicht sauber trennen kann – schließt sich an die evolutionäre Dreiteilung (S. 167) des Verhaltens an:

festgelegte Reaktionssysteme beziehen sich zumeist auf unseren Körper; sie sind zuständl. Reaktionen;

bedingte Reaktionssysteme antworten auf äußere Situationen;

offene Reaktionssysteme schließen sich an die Lebenserfahrungen an und berücksichtigen sie beim Verhalten.

A Zustandsreaktion

Beim Pokern kommt es auf das »Pokerface«, das undurchdringl. Gesicht, an, denn keiner darf merken, welches Kartenglück man hat. Geübten Spielern gelingt das gut – bis auf die Pupillenreaktion. Bei erregend guten Karten weiten sich die Pupillen automatisch. Ein guter »Poker-Psychologe« kann daraus Vorteile ziehen.

Innere Zustände tendieren zu bestimmten Reaktionen. Der Trauernde geht i. a. mehr in sich, der Wütende aus sich heraus. Allerdings ist das auch kulturell festgelegt: in manchen orientalischen Ländern schreit man seine Trauer heraus.

Solche Beispiele deuten die Fülle der Umstände bei den Zustandsreaktionen an. Wir alle sind in vielfältiger Weise festgelegt, z. B. durch Geschlecht, Alter, Schicht, Nationalität, Körperlichkeit usw., die auch unser Verhaltensinventar regeln. Die theoret. Unbegrenztheit unserer Verhaltensmöglichkeiten wird dadurch beschnitten.

Die stärkste Einengung der Vielzahl typischer Reaktionen erfolgt durch die Sozialisation, d. h. die allmähliche Einreihung in die Gemeinschaft.

Bei Meinungsverschiedenheiten entschuldigt sich der eine ganz bekümmert, der andere fängt an zu schimpfen, ein dritter macht daraus einen Witz usw. Jeder hat neben seinem wandelbaren Verhalten auch bestimmte festgelegte Reaktionsformen.

B Situationsreaktion

Ein Autofahrer ärgert sich über »die« Fußgänger:

herausfordernd langsam gehen sie über die Straße, nur um »die« Autofahrer zu schikanieren.

Kurz darauf ist er selbst Fußgänger:

jetzt reagiert er böse, weil »die« rücksichtslosen Autofahrer brutal die Fußgänger erschrecken.

Wir reagieren nicht nur nach inneren Zuständen, sondern auch variabel nach äußeren Situationen. Jeder Mensch kennt eine Reihe von Situationstypen, die sein Verhalten abwandeln können. Die wichtigsten sind:

die Leistungssituationen, die Erholungssituationen, die Kommunikationssituationen und die »logistischen« Situationen (z. B. Ortswechsel zwischen Arbeitsplatz und Wohnstätte oder das Einkaufen).

Alle diese Situationen sind wiederum unterteilt: zum Beispiel die Erholungssituationen in Schlafzeiten, Freizeit, Urlaub, Ruhestand usw.

Dabei sind 2 Tendenzen für die Erklärung der situativen Reaktionen wichtig. Zum einen wird unser Verhalten durch den Situationstyp unterschiedlich geprägt;

mancher ist als der »Berufsmensch« ein ganz anderer als der »Privatmann«.

Die andere Tendenz ist vermutlich häufiger. Ein Sektor überdeckt den gesamten situativen Lebensumkreis,

z. B. die Berufssituation bestimmt uns so stark, daß auch die anderen Sektoren mitbestimmt werden: mancher ist noch im Urlaub der Herr Abteilungsleiter.

C Erfahrungsreaktion

Selbst beim unüberlegten Verhalten reagiert man nicht nur auf Zustände und Situationen, sondern rückbezüglich auch unterstützt durch das, was einen bisher widerfahren ist.

Wenn ein Auto durch eine Pfütze fährt, spritzt es.

Solche Kausalbeziehungen braucht niemand zu erschließen, das weiß man eben. Und wenn man einen Regenschirm dabei hat, benutzt man ihn automatisch zum Schutz. Solche simplen Erfahrungsreaktionen besitzt jeder in Hülle und Fülle.

Eine wesentl. Erweiterung unserer Erfahrung ist die Übernahme von Erfahrungen unserer Bezugspersonen und größerer Gemeinschaften.

In totalitären Gesellschaften z. B. erfährt das Kind frühzeitig die Zurückhaltung, die man sich in der Öffentlichkeit mit seinen Äußerungen auferlegen muß; vor allem, wenn ein Vertreter der Obrigkeit in der Nähe ist.

Durch die Rückwirkung (*feed back*) mehrerer solcher Erfahrungen übt man eine Gesamthaltung als »zweite Natur« ein, die man *habit* (habituierte Reaktion) nennt. Wegen der Ähnlichkeit dieses Verhaltensrepertoires ergeben sich daraus schichtspezif., familientyp., nationale u. a. Reaktionsrepertoires.

Reaktionsmuster werden in der Sozialisation frühzeitig eingeübt. Am Beispiel des Hospitalismus (Isolierungsstörung durch Heimaufenthalt) zeigt sich, daß eine frühe anregungsarme Umgebung auch später schädigend wirkt. Man wird nicht daran gewöhnt, Anregungen anzunehmen. Fortwirkend verschließt man sich weiterhin dem förderlichen Ansporn.

170 IX. Aktivationspsychologie / 5. Intentionale Aktivation

A Animistische Aktivation

B Finale Aktivation

C Regulative Aktivation

Der Mensch erleidet seine Existenz nicht nur, er »führt« auch sein Leben. Wie diese allg. Zielausrichtung aussieht, hängt auch von den jeweiligen Lebensanschauungen ab, die man in 3 Bestimmungshaltungen einteilen kann.

A Animistische Aktivation

»Die Bestimmung der Welt muß außerhalb ihrer liegen«, sagt der Philosoph LUDWIG WITTGENSTEIN.

Damit drückt er eine für viele gültige Annahme aus, die ihre intentionale Aktivation prägt.

Sie empfinden die Welt als *fremdbestimmt*, als geheimnisvoll und bewegt von unbekannten Mächten. Weil sie sie nicht durchschauen, wollen sie sie wenigstens an ihren »Omen«, den verschleierten Fingerzeigen, erkennen.

Da fällt ein Bild ohne ersichtl. Grund von der Wand, ein Glas zerspringt im Schrank; im Zusammentreffen mit einem Unfall oder dem Tod eines Angehörigen erhalten diese Ereignisse Hinweischarakter.

Aus dem Zusammentreffen wird ein Zusammenhang gedeutet und dient nun als Erklärung der Verursachung. In vielen Mythen wird diese »Außenbestimmung« in versch. Weise den Menschen nahegebracht. Auch die noch heute verbreitete Horoskopgläubigkeit deutet auf eine animist. Aktivation.

Man möchte diese Mächte aber nicht nur durchschauen, sondern auch bannen. Völkerkundler (Ethnologen) verweisen aus ihrer Kenntnis vieler Riten der Urvölker (Wasserversprengen, Tabu-Bildungen) auf die Dämonenbeschwörungen. Man möchte seinerseits Macht über die unbekannten Mächte erringen.

Reste dieser Aktivationsausrichtung finden sich zahlreich in den modernen Gesellschaften, z. B. auch das Silvesterfeuerwerk.

B Finale Aktivation

Manche machen den Menschen von seinem 40. Lebensjahr an sogar für das Aussehen seines Gesichtes verantwortlich. Eine so überspitzte Ansicht kennzeichnet die Annahme, daß jeder mehr oder weniger alles erreichen kann: er ist seines Glückes alleiniger Schmied, d. h. intentional vorrangig *selbstbestimmt*.

In den modernen Wohlstandsgesellschaften suggerieren sich der Mensch eine Unzahl von Zielen:

er will immer mehr, das jeweils nächste, »unverzichtbar« scheinende Ziel vor Augen, wie der Ziege die Möhre vor der Nase hängt, die sie selber am Deichselbogen vor sich herträgt, indem sie den Wagen zieht.

Diese Selbstsuggestion wird von der Wirtschaft aufgegriffen, wenn sie materielle Werte in steigender Zahl anbietet: Besitztümer, Sicherheit, Wohlleben, Erlebnismöglichkeit, Rangprestige usw.

Mit diesen genußgeprägten Einstellungen (»*fun morality*«) ordnen sich die Menschen in das Sozialsystem ein und sondern sich gleichzeitig durch Ränge oder größere Distanz, z. B. durch größeren Besitz, von den anderen ab. Dem einzelnen ist vorgeschrieben, was er (in finaler Aktivation) »erreichen« soll.

Die Zielsetzungen werden noch verschärft, wenn sie nicht nur als lebensbestimmend automatisiert (unbemerkte Voraussetzung der Lebensausrichtung) werden, sondern sogar ihre Rechtzeitigkeit vorgeschrieben scheint (wann das Examen bestanden werden muß, wann geheiratet werden soll).

C Regulative Aktivation

Die Menschen hängen nicht nur der fremd- oder der selbstbestimmten Gruppe der intentionalen Aktivation an. Manche begreifen sich als Teil eines Supersystems Welt, das für seine Weiterentwicklung nicht notwendigerweise äußere Gründe benötigt, sondern auch *mitbestimmt* werden kann. Dieses System erhält sich durch Rückkopplung selbst. Das Modell für diese Aktivationstheorie schufen MILLER, GALANTER und PRIBRAM mit ihrer TOTE-Einheit, auch VVR-Einheit genannt (VVR = Veränderung-Vergleich-Rückkopplung).

Wer mit dem Hammer einen Nagel einschlägt, um etwas daran aufzuhängen, muß nach den Schlägen (O = *operate*, d. h. arbeiten, funktionieren) prüfen, ob der Nagel tief genug, aber nicht zu tief sitzt (T = *test*, d. h. Kurzprüfung, Rückmeldung), und diesen Vorgang wiederholen, bis (nach einem T) der gewünschte Endzustand (E = *exit*, Ende) erreicht ist.

Die früheste techn. Rückkopplung stammt von LEONARDO DA VINCI und ist 500 Jahre alt. Er beschreibt eine Öllampe mit automat. angehobenem Docht:

»In dem Maße, wie das Öl abnimmt, sinkt das Rad ... und dieses treibt mittels der Zähne das Rohr ganz langsam hoch.«

In seiner berühmten Hundekurve (dem Spaziergang muß der Hund bei einem Umweg den von seinem Herrn inzwischen zurückgelegten Weg berechnen) zeigt LEONARDO das Prinzip auch beim Tier (Traktrix). In modernen Handlungstheorien wird diese regulative Aktivation als maßvolle *Anpassung* beschrieben: angetrieben und selbst antreibend.

Die regulative Aktivation nannte man im Altertum »Sophrosyne« (Besonnenheit), im Mittelalter »diu mâze« (Mäßigung); im heutigen Sprachgebrauch ist sie ein »Fließgleichgewicht« (v. BERTALANFFY), bei dem ein sozialer Ausgleich oder ein Scheitern der Bestrebungen erfolgen kann.

Diese drei intentionalen Aktivationsformen, die Außenbestimmung, die Selbstbestimmung und die Mitbestimmung, schließen sich zwar eigentlich gegenseitig aus, aber in der Regel verquicken die Menschen sie miteinander, wobei sie je nach Alter, Umständen oder Situationen mehr der einen oder anderen Form zuneigen.

172 IX. Aktivationspsychologie / 6. Soziale Aktivation

A Zweieraktivität

B Gruppenaktivität

C Gemeinschaftsaktivität

Die vorher angesprochene *regulative* Aktivation (IX/5, C) setzt sich in der *sozialregulativen* oder *transaktionalen* fort. Regulation heißt hier Überwindung einseitiger Zielsetzung. Wenn man nur ein einziges Ziel oder nur wenige verfolgt, so werden zwangsläufig andere Lebensausrichtungen gestört:

Wem z. B. nur sein Motorrad wichtig ist, der kann nicht viel Rücksicht auf andere Ziele oder Menschen nehmen.

Diese Störungen sollen durch die soziale Aktivation überwunden werden.

A Zweieraktivität

MARX nannte die Aktivierung durch die Gemeinschaft eine »Erregung der Lebensgeister«. Damit ist ein anderer Ausdruck gefunden, wie man die Aktivation als Erklärung für die Förderung psych. Veränderung einsetzen kann. Wir unterliegen einem Gemeinschaftsdruck, der uns ebenso aufrütteln wie erstarren lassen kann.

Die Zweierbeziehung ist durch das evolutionäre Fortpflanzungsprinzip der Zweigeschlechtlichkeit bei den höheren Lebewesen zu einem tragenden Gemeinschaftsvollzug geworden. Nicht allein die Triebtheorien der Aktivation erklären die zwingende Notwendigkeit für diesen Gemeinschaftsantrieb: Von der hormonalen bis zur existentiellen Erklärung der »Symbiose« zwischen Frau und Mann reichen ihre Begründungen. Es dürfte sicher sein, daß in dieser Beziehungsform eine, wenn nicht sogar die entscheidende Verursachung psych. Erregung gegeben ist.

Aber wie bei allen positiven Möglichkeiten sind auch die negativen nicht auszuschließen.

In der Liebe wird die Zweisamkeit als höheres Selbst erlebt (A_1), indem die Interessen des Partners den eigenen gleichgestellt werden.

Wenn die regulative Voraussetzung für den Interessenausgleich fehlt, entstehen Rangauseinandersetzungen mit gegenseitigen Abwehrbewegungen, z.B. in der milden Form der verschränkten Arme (A_2).

Für die Sozialgesellschaften (z. B. die Nationen) ist diese unterste Ebene der Gemeinschaftsbildung von großer Bedeutung, wenn sie auch oft nur als biolog. Bestandssicherung der Großgemeinschaft gesehen wird.

Darüber hinaus ist die Zweierbeziehung auch das Grundmodell für alle größeren Gemeinschaftsbildungen: Wenn diese unterste Ebene im Querschnitt der Bevölkerung keine Tragfähigkeit aufweist, ist es schwer denkbar, wie sie bei umfangreicheren Gemeinschaften erreicht werden kann.

Dieser Gedankengang bildet die Grundlage der Lehre des KONFUZIUS. Ein früher Konfuzianer (CHU HSI) schreibt:

»Nur wenn man den Sinn gerade richtet, wird die eigene Person veredelt. Nur wenn man die eigene Person veredelt, werden die Familien geordnet. Nur wenn man die Familien ordnet, werden die Länder gut regiert. Und nur wenn man die Länder gut regiert, ist Frieden in der Welt.«

B Gruppenaktivität

Eine der wichtigsten Daseinsaktivierungen ist die Gruppenbildung. Jeder ist Mitglied einer Reihe von Gruppen, z.B. der Familie, des Freundeskreises, der Arbeitsgruppe, die ihn zu einer Intensivierung seines Lebens befähigen. Dafür sind hauptsächlich drei Gründe zu nennen:

(1) Die Gemeinschaft vermittelt einen *Erlebnisanstieg* durch die Menge der Anregungen, das Zusammengehörigkeitsgefühl, den Leistungsgewinn durch mehrere Teilnehmer, die Sympathierückmeldung mit dem emotionellen Klima der Gruppe. Typisch für funktionierende Gruppen ist ihr Risikoschub, d.h. die Vermehrung der Risikobereitschaft.

(2) Bes. Aktivierungsvorteile bietet die Gruppe durch den *Gruppenprozeß*. Ohne Gruppe gäbe es weder Ränge (z.B. Führungspositionen) noch Rollen (z.B. Hilfsanbieten). Die Gemeinschaftserfolge werden zumeist intensiver als Einzelerfolge ausgelebt.

(3) Umgekehrt beleben auch die notwendigen *Widerstände* in der Gruppe und durch sie: man muß z.B. Entscheidungen durchsetzen oder die Gruppe zusammenhalten. Das gilt nicht nur für Dauergruppen, schon bei »ad-hoc-Gruppen«, z.B. einigen Personen, die zu einem Tischfußballspiel zusammenkommen, entwickelt sich eine solche Erlebnisaktivierung.

C Gemeinschaftsaktivität

Alle Großgemeinschaften, z.B. Stämme, Nationen, Kirchen, Parteien, haben best. Verhaltensnormen entwickelt, wie das Gemeinschaftsleben aktiviert werden kann. Dabei sind 2 Hauptregeln ersichtlich.

(C_1) Für den Eintritt in die Gemeinschaft werden Hürden entwickelt, damit die Zugehörigkeit attraktiv gemacht wird. Parteieintritte (und -säuberungen), Stufen des Berufseintritts (Lehrling, Geselle) sind Beispiele dieses Prinzips.

Bei einigen indones. Stämmen üben die Jungen an einem mit Stroh verhüllten kleineren Stein den zur Mannbarkeitserklärung geforderten höheren Sprung.

(C_2) Das Gemeinschaftsgefühl wird durch Formen der Massenbewegung belebt, wie periodisch wiederkehrende Massenfeste (Prozessionen, Meisterschaften etc.), Massenrituale.

In Sri Lanka ziehen Dorfgemeinschaften auf heilige Berge und halten dort ein großes Tuch als Symbol ihrer Zusammengehörigkeit über sich.

Bei übertriebener Gemeinschaftsaktivierung kann es leicht zu einer Gegenaktivierung (Reaktanz-Effekt) kommen: Man versucht, dem Konformitätsdruck zu entgehen.

174   IX. Aktivationspsychologie / 7. Aktionsgenese

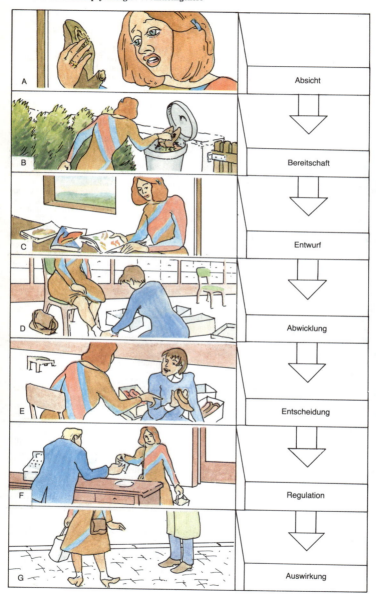

Die psych. Aktivierung des Menschen erfolgt je nach den Zielen, die er sich augenblicklich oder langfristig setzt. In einer »Theorie der Lebenswelt« (SCHÜTZ, 1982) wird versucht, diese Bereiche überschaubar zu machen. Eine solche »thematische« Sicht auf die Aktivation betont den Verlauf von konkreten Handlungsvollzügen. Die dabei postulierten Handlungsabschnitte sind theoret. Unterscheidungen, die im konkreten Fall sehr stark abgewandelt werden. Ein typ. Beispiel mit zeitl. Handlungsabfolge ist die Kaufhandlung.

A Absicht

Wir wollen uns ein Paar Schuhe kaufen. Bei der Überlegung, wann und wie der erste Anreiz dazu aufgetaucht sein könnte, stoßen wir auf versch. Möglichkeiten:
Vielleicht haben wir ein nicht mehr zu reparierendes Loch in den abgetragenen Schuhen entdeckt – oder wir brauchen ein Paar für einen bes. Anlaß – oder jemand aus unserer Umgebung will sich Schuhe kaufen, und wir schließen uns an.
Die Absicht steht am Beginn der »hierarchischen Handlungsorganisation« (MILLER, GALANTER, PRIBRAM). Wir empfinden einen Appell, d. h. ein Verlangen, eine Begehrlichkeit ist in uns erwacht. Trotzdem kann man die alten Schuhe irrational aufbewahren, ohne sie je wieder zu gebrauchen.

B Bereitschaft

Im Appell (Handlungsaufforderung) bauen sich unsere Motive und Erfahrungen auf. Hier geht es schon um ganz best. Wunschvorstellungen, z. B. um Eleganz, um Prestige oder um Verwirklichungen unseres »Alltagswissens« (MATTHES), d. h. unserer Erfahrungen und Sinnreflexionen.
Die zu erwerbenden Schuhe sollen anders sein, z. B. zweckmäßiger, modischer, kostbarer, oder sie sollen z. B. (unreflektierte) Schutzbedürfnisse befriedigen, was sich konkret im Wunsch nach derberem Leder oder dicken Sohlen ausdrücken kann.

C Entwurf

Der eigentl. »Handlungsstrom« (ATKINSON, BIRCH) wird von rivalisierenden Tendenzen getragen, die ein »Handlungsflimmern« (KUHL), d. h. ein unstetes Wechseln zwischen mehreren Aktionstendenzen, erzeugen. Wie die spätere Handlung ablaufen wird, hängt wesentlich von den Überlegungen ab, die man sich vor dem Einkauf gemacht hat, ferner von den persönl. Eigenarten (Entschlußfreudigkeit, Risikoneigung), von der Art des Einkaufs (z. B. Gelegenheitskauf oder Regeleinkauf).
Die Handlungsentwürfe werden etwa durch Annoncenlektüre oder persönl. Ratschläge unterstützt. Sie reichen von »Suchbildern« (LERSCH) über »Symbolisierungen« (MEAD)

bis zu den »Plänen« (MILLER u. a.), die eine geistige Vorwegnahme, eine »Strategie«, umfassen, wann, wo, mit wem und wie der Kauf durchgeführt werden soll.

D Abwicklung

Im Geschäft erfolgt der eigentl. »Kontrollablauf« (ROTTER). Die Rollen sind zwischen Kunden und Verkäufer verteilt, aber nicht festgelegt. Ein zögernder Kunde erwartet einen anderen Verkäufer als ein resoluter; hier kann es schon zu Konflikten kommen. An Ort und Stelle ergibt sich bald auch die Stärke oder Schwäche der Handlungsentwürfe.
Die Zahl der Alternativen (die vorgestellten Schuhmodelle) irritiert den Hilflosen, läßt den Nörgler unbefriedigt.
Diese Gründe können u. a. zu einem Kaufabbruch führen.

E Entscheidung

Der Entscheidungsverlauf ist die krit. Phase des Kaufs. In dem Kampf zwischen vorherigen Vorstellungen und jetziger Realität obsiegt die Tendenz, für die genügend Nachteile ausgeblendet und Vorteile eingegrenzt werden. Warum die Selektion (Auswahl) erfolgen muß, hat viele Handlungstheoretiker beschäftigt (SIMON, 1957; ATKINSON u. KUHL, 1976). Der Vorgang ähnelt dem der Konzentration der Bewußtheitsgrade (S. 165).
Vor dem endgültigen Entschluß beobachtet man häufig eine Ruhepause (Retardationsphase), bis der Entschluß oder Impetus mit einem »Willensruck« (STERN) oder der »Annahme einer Erfolgswahrscheinlichkeit« (GJESME) die »Zieldistanz« (RAYNER) verringert. SIMON erkannte eine Tendenz, die erst- oder nächstbeste Lösung zu ergreifen.

F Regulation

Auf dem Weg zur Kasse und bei der Bezahlung wird die Umstrukturierung der Handlung und Motivation erlebt. Häufig tauchen erneut Skrupel auf, die aber durch die Übernahme der Verkäuferargumente beschwichtigt werden.
Die Motivation ist »befriedigt«, entweder sinkt sie ab oder sie nimmt eine andere Qualität an (z. B. eine Art Stolz auf die »Beute«).

G Auswirkung

Erfolg oder Mißerfolg des Kaufs sind keine rein objektiven Daten, wie etwa ein Fehlkauf.
Der Erfolg mißt sich immer sowohl an der Höhe des vorherigen Anspruchsniveaus (LEWIN) wie an den Erwartungen der Umgebung.
Denn jetzt ist der Käufer gezwungen, den Kauf vor sich und den anderen zu verteidigen. Aus den Resultaten dieser Auseinandersetzung baut sich die Erfahrung für künftige Käufe auf.

176 IX. Aktivationspsychologie / 8. Aktionsstörungen

A Ipsative Störungen

B Sozialdynamische Störungen

C Dissoziale Störungen

Die Aktivation des Psychischen ist äußerst komplex und deshalb auch vielfältig störbar. Um die Vielfalt überschaubar zu machen, kann sie nach der Individualnähe (ich-, gruppen- und massenbezogen) unterteilt werden. Innerhalb der 3 Störbereiche kann man weiter nach einem »Zuviel« (Exzeß), »Zuwenig« (Defizit) und »Fehlerhaft« (Defekt) unterscheiden.

A Ipsative Störungen

Wir schicken das Kind in den Keller, um etwas zu holen. Was wird es machen?
Es könnte vor Angst erstarren und die Flucht ergreifen – oder es könnte laut pfeifend oder grölend hinabsteigen – oder es könnte zitternd gehen und dabei einige Gläser im Keller versehentlich umwerfen: Beispiele für defizitäre, exzessive und defekte Aktivationen. Es gibt kaum einen Menschen, der an ihnen keinen Anteil hätte.
Beispiele der ipsativen (selbstbezogenen) Störungen sind die »Körperschemastörungen« (PICK), die Verzerrungen der »Orientierung am eigenen Körper«. Leserzuschriften an Illustrierte zeigen die Häufigkeit:
Man findet sich zu klein, zu groß, oder die Nase zu häßlich, und manche finden sich sogar zu schön.
Auch die funktionellen Störungen (z.B. psychogene Stoffwechselstörungen), Leistungsstörungen (z.B. Schulphobie), Ermüdbarkeit und Konzentrationsschwäche gehören hierher.
Ein bes. häufiges Defizit an Aktivation ist die Selbstunsicherheit, die in vielen Formen auftreten kann: Unselbständigkeit, Minderwertigkeitsgefühl, mangelnde Risikobereitschaft, Krisenüberschätzung, Verlegenheit, Schüchternheit, Hemmung, Entscheidungsängstlichkeit, Zukunftsfurcht.
Zu den exzessiven Störungen gehören z.B. die hyster. Störungen mit theatral. Exzessen und die Selbstaggressionen, die bis zum Selbstmord reichen.
Weitere selbstbezogene Defektstörungen sind die Selbstentfremdungen, Zwangsneurosen und Depressivitäten (S. 237).

B Sozialdynamische Störungen

Der Außenseiter ist der Prototyp für die defizitären sozialdynam. Aktivationsstörungen. Er sondert sich ab (Ditention), baut nur geringe Beziehungen auf, verzögert Rückmeldungen und reduziert dadurch verstärkt seine eigene soziale Aktivation.
Umgekehrt ist die Aggressivität die typische exzessive sozialdynamische Störung. Das sozialschädigende Verhalten des Aggressiven tendiert zu »kaptativen« (SCHULTZ-HENCKE) oder besitzergreifenden Kontakten, unterbindet Sympathiebeziehungen, stützt sich auf Erpressungen, zerreißt Gruppenzusammenhänge und steigert insgesamt das soziale Mißtrauen.

Vier bedeutende Sektoren von Störungen der Gruppenaktivität lassen sich herausheben.
(1) *Kontaktstörungen.* Auf tiefster Ebene verhindert die Deprivation den Aufbau von Aktivität. Wo keine »Privationen« (GEWIRTZ), also förderl. Kontakte in der Sozialisation, auftauchen, gerät der Heranwachsende in eine soziale Mangelsituation (z.B. Mutterlosigkeit, Hospitalismus, Folgen von Arbeitslosigkeit). Schwächere Formen an Deprivation entstehen, wenn die Menge an Rückmeldungen (z.B. zwischen Mann und Frau über die tägl. Erlebnisse) als zu niedrig bzw. zu hoch empfunden werden.
(2) *Beziehungsstörungen.* Bes. die Nichterfüllung von Rangwünschen (man fühlt sich zu wenig anerkannt); ferner ungelöste Konflikte, die unbemerkt weiterschwelen, z.B. in Form von Beleidigtsein.
(3) *Normenstörungen.* Verletzungen von Spielregeln der Gemeinschaft; entweder lehnt ein Teilnehmer einzelne Normen ab, oder er übersieht ständig, daß man von ihm eine Bereitschaft, für die Gruppe einzustehen, erwartet.
(4) *Situationsstörungen.* Die gegebene Lage oder die augenblicklichen Umstände können so bedrückend sein, daß Hilfe und Ausweg gesucht wird, oder daß man resignierend die psych. Folgen trägt.
Man freut sich auf den Urlaub; aber am neuen Ort ist alles ganz anders, als man vielleicht irrational erwartete.
Nicht wenige Aktionsstörungen resultieren aus unbewältigten Situationen: Sachzwänge von Organisationen, Unsicherheit an fremden Orten, Ablöseprobleme, Abschiedsphasen der Sterbeforschung (KÜBLER-ROSS).

C Dissoziale Störungen

HEROSTRAT, ein junger Mann aus Ephesos, steckte 356 v. Chr. den Artemistempel in Brand, weil er berühmt werden wollte (was ihm auch gelungen ist).
Als verbrecher. Ruhmestat ist das Herostratentum ein Beispiel für eine gestörte Aktivation gegen die gesamte Bevölkerung.
Neben der Delinquenz als rechtswidriger Form der Aktivation (»verbrecherische Energie«) gibt es auch allgemeinschädigende Handlungen, die sich rechtl. schwer greifen lassen: z.B. Umweltzerstörung, Querulation oder Cliquenbildung mit Bedrohungscharakter. Mancher zeitgenöss. HEROSTRAT rächt seine eigenen Neurosen an der Gesellschaft, wie umgekehrt die Gesellschaft durch die »Etikettierung«, die Festlegung, was »krank« ist, den einzelnen niederhält.
SIGMUND FREUD faßt die Hauptquellen der Aktionsstörungen so zusammen:
»die Übermacht der Natur, die Hinfälligkeit unseres eigenen Körpers und die Unzulänglichkeit der Einrichtungen, welche die Beziehungen der Menschen zueinander in Familie, Staat und Gesellschaft regeln«.

178 X. Kognitionspsychologie / 1. Forschungsmethoden

A Introspektion

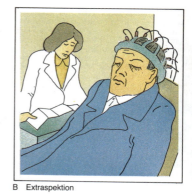

B Extraspektion

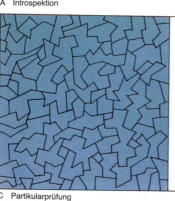

C Partikularprüfung

D In-vivo-Verfahren

In der frühen *Kognitionsps.* der 60er Jahre wurde der Begriff Kognition für die meisten psych. Prozesse als Sammelbegriff verwendet (dazu gehörten u. a.: Denken, Wahrnehmen, Aktivation, Wille, Gedächtnis, Lernen). Wie bei der frühen Lernps. der 30er Jahre überzog man im Aufschwung der neuen Richtung ihre Reichweite.

Aber das Forschungsgebiet Kognition ersetzt die anderen Bereiche nicht. Vielmehr vermittelt dieser neue Zweig der Ps. eine bessere Erklärung der geistigen Funktionen des Menschen. Suggerierte der frühere Begriff Denken eine getrennte »Höhenschicht« des Psychischen, so jetzt der Begriff Kognition eine aufsteigend durchgängige, spezifisch menschliche Daseinsbewältigung.

Kognition ist das vorsätzl. Bemühen, Gegenstände zu finden, zu erfassen, zu erkennen, zu verstehen, zu unterscheiden, sie einzuordnen, zu beurteilen und als Themen zu behandeln, d. h. durch unterschiedl. geistige Verfeinerungen (Konkretisierung und Abstrahierung) zu verändern.

Durch diese breitere Definition gegenüber dem Begriff Denken kann man z. B. auch den ganz unklaren Vorstellungsverknüpfungen (die FREUD als »unbewußtes Bewußtsein« bezeichnet hat) einen Platz im Geistesleben zuweisen.

A Introspektion

Da das »Kognitionieren« (also das Denken im weiteren Sinn einer im Kopf vollzogenen Vorwegnahme) von außen nur an den Handlungsausläufern beim anderen erkennbar ist, hat zu Beginn der Experimentalps. im 19. Jh. WILHELM WUNDT angenommen, es ließe sich überhaupt nicht experimentell untersuchen. Am Anfang des 20. Jh. versuchte man in der »Würzburger Schule« der Denkps. bei erfahrenen Vpn., ihre Denkerlebnisse durch Nachfragen zu ermitteln. EDOUARD CLAPARÈDE objektivierte (u. a.) die Introspektion, indem er die Vpn. durch »lautes Denken« Mitteilung während des Denkakts machen ließ. Heute nennt man die erneuerte Methode »verbalisierte Suchstrategie« (B. REISER).

B Extraspektion

In der Extraspektion werden körperl. Veränderungen untersucht, die sich während des Denkverlaufs ergeben. Sieben Methodenbereiche sind zu nennen: Hirnstrom- (EEG), Hautpotential- (PGR), Muskelaktions- (Mikrovibration, EMG), Herzaktivitäts- (Blutdruck, EKG), Augenaktivitäts- (EOG), Atemtätigkeits- (Frequenz und Umfang) und Messungen allg. Zuständlichkeit (Körpertemperatur, Drüsensekretion, Erektion).

Für Denkuntersuchungen werden die elektr. Messungen des Hautwiderstands (abgegriffen an den Fingern; fälschlich als »Lügendetektor« bezeichnet) und das Elektroencephalogramm (Abb. B) bevorzugt.

C Partikularprüfung

Den umfangreichsten Methodenteil umfassen Leistungsmessungen bei der Denktätigkeit. Ein Beispiel zeigt Abb. C.

Was ist das?

2 verschiedenfarbige Rechtecke mit vielen verbundenen Strichen.

Dabei können es die Vpn. bewenden lassen. Neugierige begnügen sich nicht damit (ein höheres »Explorationsniveau« gehört zu vielen intelligenten Menschen), sie werden Unterschiede suchen.

Die Rechtecke sind fast gleich, aber das eine hat mehr Striche.

Wieder können sich die Vpn. zufriedengeben. Um weiterzukommen, d. h. die Anzahl der zusätzl. Striche angeben zu können, braucht man eine »Strategie«, einen Handlungsplan (z. B. nimmt man ein Lineal und fährt zeilenweise abwärts). So erreicht man *selbständig* das Endergebnis:

rechts 30 Striche mehr.

Dieses Beispiel für die Methode der Problemlösetechniken kann man auch als Vorgabeversuch gestalten. Die Vp. erhält den *Auftrag*, die fehlenden Striche zu finden. Dann ist der Versuch lediglich ein Leistungstest für die Konzentrationsfähigkeit, ein Beispiel für Untersuchungen von Teilleistungen beim Denken.

D In-vivo-Verfahren

Der Psychologe DIETRICH DÖRNER hat nach dem Modell von Grünstadt eine fiktive Stadt »Lohausen« erstellt, ihre räuml., institutionellen, verkehrs- und versorgungstechn. (»logistischen«), industriellen, finanziellen usw. Bedingungen in 1200 Faktoren in einen Computer eingegeben. Jede der 48 Vpn. wurde zum »Bürgermeister« mit unbegrenzten Vollmachten eingesetzt. Die Konsequenzen ihrer Entscheidungen errechnete der Computer.

Bei manchen prosperierte die Stadt, andere richteten sie zugrunde. Was zeichnet die guten Bürgermeister aus?

Sie sind wißbegieriger, haben keine Angst vor Veränderungen, passen einem hierarch. Plan kleinere Lösungsschritte ein.

Dem Übereifrigen droht die Gefahr, durch Verzettelung in Teilprobleme den Überblick zu verlieren, bis er in blinder Panik genau das Falsche tut.

Das richtige Verhalten liegt weder am guten Willen, noch an überragender Intelligenz, noch an Kreativität, sondern an der Überblicksfähigkeit, durch die man ein gutes schemat. Modell in flexibler Weise handhabt. Damit sind neuartige, lebensnahe Methoden für die Kognitionsforschung entwickelt.

Eine methodische Gruppe wird hier übergangen und erst später dargestellt: die Untersuchungen zur Entwicklung logischer Operationen (vgl. XIV/4). JEAN PIAGET stellte Modelle auf, ab welcher Entwicklungsstufe Kinder zu bestimmten kognitiven Lösungsstrukturen befähigt sind.

180 X. Kognitionspsychologie / 2. Kognitionstheorien

A Mediationstheorie

B Umstrukturierungstheorie

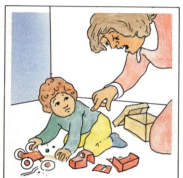

C Explorationstheorie

D Faktorentheorie

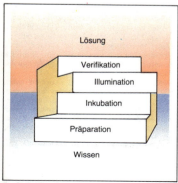

E Stufentheorie

F Bedeutungstheorie

Wie denkt der Mensch? Was geschieht »Geistiges« in seinem Kopf, wenn er im Alltag nachdenkt: z. B. was mache ich heute, wie komme ich damit klar, wie soll ich das verstehen, worin liegt da der Unterschied, welche Folgen könnte das haben?
Die Kognitionstheorien versuchen, auf diese Fragen eine Antwort zu geben.

A Mediationstheorie

Denklogisch ist etwas nach ARISTOTELES, wenn aus zwei sicheren Sätzen ein dritter Satz erschlossen wird:
»Alle Menschen sind sterblich –
SOKRATES ist ein Mensch:
Also ist SOKRATES sterblich.«
Für diese »Konklusio« (Verknüpfung) wurden von den engl. Empiristen des 18. Jh. die Assoziationsgesetze (S. 127) ermittelt. Im 19. Jh. stellte EDWARD BRADFORD TITCHENER das Denken als innerl. assoziative Bewegung dar. Heute wird das Denken von dieser Theoriengruppe als Verknüpfung über (hauptsächlich sprachliche) »Mediatoren« (vermittelnde Zwischenglieder; OSGOOD) angesehen:
Äpfel, Tomaten, Kohl:
(als Konklusio) Pflanzenkost.

B Umstrukturierungstheorie

Ein Huhn, das wegen des Zauns den Freßnapf nicht erreichen kann, muß einen Umweg nehmen (das gelingt erst höheren Tieren).
Viele Zaubertricks wirken ähnlich wie der Zaun für das Huhn. Man muß durch eine Idee, wie es gehen könnte, »dahinter«kommen. Das Kernstück des Denkens ist nach dieser Theorie ein Verwandeln oder Umstrukturieren.
Schon GOETHE nannte das Denken ein »Warten auf den guten Einfall«.

C Explorationstheorie

Seit den frühen Zeiten der Lerntheorie (PAWLOW) nimmt man einen angeborenen »Orientierungsreflex« an: Wir achten aktiv auf unser Umfeld, aus »Interesse am Neuen« (PIAGET) oder einer gesteigerten Neugieraktivität (»Explorationsverhalten«, BERLYNE).
Das Kind möchte wissen, wie das Auto funktioniert, und nimmt es auseinander.
Denken ist danach eine Superorientierung: Der Denker ist ein »Forscher«.

D Faktorentheorie

Der Lehrer zeigt Zeugnisse: Ein Schüler ist in Mathematik und Physik gut, der andere in Englisch und Französisch.
Man spricht von höheren Korrelationen, d. h. Übereinstimmungen *innerhalb* der naturwiss. oder geisteswiss. Fächer mehr als *zwischen* ihnen. Durch die Faktorenanalyse (S. 73) wurden daraus Bündelungen errechnet, die ein Denkleistungsbild mit mehreren Schwerpunkten ergeben.

E Stufentheorie

Man fragt, »welches Schema von Fällen (gibt es), dem die Lösung eines Problems mehr oder weniger entspricht« (GUILFORD, 1964). Zu Beginn des 20. Jh. wurde das Denken in Stufen eingeteilt; u. a. von WALLAS:
Präparation (Sammlung von Informationen), Inkubation (Fortschritt der unbewußten geistigen Arbeit), Illumination (Auftauchen einer Lösung), Verifikation (Prüfung und Ausarbeitung der Lösung).
Während einige Forscher diese Stufen vermehrten, ging man allg. auf 2 Hauptstufen zurück; so u. a. PIAGET (angleichende Assimilation und erweiternde Akkommodation), RUMELHART u. LINDSAY (Datenbasis und Interpretation), McCARTHY u. HAYES (epistem. und heurist. Struktur). Denken ist danach ein aufbauender Prozeß.
In der *Wissenssicherung* werden nicht nur Informationen angehäuft, sondern Verbesserungen erzielt durch Beseitigung von Wissenslücken, Unschärfen, Fehlern sowie Unvereinbarkeiten.
Denken ist aber auch ein Verarbeiten (z. B. Deutung, Veränderung, Problemlösung, kreative Neuschöpfung). Das Hauptinteresse dieser Gruppe gilt den versch. »Mittel-Ziel-Analysen« (NEWELL u. SIMON), z. B. nach den eingesetzten Kriterien (gut – schlecht, richtig – falsch usw.) oder den Planungsschritten (Vor- und Rückwärtsprüfungen).

F Bedeutungstheorie

Diese Theorie versucht, die höchsten kognitiven Leistungen zu fassen: wodurch gelingt die abstrakte Durchdringung der Welt?
Nach der Bedeutungstheorie (vgl. II/5, C und XIII/4, B) besteht eine zeichentheoret. Beziehung zwischen den Gegenständen und ihrer Bedeutung (Prinzip von Träger-Muster-Bedeutung; vgl. V/1, C). Die Bedeutung tritt mit stufenförmigem Abstraktionsgehalt auf. CH. DARWIN (1872) fand bei Naturvölkern nur einen geringen sprachl. Abstraktionsgehalt (z. B. nur Zahlenwerte bis 4).
Die Abstraktionsstufen beginnen bei der *Konkretion* (ausreichende Fülle von Anschauungsmaterial), führen weiter zur *Prädikation* (anschauliche Abstraktheit, verbal-nonverbale Beispielsebene), *Komparation* (vergleichende Beziehungsstiftung zur Heraushebung gemeinsamer Merkmale) und zur *Reflexion* (Generalisierung vor Allgemeingültigkeit). In der Reflexion steckt wiederum die Rückwendung zur Konkretion, um das Allgemeine mit dem Besonderen zu verbinden (*Symbolisierung*).
Der Abstraktionsprozeß wird gefördert oder gehemmt durch Information (z. B. als Redundanz), Kommunikation (z. B. im intellektuellen Niveau der Beteiligten), Destination (z. B. im Denkzweck) und Konvention (z. B. als in der Gesellschaftsschicht erwartetes Abstraktionsniveau).

182 X. Kognitionspsychologie / 3. Denkanteile

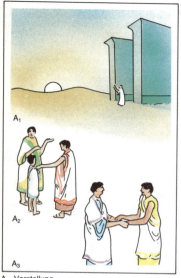

A Vorstellung

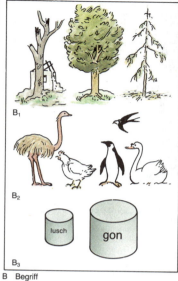

B Begriff

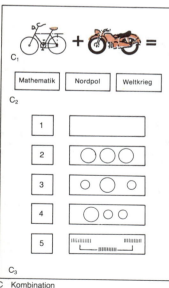

C Kombination

D Operation

X. Kognitionspsychologie / 3. Denkanteile 183

In unzähligen Definitionen wurde versucht, den Denkakt zu beschreiben. Ganz allg.:

Denken ist ein (wortloses oder lautes) Erwägen von Möglichkeiten; ein Zurechtrücken vergegenwärtigter Inhalte.

Eine solche Beschreibung ist ihrerseits ein typ. Denkprodukt: in der beständigen, rückgekoppelten inneren Diskussion sieht man eines der wichtigsten Merkmale des Denkens. Für das Denken lassen sich die folgenden unverzichtbaren Hauptmerkmale festhalten.

A Vorstellung

Denken ohne Inhalte ist ausgeschlossen. Welcher Art diese Inhalte sind, hat immer wieder zu Kontroversen geführt.

Bereits in den Upanishaden (S. 33) stehen Auseinandersetzungen um den Vorrang von Denken oder Sprache.

Der sowjet. Diktator STALIN hat die Identität von Denken und Sprache zum Dogma erhoben.

Aber jeder kennt ihre Selbständigkeit:

Wer denkt heute noch bei der Bezeichnung »Sonnenaufgang« (A_1) die alte Vorstellung einer tägl. »Urzeugung« der Sonne mit?

Auch der Forscher weiß, daß er für neue Entdeckung zunächst weder Wörter noch Zeichen zur Verfügung hat (»graues«, noch nicht verbalisiertes Wissen), bis ihm aus vagen Vorstellungen schließlich verbale oder math. Formeln einfallen.

Die Bezeichnung »Vorstellung« umfaßt das große Feld »blasser« geistiger Schemen bis hin zu inhaltsreichen Phantasieprodukten mit genauer »ikonischer Repräsentanz« (BRUNER). BERLYNE unterscheidet dazu 3 Formen:

Reizmuster (räumliche Bildvorstellungen),

Reaktionsmuster (gestische Vorstellungen),

Symbole (transformierte Bedeutungen).

Natürlich können Denkvorstellungen und Sprache auch eine Einheit bilden.

Wenn man, wie im Lateinischen, sprachlich zwischen dem Onkel mütterlicher- und väterlicherseits (A_2) unterscheidet, dann auch bei den Vorstellungsinhalten.

Die meisten Wörter lösen Bildvorstellungen aus, z. B. das Wort »Tausch« (A_3) wechselseitige Handreichungen.

B Begriff

Strauß, Huhn, Pinguin, Schwalbe und Schwan (B_2) können als einzelne Tiere gesehen werden, aber auch vereinigt unter dem Begriff »Vogel«.

Begriffe entstehen aus Vorstellungen durch *Bündelungen* von versch. Inhalten; durch *Abstrahierung*, wenn auf Merkmale geachtet wird, die sich wiederholen; durch *Hierarchisierung* in Begriffsränge, wenn sie enger begrenzt und konkreter (z. B. der Begriff »Gleichheitsgrundsatz«) oder größer und inhaltsleerer (der ähnl. Begriff »Gerechtigkeit«) gefaßt werden.

Die Vorstellungen von Begriffen entwickeln sich von allein weiter oder werden bewußt (von uns selbst oder anderen) verändert, z. B. die Abrufeigenschaften des Begriffes Baum (B_1).

Auf die Frage »Was fällt Ihnen zu ›Baum‹ ein?« tauchten nach dem II. Weltkrieg häufig kriegszerstörte Bäume in den Erstassoziationen auf;

10–20 Jahre später dominierten die schönen grünen Bäume;

gegenwärtig drängen sich Bilder vom Baumsterben vor.

Zu den allg. Tendenzen der Begriffsbildung zählen eine laufende Vermehrung mit neuen Bildelementen, eine gegenläufige Entleerung von absterbenden Bildmomenten und eine Umstellung oder Verschiebung, wenn Wörter eine veränderte Bedeutung erhalten. Wie schnell das gehen kann, zeigen die sog. Wygotski-Blöcke (B_3):

belegt man die versch. großen Zylinder mit den sinnlosen Silben »lusch« und »gon«, so läßt sich bald an den Silben ein Größenunterschied erleben.

C Kombination

»Erkennen durch Begriffe« (KANT) ist eine untere Stufe des Denkens. Zum eigentl. Denken gehört die Herstellung eines Begriffsgeflechts; u. a. um Oberbegriffen (C_1):

Fahrrad + Motorrad = Zweirad.

In der 3-Wort-Methode von R. MASSELON (1903) werden 3 Begriffe genannt (C_2), die zu einem Satz verbunden werden sollen. Anschließend wird als eigentl. Aufgabe berichtet, was dabei im einzelnen erlebt wurde (C_3):

(1) Spannungsumschlag (scheinbarer Leerlauf),

(2) Begriffshöfe (z. B. zu Nordpol Kälteeindrücke),

(3) Zentralwort (eines ist wichtiger),

(4) Beziehungsgefüge (das Leitwort wird an den Anfang oder Schluß gestellt),

(5) Ausformulierung (der Satz wird gefeilt).

Allerdings ist der tatsächl. Ablauf meist viel verworrener.

D Operation

Manchmal behindert das Denken das Handeln oder macht Taten überflüssig; aber i. d. R. wirkt das Denken auf das Tun förderlich, es führt zur Ausführung. Sogar angemerkte Handlungen werden durch »bloßes« Denken provoziert (Carpenter-Effekt). Bei den sog. Denk-Mitbewegungen dirigiert das Denken, ohne daß wir das wollen.

Hängt man einen Ring an einem Faden über einem Kreuz im Kreis und bemüht sich, seinen Arm völlig ruhig zu halten, fängt der Ring nach einiger Übung prompt an, in die still gedachte Linienrichtung zu pendeln.

Mit dem Denken ist die unbemerkte Motorik untrennbar verbunden (vgl. Körpersprache, Kap. XIII/17).

184 X. Kognitionspsychologie / 4. Kognitive Stile

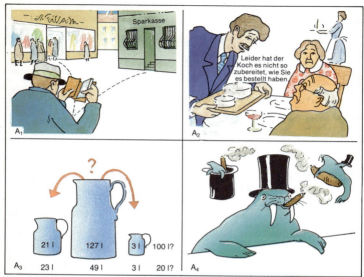

A Routinestil

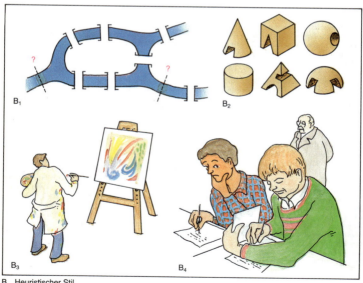

B Heuristischer Stil

X. Kognitionspsychologie / 4. Kognitive Stile 185

»Denken ist ein Interpretieren nach einem Schema, welches wir nicht abwerfen können« (FRIEDRICH NIETZSCHE).
Solche Schemata lassen das Denken erstarren, aber sie können auch flexibel gehandhabt werden. Die existentielle Bedeutung der Denkstile ist von der Ps. noch nicht erschöpfend behandelt worden. Wofür nützt man das Denken? Am leichtesten lassen sich Eckpositionen ausfindig machen.

A Routinestil

Routine wird häufig mißachtet als eine Ausführung ohne innere Anteilnahme. Aber wenn man sich die tägl. Denkleistungen z. B. im Beruf ansieht, ist klar, daß es unmöglich ist, sie alle ständig neu zu erleben und mit innerer Betroffenheit und intensiver Überlegung in Angriff zu nehmen. Das wäre völlig unökonomisch. Wir brauchen nicht nur ein automatisiertes Handeln, sondern auch ein schematisiertes Denken, um der Fülle der geistigen Anforderungen Herr zu werden.

(A_1) Wer vor der tägl. Einkaufssituation steht, wird die Alternative »kaufen oder sparen« nicht als ein Entscheidungsproblem erleben; er weiß längst aus Erfahrung, was er tun wird.
(A_2) Anders ist es bei unerwarteten Widrigkeiten. Was wird der Gast sagen, wenn der Kellner das Falsche bringt? Aber auch dafür gibt es typ. Denkverhalten; der eine wird schimpfen und das Essen zurückweisen; der andere wird abwiegelnd sagen, daß es ihm nichts ausmacht, dazwischen sind viele andere Antworten möglich.
(A_3) Wie schnell man in geistige Routine verfällt, zeigt ein Beispiel von LUCHINS. Mit 3 Krügen, deren Fassungsvermögen man kennt, soll eine best. Menge Wasser möglichst einfach abgemessen werden.

Um mit den 21-, 127- und 3-Liter-Krügen 100 l zu erhalten, gießt man, vom mittleren Krug ausgehend, einmal 21 l und zweimal 3 l ab.

Danach folgten in den Versuchen einige Aufgaben mit dem gleichen Lösungsprinzip (vom mittleren Krug ausgehend).

Dreiviertel der Vpn. verfielen so in eine Routine, daß sie auch die untere Aufgabe (23, 49, 3: zum Endresultat 20 l) vom mittleren Krug (49 l) ausgehend lösten, obgleich es natürlich viel einfacher gewesen wäre, bloß einmal aus dem linken Gefäß 3 l in das rechte abzufüllen, um 20 l zu erhalten.
(A_4) »Walroß mit Zylinder und Zigarre«. Fast jeder sieht den Zylinder auf dem Kopf des Walrosses und die Zigarre in dessen Maul, wogegen man sie sich auch nebeneinander hätte vorstellen können.
Man neigt i. d. R. dazu, Denkvorstellungen zusammenzuziehen.
Diese Beispiele zeigen unseren Hang zur Denkökonomie. Mitgeteilte oder selbsterlangte Erfahrungen führen zur Routine.

Nachteilig wird diese Art Ökonomie, wenn sie Neuerungen verhindert (Innovationswiderstand) oder negative Voreinstellungen oder Vorurteile hervorbringt.

B Heuristischer Stil

»Heureka« (ich hab's gefunden) rief ARCHIMEDES, als ihm eine neue Lösung geglückt war. Heurist. Denkstil ist also ein Denkverfahren, bei dem neuartige Lösungen zu finden sind, wenn die Routine nicht weiterhilft.
(B_1) Zur Zeit KANTS waren in Königsberg die durch die Flußarme des Pregel getrennten Stadtgebiete durch 7 Brücken verbunden. Die Frage des Mathematikers EULER:

> kann man bei einem Rundgang jede Brücke überschreiten, aber jede nur einmal?

(Es geht nicht.)
(B_2) In der oberen Reihe sind Perrischacks abgebildet, die Figuren der unteren Reihe sind keine. Frage:

> Was sind Perrischacks?

(Körper mit einem Durchbruch, aber nicht mit zwei oder keinem.)
Beide Fragen sind ähnlich, denn für sie steht das zu suchende Ziel fest, nur die Wege dahin unterscheiden sich. Im ersten Beispiel kann man herumprobieren, im zweiten sehr viel weniger. Dazu braucht man wie der Wissenschaftler erst eine Hypothese, die in Überprüfungen bestätigt (Verifikation) oder verworfen (Falsifikation) wird.
Diese »Mittel-Ziel-Analyse« kann noch gesteigert werden, wenn auch die Ziele offen bleiben.
(B_3) Der Maler kennt oft sein Endziel noch nicht, wenn er zu malen beginnt.
(B_4) Auch der Alltag liefert Entscheidungssituationen ohne eindeutige Ziele.
Ob ein Schüler seinen Mitschüler abschreiben läßt, kennzeichnet auch seine Ziele: will er seinen Vorsprung (gegen den Rivalen) ausbauen, verweigert er sich; schätzt er dagegen die Gemeinschaft höher ein, wird er gern sein Wissen (und damit den Erfolg) teilen.

Die beiden genannten Denkstile decken nicht die Breite der Denkverfassungen ab. Sie kennzeichnen aber die Art, wie man sich mit Problemen auseinandersetzen kann. Allgemein ausgedrückt soll Denken das Mannigfaltige vereinheitlichen und das Vereinheitlichte durch Unterscheidungen klären.
In Denkexperimenten wurden Verbesserungen bzw. Behinderungen dafür untersucht: Feldabhängigkeit (punktuelle oder globale Einbeziehung des Umfeldes), Denkausrichtung (realist. oder irrationale Denkgewohnheiten), kognitive Landkarten (räuml. Analogien im geistigen Feld), kognitive Komplexität (Differenzierungsgrad der Begriffssysteme), Spontaneität (impulsiver oder reflektierender Stil), Ausprägung (nivellierend oder akzentuierend; vgl. VII/6).

186 X. Kognitionspsychologie / 5. Denkformen

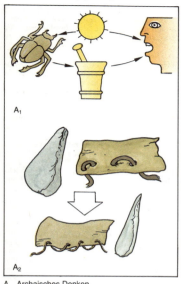

A Archaisches Denken

B Analoges Denken

C Kausal-lineares Denken

D Vernetztes Denken

X. Kognitionspsychologie / 5. Denkformen   187

Das *Denken* differiert von Mensch zu Mensch; allerdings unterliegen wir einer endl. Reihe vergleichbarer Denkformen. Unter diesem Begriff werden seit LEISEGANG (1928) die Begründungswege zusammengefaßt.

Wer denkt, führt seine Begriffsvorstellungen oder Begründungssätze auf zugrundeliegende Vorstellungen oder Sätze zurück, bis er so in einer Kette von Begründungen zu »Axiomen« oder letzten, für »wahr« angenommenen (oft ideologieabhängigen) »Grund-Sätzen« gelangt, gleichgültig, ob er sie erkennt oder nicht.

Vier solcher axiomatischer Begründungsformen folgen.

A   Archaisches Denken

Das Denken versucht, die Realität zu erfassen. Aber was »Realität« ist, das unterliegt immer einer Deutung. In den frühen Zeiten der Menschheit war das Denken urtümlich, »archaisch«. Aus versch. Gerätschaften und Kultgegenständen läßt sich diese Denkform erschließen. Ihr Hauptmerkmal ist die Rückführung der »Realität« auf dämonische, animistische oder magische Ursachen.

Alles unerklärliche Geschehen, z.B. Schicksal, Tod, Glück, Ursprung der Welt usw., wird außerird. Mächten und ihrem unmittelbaren Eingriff zugeschrieben.

Im altägypt. Sonnenkult betete man die Sonne in Gestalt des Sonnengottes AMON als Ursache allen Geschehens an. Der Skarabäus (A$_1$), ein Käfer, galt als heilig, weil er unter dem bes. Schutz der Sonne zu stehen schien; denn er fliegt als einziges Wesen bei heißer Mittagsglut und legt seine Eier in Kugeln aus Dung, die er von der Sonne ausbrüten läßt.

Um die Gunst der Sonne zu erlangen, zerstieß man Skarabäen im Mörser und aß sie, womit man sich Teile der Sonne einzuverleiben und sie sich gewogen zu machen glaubte.

(A$_2$) Daß es schon beim frühesten Denken Fortschritte gab, zeigt die Entwicklung von den Feuersteinwerkzeugen des Neandertalers, die beim Nähen relativ große Löcher ergaben, zu solchen der späteren Aurignac-Menschen für viel feinere Stiche.

B   Analoges Denken

Wirft man eine Münze, so fällt sie nach den Wahrscheinlichkeitsgesetzen genauso oft auf die Vorderseite wie auf die Rückseite. Bei Vpn. verdichtete sich aber subjektiv die Wahrscheinlichkeit, wenn mehrfach die Vorderseite eintraf, daß auch der nächste Wurf die Vorderseite ergibt.

Man setzt also die Erfahrung als *Analogie* unmittelbar in die Voraussage um. Weitere Beispiele:

»Mir hat es geholfen, also wird es auch dir helfen.«

»Wir haben die letzte Wahl gewonnen, deshalb werden wir auch diese gewinnen.«

»Wer einmal lügt, dem glaubt man nicht, und wenn er gleich die Wahrheit spricht.«

C   Kausal-lineares Denken

Die Mutter kommt ins Zimmer und sieht die zerbrochene Vase:

Wer war es? Der, der am nächsten bei den Scherben steht.

Nach dem Assoziationsgesetz der Nähe (Kap. VII/2) schließt man auf den linearen Ursache-Wirkung-Zusammenhang.

In Versuchen wurden elektron. Zufallsgeneratoren an Lampenserien angeschlossen. Das Aufleuchten der einzelnen Lampen war also rein zufällig. Nun gab man einen Schalter hinzu, der zwar das Aufleuchten, aber nicht die Wahl der Lampen beeinflussen konnte. Alsbald erlebten die Vpn. kausale Zuschreibungen, z.B.:

»Wenn ich fester gedrückt habe, dann leuchtete eine der oberen Lampen auf.«

Man neigt dazu, ursächl. (*kausale*) Beziehungen zu konstruieren und *linear* einzusetzen, auch dort, wo sie nicht vorhanden sind.

D   Vernetztes Denken

Die 4 Bilder sind in ihrer Reihenfolge vertauscht. Nach dem Titel ›Der Putsch‹ sollen sie richtig geordnet werden. Dazu sind versch. Gesichtspunkte (u.a. was stellt das einzelne Bild dar, welche Funktion hat die Büste im Hintergrund) in ihrem vernetzten Zusammenhang zu deuten, bis man zur folgerichtigen Reihe (3, 4, 2, 1) kommt.

Diese einfache *Vernetzung* stellt ein Abbild des Denkens im Systemzusammenhang dar. Große Systeme bestehen aus vielen Komponenten, die alle in Wechselwirkung stehen, so daß man zwischen »Ursache« und »Wirkung« nicht mehr unterscheiden kann, weil in einem Großsystem alles mit allem zusammenhängt.

So pendelt z.B. das Vorkommen von Kaninchen und Füchsen nach der Populationsrate (theoretisch) hin und her, allerdings wird es durch Abschuß oder Seuchen zusätzlich verändert.

Das »vernetzte« Denken versucht, die Dinge nicht einfacher zu nehmen, als sie sind.

Diesen 4 herausragenden Denkformen müssen noch eine Vielzahl von Denkeigenarten, z.B. die Denkstile (s. S. 185), ihre gegenseitige Vermischung, Denkabbrüche, Rationalisierungen (z.B. sog. Wunschdenken, das als Unterform des analogen Denkens gelten kann), hinzugedacht werden. Dadurch wird das Denken in seinen Ablaufbeziehungen, wie z.B. bei Diskussionen zu beobachten, leider recht schwer zu durchschauen. Und deshalb sind die vier log. Denkgesetze (der Denkgegenstand darf nicht doppeldeutig sein – Widersprüche müssen aufgehoben sein – neben wahr oder falsch darf es kein Drittes geben – jeder Satz muß zureichend begründet sein) im Alltagsdenken kaum durchsetzbar.

188 X. Kognitionspsychologie / 6. Urteilsprozesse

A Urteilsgründe

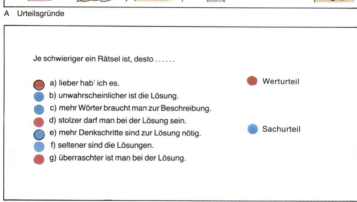

Je schwieriger ein Rätsel ist, desto ......

- a) lieber hab' ich es.
- b) unwahrscheinlicher ist die Lösung.
- c) mehr Wörter braucht man zur Beschreibung.
- d) stolzer darf man bei der Lösung sein.
- e) mehr Denkschritte sind zur Lösung nötig.
- f) seltener sind die Lösungen.
- g) überraschter ist man bei der Lösung.

● Werturteil

● Sachurteil

B Urteilsmaßstäbe

C_1 Scheinwissen C_2 Möglichkeitsbewußtsein C_3 Entschlußfähigkeit

C Urteilssituationen

Wenn jemand ein »gutes Urteil« hat, so ist damit die regelmäßige Stimmigkeit seiner Aussagen gemeint. In der Logik werden dafür die Regeln gesucht, die Ps. interessieren dagegen die persönl. Bedingungen für angemessene Urteile.

A Urteilsgründe

Eine der ältesten Urteilsaufgaben, die häufig zu Fehlurteilen führt:
(1) Ein Kunde kommt in eine Buchhandlung und kauft ein Lehrbuch zu 60 Mark; er gibt dafür 100 Mark.
(2) Da der Buchhändler nicht wechseln kann, schickt er den Lehrling mit dem 100-Mark-Schein zum Nachbarn und erhält Wechselgeld.
(3) Nun kann der Buchhändler dem Kunden zur Ware noch 40 Mark herausgeben.
(4) Später erscheint der Nachbar mit dem Geldschein und weist ihn als gefälscht vor; der Buchhändler muß ihn gegen einen echten umtauschen.
Wieviel Schaden hat der Buchhändler? Die meisten Antworten lauten 100 Mark.
Aber so einfach ist das nicht. Man muß die Handelsspanne abziehen, z. B. 30%; dann beträgt der Schaden 42 Mark plus 40 Mark Wechselgeld, also 82 Mark.
Bei den Fehlurteilen (»Fallazien«) kann man 2 Hauptgruppen unterscheiden: falsche Begründungen und falsche Schlußfolgerungen. Zur ersten Gruppe gehören die falschen Verallgemeinerungen:
»Was du nicht vergessen hast, beherrschst du. Arabisch hast du nicht vergessen, also beherrschst du Arabisch.«
(Der Vordersatz ist zu umfangreich formuliert.)
Eine andere Form ist die Mehrdeutigkeit:
»Sträuße legen Eier. Ein Veilchenbukett ist ein Strauß. Also legt ein Veilchenbukett Eier.«
(So unsinnig dieses Beispiel klingt, so oft kommen diese Fälle vor, unbemerkt, z. B. wenn Diskutanten über »Freiheit« streiten und etwas anderes darunter verstehen.)
Falsche Schlußfolgen sind nicht seltener, z. B.:
»Der Tag folgt der Nacht. Also ist die Nacht die Ursache des Tages.«
Solche »Schiebungen« im Schließen findet man häufig in polit. Diskussionen, z. B.:
»Wir haben stets vom Frieden gesprochen, also sind wir die Friedlicheren.«

B Urteilsmaßstäbe

Wenn jemand etwas abmißt, benutzt er selbstverständlich einen Meterstab. Daß »Meterstäbe« beim Urteilen genauso wichtig sind, wird leicht übersehen. Der wichtigste Maßstab ist die Unterscheidung, ob etwas objektiv nachprüfbar ist oder nicht. Objektiv nachprüfbar ist das Sachurteil: »Paris liegt an der Seine.« Nur subjektive Gültigkeit hat das Werturteil: »Paris ist schön.«

Leider ist die Trennung nicht leicht. Von den Beispielen (Abb. B) sind manche als Werturteile (a) oder Sachurteile (e) deutlicher erkennbar als die anderen.
Urteilsverwirrung läßt sich künstlich herstellen: z. B. durch Verdrehung von Wortbedeutungen (»neue« Preise, statt höhere), Mißbrauch von Wörtern (»Volksdemokratie«), abwertende Beimengungen (»Kadaver-Gehorsam«), Überhören von Einwänden, Lautstärke statt Logik. Schon in der Bibel steht (Apostelgesch. 19, 32):
»Etliche schrien dies, etliche ein anders, und die Gemeinde war irre . . .«

C Urteilssituationen

Jedes Urteil steht in mehrschichtigen Zusammenhängen, z. B. persönlichen, räumlichen, zeitlichen, die einen Einfluß auf die Urteilsbildung ausüben.
(C_1) *Scheinwissen.* W. POPPELREUTER hat Vpn. gefragt, wo in Südamerika bekannte Gebirge, Flüsse, Städte und Länder gelegen sind. Die Vpn. konnten mit »ja«, »ungefähr«, »nein« antworten. Danach legte er ihnen die Umrißlinie von Südamerika vor und forderte zum Einzeichnen auf. Das Ergebnis zeigt, daß man sich i. d. R. überschätzt.
(C_2) *Möglichkeitsbewußtsein.* Unter diesem Begriff faßte BRUNSWIK die Tatsache oft ungenügender Urteilsvoraussetzungen zusammen. Neben zutreffenden Gründen bestehen vage Eindrücke, die trotz ihrer Qualitätsunterschiede im Urteil zusammenfließen können und dann ebenfalls als »beweiskräftig« gelten. Einige häufige Urteilsverzerrungen sind:
Zentraltendenz (Urteilsverschiebung zur vagen Mitte),
Halo-Effekt (Überstrahlung durch andere Urteile),
Kontrast – Ähnlichkeit (Nachwirkung vorheriger Urteile),
Wertinterpretation (das halbvolle oder das halbleere Glas),
Appetenzeffekt (Urteilsprägung in der Erwartungsrichtung).
(C_3) *Entschlußfähigkeit.* Die Urteilsabhängigkeit kann man auch an den »Ja-aber«-Formulierungen beobachten: durch längst gefällte Überzeugungen urteilt man vorschnell in der eigenen Interessenrichtung (Vorurteil) oder man kann sich trotz offensichtlicher Gegengründe nicht zum entsprechenden Schluß durchringen (Änderungshemmung).
Man sieht z. B. die Notwendigkeit des Straßenbaus ein, nicht aber, wenn der Verkehrslärm einen selbst trifft.
Diese Konsequenzabhängigkeit wird durch weitere Abhängigkeiten verstärkt: Kulturabhängigkeit, Schichtabhängigkeit, Zeitabhängigkeit und eine Reihe von »Ermüdungseffekten« im Urteilen, wie die Unlust, sich der Mühe eines Urteils zu unterziehen, und daß man deshalb lieber ein »Kulissenurteil« (unentschiedenes Gerede) abgibt.

190 X. Kognitionspsychologie / 7. Denkabläufe

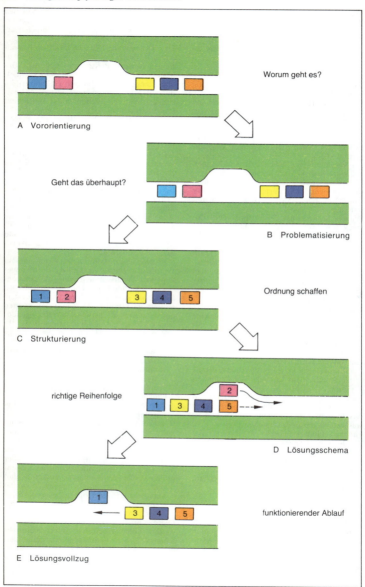

Denken ist ein »progressiver« Prozeß, d. h. mit dem Denken meint man etwas zu produzieren, das von einem versch. interpretierten *Ausgangszustand* eines Problems zu einem mehr oder weniger präzisierten *Endzustand* führt, den man als kognitiven Vollzug, als Problemlösung, als Wesensschau oder schlicht als Denkergebnis bezeichnet.

Dieser Prozeß ist vielgestaltig, so daß er manchmal als »organisches« Fortschreiten, oft als konfuses Herumirren, andererseits als formal-abstrakt oder als anschaulich-gegenständlich erlebt wird. Daraus »Denktypen« zu erstellen, ist wegen der Vielfalt zwecklos. Deshalb wird eher versucht, Stadien von konkreten Denkabläufen zu bilden.

Beim abgebildeten Beispiel soll der Lösungsverlauf in Stadien verfolgt und bewertet werden. Daneben ist die Beobachtung ps. Merkmale (Lösungsdauer, Konfliktverarbeitung, situative Reaktionen) wichtig.

A   Vororientierung

Dem russ. Psychologen TICHOMIROW fielen beim Schachspiel die raschen Augenbewegungen auf, die den REM-Phasen bei erhöhter Traumtätigkeit (s. XX/18) ähneln. In amerikan. Untersuchungen (DOWNS und STEA) wird dieser Vorgang »kognitives Kartieren« genannt. Der Mensch orientiert sich auch im »Gelände« seines geistigen Problems, indem er mehr oder weniger auffällig umhersieht.

»Worum geht es?«

2 Autokolonnen begegnen sich auf einer Einbahnstrecke mit einer Ausbuchtung.

B   Problematisierung

Wenn die Autofahrer sich tatsächlich gegenüberstehen, wird die Schwierigkeit der Lage sofort erlebt, bei anderen Problemen muß man sich erst in eine »Suchhaltung« bringen. Man kann der Problematisierung auch ausweichen: ein Fahrer kann versuchen, die anderen durch Hupen zurückzudrängen. Er nimmt den Konflikt allein auf sich bezogen wahr und sucht eine Lösung in der eigenen rücksichtslosen Durchsetzung.

Ist der Fall ein Papiertest, so kann man ebenfalls ausweichen: »Ach, solche Denksportaufgaben habe ich nicht gern.« Man muß also das Problem, z. B. aus Neugier oder Pflicht, annehmen.

Dann kann das Problem noch schlecht definiert sein; man muß es in die eigene Suchform bringen, z. B. empfundene Lücken in der Problembeschreibung schließen.

Eine Vorfrage ist die Klarstellung des Ziels:

Die Autos wollen aneinander vorbei.

Und weiter: »Geht das überhaupt?«

Wohl ja, denn Autos können vor- und rückwärtsfahren und in die Bucht paßt 1 Auto.

C   Strukturierung

Dieser Abschnitt wird oft als wichtigster angesehen; sicher ist er der problematischste und somit bes. theorieabhängig (S. 181). Das erkennt man schon an den vielen Bezeichnungen: neben Strukturierung steht Klassifikation, Hypothesenbildung, Etikettierung, Konstruktion, Planung. Alle verweisen auf die Aufgabe, das erkannte Problem »*handlich*« zu machen.

Hier geschieht es durch »Ordnung schaffen«, indem man die Autos numeriert, um die Maßnahmen beschreiben und unbrauchbare ausscheiden zu können (DUNKKER: »Bereichsbestimmung«).

Man kann in der Art der Lösungsbäume (S. 205) stufenweise Lösungen mit kleinen Modellen anstreben. TICHOMIROW zeigte aber, daß die Lösungsplanung zwischen Schachcomputer und einem guten Schachspieler Unterschiede aufweist: Der Mensch hat

1) einen anderen »Suchbedarf«, denn er kann Ziele variieren, auch eine Zeitlang einem falschen Zug nachtrauern und überlegen, wie es besser gewesen wäre.

2) ein anderes Zielverhalten; er kann viel oder wenig riskieren, langfristige Strategien oder nahe Ziele anstreben; sogar nichtdazugehörige Ziele (z. B. den anderen zu schonen) einbauen.

3) im Gegensatz zum Computer »Gruppen an Sinngehalten« oder Zielbedürfnisse, z. B. in der Bedeutung des Schachspiels, die sein augenblickl. Zielverhalten mitbestimmen.

D   Lösungsschema

Der Denkende kennt sich jetzt im Labyrinth aus, er hat eine allg. Regel intuitiv entdeckt oder systematisch erarbeitet. Im Laufe seines Lebens erwirbt der Mensch viele solcher Patentschlüssel, er gewinnt Erfahrung.

Im vorliegenden Fall ist die Faustregel: »richtige« Reihenfolge.

E   Lösungsvollzug

Der weitere Gang ist leicht, man muß ihn nur noch durchführen. Allerdings kann man die Lösung produktiv oder unproduktiv verarbeiten, seine Lösungsschlüssel in mehreren Schlüsselbünden ordnen, ihre Gruppierung bedenken, sogar neue Schlüssel *ohne* konkreten Bedarf daraus herstellen.

Diese Denkfunktion hat MARBE mit seinem »Geläufigkeitsgesetz« zu fassen versucht. Danach bilden wir Überschemata des Denkens. Darunter wird ein regelhaftes Denken verstanden, das nach bestimmten Grundsätzen zu alltäglichen Gebrauchsmustern des Denkens (Denkstereotypen) führt.

Typische Formen sind, der Häufigkeit nach, die des Kontrastes (schwarz – weiß), der Ähnlichkeit (schlecht – böse), der Kausalität (Ei – Vogel) und gelernte Sinnordnungen (Blume – Pflanze), die wie Kettenreaktionen Denkabläufe bereitstellen, durch die wir unser Denken erfolgreich und schnell machen, allerdings auch leichter in automatisierte Denkbahnen verfallen lassen.

192   X. Kognitionspsychologie / 8. Intelligenz

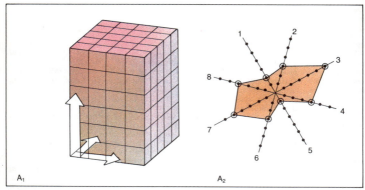

A Intelligenzstruktur

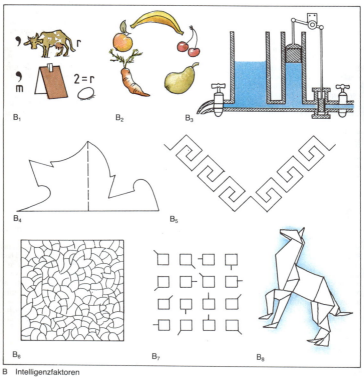

B Intelligenzfaktoren

Allgemein versteht man unter Intelligenz eine »Gabe«, durch die der eine geistig höher steht als der andere. Demgegenüber ist Intelligenz ps. gesehen eine Ansammlung von Fähigkeiten, mit denen schul., berufl. oder allg.-existentielle Aufgaben besser zu bewältigen sind. Sie stellt Bedeutungen in zweifacher Weise her: durch ihr Erfassen (»Kapieren«) und Weiterführen (»Produzieren«). Eine solche Definition deckt sofort die Mehrschichtigkeit dieses Begriffes auf.

A Intelligenzstruktur

Zur Intelligenz »als Fähigkeit zum Fähigkeitserwerb« ergeben sich 3 Fragen:
  Welche Fähigkeiten sind das?
  Wie stehen sie zueinander?
  Woran sollen sie gemessen werden?
In den Anfängen der Intelligenzforschung (GALTON) wurde das Maß an »vererbbarer Genialität« in den Stammbäumen einiger berühmter Familien gesucht. Später ergaben sich bescheidenere Maßstäbe: BINET und SIMON (1905) bekamen von der frz. Regierung den Auftrag, Tests zu erstellen, durch die man unintelligente Kinder für die Sonderschule ausgliedern kann.
TERMAN (1912, 1916) erweiterte und verbesserte den Binet-Test zum mehrfach revidierten Stanford-Test, der altersmäßig gestaffelt wurde. Durch die Eichung an 1000 kaliforn. Kindern konnte ein durchschnittl. Intelligenzalter (IA) ermittelt und dadurch die Grundlage für den Intelligenzquotienten (IQ) geschaffen werden.
Der IQ wurde ferner an der Gesamtbevölkerung geeicht, so daß eine mittlere theoret. Intelligenz nahe bei 100 Punkten festgelegt werden konnte (Genialität über 140, Schwachsinn unter 70 Punkten). Allerdings erkannte bereits BINET, daß auch außerintellektuelle Bedingungen in die Tests einfließen. Ferner waren sie Globalmessungen, die individuellen Fähigkeiten kaum Rechnung trugen (vgl. »Intelligenztests«, XIX/7).
Am Anfang der Faktorenanalyse der Intelligenz durch SPEARMAN (1904, 1927) sollte ein übergeordneter g-Faktor (genereller Faktor einer allg. geistigen Energie) zahlreichen s-Faktoren (speziellen Faktoren) gegenübergestellt werden.
(A_1) Das heute gebräuchlichste Strukturmodell mit 120 unterscheidbaren Intelligenzleistungen stammt von GUILFORD (1956). Es enthält 3 Dimensionen:
  Tiefendimension = Denkoperationen (Erkenntnis, Gedächtnis, divergente und konvergente Produktion, Bewertung),
  Höhendimension = Denkprodukte (Einheiten, Klassen, Beziehungen, Systeme, Transformationen, Implikationen) und
  Breitendimension = Denkinhalte (bildl., symbol., semant. und Verhaltensinhalte).
(A_2) Einen anderen Weg ging MEILI (1955), der wenige Primäreigenschaften zu einem in-

dividuellen Intelligenzprofil verschmolz, später in versch. Testsystemen (z. B. HAWIK) aufgeschlüsselt (z. B. 8-dimensional).

B Intelligenzfaktoren

Acht Primärfaktoren zur Erläuterung des Konzepts an einfachen Beispielen:
(B_1) *Sprachausdruck.* Das Bilderrätsel (Uhrmacher) testet das schnelle Auffinden von Wörtern: Ausdrucksfähigkeit.
(B_2) *Begriffslogik.* Einer der Gegenstände (Möhre) gehört nicht in die Gruppe (Obst): Fähigkeit des schlußfolgernden Denkens.
(B_3) *Praktisch-technische Begabung.* Was geschieht, wenn man den linken Hahn öffnet? (Der geschlossene Zufluß öffnet sich.) Die prakt. Seite der Intelligenz: Erkennen von Wirkungszusammenhängen.
(B_4) *Räumliches Vorstellen.* Rybakoff-Figuren lassen sich mit einem Schnitt so teilen, daß die Hälften zusammengesetzt ein Quadrat ergeben. Eine räuml. Umsetzung: Fähigkeit, geistige Ordnungen zu schaffen.
(B_5) *Gedächtnis.* Die Figur soll man aus anderen später wiedererkennen bzw. aus dem Gedächtnis reproduzieren: Informationsmaterial speichern und aufbereiten können.
(B_6) *Umwelterfassung.* In dem Schuppengewirr ist ein Bild zu erkennen (Vogel): Fähigkeit, auch dort etwas zu sehen, wo andere nichts erkennen.
(B_7) *Ausdauer.* In langen Listen solcher Figuren sind z. B. immer die Quadrate mit dem Strich nach unten auszustreichen (Dauer und Fehlerzahl werden in ihrem Verhältnis bestimmt). Der Intelligente braucht konzentrierte Beharrlichkeit.
(B_8) *Geschicklichkeit.* In der Papierfalttechnik (Origami) ist eine vorgegebene Lösung (Faltvorlage) mit Papier auszuführen: Fähigkeit, Gedachtes (hier nach einer Vorlage) schnell und geschickt umsetzen zu können (hier in eine Handlung: richtiges Falten).

In der Kritik der Intelligenzmessung wurde zu Recht hervorgehoben (WALTER), daß ihr ein jeweils gewünschtes Menschenbild zugrunde liegt. Der Intelligenzbegriff ist auch häufig zu abstrakt.
Wichtiger als diese oder weitere Primärfaktoren ist die »richtige synergetische Mischung« (BENEDICT); sie erst ergibt den konkreten intelligenten Menschen.

Die neuere Intelligenzforschung versucht stärker, allg. Tendenzen der intelligenten Informationsverarbeitung herauszustellen, so u. a. den Unterschied zwischen »flüssiger« (*fluid intelligence:* schnelle Umstellung auf neue Themen, große Kombinationsfähigkeit) und »kristalliner« Intelligenz (*crystallized intelligence:* hohe Unterscheidungsfähigkeit, Urteilskompetenz). Erstere wird eher jüngeren, letzte eher älteren Personen zugerechnet; beide sind aber trainierbar.

194 X. Kognitionspsychologie / 9. Problemlösen

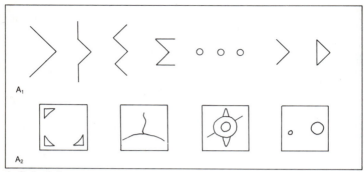

A Suchverhalten

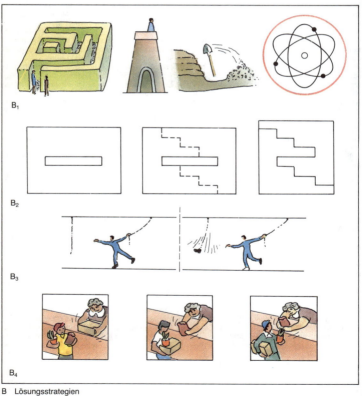

B Lösungsstrategien

Probleme sind für den, der sie wahrnimmt, geistige Aufforderungen. Sobald sie gelöst sind, stehen sie für zutreffende Kognitionen. In dieser Funktion werden sie von vielen Forschern zur Klärung der kognitiven Prozesse herangezogen.

Wenn es auch sicher überzogen ist, Denken und Problemlösen völlig gleichzustellen, dürfte doch die »Entschlüsselung« eine der wichtigsten Kognitionsfunktionen sein. Die dabei auftretenden Qualitätsunterschiede werden in erster Linie nach dem Schwierigkeitsgrad (einfache – komplexe Probleme) unterschieden.

Aber man kann auch nach anderen, weniger offenkundigen Qualitätsunterschieden des Problemlösens unterteilen.

A Suchverhalten

Zur Kognition gehört die Suchanstrengung, die der eine mehr, der andere weniger einsetzt. Ein wesentl. Qualitätsunterschied: Das Lösungsziel kann vorgegeben sein oder offen bleiben.

(A_1) *Regelsuche.* Diese Aufgabe ist zwar einfach, enthält aber doch ihre Tücken. Die 4 linken Zeichen sind vorgegeben. Sie bilden eine Reihenfolge. Die erste Lösungsstufe ist erreicht, wenn wir die darin enthaltene Regel der Veränderung erkannt haben (die beiden »Scharniere«, an denen die Schenkel je eine Achteldrehung weiterbewegt werden). Die eigentl. Aufgabe, nämlich die beiden folgenden Zeichen (rechts) zu finden, müßte dann relativ leicht fallen.

(A_2) *Themensuche.* Die sog. Drudel (vieldeutige »Ur-Situation«) haben keine allgültige Lösung. Es ist gerade der Spaß an ihnen, zu immer neuen (witzigen) Themen zu verleiten; z. B. Mexikaner mit Sombrero auf Paddelboot (3. Bild).

B Lösungsstrategien

Der Begriff Strategie stammt aus dem militär. Bereich. Deshalb haben Militärs auch die meisten Definitionen beigesteuert. GNEISENAU: »... die Wiss. des Gebrauchs von Zeit und Raum.« CLAUSEWITZ: »... eine Ökonomie der Kräfte.« MOLTKE: »... ein System von Notbehelfen.«

Strategie ist offensichtlich vielerlei.

(B_1) Für das kognitive Problemlösen typ. Lösungsstrategien:

Labyrinthstrategie, bei der man Proben, Versuche, Experimente startet, bis der richtige Weg gefunden ist.

Turmstrategie, löst einen Fall wie der Kriminalist nach Indizien, die er von höherer (geistiger) Warte beobachtet.

Schichtenstrategie, hebt wie der Archäologe Schicht für Schicht ab und baut schichtweise wieder auf, um daran das Schema, Prinzip etc. nachzuweisen.

Modellstrategie, vereinfacht, verkleinert oder vergrößert (wie im Atommodell) das Ziel, um

an diesem Modell die Funktionen zu studieren.

(B_2) Probieren: Das Rechteck mit langem Loch (links) kann man so schneiden (Mitte), daß es ein volles Quadrat ergibt (rechts). Eine solche Lösung findet man am einfachsten durch Probieren mit Papiermodellen.

(B_3) Erkennen eines generellen Lösungsprinzips. Die Aufgabe stammt von DUNCKER, einem der frühesten Problemlöseforscher: 2 Schnüre, die in entsprechendem Abstand von der Decke hängen, kann man beide erreichen, wenn man die eine Schnur, beschwert z. B. durch einen Schuh, zum Pendeln bringt, und sie nun von der anderen gehaltenen Schnur aus zu fassen bekommt.

(B_4) Kognitive Lösungen im eigentl. Sinn sind prognost. Lösungen; sie nehmen die Lösungen ohne Probieren, ohne Erfahrungsmodelle, denkerisch vorweg, die dann als Handlungsprinzip bei der Ausführung eingesetzt werden. In einem Beispiel von DAVIS wird gefragt, wie ein Junge die Waren (großes Paket, Blumentopf, Kanne) auf einmal forttragen kann. Das Paket wird als Tablett benutzt (Mitte). Mit solchen geistigen Vorwegnahmen ist die Kognition als drittes Evolutionsprogramm erfaßt.

Das erste Evolutionsprogramm, ein Programm zur Anpassung an Umweltveränderungen, wurde von DARWIN als Auslese erkannt. Gelegentl. Mutationen (Erbänderungen) mit neuen Eigenschaften müssen sich als günstiger gegenüber den erbgenet. Wiederholungen bewähren.

Das zweite Evolutionsprogramm wurde von PAWLOW erforscht. Bereits im Laufe der Lebenszeit eines Individuums können Verhaltensanpassungen durch Erfahrungen entstehen, wenn sich im Nervensystem zeitweilige Verbindungen herstellen lassen.

Das dritte Evolutionsrogramm erweitert die Anpassung entscheidend. Über die neuronalen Musterbildungen können immaterielle Bedeutungen geschaffen werden, die als kognitive Problemlösungen geplant, geprüft, diskutiert und erst anschließend durchgeführt werden.

Der Mensch steht häufig vor Problemen, die nicht mit seinen bisherigen Kenntnissen zu bewältigen sind und auch nicht durch Herumprobieren lösbar zu sein scheinen. In diesen Fällen zeigt sich der Wert dieses dritten Evolutionsprogramms. Durch Überlegungen, um aus der gegenwärtigen Klemme herauszukommen (offene Strategie) oder sich dem vorweggenommenen Wunschziel anzunähern (gebundene Strategie), sucht der Problemlöser mittels Mittel und Wege (Methoden), über seine vorhandene Erfahrung hinauszugelangen.

Dieser Ausweitung der Anpassungsprogramme steht der Nachteil entgegen, durch falsche Planungen schnell sich selbst in ausweglose Lagen manövrieren zu können.

196 X. Kognitionspsychologie / 10. Kreativität

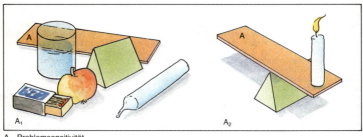

A Problemsensitivität

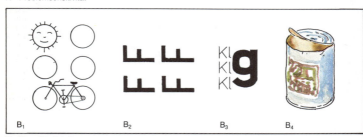

B Ideenflüssigkeit

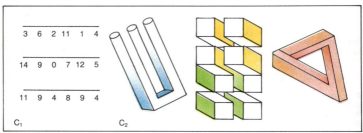

C Flexibilität

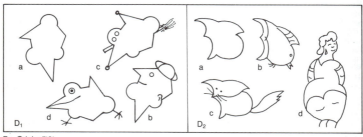

D Originalität

X. Kognitionspsychologie / 10. Kreativität 197

1950 kritisierte J. P. GUILFORD als Präsident der amerikan. Psychologengesellschaft auf deren Kongreß die Forschungssituation zur Kreativität: »Die Vernachlässigung dieses Themas ist erschreckend.« Diese Kritik wurde nach dem sog. »Sputnik-Schock« (1957, erster sowj. Weltraumflug) aufgegriffen. In umfangreichen Forschungen ging man der Frage nach,
»warum der eine Mensch viele, der andere einige und die meisten keine Einfälle haben« (W. METZGER).
Häufig gab man dem Schulsystem die Schuld, das die unschöpfer. Leistung bevorzuge und den kreativen Schüler eher als Störer empfinde.
Einen Forschungsschwerpunkt bildete die Frage nach dem Verhältnis von Intelligenzhöhe und Kreativität. Die Ergebnisse lassen darauf schließen, daß sie relativ unabhängig voneinander sind, wenngleich eine mindestens mittlere Intelligenzhöhe als Vorbedingung für Kreativität zu gelten hat. Sehr starken Einfluß auf das kreative Verhalten übt die Thematik aus, ferner die zu erwartenden Konsequenzen (z.B. Anerkennung) und die Einstellung der Umgebung zu den Einfällen.
Die drei wichtigsten Forschungsrichtungen:
Die **holistische** Forschungsgruppe (M. WERTHEIMER, K. DUNCKER, R. M. MOONEY) erklärt das schöpfer. Verhalten mit Zusammenhängen zwischen Erlebnissen, Ereignissen und einer allg. Produktivität: es muß versch. Kreativitätstypen geben.
Die **konditionistische** Forschungsgruppe (A. F. OSBORN, S. A. MEDNICK) geht auch hier von dem assoziationstheoret. Denkmodell aus. Danach leert der Kreative sein Assoziationsreservoir gegenüber dem Nichtkreativen verlangsamt aus, was umfangreichere und originellere Produktionen ermöglicht.
Die **strukturalistische** Forschungsgruppe (J. P. GUILFORD, E. P. TORRANCE) erwies sich als die fruchtbarste. Von ihr wurden 4 Hauptmerkmale für kreatives Verhalten faktorenanalyt. ermittelt (s. u. A–D). Aus ihnen bestimmte TORRANCE 16 Förderungsmöglichkeiten, so u. a. das Erlernen eines vertieften Zuhörens, Beobachtens und Tuns.

A Problemsensitivität
Probleme müssen entdeckt und in ihrer »Fragwürdigkeit« angenommen werden.
(A_1) SZEKELY fragte: »Versuchen Sie, ob Sie allein durch die Benutzung dieser Gegenstände das Holzbrett auf dem Keil so balancieren können, daß sich nach einigen Minuten die Seite A von selbst nach unten neigt.«
(A_2) »Was passiert, wenn die Kerze angezündet wird?«
Bei der Frage A_2 wird nur eine Erklärung verlangt. Die Aufgabe A_1 steht dagegen der kreativen Leistung näher, weil hier erst eine Sensitivität, eine Empfänglichkeit, für das Problem nötig ist, ehe es gelöst werden kann.

B Ideenflüssigkeit
Das vorhandene Ideenmaterial (Wörter, Gedanken, Vorstellungen, Ideenverbindungen) soll hier nach seiner freien Verfügbarkeit (*fertility*) kontrolliert werden. In einem Fluency-Test (B_1) werden 30 Kreise vorgegeben, die schnell zu irgendwelchen Gegenständen zu vollenden sind (nicht mehr als je 2 Kreise verwenden): Sonne, Fahrrad.
(B_2) 4 Fliegen (4 F liegen).
(B_3) Dreiklang (3 Kl an g).
B_2 und B_3 sollen die schnelle Erfassung von ungewöhnl. Kombinationen prüfen.
(B_4) Vorbild, wie die Ideenproduktion erkundet bzw. gefördert wird: »Was kann man alles mit einer leeren Konservendose machen?«

C Flexibilität
Die spezifisch kreative Fähigkeit, Vorhandenes umzuwandeln, soll hier geprüft werden.
(C_1) Die Ziffern stellen die Städtenamen London, Berlin, Moskau dar; es ist die richtige Reihenfolge zu finden.
(C_2) Die sog. Impossibles sind Gebilde, die nur als Zeichnung, jedoch nicht in der Realität vorkommen. Die Aufgabe ist, seine Phantasie anzustrengen und ähnl. Gebilde wie z.B. die »Teufelsgabel« (links) zu erfinden.

D Originalität
Der härteste Prüfstein für Kreativität: Hier werden nicht nur Anzahl und Veränderung der Einfälle geprüft, sondern ihre Qualität am Maßstab ihrer Seltenheit gemessen. Im allg. wird dabei das Originalitätsmaß des Rorschach-Tests (s. XIX/5, B_2) angewendet:
Eine Lösung ist dann originell, wenn ihr Ergebnis unter 100 Testlösungen im Schnitt nur 1mal auftaucht.
Für den Sander-Phantasie-Test (D_1 und D_2) sind diese Häufigkeiten geeicht. Die vorgegebenen Umrißlinien (a) sollen solange gedreht werden, bis eine möglichst originelle Zeichenlösung möglich scheint. Dabei kommt es nicht auf die »Schönheit« der Zeichnung an, sondern lediglich auf die Seltenheit der Bildidee (b = unoriginell, c und d = originell).
Entsprechend dieser Aufschlüsselung kreativen Verhaltens wurde vielfach versucht, anschließende Trainingsprogramme zu entwickeln. Die eine Gruppe richtet sich (wie obige Beispiele) nach den isolierten Kreativitätsbereichen, die andere nach globalen Kreativitätsaufgaben. In der synektischen Methode soll Fremdartiges vertraut und Vertrautes fremdartig gemacht werden.
Beispielsweise wurde einer Trainingsgruppe die Aufgabe gestellt, den ind. Seiltrick (freistehendes Seil) an biolog. Beispielen nachzuerfinden.
Die Lösung war eine Zugvorrichtung, die innerhalb einer rückgratlinal. Wirbelkette nach dem Zug die Wirbel so ineinander schob, daß diese aufrecht stehenbleiben konnten.

198 X. Kognitionspsychologie / 11. Metakognition

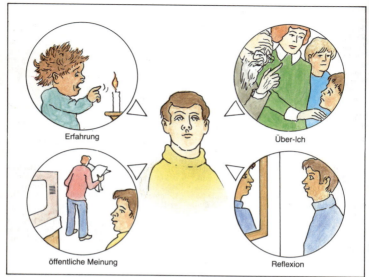

A Metakognitives Wissen

B Metakognitives Engagement

Nach dem Philosophen SPINOZA (1632–77) weiß der Mensch, »daß er weiß, was er weiß«.

Schon ARISTOTELES erkannte diese Rückkopplung als das höchste Merkmal geistiger Leistung:

»Sich selbst aber vernimmt die Vernunft bei der Erfassung des Vernehmbaren, ... und das Vernehmen ist vernehmen des Vernehmens.«

Die Kognition besteht nicht nur aus Sammeln von Wissen, Problemlösen, kreativer Veränderung von Wissen, sondern auch aus der Rückbesinnung auf die Erkenntnis.

A Metakognitives Wissen

L. OOSTWAL berichtet aus dem Leben auf Neuguinea:

»Es ist fünf Uhr nachmittags. Plötzlich rennt Katuar, ein erwachsener Papua, ängstlich schreiend durch das Dorf: Bowèz! Bowèz! Sofort verwandelt sich die ruhige Stimmung in wilde Panik. Frauen lassen ihr Essen stehen und greifen nach ihren Kindern, die sie ängstlich an sich drücken. Männer laufen aufgeregt auf den Dorfplatz. Sie drängen sich um Katuar und wollen genau wissen, was sich zugetragen hat. Aber Katuar ist immer noch außer sich. Er kann nicht sprechen. Die Panik wird immer größer. Kinder heulen, Männer fassen nach Pfeil und Bogen, um wenigstens etwas zu tun. Aber gleichzeitig fühlen sie ihre Ohnmacht. Gegen bowèz ist nichts zu machen. Endlich stammelt Katuar seinen Bericht: ›Ich kam am Eisenholzbaum vorbei, der am Tor steht, und setzte mich dorthin, um auszuruhen. Auf einmal sehe ich Tabakblätter auf dem Boden liegen. Faß bloß die Blätter nicht an, das bekommt dir schlecht. Ich bin gleich nach Hause gelaufen, um euch zu warnen. Das ist bowèz!‹«

Bowèz ist in der Papuasprache alles, was Übel, Mißgeschicke, Schicksalsschläge, Katastrophen auslöst. An diesem fremdartigen Beispiel läßt sich ablesen, wie überall das metakognitive Wissen bestimmt. Die schwer- oder undurchschaubaren Fakten des Lebens werden gedeutet und benannt, um sie mit dem gewohnten Verhaltensrepertoire beantworten zu können.

Diese Deutungen werden in den Forschungen zur Metakognition (J. H. FLAVELL, 1979) unter versch. Begriffen wie Kausalattribuierung, Evaluation, Labeling-approach, Etikettierung untersucht.

Der Mensch ist gezwungen, sich die Welt zu erklären, denn er besitzt kein unmittelbares Wissen, z. B. warum er lebt, wozu er sein Leben benötigt, warum er sterben muß. Viele existentielle Fragen erklärt er sich in Deutungsrahmen (Schemata), die er in seiner persönl. Entwicklung Schritt für Schritt zu seinen Einstellungen, Vorurteilen, Gesinnungen, Lebensanschauungen und zu seiner privaten Weltanschauung aufstockt und durch ein mehr oder weniger deutl. Engagement beantwortet.

Wie wichtig diese lebensanschaul. Deutungen sind, hat die Klin. Ps. für ihr Fehlen ermittelt. So leidet der Depressive nicht zuletzt auch an seinen negativen Schemata von sich selbst, seiner Zukunft und der Welt schlechthin. Daß sie also unser aller Leben mehr oder weniger bestimmen, steht außer Frage. Untersucht wird daher eher ihr Zustandekommen.

Die vier wichtigsten Einflußbereiche sind (Abb. A):

eigene Erfahrungen (schon der verbrannte Finger des Kleinkindes);

viele moral. Einflüsse der Eltern, Erzieher, Kirchen usw. (in der Psa. »Über-Ich«);

Einwirkungen der öffentl. Meinung (Massenmedien, Volksmeinung, geistiger Konformitätsdruck);

persönl. Reflexionen, die bewußten Spiegelbilder unserer Entscheidungen: Warum habe ich das getan?

B Metakognitives Engagement

Lebenseinstellungen sind selten statisch. Man behauptet zwar, die Menschheit lerne nicht aus ihren Fehlern, aber zumindest für die Individuen dürften sich Uneinsichtigkeit und Einsicht die Waage halten. Zur Frage nach dem »Sinn des Lebens« werden immer wieder neue Antworten gesucht: vom Wunsch zum bloßen Überleben bis zu höheren Wertvorstellungen einer zielgerechten Welt. Zumindest implizit stellen sich jedem diese Fragen. Der Mensch muß sich auf das Leben einlassen. Wie er das tut, kennzeichnet sein metakognitives Engagement.

Die Möglichkeiten sind unendlich, meist eine Mischung aus einigen zentralen Existenzbedeutungen.

(B₁) »Selbstverwirklichung«, das eigene Standbild.

(B₂) »Gemeinschaft« (Freundschaft, Familie, Nation).

(B₃) Metaphysik (Religion), als Hinwendung zu einer absoluten Macht und Erlösung durch sie.

(B₄) Polit. Engagement, von der Tagespolitik bis zur Langzeitplanung.

(B₅) Gesellschaftl. Engagement, die Beseitigung gesellschaftl. Unterdrückung.

(B₆) Umweltengagement, gegen die allmähl. Unbewohnbarkeit der Erde.

Alle diese und viele ähnl. Formen eines Engagements (z. B. für den Frieden) werden konsistent (verfestigt) entweder *beiläufig, fanatisch* oder *eklektisch-flexibel* vertreten. In jedem Fall sind sie ein Versuch der geistigen Übereinkunft mit sich und der Welt.

Zu manchen Zeiten gibt es viele »Aussteiger« aus bisherigen geistigen Gewohnheiten und Weltanschauungen. Diese weltanschaul. Schübe machen wie Seismographen unterird. Erschütterungen der existentiellen Grundlagen sichtbar.

200 X. Kognitionspsychologie / 12. Denktraining

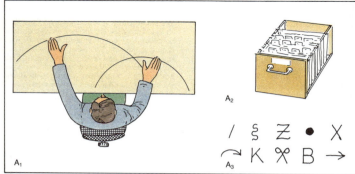

A Arbeitstechniken

B Verarbeitungstechniken

C Vermittlungstechniken

»Die meisten schätzen nicht, was sie verstehen; aber was sie nicht fassen können, verehren sie.«

Diese mehr als 300 Jahre alte Feststellung von GRACIAN gilt noch heute. Viele Menschen bevorzugen die verdeckende Information, das sprachl. Halbdunkel, aus polit.-takt., wirtschaftl., ideolog. oder wiss. Gründen, damit man ihnen nicht auf die Schliche kommt. Als Widerstand gegen diese verbreitete Behinderung der Geistestätigkeit sollte man nach Klarheit und Lebendigkeit des Denkens streben, den behandelten Gegenständen eng auf den Leib rücken, genaue Unterscheidungen anstreben und in der Vermittlung des Gedachten Hilfestellung leisten und Vertrauen erwecken.

A Arbeitstechniken

Denken ist z. T. auch ein »Handwerk«. Man kann sich und anderen dieses Handwerk schwer oder leicht machen. Leider wird der Anfänger im techn. Teil seiner geistigen Arbeit meist allein gelassen.

(A_1) Wie soll ein Arbeitsplatz aussehen? Die zuständige Ergonomie (s. XX/2) untersucht aber fast nur industrielle Arbeitsplätze. Dabei wären ihre Erkenntnisse, z. B. über den Radius der Armreichweite am Schreibtisch, für alle vorteilhaft.

(A_2) Wie sollen Informationen aufbewahrt werden? Von der Zettelkartei über Hängeregister bis zur EDV reichen die Möglichkeiten; die besten Beispiele geben die Zeitungsarchive.

(A_3) Wie soll die Informationsflut kanalisiert werden? Jeder sollte sich ein individuelles Kürzelsystem für die typ. Verarbeitungsarten erfinden (z. B. wie die 10 der Abb.: wichtig, fraglich, Zitat, Schluß, überprüfen; übertragen, kopieren, ausschneiden, Beispiel, nachschlagen).

B Verarbeitungstechniken

SOKRATES: »Hat der Schüler nicht wenigstens die Hälfte des Weges selbst beschritten, so hat er nichts gelernt.«

Dieser grundlegende Satz gilt für die gesamte Kognition. Informationen ohne eigenen Aspekt zu speichern, kann der Computer besser. Man muß der Informationen »Herr« werden. Selbst die größten Geister haben sich dabei Tricks ausgedacht.

GOETHE hat viel über seine Arbeitsmethoden berichtet. Er liebte karge, etwas zigeunerhaft liederl. Arbeitsräume, in denen er sich Merkzettel an der Wand befestigte (deshalb »Tabellenzimmer«), und diktierte seinem Schreiber JOHN, weil er dabei herumlaufen konnte. Sogar Tricks verschmähte er nicht:

»Ich habe nun auch das Manuskript des 2. Teils (des ›Faust‹) heute heften lassen, damit es mir als sinnl. Masse vor Augen sei. Die Stelle des fehlenden 4. Aktes habe ich mit weißem Papier ausgefüllt, und es ist keine Frage, daß das Fertige anlockt und reizt, um das zu vollenden, was noch zu tun ist. Es liegt in diesen sinnlichen Dingen mehr als man denkt, und man muß dem Geistigen mit allerlei Künsten zu Hilfe kommen.«

C Vermittlungstechniken

Der Vater der Pädagogik, PESTALOZZI, resümierte im Alter seine Lebensleistung:

»Wenn ich jetzt zurücksehe und mich frage: ›Was habe ich denn eigentlich für das Wesen des menschl. Unterrichts geleistet?‹, so finde ich, ich habe den höchsten, obersten Grundsatz des Unterrichts in der Anerkennung der Anschauung als dem absoluten Fundament aller Erkenntnis festgesetzt.«

Man könnte meinen, daß er damit das Denken aus den Unterrichtsräumen hinausgetrieben hätte. Weit gefehlt. Je intensiver das Denken betrieben wird, desto genauer hält es sich an die Objekte des Denkens. Selbst die abstrakteste math. Formel zeichnet sich dadurch aus, daß sie sich nicht von den Gegenständen entfremdet.

Der erste Schritt ist, Ordnung zu schaffen.

PASCAL: »Die wichtigste Fähigkeit: die, welche alle anderen ordnet.«

FRANCIS BACON, einer der ersten Wissenschaftler im modernen Sinn:

»Vor allem sind Anordnung, Einteilung und Unterscheidung der einzelnen Punkte das Wesen rascher Erledigung.«

Wenn das dazugehörige Material geordnet ist, kann man den Schüler an die Hand nehmen und zu dem wohlgeordneten Stoff führen.

Gleichgültig, ob eine Rede oder eine schriftl. Arbeit vorbereitet wird, für beide gelten einige Grundregeln:

ein guter Aufbau (Inhaltsverzeichnis), in Abständen (auch für sich) zusammmenfassen, Bemühung um gegenständliche Anschaulichkeit, interessante »Aufhänger«, auch Gefühle anregen (Hoffnung, Spannung, Neugierde, Wohlwollen), positive Nachwirkungen setzen (geprüfte Nützlichkeit des Mitgeteilten).

SCHILLER, als Universitätslehrer sehr beliebt:

»Der Lehrer in strengster Bedeutung muß sich nach der Bedürftigkeit richten; er geht von der Voraussetzung des Unvermögens aus . . . schön ist eine Lehrart, wenn sie dieselben Wahrheiten aus dem Kopf und Herzen des Zuhörers herausfragt.«

Wenn das Interesse geweckt ist, kann dem Schüler etwas beigebracht werden, was zu den höchsten Denkleistungen gehört: ein intensives Urteilserlebnis.

GOETHE:

»Es gibt dreierlei Arten Leser: eine, die ohne Urteil genießt, eine, die ohne zu genießen urteilt, die mittlere, die genießend urteilt und urteilend genießt; sie reproduzieren das Kunstwerk aufs Neue. Die Mitglieder dieser Klasse sind nicht zahlreich.«

202 X. Kognitionspsychologie / 13. Mentalstörungen

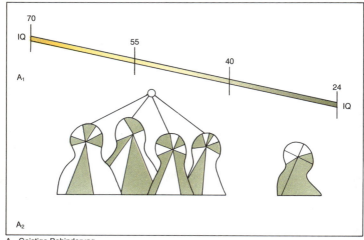

A Geistige Behinderung

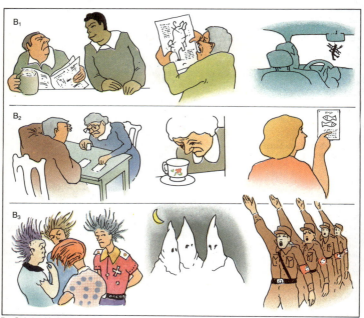

B Geistige Verirrung

Die Vielschichtigkeit der Kognition spiegelt sich in der Vielfältigkeit ihrer Störbarkeit. Man kann sie in 2 Gruppen zusammenfassen: in die zu geringe geistige Leistung und in die fehlgeleitete.

A Geistige Behinderung

Die Situation der geistig Behinderten wird nicht selten durch die Gemeinschaft zusätzlich erschwert. Die Fähigkeiten der Behinderten stehen in vielen Bereichen denen der »Normalen« nicht nach, aber da die Kognition einen so hohen Allgemeinwert beansprucht, werden sie nur an diesem Kriterium gemessen und fallen durch, ehe sie sich anderweitig existentiell bewähren können. Die Zentrierung auf die Intelligenz wird an den Unterteilungen sichtbar.

(A_1) Die offizielle amerikanische, aber auch viele andere Klassifizierungen gehen vom Intelligenzquotienten (IQ, s. S. 193) aus und definieren die »Schwachsinnigen« zwischen 70–55 Punkten als debil oder schwach, zwischen 54–40 imbezil oder mittel und zwischen 39–24 und darunter als idiotisch oder schwer behindert; letztere werden in erethische (erregte) und torpide (stumpfe) unterschieden. Tatsächlich sind viele noch stärker förderungsfähig, als es bislang geschieht; aber dem steht der hohe Kostenaufwand und die spätere Konkurrenzsituation mit den Nichtbehinderten im Wege. Daraus ergibt sich die isolierte Situation der Behinderten.

(A_2) Je nach geistiger Leistung verbindet oder trennt die Gemeinschaft die Menschen. Die Allgemeinheit separiert den Behinderten, weil »die Welt des Geistigbehinderten allem Anschein nach diese seine Welt ist und bleiben muß, über deren Sinn ... letztlich keine Aussage gemacht werden kann« (SPECK U. THALHAMMER, 1974). Eine Integration der Behinderten ist deshalb schwierig und erfordert Unvoreingenommenheit gegenüber seiner anderen Erlebenswelt.

B Geistige Verirrung

(B_1) Die mildeste Form der geistigen Verirrung ist das Vorurteil. Es ist ein stereotypes Deutungsmuster, das in vorgegebener Weise besteht und sofort auftaucht, sobald eine gleiche oder ähnl. Situation eintritt, wobei der wahre Grund nicht erkannt wird. Z. B. aus den Unterschieden im Schweißapparat folgt das Vorurteil: »Neger stinken«.

Eine andere Form mentaler Störung ist die Leichtgläubigkeit, bes. wenn man eine Sache nicht versteht, aber sich nicht traut nachzufragen. Selbst die mit scheinwiss. Eloquenz veröffentlichte Entdeckung eines auf der Nase laufenden Tieres (Nasobem) sollen manche geglaubt haben.

Ein großer Bereich sind die Aberglaubensformen. Harmlos ist der Amulettzauber (z. B. Glücksbringer in Autos). Schlimmere Auswirkungen hat der »Medizin. Okkultismus«

(PROKOP), wenn von völlig untaugl., sogar schädl. Mitteln eine Heilung erwartet wird, während man eine erfolgversprechende Behandlung versäumt.

(B_2) Einer der stärksten kognitiven Anreize ist die Entschlüsselung der Zukunft. Neben den Computerprognosen existiert auch heute noch eine große Anzahl Wahrsageformen. Die wichtigsten »divinatorischen Künste« sind Kartenlegen (Kartomantie), Handlesekunst (Chiromantie), Lege- bzw. Punktierkunst (Geomantie), Wünschelrutengehen (Radioästhesie), Kaffeesatzlesen (Domantie), Traumdeutung (Oneiromantie), Gottesurteile (Ordalomantie) und Astrologie. Man sieht dabei best. »Anzeichen« als Hinweise unbekannter Mächte auf die von ihnen vorbeschlossene Zukunft an.

(B_3) Der gefährlichste Bereich geistiger Verirrung ist die irrationale Gruppenbildung. Auch hier gibt es geringere oder höhere Gefährlichkeit.

Cliquen bilden sich »uni-form« (gleiches Aussehen, Abstand zu anderen), um durch das höhere Gruppenpotential z. T. Bedrohungen herbeizuführen, die dem einzelnen nicht erreichbar sind.

Massenbewegungen erhöhen dieses Potential, wobei ihre Dynamik stärker von den Fanatikern (lunatic fringe) bestimmt wird. Im 20. Jh. gab es eine Reihe solcher »Bewegungen«, die zur Vernichtung bestimmter Bevölkerungsgruppen (»Rassen«) ansetzten. Der Ku-Klux-Klan ist ein frühes Beispiel für die späteren faschist. Verirrungen, die im dt. Nationalsozialismus einen bisher nicht gekannten Höhepunkt erreichten.

Wie wird ein einzelner, der vorher kaum auffiel, zum gleichgeschalteten Mitglied solcher Gruppierungen geistiger (und krimineller) Verirrungen? Nach einem Terroristenhandbuch gehört zu einer solchen geistigen »Reife« ein mindestens 10jähriger Entwicklungsprozeß. In der sog. *Sektologie* (Forschungen zur Außenseitergruppenbildung) werden einige Hauptschritte genannt: Absetzung und Isolierung von den bisherigen familiären, kulturellen etc. Bindungen; ideologisch begründete Bedürfnisverschiebung; vorgebliche Unfehlbarkeit der neuen Lehre; Sprachbildung (Sprachformeln im Dienste des Nichtdenkens); Auserwähltheitsritus; absoluter Gehorsam gegenüber den charismat. Führern; ausgewählter Informationsfluß und Greuelpropaganda gegenüber dem feindl. Lager; moral. Umwertung.

Harmloser, aber nicht weniger schädlich, sind die weitverbreiteten Formen »geistiger Antriebshemmung« (AMP-Dokumentationssystem). Beispiele: Entscheidungshemmung, manoides Denken (Gedankenflucht), Witzelsucht (Moria), Gedankenleere (Handeln ohne Nachdenken) und Sinnleere (wenn es nicht gelingt, etwas als zweckvoll, wertvoll, erstrebenswert oder lustvoll anzuerkennen).

204 X. Kognitionspsychologie / 14. Künstliche Intelligenz

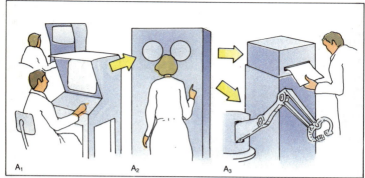

A Trägerstruktur

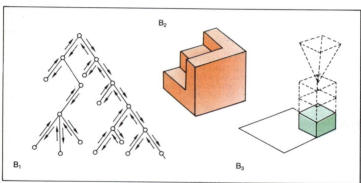

B Verarbeitungsstruktur

C Mensch-Computer-System

Der Mensch hat mit dem Computer einen Konkurrenten erhalten, der im Kognitionsbereich einige Funktionen besser beherrscht. Dabei kommt es zu Fehleinschätzungen in 2 Richtungen: Man unter- oder überschätzt den Computer als Instrument künstlicher Intelligenz.

Die Unterschätzung beruht z. T. auf Abwehr oder Fremdheit und wirkt sich u. a. als Zweifel aus, ob der Computer »kreativ« sein kann.

Die Überschätzung folgt meist aus dem Irrtum, Kognition sei schon das, was man von ihr weiß; dann kommt der Computer sehr gut weg.

Die Kognitionsps. hat trotzdem Nutzen daraus gezogen; ohne die Computertechnologie wäre sie in letzter Zeit wohl kaum so intensiv betrieben worden.

A Trägerstruktur

Der Computer ist zwar eine Maschine, aber eine extrem flexible: Man kann mit ihm ungezählte Aufgaben erfüllen. Im Unterschied zu den meisten techn. Apparaten ist er ein Maschinensystem, das drei Großeinheiten umfaßt:

(A_1) **Eingabeeinheiten** (*input*): Tastatur (eine Art Schreibmaschine), Meßgeräte, Verbindungen zu anderen Computern u. a.

(A_2) **Verarbeitungs- oder Zentraleinheiten** (*throughput*): Steuerwerke (für Programmabläufe), Rechenwerke (für Vergleichsoperationen) sowie Dialog- und Haupt- bzw. Nebenspeicher.

(A_3) **Ausgabeeinheiten** (*output*): u. a. Bildschirm, Drucker, Manipulatoren oder Maschinenführer (bei Robotern). Sie zusammen bilden die »hardware«, d. h. die gegenständl. Teile des Computers.

Nach der Art der Verarbeitung unterscheidet man die Analog- (arbeiten wie der Rechenschieber in fließenden Größen, z. B. mit Spannungsunterschieden), Digital- (ähnlich wie beim Rechenbrett oder Abakus in ganzen Einheiten) und Hybridcomputer (beide kombiniert).

Die Arbeitsabläufe des in der Praxis verwendeten Digitalcomputers beruhen auf Ein- und Ausschaltungen. Der eine Zustand ist 1 und der andere 0 (bzw. »ja« und »nein«). Technisch gesehen ist der bit-Zustand 1 die Magnetisierung und der bit-Zustand 0 die Nichtmagnetisierung des Ferritkerns eines Magnetspeichers. Ein Speichersatz von 8 bit-Stellen (Byte) hat 256 verschiedene Ausdrucksmöglichkeiten. Dadurch lassen sich mit den beiden Zuständen alle Zahlen (im binären Zahlensystem) und entsprechend das ganze Alphabet abbilden sowie eine Vielzahl von Zeichendarstellungen und c-bits (Kontroll-bits) unterbringen.

B Verarbeitungsstruktur

Gegenüber der »hardware« ist die »software« der (mitgelieferte) Anteil bereitgestellter Verarbeitungsprogramme. Diese Programme finden den Weg von einem Ausgangszustand eines Problems zu dessen Endzustand oder der Lösung, wobei eine Reihe von Teilprozessen zu erledigen sind.

(B_1) Die wichtigste Form des Ablaufgeschehens ist der Lösungsbaum. Er wird auf dem Kopf stehend abgebildet: Der Prozeß verläuft von der Wurzel (oben) über alle vorhandenen Alternativen (unter Ausschluß der negativen) zu einer oder mehreren optimalen Lösungen.

(B_2) Eine andere Form von Problemlösungen ist das Abtastverfahren. In der einfachen Mustererkennung berührt ein imaginärer Fühler Gegenstände und zeichnet evtl. Umrisse auf dem Bildschirm nach. Man kann solche Gegenstände allmählich drehen und so von versch. Seiten abbilden. In Erweiterung dieser Programme lassen sich »kreative« Gestaltungen herstellen.

(B_3) Ein »arbeitender« Computer kann in einer »Klötzchenwelt« (WINOGRAD) z. B. Gegenstände stapeln und dabei beurteilen, wieweit eine solche Aufgabe erfüllbar ist oder, wie im Fall eines auf die Spitze gestellten Kegels, mißlingt.

C Mensch-Computer-System

Der Computer dient als kognitive Hilfe dort, wo er schneller, genauer und anspruchsloser ist. Andererseits werden kognitive Prozesse mit dem Computer simuliert und damit kognitionsps. überprüft.

In Entscheidungsprozesse (z. B. ein Schachspiel) können neue *Regel-Sets* (versch. Faustregeln, z. B. ein rückwärts gerichtetes Verketten vom Lösungsziel zum Problemausgang, Abkürzungswege der Entscheidung, erhöhter Risikoeinsatz usw.) eingebaut werden, die lebensnahen Situationen ähnlicher sind.

In vielen Problemen ist der Lösungsweg im voraus unbestimmbar, z. B. wenn der Gegner völlig verkehrte Maßnahmen ergreift. Man kann aber auch selbst den Kontrahenten manipulatorisch in die Irre führen wollen. Alle diese Erschwernisse kann kein noch so detailliertes Programm vorsehen.

Die meisten Programme gehen von einer leicht programmierbaren »festen Gewinnmatrix« aus.

Das Denken soll nicht »computerisiert« werden – ebenso wenig soll der Computer das Denken in seinen scheinbaren Umwegen, Abkürzungen, Nebengedanken, Schemabildungen, Abstrahierungen, Begriffshierarchien und Bewertungsstrategien kopieren. Wert soll auf ein offenes Mensch-Computer-System (MCS) bei wechselseitiger Eigenständigkeit gelegt werden.

Unter dieser Voraussetzung kann das MCS besonders für Vorausberechnungen künftiger Entwicklungen eingesetzt werden, deren Bedingungsvernetzungen ohne Computer nicht zu überschauen wären.

206 XI. Kommunikationspsychologie / 1. Kommunikationstheorien

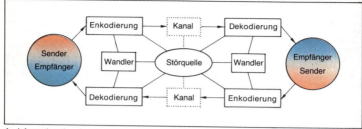

A Informationstheorien

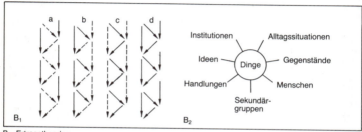

B Ertragstheorien

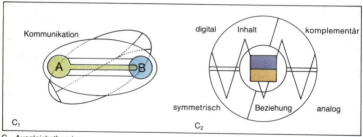

C Ausgleichstheorien

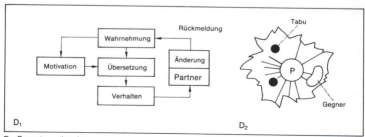

D Bewertungstheorien

»Interessiere Dich für andere, wenn Du willst, daß andere sich für Dich interessieren sollen«,
schrieb vor 200 Jahren Freiherr VON KNIGGE in seinem ›Umgang mit Menschen‹. Wenn man das »Ich« kennt und sogar das »Du«, bleibt immer noch ein rätselhafter Bereich übrig, der zwischen »Ich und Du« vermittelt – oder trennt.
Was ist diese Kommunikation? Einige meinen, »zwischen« den Kommunikationsteilnehmern ereigne sich nichts, alles sei nur Aktion und Reaktion der beiden Seiten – andere, man könne von einem »Geist der Gemeinschaft« sprechen, also von etwas, das mehr als nur Aktion und Reaktion umfaßt. Die meisten Theoretiker aber lassen diese Frage offen.

A Informationstheorien
Durch den Aufschwung der techn. Medien (u. a. Telefon, Presse, Fernsehen) sind die Informationstheorien, die sich an den Kommunikationsgeräten orientieren, zum Vorbild für die meisten Kommunikationstheorien geworden (CH. CHERRY).
Vergleichbare Beziehungsanteile sind die beiden Teilnehmer (Sender/Empfänger) im Wechselverhältnis; die Kanäle sind die Übermittlungswege mit ihren Botschaftsinhalten, die wiederum verschlüsselt und entschlüsselt (kodiert und dekodiert, d. h. je nach der gelernten Bedeutung ausgedrückt oder erkannt) werden müssen.
Im techn. Sinn benutzt man »Wandler«, also Geräte, zur Übertragung.
Der Zentralbegriff »Störquelle« bezeichnet nicht nur die Möglichkeit techn. Fehler (Sprachverzerrung, »weißes« Rauschen etc.), sondern auch die persönl. Mißverständnisse bei der Übermittlung.

B Ertragstheorien
Diese Gruppe von Theorien lenkt die bes. Aufmerksamkeit auf den gewollten Einsatz von Kommunikationsmitteln.
(B_1) Die *dyadische* Interaktion (THIBAUT u. KELLEY) wird von RIPPE hart ökonomistisch formuliert:
»Individuen streben danach, ihre Nettobelohnungen (Bruttobelohnungen minus Kosten) zu maximieren.«
Kosten sind z. B. Ärger oder Zeitaufwand; Nutzen u. a. Rückmeldungen von erwünschten Meinungen, menschl. Wärme, Information, Selbstwertsteigerung, Dienste, Sicherheit. Von positiven Beziehungen erhält man »Profit«, von negativen »Verlust«.
JONES u. GERARD zeichneten dafür das Modell: (a) beide Partner kommunizieren nur mit sich selbst; (d) hier besteht ein idealer, wechselseitiger Austausch;
die mittl. Beziehungen sind wahrscheinlicher: (b) asymmetrisch, (c) symmetrisch.
Nach der *equity-Theorie* (HOMANS, ADAMS) dagegen erstreben die Menschen nicht Profit,

sondern Ähnlichkeit in den beiderseitigen Angeboten und Ausgewogenheit der Beziehungen (*inequity* = einseitige »Überbezahlung«).
(B_2) Der *symbolische* Interaktionismus geht auf G. H. MEAD zurück:
»Das Verhalten eines Individuums kann nur in Verbindung mit dem Verhalten der ganzen gesellschaftl. Gruppe verstanden werden, deren Mitglied es ist.«
Danach wird allen Objekten um uns herum (*Dingen*, d. h. Menschen, Institutionen usw.) eine symbol. Bedeutung, in der sich die Gruppe mehr oder weniger einig ist, zugemessen.
In dieser »Konversation von Gesten« ist der Mensch (nach MORRIS) fähig,
»in sich selbst die Reaktion auszulösen, die seine Geste bei den anderen auslöst, und dann diese Reaktion zur Kontrolle seines eigenen weiteren Verhaltens einzusetzen.«

C Ausgleichstheorien
Diese Gruppe bezieht sich stärker auf das »soziale Feld« zwischen den Partnern.
(C_1) In der *Feldtheorie* von K. LEWIN wird der Lebensraum von sozialen »Kräften« bestimmt, wobei das Verhalten (V) der Beteiligten A und B eine Funktion (f) der Situation der Person (P) und ihrer Umwelt (U) ist:
$$V = f (PU).$$
(C_2) Die *Kommunikationstheorie* von P. WATZLAWICK u. a. geht von »Kreiskausalitäten« aus, in denen »das Verhalten jedes einzelnen Individuums das jeder anderen Person bedingt«. Deshalb könne man auch »nicht nichtkommunizieren«, d. h. selbst das Schweigen wird als »Antwort« interpretiert.
Diese Theoretiker unterscheiden u. a. eine Inhaltsebene (worum es geht) von der Beziehungsebene (in der die Gewichte gegenseitig verteilt werden), symmetrische (bildgleiche) oder komplementäre (sich gegenseitig ergänzende) Systeme (vgl. XX/8, A).

D Bewertungstheorien
Kommunikation ist auch Abschätzung bzw. Würdigung des eigenen Kommunikationsbedarfs.
(D_1) Das *Fertigkeitsmodell* von M. ARGYLE geht davon aus, daß man das Kommunizieren (wie das Klavierspielen oder Schwimmen) lernen muß. In dieser allmähl. Inanspruchnahme von sozialen Beziehungen kommt es bes. auf die Rückmeldungen in den angeführten Stadien an, auf die soziale Erfahrung.
(D_2) Für die *Reaktanz-Theorie* von J. W. BREHM steht die soziale Beeinflussungssituation zwischen Nachgeben und Widerstehen. Beengt wird die Freiheit der Kommunikation z. B. durch die »Antikommunikation« einer verschleierten Mitteilung, noch mehr durch Selbstbeschränkung, Tabus und leibhaftige Gegner. Eine »latente Reaktanz« wehrt aus Furcht um die eigene psych. Unversehrtheit vermutete Einflußversuche ab.

208 XI. Kommunikationspsychologie / 2. Kommunikationsprozesse

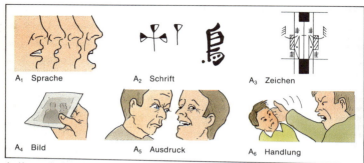

A₁ Sprache   A₂ Schrift   A₃ Zeichen
A₄ Bild   A₅ Ausdruck   A₆ Handlung

A Kommunikationsmittel

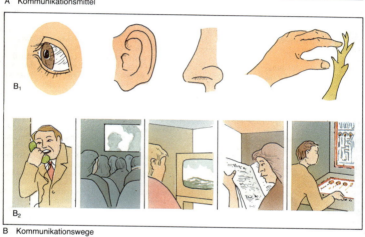

B Kommunikationswege

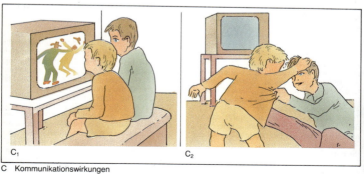

C Kommunikationswirkungen

Meist wird auf dem grundlegenden *Kommunikationsdreieck* aufgebaut: an den beiden unteren Ecken der Kommunikator (auch Expedient, Produzent, Urheber, Sender, Suggestor u. a.) und der Kommunikant (Empfänger, Rezipient, Perzipient, Betroffener, Wahrnehmender, Interpretant, Konsument, Zielperson u. a.) und an der Spitze eine Botschaft (bzw. *message*, Parole, Mitteilung, Intention, Gehalt, Aussage, Bedeutung, Anliegen, nonverbales Verhalten u. a.). Kommunikation entsteht durch die »Kettenfunktion« der Botschaft, z. B. durch die Mitteilung vom Kommunikator zum Kommunikanten. Allerdings ist Kommunikation nicht so »stabil«, sie ist vielmehr ein höchst variables, schnelles und im Augenblick kaum ganz durchschaubares Wechselspiel.

A Kommunikationsmittel

Sprache als höchste Form der Kommunikation wird über Sehen und Hören vermittelt. Was geschieht, wenn man über beide nicht verfügt?

Im berühmten Fall HELEN KELLER gelang es ihrer Lehrerin, das taubblinde Mädchen über das Tasten so weit zu bringen, daß sie ein Universitätsstudium mit der Doktorprüfung abschließen konnte.

Es gibt also noch andere Kommunikationsmittel; die wichtigsten:

(A$_1$) **Sprache:** übertragt die anderen Formen wegen der millionenfachen Informationen, die übermittelt werden können.

(A$_2$) **Schrift:** steht der Sprache nur wenig nach (z. B. kann sie normalerweise die Sprachmelodie nicht abbilden). Die Abb. zeigt das Wort »Vogel« in Keilschrift und als chin. Schriftzeichen.

(A$_3$) **Zeichen:** z. B. eine Tanzfigur (Kosakensprung) in der choreograph. Partitur.

(A$_4$) **Bild:** z. B. kann eine Photographie auch eine »Mitteilung« sein.

(A$_5$) **Ausdruck:** Lachen dient auch als »erzählende Bekanntgabe«.

(A$_6$) **Handlung:** auch eine Ohrfeige ist eine »Auskunft«, wenn auch keine angenehme.

B Kommunikationswege

Die Wege sind durch die Anfangs- und Endstationen der Wahrnehmungsinstanzen bestimmt (B$_1$): Auge, Ohr, Nase, Tastorgane usw.

Zwischen diesen In- und Output-Stationen befinden sich die verschiedenen »Kanäle« (B$_2$); der einfachste ist der Direktkontakt zwischen Partnern, wobei Schall-, Licht- oder Druckwellen den Zwischenraum überbrücken. Dieser einfache Kanal kann technisch ergänzt werden: durch Telefon, Illustrierte, Kino, Fernsehen, aber auch durch Spielapparate. Im Lauf der letzten Jahrzehnte haben sich die Kommunikationswege vom Direktauf den Fernkontakt verschoben. Die allg. Tendenz dürfte sich in Zukunft fortsetzen.

Die ps. Konsequenz dieser Entwicklung ist die qualitative Änderung der Kommunikationserwartungen, besonders im Hinblick auf ihre attraktiven Inhalte.

C Kommunikationswirkungen

Die Wirkungen reichen von der *Nichtbeachtung* bis zur *Manipulation*. Eine Information kann überhört werden; sei es, daß sie akustisch nicht ankommt oder bewußt nicht zur Kenntnis genommen wird.

Andererseits kann der Betroffene zu etwas gezwungen werden, was er freiwillig nicht leisten würde, meist durch (unbemerkte) suggestive Mittel, z. B. geistige Überrumpelungsversuche (s. XX/12).

Die meisten Wirkungen liegen zwischen beiden Extremen, wobei Informationen und Suggestionen ein Gemisch bilden.

Die Wirkungsforschung ist ein schwieriges Gebiet, weil man nicht von feststehenden Wirkungen ausgehen kann. Es besteht ein großer Unterschied zwischen den *Simultanwirkungen* und den *Nachwirkungen*. Oft können sich beide widersprechen: z. B. eine hohe Augenblickswirkung beim Sehen eines Fernsehstücks kann sofort nach dessen Ende wieder abgebaut werden.

In anderen Fällen kann sogar eine geringe Simultanwirkung zu einer lange nachwirkenden Veränderung im Denken und Handeln der Zuschauer führen. Das gelingt aber eher einer allg. Tendenz: Wenn z. B. sehr viele Sendungen mit Gewalttätigkeiten gezeigt werden, kann das den unbewußten Eindruck verstärken, Gewalttätigkeiten seien etwas ganz Normales und daher akzeptabel.

Noch schwieriger zu beantworten ist die Frage nach der inhaltl. *Wirkungsrichtung*. Die einfachste Auswirkung ist das bloße Aufwärmen einer Meinung, die bald wieder durch eine folgende abgelöst wird. Der größte Teil der Wirkungen sind nur kurzfristige, echohafte Kopien.

Anders die tiefergreifende *Imitation*; hier wird das Umfeld (der Kontext) mitübernommen. Die höchste inhaltl. Wirkung wird erzielt, wenn die geistige Steuerung beeinflußt wird. Gelingt es, die Weltanschauung eines Menschen zu formen, so ist die Wahrscheinlichkeit groß, daß eine Dauerwirkung eintritt, deren Wurzeln später kaum noch geändert werden können.

Um die Wirkung von Kommunikation (z. B. die einer Fernsehsendung) abschätzen zu können, müssen diese versch. Teilbereiche der Auswirkungen gesondert bestimmt werden.

Um sie aber danach in ihrer Zusammenwirkung bestimmen zu können, benötigt man EDV-Programme, die die Vielzahl der Wirkungen gegenseitig verrechnen. Denn Kommunikationswirkung ist immer Zusammenwirkung, d. h. ein System von schwer durchschaubaren synergetischen Wirkungsvernetzungen.

210 XI. Kommunikationspsychologie / 3. Kommunikationspositionen

| A_1 von unten | A_2 direkt | A_3 von oben |

A Kommunikator

| B_1 »activity« | B_2 »intensity« | B_3 »evaluation« |

B Kommunikationsinhalt

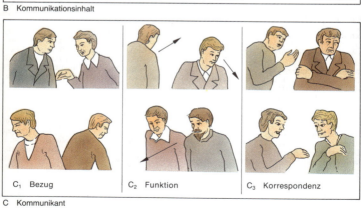

| C_1 Bezug | C_2 Funktion | C_3 Korrespondenz |

C Kommunikant

XI. Kommunikationspsychologie / 3. Kommunikationspositionen 211

Im Sprichwort heißt es: Wie man in den Wald hineinruft, so schallt es heraus. Diese Rückkopplung ist die Grundlage vieler Kommunikationsgesetzmäßigkeiten.

A Kommunikator

In Untersuchungen wurde festgestellt, daß die Menschen ein sehr feines Gespür haben, ob und wie sie jemand ansieht. Als Beispiel das Verhalten von drei Fernseh-Kommentatoren: (A_1) sieht nach unten; wenn er aufblickt, wirkt es immer noch »wie von unten«. Eine solche Haltung verweist auf Unterwürfigkeit gegenüber dem Publikum. Damit eckt man weniger an, aber i.a. mißachtet die Menge den Bittsteller.

(A_2) hält direkten Augenkontakt; wenn er dabei gelöst und freundlich wirkt, stellt er sein Publikum auf die gleiche Ebene wie sich selbst. (Ausnahme: ein zu starrer Blick, z.B. auf eine hinter der Kamera fixierte Texthilfe.) (A_3) hält die Nase höher als andere; wirkt daher »hochnäsig«. Oft steckt dahinter nur Befangenheit, trotzdem wird eine solche Haltung meist als Abwehr bzw. als Publikumsablehnung gedeutet.

B Kommunikationsinhalt

CHARLES OSGOOD folgerte aus Inhaltsanalysen drei Inhaltsmerkmale:

(B_1) *activity*, **Aktivität**: z.B. die Merkmale aktiv – passiv, zielbezogen – zweckfrei, führend – geführt.

Im antiken Mythos stemmt Sisyphos als Götterstrafe seinen Stein auf den Berg, von dem er immer wieder herabrollt. Der franz. Dichter CAMUS bildete daraus ein Gleichnis menschl. Strebens: trotz Wirkungslosigkeit ist Tätigkeit als solche für den Menschen unerläßlich. Auch Kommunikation ist, über die bloße Mitteilung hinaus, Lebensinhalt.

(B_2) *intensity*, **Stärke**: z.B. stark – schwach, reizbar – rührig, hart – weich.

Auf Volksfesten findet man den »Hau-den-Lukas«, der körperl. Kraft mißt.

Wenn auch nicht so leicht zu messen, kann man auch in den Kommunikationen »starke« oder »oberflächliche, schwache« Beziehungen unterscheiden.

(B_3) *evaluation*, **Wertung**: z.B. gut – mittelmäßig – schlecht, angenehm – unangenehm, positiv – negativ. Wie bei manchen Sportarten, in denen eine Jury wertet, steckt auch in den Kommunikationsinhalten ein Wertbezug: ein Streit enthält negative Bezüge, eine Übereinstimmung positive. In Prüfungen erfolgt eine direkte Bewertung der Inhalte.

C Kommunikant

Die Position des Kommunikanten, des »Angesprochenen«, wechselt häufig mit der des Kommunikators. Als Beziehungsposition interessieren drei Hauptmerkmale:

(C_1) **Bezug**. Die Grundlage jeder Beziehung

ist die Bereitschaft, auf den anderen »zuzugehen« (*attachement*). Zuwendung oder Abwendung sind die Grundkomponenten. Wer eine Beziehung nicht annimmt, verhindert die folgenden Beziehungsmerkmale.

(C_2) **Funktion**. Die Bestrebungen können »dysfunktional« voneinander abweichen: man mißversteht sich gegenseitig bzw. man findet sich vom anderen falsch behandelt. Andererseits kann die Übereinstimmung versch. Grade erreichen: von der Ähnlichkeit der Auffassungen bis zum sprichwörtl. »Gleichklang der Hirne und Herzen«.

(C_3) **Korrespondenz**. Es gibt Beziehungen, die einseitig verlaufen, z.B. Vorträge, Telegramme. Dagegen sind die meisten wechselseitig, aber nicht unbedingt ausgewogen.

Die genannten Positionen wirken zusammen. Diese Integration erhöht das Kommunikationsgeschehen, wobei der Einfluß der drei Positionen wechseln kann: zuweilen ist das Thema wichtiger, dann wieder die Personen. Den schwankenden Charakter aktueller Kommunikation kann man in zweierlei Weise zu analysieren versuchen.

(1) Die Kommunikationsstruktur kann unter systemtheoret. Aspekten betrachtet werden; mit 6 Qualifikationsgruppen:

(a) Teilnahmebedingungen: äußere Merkmale wie Teilnehmerzahl, Dauer der Einzelkontakte, ihre zeitl. Staffelung.

(b) Gruppenmerkmale: Homogenität, Durchlässigkeit für Drittbeteiligte (Permeabilität), Zusammenhalt (Kohäsion), Regelmäßigkeit der Treffen und der Anwesenheit der Beteiligten (Mutarität).

(c) Aktivitätsmerkmale: Grad der Kommunikationsaktivität (Partizipation), Ausrichtungsgrad für gemeinsame Ziele (Polarisation), menschl. Nähe (Intimität), Unabhängigkeit der einzelnen (Autonomie), Umfang der gegenseitigen Aufsicht (Kontrolle).

(d) Beziehungsgefälle: Über- und Unterordnung (Ränge), Spezialaufgaben (Rollen).

(e) Kontaktordnung: Erwartungen hinsichtlich Spontaneität, Verständlichkeit, Heiterkeit, Eindeutigkeit usw.

(f) Normengebung: Verhaltensregeln, z.B. Maß an Unterweisung, Privilegien.

(2) Einen anderen Analyseweg geht man bei der Globalbeschreibung des Kommunikationsgeschehens. R.F.BALES (1951) hat ein 12-teiliges Kategorienschema geschaffen. Dazu gehören u.a. die Merkmale: unterstützende Funktionen, kommentierend, entspannend wirkend, um Meinungen fragend, Ideen fördernd. Eine befriedigende Kommunikation entsteht danach bei Solidarität (wechselseitiger Hilfe) und entspannter Atmosphäre mit viel gegenseitiger Zustimmung (vgl. Bd. 2, S. 299 u. 353). Eine wichtige Rolle spielt auch der moralische Bezug. Wenn etwas moralisch höher eingeschätzt wird, hängt man dessen Inhalten lieber an.

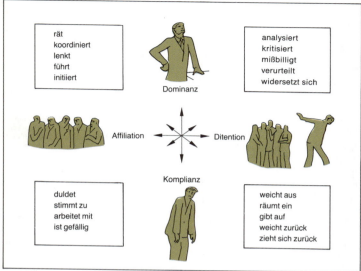

A Kommunikationsbezug

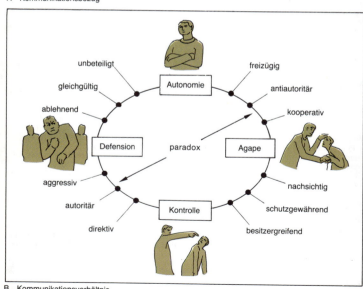

B Kommunikationsverhältnis

»Wozu nützen, warum sitzen an dem Frack die langen Spitzen?« fragt WILHELM BUSCH in einem spött. Gedicht. Im Alltagsverkehr hat vieles seinen urspr. Sinn verloren. Wir schleppen Bedeutungen, sehr oft sogar Auseinandersetzungen noch mit, deren Sinn gegenwärtig gleich Null ist. Das ist eine umfassende Kommunikationsgesetzmäßigkeit:

Alles Kommunikationsverhalten ist abhängig von zahlreichen Bedingungen, die nicht in unserer Macht stehen.

A Kommunikationsbezug

Die mitgeschleppten Bedeutungen zeigen auch, daß Kommunikationsbezüge allmählich aufgebaut werden. Dabei stehen wir nicht nur unter dem Einfluß unserer Angehörigen, sondern auch unserer Gesellschaftsschicht, der Nationalität, der Erwartungen an unser Alter, Geschlecht usw. Zwischenmenschliches Verhalten wird jeweils nach diesen Bezügen gelernt.

Schrittweise bilden wir so ein bevorzugtes, relativ gleichbleibendes Verhalten aus, unseren Kommunikationsstil. Wenn uns andere beurteilen, beziehen sie sich in erster Linie auf diesen Stil.

In versch. Faktorenanalysen wurde versucht, die persönl. Eigenarten bei Interaktionen auf wenige Hauptmerkmale zu reduzieren (BERKOWITZ). Dabei haben sich 2 Dimensionen und ihre Kombination als bes. klärend für die Darstellung des Aufbaus von Beziehungsstilen erwiesen.

Die erste Dimension beschreibt in 2 Begriffen die Neigung zur Kommunikation.

Unter **Affiliation** (auch »Kontention«) wird die Bezugnahme zu anderen Menschen ohne direkten Zweck verstanden (Gesellungsdrang, Angleichung, *pacing*).

Der Gegenbegriff **Ditention** bedeutet soziale Absonderung (*spacing*), die gewollte Abstandsbildung zu anderen Menschen.

Die zweite Dimension bezieht sich auf 2 Begriffe, die mit dem Zuordnungsverhältnis zu tun haben.

Unter **Dominanz** versteht man die persönl. Behauptung von Machtpositionen. R. B. CATTELL nennt hierfür als Charakteristika: machtorientiert, direktiv, selbstbehauptend, hart, bestimmend, befehlsgewohnt.

Der Gegenbegriff **Komplianz** (S. MILGRAM) steht für ein »willenloses« Sich-Fügen gegenüber Anordnungen und Verhaltensvorschriften, ohne einen nennenswerten Widerstand aufzubauen: »Nur nicht auffallen!«

Eine Spezialform ist der *Konformismus*, die opportune Anpassung an Normen und Ziele einer Gemeinschaft, die aber durchaus eine latente Feindseligkeit enthalten kann.

Kreuzt man nun beide Dimensionen, so ergeben sich:
(links oben) *dominante Affiliation*,
(rechts oben) *dominante Ditention*,

(links unten) *kompliante Affiliation*,
(rechts unten) *kompliante Ditention*

mit den entsprechend eingezeichneten Charakterisierungen. Weitere Mischungsverhältnisse sind nicht nur als Kombinationen denkbar, sondern auch je nach Personenbezug, Zeitumständen, Situationen als Wechsel in den Dimensionen durchaus möglich.

B Kommunikationsverhältnis

In einer Untersuchung von LUFT U. INGHAM wurden im Kommunikationsverhältnis vier bemerkenswerte Zustände (vgl. Kap. XIX/2, B) unterschieden:

der Bereich,
den nur ich kenne (Privatperson, Intimsphäre),
den auch die anderen kennen (öffentl. Person),
den andere kennen, der mir aber unbekannt an mir ist (mein blinder Fleck) und
der allg. unbekannt ist (verschlossener Bereich).

Der »blinde Fleck« zu meiner Eigenart, wie ich mit anderen kommuniziere, dürfte bei den meisten Menschen ziemlich groß sein. Deshalb ist Hilfestellung bei der Analyse unserer Kommunikationsverhältnisse von großem Wert.

In dem Funktionskreis sind 4 Positionen hervorgehoben.

Autonomie: Selbständigkeit, hier in erster Linie gemeint als Freisein von Abhängigkeit von anderen.

Agape: schenkende Liebe, z. B. in Form der Nächstenliebe.

Kontrolle: umschreibt den Verfügungsanspruch über andere.

Defension: kennzeichnet die Verteidigungshaltung, die ständig mit latenten Angriffen von anderen rechnet.

In der Rundung sind sinngemäß verteilt die unterscheidbaren Beziehungen zu anderen festgehalten.

Der Vorteil eines solchen Modells liegt nicht nur im schnellen Überblick, sondern auch in der Bestimmung der konträren Verhältnisse. Wenn man die Gegenposition angeben kann, lassen sich Veränderungen leichter durchführen. Denn es dürfte eine der wichtigsten Funktionen gerade der Kommunikationsps. sein, die mitmenschl. Beziehungen in Partnerschaften bis hin zu Großgemeinschaften zu verbessern.

Wünschenswerte Beziehungen können sowohl kongruent (Positionsgleichheit oder -ähnlichkeit) wie symmetrisch oder komplementär (in sich ergänzenden Gegenpositionen) mit den Partnern ausgebildet sein. Paradoxe Kommunikationsverhältnisse liegen vor, wenn z. B. Aggressionen (beißen, schlagen) im kooperativen Sinn zur Kontaktaufforderung oder im Liebesspiel Verwendung finden. Sie zeigen deutlich, wie kombinierbar Kommunikationsstile sind.

214 XI. Kommunikationspsychologie / 5. Verbale Kommunikation

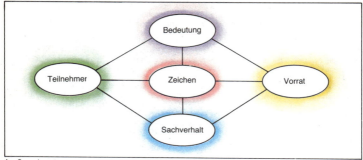

A Sprachsystem

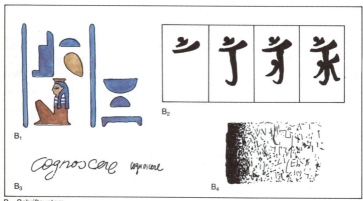

B Schriftsystem

C Sprachfunktion

XI. Kommunikationspsychologie / 5. Verbale Kommunikation 215

Die Sonderstellung der **Sprache** im Kommunikationsgeschehen als einem »regelgeleiteten Informationssystem« (J. L. AUSTIN, J. R. SEARLE) ergibt sich aus der erhebl. Präzisierbarkeit ihrer Mitteilungen. Am stärksten bemüht man sich in der wiss. Sprachgestaltung, komplizierte Sachverhalte klar zu übermitteln, am erfolgreichsten in der »guten« Literatur. Allerdings vernachlässigen wir die Sprache im Alltag. Je besser sich Sprecher und Zuhörer kennen, desto verkürzter, unvollendeter, grammatikalisch verstümmelter verschleift sich dann die Sprache.

A Sprachsystem
Sprache ist nicht einschichtig. Mit Sprache kann man geistige Verbindungen zu anderen Menschen aufbauen, aber sich auch mit einer unverständl. Sprache von ihnen absetzen; man kann sowohl Zu- wie Abneigungen formulieren; mit Sprache kann man »Dampf« ablassen, kann sich Wissen aneignen, das Denken verbessern, sich künstlerisch betätigen, nach Sinn suchen, andere beeinflussen usw.
Dieser Fülle Herr zu werden, ist die Aufgabe auch der *Psycholinguistik*, die sich aus der älteren Sprachps. entwickelt hat.
Der Zentralbegriff der Psycholinguistik ist das Zeichen (Abb. A).
Es ist zunächst ein sinnfreies (arbiträr einsetzbares) Muster, das zwischen einem Sachverhalt (z. B. einem Objekt, Menschen etc.) und einer Bedeutung vermittelt.
Die Zeichenfunktion ist (ebenso wie die Sachverhalte und die Bedeutungen) variabel.
Das Wortsignal oder Zeichen »Tisch« verbindet den Gegenstand mit der für die eigene Sprachgruppe festgelegten Bedeutung.
Solche Festlegungen sind in den meisten Fällen seit Jahrhunderten eingeführt, andere Wörter sind erst kurze Zeit gebräuchlich. Populäre Wörter werden allmählich »verwässert«, d. h. sie erhalten eine breitere, unpräzisere Bedeutung.
Sätze vermehren die Bedeutungsbasis. Insgesamt ist die Bedeutung im Sprachgebrauch überbesetzt (»redundant«).
Wenn man z. B. in manchen Sätzen alle Vokale wegließe, könnte man den Satz immer noch verstehen.
Der vorhandene Zeichenvorrat, den die Teilnehmer zur Verfügung haben, ist praktisch unbegrenzt. Sprache läßt sich also in ihrer Differenzierung unabsehbar steigern.

B Schriftsystem
Während die Sprache auf weit über hunderttausend Jahre geschätzt wird, beträgt das Alter der Schrift nur wenige tausend Jahre.
(B_1) Die ersten Schriften, wie die altägypt. Hieroglyphenschrift (Abb.: »Isis, Herrin des Himmels«), waren Bilderschriften.
(B_2) Die chin. Schrift wurde im Laufe der Jahrtausende in ihrem Bildcharakter immer

stärker abstrahiert: heute muß jeder Begriff gesondert gelernt und in einem gedachten Rechteck gemalt werden.
(B_3) Die heutigen Handschriften enthalten persönl. Merkmale, die aber durch die Technisierung des Schriftverkehrs verloren gehen. Die Graphologie versuchte, aus diesen Merkmalen den »Charakter« eines Menschen zu entschlüsseln.
(B_4) Den Phöniziern gelang der revolutionäre Schritt zum Alphabet; die Abb. zeigt eines der frühesten Beispiele.

C Sprachfunktion
Die Verständigung durch Sprache hat die Überlegenheit des Menschen mitveranlaßt. Kommunikation ist in erster Linie verbale Kommunikation. Trotzdem kann Sprache Kommunikationen auch abwehren.
(C_1) Der Wortschatz differiert stark von Mensch zu Mensch; unterschieden wird der aktive (verwendete) vom passiven (nur verstandenen) Wortschatz.
(C_2) Sprachbarrieren wurden im Lauf der Sprachgeschichte sowohl auf- als abgebaut. Die Bedeutung der Dialekte ging ständig zurück, unterbrochen nur durch ihre zeitweilige Aufwertung. Eine der folgenreichsten Barrieren entstand durch die Wissenschaftssprache. Sprache ist auch persönl. Besitz; Sprachgewandtheit erhebt den einzelnen über andere. Das gilt besonders für die u. a. durch die vermehrten Auslandsreisen heute weiter verbreitete Mehrsprachigkeit. Verstand man früher (wie in der Bibel) die Mehrsprachigkeit als eine göttl. Strafe, so avancierte sie später zum Bildungsmerkmal.
Andererseits förderte die Verschiedenheit der einzelnen Sprachen die Bildung und Identifizierung von Nationen.
(C_3) Am Entstehen und Wandel der Eigennamen sind die Sprachfunktionen deutlich zu verfolgen.
Um 1200 lebten z. B. in Köln rd. 30000 Menschen. Vornamen reichten zur Unterscheidung nicht mehr aus: Berufs-, Hausnamen u. a. traten hinzu. Um 1150 besaßen 18% der Bevölkerung einen Zunamen, um 1250 bereits 80%.
In Wien finden sich ab 1288 keine bloßen Vornamensträger mehr. Dagegen konnte sich der volle Name in ländl. Gegenden erst im 19. Jh. voll durchsetzen.
Im Laufe der Geschichte ergaben sich mehrfach Wellen von Namensänderungen (so u. a. in der frühen Neuzeit die Latinisierungen; mit den Auswanderungswellen Angleichungen an den örtl. Sprachgebrauch).
(C_4) Für die Sprachgemeinschaft unterliegt der Wortschatz einem ständigen Gebrauchs- und Bedeutungswandel. Dafür sind äußere (z. B. gesellschaftl. Veränderungen) und sprachinterne Ursachen (z. B. Übernahme von Fachausdrücken in allg. Wörterbücher) maßgeblich.

216 XI. Kommunikationspsychologie / 6. Nichtverbale Kommunikation

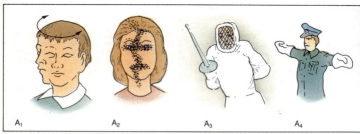

A Handlungssignalement

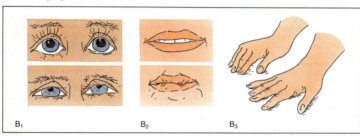

B Körperausdruck

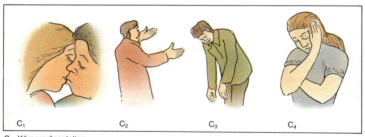

C Körperpräsentation

D Bewußte Gestaltung

Wenn ein Hund auf einen anderen Hund zugeht, ist es für beide wichtig, ja lebensnotwendig, das Vorhaben des anderen vor dem direkten Kontakt zu erkennen. Verhaltensmerkmale sind also *Vor-Informationen.* Aber da viele von ihnen, z. B. das Schwanzwedeln des Hundes, artgebunden vererbt sind, drücken sie nicht immer eine momentane »Absicht« aus.

Dieses Verhalten ist auch beim Menschen sowohl »Signalement« (d. h. gewollte Darstellung einer Mitteilung) als auch »Zuständlichkeit« (d. h. mehr oder weniger ungewollt nach außen dringendes, momentanes inneres Befinden oder dauerndes Beschaffensein).

A Handlungssignalement

»Nichtverbal« bedeutet zunächst nur den Ausschluß von Sprache. Das geschieht nur z. T. bewußt. Und zwar nur dann, wenn die Sprache zu aufwendig, ernsthaft oder langwierig ist. Über diese sprachähnl. Funktion sagte LA ROCHEFOUCAULD:

»Unsere Handlungen sind wie Endreime, auf die jeder sich einen Vers machen kann.«

Das Handlungssignalement kann stehen

(A_1) anstelle von Sprache: Den Kopf zu schütteln, bedeutet in den meisten Ländern eine Verneinung, aber weniger »definiert« als das wörtl. Nein. Also keine völlige Entsprechung, sondern eine zusätzl. Möglichkeit, mit einem anderen Menschen auf einer zweiten Ebene zu kommunizieren.

(A_2) begleitend zu Sprache: Bei einem Gespräch wäre es sehr unhöflich, den Partner überhaupt nicht anzusehen, aber auch nicht sehr freundlich, ihn scharf zu fixieren. Der Blick sollte in gewissen Bewegungen schweifen.

Wie in Untersuchungen nachgewiesen wurde, machen das die meisten Menschen auch so. Die Punkte zeigen die häufigsten Blickstellen auf dem Gesicht des Gegenübers an.

(A_3) als eigenständige Aktion (z. B. im Sport): Beim Säbelfechten wird der Angriff auf andere nicht nur simuliert, sondern durchgeführt.

(A_4) als standardisiertes Signal: Der Polizist, der den Verkehr an seiner Frontseite unterbindet, könnte ihn nicht physisch anhalten. Seine Geste steht stellvertretend für die Macht, die er einsetzen kann. Wenn er jedesmal verbal den Verkehr stoppen müßte, wäre das gegenüber der »nonverbalen« Mitteilung erheblich unökonomischer.

Manche dieser Handlungsgruppen sind automatisiert, ihr eigentl. Mitteilungsinhalt ist weitgehend vergessen.

B Körperausdruck

Der Körperausdruck umfaßt versch. Ausdrucksgelände, die psych. Zuständigkeiten, zumeist unbewußt, wiedergeben.

(B_1) Die Augenpartie gehört mit zum auffälligsten Körperausdruck. Bei Erregung weiten

sich die Pupillen, aber auch die Lider werden weiter aufgemacht, z. B. in einer überraschenden oder erschreckenden Situation.

(B_2) Der gelöste oder verspannte Mund kündet vom Grad der jeweiligen inneren Lockerheit.

(B_3) In Untersuchungen sollten Vpn. ohne genauere Instruktion die Hand auf eine Unterlage legen. Unter denen, die die Hand flach auflegten und die Finger spreizten, waren eindeutig mehr Selbstsichere als unter denen, die eine Art Dach mit der Hand bildeten.

C Körperpräsentation

Gegenüber den vorherigen handelt es sich hier um bewußtere Einsetzung körperl. Mittel.

(C_1) Körperkontakt; bes. das Küssen ist ein erheblich stärkeres Ausdrucksmittel, als es die beredteste »verbale« Liebeserklärung sein könnte.

(C_2) Geöffnete Arme signalisieren nicht nur den Wunsch, jemanden zu umfangen, sondern »sprechen« von herzl. Zuneigung und vom Schutz, den man gewähren möchte.

(C_3) Die devote Verbeugung, die früher sicher zur Besänftigung diente, gilt heute als übertriebene Unterwürfigkeit, ein Beispiel dafür, daß sich die Körperpräsentation je nach Zeitströmungen ändern kann.

(C_4) Der Selbstkontakt in seinen vielen Ausdrucksformen, z. B. sich selbst umfangen, sich streicheln, über das Haar fahren usw., dokumentiert meist ein Bedürfnis nach Zärtlichkeit oder eine sich selbst liebende (»narzißtische«) Haltung.

D Bewußte Gestaltung

Waren die bisherigen nichtverbalen Formen der Kommunikation mehr oder weniger unbewußt, so gibt es auch einen bewußt gestalteten Bereich von vielfältiger Ausdrucksmöglichkeit.

(D_1) Die Herrschaftssymbole von Monarchen und Diktatoren stilisieren die eigene Person in unerreichbare Dimensionen, um den Abstand zu den Untergebenen zu betonen. Auch demokrat. Machtinhabern ist diese Symbolik nicht fremd, aber sie wird nicht mehr so überzogen eingesetzt.

(D_2) Die Kleidung war zu allen Zeiten auch ein Mittel des nichtverbalen Ausdrucks. Im Mittelalter gab es strenge Kleiderordnungen, um die Rangsymbolik zu regeln.

(D_3) Schmuck überbietet Kleidung an Ausdruckscharakter.

(D_4) Die höchste Form des nichtverbalen Ausdrucks ist die künstler. Gestaltung.

In den neueren Multimedialmodellen der nichtverbalen Kommunikation geht man vom Verstehen der Umweltmuster aus. Man bezieht auch den menschlichen Ausdruck der Umwelt in Stadt (Baustile) und Land (Natur) ein, der zweifellos auch unsere Lebenseinstellung mitprägt.

218 XI. Kommunikationspsychologie / 7. Massenkommunikation

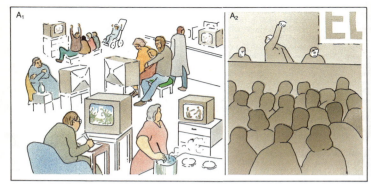

A Massenmedien

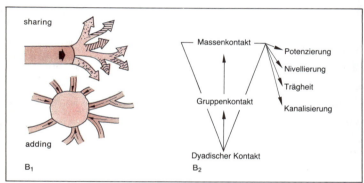

B Massenkontakt

C Massenmacht

XI. Kommunikationspsychologie / 7. Massenkommunikation 219

Wissen über die *Massenkommunikation* gilt als »Herrschaftswissen«. Wer weiß, wie man das Massenpublikum anleitet und beeinflußt, kann – vorausgesetzt, er verfügt über entsprechende Massenmedien – beträchtliche Macht auch ohne eine Regierungsfunktion ausüben. Noch wichtiger sind genaue Kenntnisse auf diesem Gebiet natürlich für den Machtträger selbst.

A Massenmedien

Der Begriff Massenmedium ist keineswegs eindeutig. Bereits die Bezeichnung »Massen« kann in zweierlei Weise verstanden werden.

(A_1) Beim Fernsehen bildet sich die Masse aus vielen getrennten Zuschauern bzw. Zuschauergruppen (*mediale Masse*).

(A_2) Bei einer Wahlversammlung dagegen steht die Menge im Direktkontakt (*präsente Masse*).

Die Medien als Brücken zwischen dem Ort des Geschehens und der jeweiligen Masse sind für beide Massenarten z. T. identisch (*medio-präsente Massen*).

Bei Rockkonzerten werden ebenso wie in Großversammlungen techn. Übertragungen verwendet. Ein ostasiat. Aufstand wurde erstmals über Rundfunk ferngelenkt, wobei viele tausend Radios in der präsenten Masse verteilt waren.

Für die meisten Massenmedien (Zeitungen, Illustrierte, Rundfunk, Tonträger) muß der Benutzer finanzielle Vorleistungen erbringen. Die Massenkommunikation ist also auch ein Geschäft.

Für die (wenigen) Besitzer von Massenmedien ergeben sich daraus ihre Zielimplikationen. Durch den Kaufentscheid des Publikums wird die Zahl der Konsumenten zu einem Regulativ. Andererseits regelt auch die Opportunität (situative Zweckmäßigkeit) das Angebot. Letzteres wird durch die veröffentlichte Meinung konkurrierender Massenmedien, durch öffentl. Kontrollinstanzen, gesetzl. Begrenzungen mitbestimmt. Daraus ergeben sich wechselnde Schranken für die Angebote der Massenmedien.

Gegengewicht gegen den Medienbesitz ist die aktive Demonstration, die »Pressefreiheit des kleinen Mannes«.

B Massenkontakt

Was »wollen« die Leser, Zuschauer usw.? Diese Frage ist für die Publizisten ein ständiges Rätsel (vgl. Kap. XVI, Massenps.).

(B_1) Der Hauptgrund für das Schwanken der Publikumswünsche liegt im **Modalitätsgesetz der Wirkung**:

ein einzelner Einfluß kann versch. Wirkungen erzielen (*sharing*),

eine einzelne Wirkung kann der Zusammenschluß mehrerer Einflüsse sein (*adding*),

die Wirkung ist immer auch Resultat gleichzeitiger Neben-Wirkungen,

zu jeder Zeit bestehen latente Vorzustände, die zur Erklärung heranzuziehen sind.

(B_2) Überraschungen bei Wirkungen sind also unumgänglich. Trotzdem lassen sich einige Verschiebungen bei der Wirkungsweise von Kommunikation über den dyadischen (Zweier-) Kontakt zum Gruppen- und Massenkontakt festhalten.

Die auffallendste Wirkung ist die **Potenzierung** der Erlebnisse, Meinungen und Bestrebungen.

Wenn man für den Lauf eines Gerüchtes annimmt, daß jemand innerhalb einer Viertelstunde 2 Personen eine Nachricht zukommen läßt und diese in der nächsten Viertelstunde wiederum je 2 Personen, und im Viertelstundentakt so weiter, wäre rein theoretisch die Weltbevölkerung in nicht einmal 8 Stunden mit dieser Nachricht zu überschwemmen (G. Niese).

Die **Nivellierung** von Massenbotschaften bezieht sich auf die dabei auftretenden Differenzierungsverluste. Man kann z. B. ein einfaches Faktenereignis leichter vermitteln als einen abstrakten Befund.

Die **Trägheit** der Massen betrifft die größeren Anstrengungen, um sie in Bewegung zu setzen, bzw. die in Bewegung befindl. Massen abzubremsen.

Die **Kanalisierung** meint das Eingrenzen auf wenige Persönlichkeitsausschnitte, u. a. auf die Sympathie- und Antipathiemerkmale bzw. auf Eindrücke der Vertrauenswürdigkeit, die sich wegen dieser Kanaleinengung im Massenkontakt leicht manipulieren lassen.

C Massenmacht

Schon Machiavelli (1469–1527) meinte: der Fürst, der die Massen auf seiner Seite hat, dem kann nicht viel passieren. Dazu ist die Berücksichtigung einiger Gesetzmäßigkeiten nötig.

In einer Untersuchung (G. D. Wiebe, 1956) wurde ein polit. Hauptereignis auf der Titelseite einer Zeitung mit einer winzigen Meldung über einen kleinen Hund »Trixi«, der durch sein Bellen ein Kleinkind vor dem Erstickungstod gerettet hatte, kombiniert. Diese Meldung wurde von 60% der Leser wiedergegeben, das Hauptereignis von 22%.

Um die Interessen der Massen sicher zu erreichen, sind einige Bedingungen zu erfüllen:

Anstoß von *Grunderregungen* (Aktion, Mitleid, glücklicher Ausgang etc.),

mitmenschl. Ansprache (vertrauensbildende Personen),

Anspruchauswahl (Übergewicht bei gängiger Meinung),

Moralbonus (Eindruck moralischer Höherwertigkeit).

Die Einhaltung dieser Regeln wird allerdings der Mündigkeit der Bevölkerung schaden. Auch muß jeweils zwischen dem »Nach-dem-Munde-Reden« und dem »Über-die-Köpfe-hinweg-Reden« entschieden werden.

220 XI. Kommunikationspsychologie / 8. Kommunikationsstörung

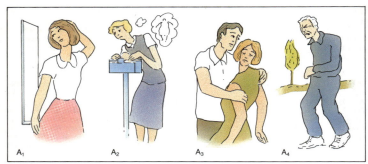

A Körperkommunikation

B Beziehungsstörungen

C Isolationsstörungen

So umfangreich das Kommunikationsgeschehen ist, so vielfältig sind seine *Störmöglichkeiten:* Störungen sich selbst gegenüber; unangemessenes Verhalten in bestimmten Situationen; Anpassungsschwierigkeiten an äußere Bedingungen; Interaktions- oder Beziehungsstörungen zum wichtigsten Partner; Krisen in der Familie; Isolationsstörungen; Auseinandersetzungen im Beruf oder im Alltag; soziale Störungen bis hin zur Kriminalität.
Als Beispiele dienen hier Störungen im engen persönl. Rahmen.

A Körperkommunikation

Das Verhältnis zum eigenen Körper ist nicht unproblematisch; zwar »identifiziert« man sich i. a. mit ihm; aber nicht wenige Menschen versuchen ihn zu ignorieren, oder sie beobachten ihn mit hoher Aufmerksamkeit und entsprechend häufigem Mißvergnügen (Hypochondrie). Nicht zum geringen Teil dürfte hier auch die traditionelle Abwertung des »schlechten« Körpers mitspielen.

(A₁) Das sog. Aussehen ist bes. dem jungen Menschen für die eigene Attraktivität im Sozialkontakt wichtig; es kann weniger als in späteren Jahren durch Prestigesymbole ersetzt werden. Gerade Frauen unterliegen hier dem sozialen Zwang (z. B. Figurnormen) und interessieren sich deshalb nachweisbar stärker für das eigene Aussehen.

(A₂) Nach A. PICK baut der Mensch im Lauf seines Lebens ein »Körperschema« auf, d. h. er hegt eine Vorstellung vom eigenen Körper, die vielleicht aktuell nicht mehr zutrifft (z. B. findet man viele, die fast Idealgewicht haben, trotzdem aber Gewichtsprobleme angeben).

(A₃) Ein außerordentlich großer Bereich betrifft die sexuellen Kommunikationsstörungen. Neben den·Funktionsstörungen (Impotenz, Frigidität) sind das u. a. Informationsmängel, Annäherungshemmungen, unterschiedl. Sexualerwartungen. Die sexuellen Mißverständnisse zwischen den Partnern beruhen oft auf der Unkenntnis der unterschiedl. Erregungsverläufe sowie auf den versch. Zärtlichkeitsbedürfnissen nach dem Geschlechtsverkehr.

(A₄) Der Körper als Leistungsträger wird beruflich zunehmend weniger beansprucht. Im gleichen Maß steigt das Betätigungsbedürfnis in der Freizeit an. Störungen treten auf, wenn man seine Leistungsfähigkeit überschätzt. Die Altersveränderungen spielen hier ebenfalls eine große Rolle, wie überhaupt das Altern ein häufiges Problem der Körperkommunikation ist.

B Beziehungsstörungen

(B₁) Der eine Ehepartner (als Beifahrer) macht den anderen auf eine Gefahr aufmerksam, der beleidigt reagiert; das deutet auf eine Beziehungsstörung. Obgleich inhaltlich nichts gegen den Gefahrenhinweis eingewendet wird, empfindet ihn der Fahrer als latenten

Hinweis auf seine Unfähigkeit oder überhaupt als (Rang-)Anmaßung des Partners. Jede Partnerschaft spiegelt auch ihr Ranggefüge, das zumeist veränderlich ist. Falls das Paar diese Wechsel nicht auszutragen versteht, müssen Beziehungsstörungen auftreten (P. WATZLAWICK).

(B₂) ERIC BERNE versucht mit seiner Transaktionsanalyse, die eingeübten Verhaltensgewohnheiten (unbewußte »Drehbücher«) nach ihrer Entstehungszeit aufzugliedern: Kind-Ich, Eltern-Ich, Erwachsenen-Ich.
Sagt ein Partner: »Glaubst du nicht, daß du in letzter Zeit zu viel ißt?«, so würde ihm vom Erwachsenen-Ich des anderen geantwortet werden: »Da hast du recht« – oder (in überkreuzter Kommunikation) von dessen Kind-Ich: »Immer mußt du an mir herumeziehen.«

(B₃) Diese Unterscheidungen gehen teilweise auf die Double-bind-Theorie von GREGORY BATESON zurück, der darunter »unauflösbare Sequenzen« (Aufforderungen, die ihr Ziel negieren) sieht:
Jemand erhält 2 Hemden, wovon er eines anzieht. Darauf die Frage: »Das andere gefällt Dir wohl nicht?!«

C Isolationsstörungen

Noch stärker als diese paradoxen Aufforderungen und zur Beziehungslosigkeit führenden Double-bind-Situationen stört die Isolation von anderen Menschen das seel. Gleichgewicht.

(C₁) Im Extremfall der Geiselnahme und der Isolation der Geisel läßt sich die Wirkung des kommunikativen Ausschlusses sehen. In der ersten Schockphase erleben Geiseln eine Desorientierung aller bisherigen Beziehungen. Ihr folgt zumeist der Versuch des Widerstands, nicht immer nur gegen die Kidnapper, sondern auch in Form von Selbstvorwürfen oder sogar Selbstaggressionen. Nach einer gewissen Zeit der erlebten Nutzlosigkeit des Widerstands tritt Resignation und Erschöpfung ein, die sich krisenhaft verstärken und selbst nach der Befreiung später noch in Schüben zurückkehren kann.

(C₂) Weniger dramatisch, aber nicht minder tragisch verlaufen Isolationen im Alter, wenn isoliert lebende Menschen allmählich verkümmern.
An diesen negativen Fällen ist erkennbar, wie unabdingbar die mitmenschl. Kommunikation für ein gesundes Seelenleben ist.

Die kommunikativen Verhaltensstörungen enden aber nicht bei den engen Einzelbeziehungen. Kommunikationsstörungen gibt es auch bei größeren Sozialeinheiten: Organisationen (Anpassungsstörung), Situationen (Freizeitstörungen), Öffentlichkeit (Haß auf Bevölkerungsteile), Ökologie (Umweltkriminalität), Rechtssystem (Delinquenz), Gesellschaft (Terrorismus).

222 XII. Emotionspsychologie / 1. Emotionsdimensionen

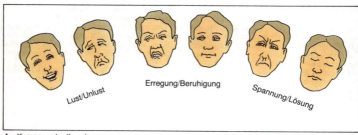

A Komponententheorie

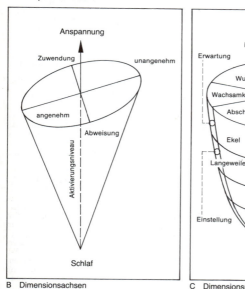

B Dimensionsachsen

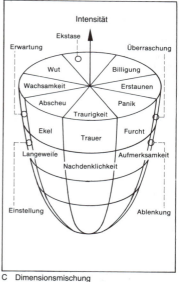

C Dimensionsmischung

D Durchschnittsemotionalität

XII. Emotionspsychologie / 1. Emotionsdimensionen

Zu manchen Zeiten war das Gefühl »out«, gegenwärtig ist es »in«, aber trotz dieser »emotionalen Wende« (EULER u. MANDL) steckt die wiss. Erörterung der Emotion noch in den Anfängen. Als allg. Trend zeichnet sich eine zunehmende Differenzierung ab: Gefühle sind keine einheitl. Phänomene, sondern aus mehreren gegeneinander und in sich selbst verschiebl. Komponenten zusammengesetzt.

1) Vom Nervensystem aus gesehen ergibt sich bereits aus der einen Grundfunktion der Nervenzellen, der *rhythmischen* Prozeßabfolge, die Basis für die emotional relevante Erregung.

2) Die versch. Hirnzentren, die auf unterschiedl. Emotionen ansprechen, bilden eine *thematische* Emotionsverschiebung.

3) Die Ergebnisse dieser emotionalen Strukturen hängen mit höheren Verarbeitungsarealen zusammen, so daß untrennbar kognitive *Bedeutungen* mit den Emotionen eine Einheit bilden.

A Komponententheorie

Bereits zu Beginn der experimentellen Forschung versuchte W. WUNDT, die üppige Vielfalt der Gefühlsregungen in eine einfache Ordnung zu bringen. Er benutzte dafür 3 Gegensatzpaare: Lust – Unlust, Erregung – Beruhigung, Spannung – Lösung. Diese einfache Dimensionierung (»Alghedonie«, d.h. auf Schmerz und Lust beruhend) sollte nicht nur die ganze Breite der Gefühle abdecken, sondern sich auch in charakterist. Puls- und Atemsymptomen wiederfinden lassen. Diese Grundrichtung einer Gefühlsordnung hat sich zwar bis heute erhalten, aber experimentellen Prüfungen hielt sie nicht stand. Bei konkreten Gefühlen läßt sich z.B. Beruhigung und Lösung nicht trennen, andererseits haben manche weit auseinanderliegende Gefühle ziemlich ident. Charakteristiken für alle Gegensatzpaare.

B Dimensionsachsen

Bereits 1915 unternahm C. BURT den Versuch, mit Hilfe der Faktorentheorie Gefühlsbeurteilungen aufzuschlüsseln. Neben einem allg. Faktor (*general emotionality*) fand er 2 bipolare Faktoren: sthenisch – asthenisch (stark affektiv oder emotional kraftlos) sowie euphorisch – dysphorisch (ähnlich wie bei WUNDT »Lust – Unlust«).

Auch ein Versuch von SCHLOSBERG (1952) ging nicht viel weiter über WUNDT hinaus. Allerdings bewegte er sich auf experimentellem Neuland. SCHLOSBERG ließ zahlreiche photograph. Ausdrucksmuster, die von einem Schauspieler dargestellt wurden, nach Dimensionen zuordnen, wodurch er zu einem Achsensystem gelangte, das heute noch häufig verwendet wird. Auch hier taucht in der Form von »angenehm – unangenehm« die Lust-Unlust-Dichotomie auf. Daneben stellt er eine soziale Komponente als »Zuwendung – Abweisung« auf. Eine dritte Dimension »Aktivierungsniveau« entspricht wieder WUNDTS »Erregung – Beruhigung«, die SCHLOSBERG auf niedrigstem Niveau mit dem Schlaf beginnen läßt.

C Dimensionsmischung

Die z.Zt. gängigste Beschreibung der Emotionsvielfalt stammt von R. PLUTCHIK (1960/80). In einer (langgestreckten) Halbkugel bildet die Schnittfläche ein »Emotionsrad« mit 4 Paaren »primärer« Emotionen: Ekstase – Traurigkeit, Billigung – Abscheu, Wachsamkeit – Erstaunen, Wut – Panik. In Richtung zur Intensitätsminderung ergeben sich daraus abgeschwächte Gefühle. PLUTCHIK betont, daß so bes. die abweichenden Gefühle (s. S. 237) besser beschrieben werden können.

D Durchschnittsemotionalität

Sind Emotionen vorübergehend oder dauerhaft? Wie die meisten anderen psych. Prozesse sind sie beides. Der Augenblick kann Gefühle bestimmen, im nächsten Moment flauen sie ab und verschwinden. Dagegen spricht man auch von Grundstimmungen, die eine Persönlichkeit auf Dauer prägen. Eine Vermittlung zwischen beiden Formen sind die durchschnittl. Gefühlsneigungen, so daß man von traurigen und von fröhlichen Menschen sprechen kann.

Die beiden Abb. geben jeweils 50 Frauen (rechts) und Männer wieder: entstanden, indem die Aufnahmen, auf einer Gesichtsstütze photographiert, übereinanderkopiert wurden. Trotz dieses nivellierenden Querschnitts zeigt sich ein unterschiedl. Gefühlsausdruck.

Seit den Arbeiten von CATTELL u. SCHEIER (1961), SPIELBERGER (1966) und IZARD (1977) teilt man die Emotionserscheinungen in 2 Formen:

Zustandsemotionen sind z.B. Zornesausbrüche, die oft nur Sekunden dauern. Andere Gefühle, z.B. Trauer, können wochenlang bestehen bleiben (EWERT, 1983). Bei chronisch intensiven Gefühlen kann man von psych. Störungen sprechen.

Eigenschaftsemotionen sind demgegenüber tendenzielle Gefühle; d.h., die betroffenen Personen haben für best. Gefühle eine niedrigere Schwelle oder sie befinden sich in einer Gesamtlage, in der sie best. Gefühlssparten häufiger erleben. Diese Tendenzen drücken nicht nur angeborene Anlagen aus, sondern viel eher kulturelle und soziale Auswirkungen. Sehr viele Emotionstendenzen sind sozial gelernt, d.h. von der Gefühlsatmosphäre, z.B. der Familie, aufgenommen und zur gewohnten Gefühlstendenz verfestigt. Der Mensch erlebt aber auch wechselnde Umgebungen, z.B. im Beruf, die einen best. Gefühlstenor aufweisen, dem man sich mehr oder weniger anpaßt, obgleich man ihn vielleicht weder bewußt wahrnimmt noch als angenehm empfindet.

224 XII. Emotionspsychologie / 2. Emotionstheorien

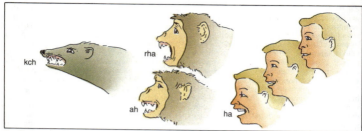

A Phylogenetische Theorien

B Begleittheorien

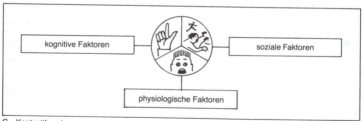

C Kontexttheorien

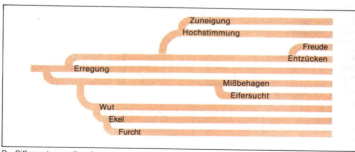

D Differenzierungstheorien

XII. Emotionspsychologie / 2. Emotionstheorien 225

Der amerikan. Psychologe M. F. MEYER schrieb Anfang der 30er Jahre in dem Artikel ›Der Wal unter den Fischen – die Theorie der Emotion‹, daß man um 1950 über das Thema Emotion lächeln werde wie über eine Kuriosität aus grauer Vorzeit. Weder 1950 noch heute hat sich diese Prophezeiung bewahrheitet. Im Gegenteil. Von einer Reihe von Theoretikern wird der fundamentale Charakter des Gefühlslebens für alle psych. Prozesse hervorgehoben. Das besagt allerdings auch, daß wir ein solches Basisthema noch wesentlich besser beherrschen sollten. Die Emotionstheorien dienen diesem Ziel. ROBERT PLUTCHIK (1980) stellt 28 von ihnen vor. Die nachfolgenden vertreten die Hauptrichtungen.

A Phylogenetische Theorien

In seinem Werk ›Die Abstammung des Menschen‹ betont CHARLES DARWIN die Kontinuität des emotionalen Ausdrucks von den Säugetieren bis zum Menschen. In späteren Arbeiten (VAN HOOF, 1972) wird dieser Gedanke fortgeführt. Man vermutet dabei eine »evolutionsbiologische« Verwandtschaft z. B. zwischen dem Entblößen der Zähne eines niederen Säugetiers mit den differenzierteren Arten des Zähnebleckens bei Affen und den sehr unterschiedl. Formen des menschl. Grinsens, Lächelns oder Lachens (Abb. A).

Aus einer globalen kommunikativen Funktion ist also phylogenetisch eine sehr präzise nichtverbale Information geworden. DARWIN sieht darin die »Ermöglichung einer genaueren Kooperation von Mitgliedern einer Sozietät«. Nach diesen Theorien sind die emotionalen Ausdrucksformen bei den höherentwickelten Arten Instrumente, um die starren Verbindungen von Reiz und Reaktion aufzuheben.

B Begleittheorien

Der amerikan. Psychologe WILLIAM JAMES und der dän. Physiologe CARL LANGE erstellten Ende des 19. Jh. unabhängig voneinander eine Theorie, die seither beider Namen trägt. In dem berühmten Bärenbeispiel (Abb. B), das immer wieder auch für andere Theorien herangezogen wird, schreibt JAMES: »Der Hausverstand sagt, ... wir begegnen einem Bären, erschrecken und laufen davon ... Meine Theorie . . ist, daß die körperl. Veränderungen unmittelbar auf die Wahrnehmung einer Tatsache folgen.« Daraus zieht er den Schluß: »daß wir uns traurig fühlen, weil wir weinen; und zornig sind, weil wir zuschlagen; ängstlich, weil wir zittern.«

Die Emotionen werden hier als *Folge* der physiolog. Prozesse angesehen. Kritisiert wird an dieser Theorie, daß physiolog. Veränderungen zu langsam sind, um als *Ursache* für die Emotionen gelten zu können. Stattdessen hat man (u. a. CANNON) sie später als Begleitphänomene für andere Ursachen herangezo-

gen, z. B. als Nebenprodukte von Situationen. Diese müssen nicht nur soziale Situationen (z. B. Konflikte) sein, sondern können auch von der Wahrnehmung physiolog. Veränderungen am eigenen Körper herrühren.

C Kontexttheorien

In einem Versuch von SCHACHTER u. SINGER (1962) wurde gezeigt, daß sowohl physiolog. und soziale Faktoren (wie in der vorherigen Theoriengruppe behauptet) als auch kognitive Faktoren (Abb. C) bei der Entstehung von Emotionen eine Rolle spielen. Wie frühere Untersucher (u. a. MARAÑON) spritzten sie ihren Vpn. das Stimulanzmittel Adrenalin oder ein Placebo. Außerdem informierten sie einen Teil der Vpn. über die physiolog. Wirkung des Präparats und setzten dann ihre Vpn. versch. emotionsauslösenden Situationen aus. Die physiolog. Reaktionen führten zu *irgendwelchen* Emotionen, wogegen die *speziellen* Emotionen, wie Ärger oder Freude, durch die weiteren Faktoren erzielt wurden. R. S. LAZARUS (1968) stellte dabei die kognitiven Bewertungen (»Der Bär ist ein äußerst gefährliches Tier«) bes. heraus.

D Differenzierungstheorien

Diese Gruppe stützt sich auf die Tatsache, daß beim Kind auch das Gefühl ausreift. K. BRIDGES (1932) entwickelte eine Theorie der schrittweisen Differenzierung von Emotionen ab der Geburt (Abb. D). Beim Kleinstkind besteht danach nur eine unspezif. Erregung sowohl für Mißbehagen und Entzücken, die sich erst später »ausdifferenzieren«. Die ursprüngliche affektive Wucht wird gleichzeitig abgebaut. Beim älteren Kind erfolgt sogar eine »umweltbedingte Abhärtung der Gefühle«. Nicht trennbar davon ist eine zunehmende kognitive Durchdringung der Gefühle. Nach diesem Entwicklungsmodell erreicht jeder ein ihm mögliches Maß emotionalen Reichtums (E-Quotient), der ihm auch wieder verloren gehen kann.

BARTLETT u. IZARD (1972) versuchten mit einer »Differentiellen Emotionsskala« die Gefühlsvielfalt nach Art und Stärke zu ordnen: Interesse, Freude, Überraschung, Kummer, Zorn, Ekel, Geringschätzung, Furcht, Scham/ Schüchternheit, Schuldgefühle. Der Fülle des Gefühlsreichtums kommt man mit solchen Ordnungsversuchen kaum nahe.

Daneben gibt es Untersuchungen zur allg. Gefühlsbeschreibung. Gefühle sind (nach weitgehender Übereinstimmung) subjektive Erregungszustände unterschiedl. Thematik und zeitl. Staffelung, leichter Verbreitbarkeit (Irradiation) und wechselnder Intensität. Je nach Situation können gleiche Anlässe unterschiedl. Gefühle auslösen. Nach Intensität unterschieden, spricht SCHULER von Gefühlskälte (Hypothymie) und im anderen Extrem von Affektsturm.

226 XII. Emotionspsychologie / 3. Somatische Emotionen

A Antriebe
B Stimmungsgrund

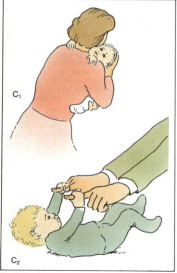

C Schreck

D Angst

Das Somatische (Körperliche) hängt eng mit den Emotionen zusammen. Diese Auffassung ist unstrittig. Schon ARISTOTELES schreibt in seiner Ps.:

»Offenbar verhält es sich in den meisten Fällen so, daß die Seele nicht affiziert wird oder sich betätigt, ohne daß der Leib mit im Spiel ist: so wenn sie zürnt, wagt, begehrt.«

Für eine Gruppe von somat. Emotionen trifft dies stärker zu als etwa für die kognitiven Emotionen (s. S. 233).

A Antriebe

Bei ARISTOTELES heißt es wenige Seiten nach dem vorherigen Zitat über die »vegetative Seele«:

»Ihr gehören als Funktionen *Fortpflanzung* und *Nahrungsaufnahme* an. Die am tiefsten in der Natur begründete unter den Funktionen der lebendigen Wesen, soweit sie normal gebildet und nicht verkümmert sind oder ohne Zeugung von selber entstehen, ist die, ein Wesen ihresgleichen zu zeugen.«

Ähnl. Äußerungen kann man in den Werken von SIGMUND FREUD nachlesen. Trotzdem wird diese Meinung nicht einhellig geteilt. Einerseits betreffen die Meinungsverschiedenheiten die Frage, welche Antriebe das sind: z. B. haben Untersuchungen beim Überlebenstraining oder in Extremsituationen (KZ-Haft) ergeben, daß zwangsweiser Reduzierung von Antrieben zuletzt nur noch Hunger, Durst (A_3) und Schlaf (A_2) als Grundbedürfnisse übrigbleiben (also die Sexualität [A_1] eher verschwindet).

Andererseits ist immer noch offen, wie diese Fundamentalantriebe entstehen. Man meinte z. B. für den Hunger, die Kontraktionen des leeren Magens seien es, die das Hungergefühl auslösen.

Diese Auffassung kann nach Ausschaltungsversuchen als widerlegt gelten. Statt dessen nimmt man (ähnlich zur Theorie von SCHACHTER und SINGER, s. S. 225; vgl. XIII/9, A) ein Zusammenwirken von physiolog. Erregung (die nicht immer vom Ursprungsorgan herrühren muß) und einer erkannten Anreizsituation an. Diese Kombination nennt BINDRA (1969) »zentralen Motivzustand«.

B Stimmungsgrund

In versch. Untersuchungen (SIQUELAND, 1969) wurde das Saugen bei kleinen Kindern nach Schnelligkeit und Intensität registriert (B_1). Je nach den dargebotenen Reizen konnten so Hochstimmungen von Langeweile unterschieden werden.

Alle Menschen unterliegen einem Stimmungskontinuum, das von der Euphorie bis zur sog. »Stimmungsmüdigkeit« (SCHAEFER, 1959) reicht. Innerhalb dieses Kontinuums gibt es zahlreiche Abwandlungen. Beispielsweise unterscheidet sich die »psych. Sättigung« (LEWIN) von der »Geißel Langeweile« (KIERKEGAARD) durch die affektive Gegen-

wehr z. B. gegen eine als monoton empfundene Situation.

Beide Fälle kennzeichnet nach einem »boredom level« (Grenze für den Eintritt von Übersättigung oder Langeweile) ein schwer erträglicher Zustand von innerer Leere bei gleichzeitiger emotionaler Erregung.

LERSCH (1956) nennt den Stimmungsgrund »die Klangfarbe speziell des Lebensgefühls«. Der somat. Grund und die Stimmungen stehen in einem Einflußzirkel. Einerseits bilden die Grundstimmungen eine durchgängige Stimmungslinie, die einen Menschen als lebhaft oder schwermütig charakterisiert; andererseits ändern Einstellungen oder Situationen ständig unseren Stimmungsgrund. Ein Beispiel ist der Morgenmuffel, der schwer in Gang kommt (B_2).

Bes. der Mißmut als Grundlage für »emotionale Steuerungsverluste« (SCHMIDTKE, 1965) hat das Forschungsinteresse wegen seiner Bedeutung für psych. Störungen aller Art (u. a. Arbeitsstörungen) erregt.

C Schreck

Der sog. Moro-Reflex bei höheren Tieren und Säuglingen verweist auf den fundamentalen Charakter der Schreckreaktionen. Mit ihm erfolgt eine automat. Anklammerung vor Gefahr (C_1, C_2).

Auch als Erwachsener verspürt man diese innere Verkrampfung als Schreckreaktion. Puls, Atmung, sogar Bewußtsein können kurzfristig aussetzen. Schock ist die extremste Form affektiver Emotionen.

D Angst

Auch Angst lähmt. Sie äußert sich körperlich als Pulserhöhung, Pupillenerweiterung, Händeringen usw., psychisch als Gefühl der Ausweglosigkeit, Entsetzen. In unzähligen Sonderformen bedrückt Angst die Menschen, aber auch die Angstlosigkeit wäre bedrohlich.

Trotz der Negativität von Angst sucht sie der Mensch gelegentlich freiwillig auf: auf Vergnügungsplätzen führen sich Menschen Angst als Lust zu (D_2); selbst Kleinkinder können Angst genießen (D_1).

Die Angstbedingungen sind vage. Weshalb jemand Angst bekommt, kann einerseits an seiner übergroßen Ängstlichkeit (*trait-anxiety*), aber andererseits auch an einem akuten Gefühl der Bedrohung (*state-anxiety*) liegen; Angst ist ebenso das Begleitgefühl einer Fluchtreaktion wie die kognitive Erkenntnis einer Hoffnungslosigkeit.

Angst ist sowohl Produkt wie Anlaß (SCHULTZ-HENCKE), in beiden Fällen kann sie zu emotionalen Dauerschäden (»chronische Panik«) führen, u. a. zu einer lebenslangen gesteigerten »pessimistischen Erwartungshaltung« (ATKINSON). Deshalb ist das Thema Angst in den letzten Jahren zu einem der wichtigsten und am meisten behandelten Themen der Emotionsps. geworden.

228 XII. Emotionspsychologie / 4. Situative Emotionen

A Freude

B Zorn

C Besorgnis

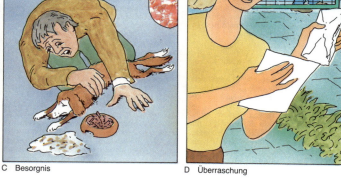

D Überraschung

XII. Emotionspsychologie / 4. Situative Emotionen

Situationen können emotionale Reaktionen völlig verändern.

Wenn ein Mensch wegen eines Beinschadens hinkt, so ist das keineswegs lächerlich; wenn aber zwei Leute nebeneinandergehend gleichartig hinken, so wirkt das lächerlich; man meint, sie würden sich gegenseitig nachmachen.

Es gibt unzählige situative Zustände, die Emotionen mitbestimmen.

A Freude

FRIEDRICH SCHILLER nannte sie den »Götterfunken«. Das Gefühl der Freude macht innerlich frei, weit, hell und erwärmt uns.

Das Erlebnis der Freude kann nach versch. Richtungen und Intensitätsgraden unterteilt werden. Als Glücksgefühl hängt es an gelungenen Ereignissen, an denen wir beteiligt waren.

Sehr viel passiver und globaler sind die heiteren und befriedigenden Zustände, die uns ergreifen, wenn wir z. B. ein bes. intensives Naturerlebnis genießen. Ähnl. Zustände erleben wir aktiver in einer Tätigkeit, die uns Spaß macht (Hilarität).

Eine dritte Richtung kann wiederum in versch. Seitenlinien aufgesplittet gedacht werden. Die Situationskomik (wie im Beispiel der beiden Hinkenden) fördert das Gelächter heraus. Noch stärker lebt der Witz von der Gegensätzlichkeit. Dagegen ist der Humor eher eine distanzierte, gelöste Grundhaltung, die sich selber mit einschließt: er ist »überwundenes Leiden an der Welt« (JEAN PAUL). Der Witz oder noch stärker der Triumph rücken in die Nähe der Ekstase; sie können sich sogar als Schadenfreude an den Verlusten des anderen ergötzen. Aber abgesehen von diesen Entgleisungen kann man freudvolle Emotionen in ihrer persönl. und sozialen Bedeutung kaum überschätzen. Freude trägt zur Lebenserleichterung bei.

B Zorn

Zorn ist ein kurzer Wahnsinn (HORAZ). Er mobilisiert (nach KANT) aber auch die Kräfte zum Widerstand gegen Behinderungen. Wenn man allerdings bedenkt, wieviel Unheil Zorn als Feindschaft und Wut im zwischenmenschlichen Bereich und im Weltgeschehen angerichtet hat, wird sofort seine Gefährlichkeit deutlich.

Im Zustand des Zorns, z. B. bei einem Zusammenstoß, »kocht« das Blut, das Gesicht wird heiß und die Muskeln sind angespannt. Wenn dieser Zustand länger anhält, wird er zum Stressor, der seinerseits Anlaß für Magengeschwüre, Bluthochdruck oder sonstige somat. Schädigungen sein kann.

Die Auslöser für Zorn sind individuell sehr unterschiedlich. Das betrifft sowohl die Auslöseschwelle wie die Auslöseanlässe. Im allg. stehen dafür die sog. Frustrationen (s. XX/2), etwa die Zielbehinderungen, Schadenszufü-

gungen, der drohende Partnerverlust als Eifersucht, Beleidigungen, Übervorteilungen und Zwänge.

Der Zorn hängt eng mit dem Machtproblem zusammen. Wo unsere Kontrollbefugnis beschnitten wird, erleiden wir einen Freiheitsentzug, den man mehr oder weniger vehement aufheben möchte (Reaktanz). Je nach Impulsivität reagiert man seinen Ärger ab.

Da dies aber nicht selten selbstschädigend ist, versucht man in der Klin.Ps. (s. Kap. XX), ein Ärgerkontrolltraining aufzubauen. Zu ihm gehören u. a. antrainiertes Entspannen, kognitive Gegengründe bei Zornausbrüchen, Aufbau von positiven Überlegungen gegenüber den Zornanlässen und Anregungen zur Situationsbeobachtung, wann wir leicht in Zorn geraten.

C Besorgnis

Die Weltgesundheitsbehörde forderte für die Menschen ein »vollkommenes körperl., seel. und soziales Wohlbefinden«. Aber dieses hohe Ziel ist nicht erreichbar. Zur existentiellen Situation des Menschen gehören Schwierigkeiten, Schmerz, Kummer, Not und Leiden. Keiner kann ihnen ganz entrinnen.

Wie geht man mit seinen Sorgen um? Jeder Mensch entwickelt im Laufe seines Lebens dazu einige Strategien. Der eine verzweifelt leicht, der andere spielt herunter, jener kompensiert, indem er darüber lacht, wieder andere verschieben das seel. Leiden in körperl. Krankheiten, die meisten versuchen das, was SIGMUND FREUD »Trauerarbeit« genannt hat: die innerseel. Aufarbeitung des Leids.

Man leidet jedoch nicht nur an sich selbst, sondern auch um den anderen. Der Hundebesitzer, der sein Tier leiden sieht, leidet mit. Man leidet auch nicht nur an der eingetretenen Leidenssituation, sondern macht sich Sorgen um zukünftig mögl. Leidenszustände.

Solche Besorgnis zeigen die individuellen Leidensschwellen, den unterschiedlichen Leidensdruck, die soziale Leidenssituation (wie unsere Umgebung mit unserem Leiden umgeht) und die Leidensverarbeitung, so wie wir sie anstreben.

D Überraschung

Jede Überraschung zeigt, daß wir immer ein Bild von der Zukunft in uns haben. Diese »Zukunftserwartung« prägt weite Teile unserer Gefühlsgrundlage. (BERGIUS, 1957).

Überraschungen treten dann ein, wenn es ganz anders kommt. Das Unerwartete, mitgeteilt in einem Brief, kann uns freudig erregen oder bestürzen.

In der Regel wappnet sich der Mensch vor allzugroßen Überraschungen, er nimmt alle nur erdenklichen Möglichkeiten geistig vorweg. Somit sind die Überraschungen eigentlich ein Versagen seiner Vorwegnahmen, allerdings auch die Würze des Lebens, denn ohne sie wäre es langweilig.

230 XII. Emotionspsychologie / 5. Soziale Emotionen

A Liebe

B Selbstlosigkeit

C Antipathie

D Aggression

XII. Emotionspsychologie / 5. Soziale Emotionen

Alle höheren Lebewesen haben komplizierte soziale Verbindungen aufgebaut. Mit ihnen entwickeln sich weitläufige Sozialgefühle, die sich an vielschichtigen sozialen Gesten ablesen lassen.

A Liebe

Liebe gilt vielen als das bedeutendste Gefühl. Aber diese Einschätzung besagt nicht viel, weil es gleichzeitig eines der differenziertesten Gefühle ist. Die Geschlechterliebe, Nächstenliebe, Naturliebe, Mutterliebe, Menschenliebe oder gar Liebhabereien haben wenig Gemeinsames.

Allg. ausgedrückt ist Liebe ein Bindungsgefühl, in das versch. psych. Anteile eingebaut sind, von denen einige unabdingbar, andere ergänzend, wenn auch oft (z. B. die sexuellen Bedürfnisse) dominant, d. h. andere Anteile überdeckend, mitwirken.

Als Bindungsgefühl stützt sich die Liebe auf das Für-einander-da-Sein, das Zärtlichkeit, Güte, Wohlwollen einschließt. Der Trennung in Individuen, die in der Evolution auf die bloße Zellteilung folgte, wird durch die Bindung von Individuen entgegengewirkt. Der geliebte andere wird zum unveräußerlichen Teil des Selbst; was ihm geschieht, betrifft uns ähnlich oder noch stärker.

Die psych. Grundlage der Liebe ist das wechselseitige Vertrauen, das gegenseitiges »Verstehen« und Opferbereitschaft umfaßt. Sie beruht auf beiderseitiger Anziehungskraft, d. h. dem Wohlgefallen am anderen, indem man ihn bejaht und die ungeliebten Einzelheiten verzeiht oder übersieht.

Als aktuelles Gefühl grenzt die Liebe an das Wunderbare. Aber diese Erfüllung kann nur zeitweilig sein. Die Stabilität einer Liebesbeziehung beruht auf der Wandlungsfähigkeit der Bindungsgefühle.

Da die Verliebtheit vergänglich ist, gewinnen Interessengemeinschaft (*social referencing*, CAMPOS u. STENBERG, 1981), gemeinsame Zielsetzungen, geistige Gemeinsamkeiten die Oberhand. Liebe ist deshalb auch eine Aufgabe. Sofern dies von einem oder von beiden übersehen wird, bleibt die Erfüllung in der Verbindung aus.

B Selbstlosigkeit

ARISTOTELES nennt diese Einstellung ein Gefühl für den Mitmenschen, das das Gute für den anderen um des Guten willen anstrebt. Damit ist der Unterschied zum bloßen Austausch von Vorteilen hervorgehoben: man erwartet kein Entgelt.

Im Bild des Barmherzigen Samariters (Abb. B) fordert die Bibel die Uneigennützigkeit gegenüber allen Menschen.

Aber Enttäuschungen mannigfaltiger Art begrenzen diese Haltung auf mehr oder weniger viele Menschen.

In der Freundschaft erhält die Selbstlosigkeit ihre häufigste Ausprägung. Freundschaft ist ein emotionaler Gleichklang auf verschiedenen, aber nicht notwendig allen Ebenen der Beziehung. Sie weist zwar eine geringere Intimität als die Liebe auf, erfordert aber kaum geringere persönl. Zuwendung, gegenseitige Anerkennung, Achtung, Vertrauen, um eine »gute« Beziehung aufzubauen. Freundschaft verleugnet partiell Eigeninteressen zugunsten des anderen, ohne ihn abhängig zu machen. Diese Doppelbödigkeit macht die Problematik der Freundschaft aus.

Die Selbstlosigkeit als Altruismus (wohlwollende Grundhaltung) wird von C. ROGERS für den Gesprächspsychotherapeuten (s. Kap. XX/7) gefordert: Einfühlung, Wertschätzung, Echtheit.

C Antipathie

Die Antipathie ist die Sammelbezeichnung für alle negativen Emotionen ohne offene Feindseligkeit (z. B. Neid, Mißgunst). Die Haltung kann gegenüber Dingen, Tieren, Personen, Ideen eingenommen werden. Je nach der Stärke beginnt sie bei der unmerkl. Geringschätzung und endet beim offen gezeigten Ekel.

In den mitmenschl. Beziehungen gibt es für die Antipathie viele Signale der »symbol. Beleidigung« (MORRIS, 1982):

das Nase-Hochtragen (Abb. C), die gekreuzten Arme als Abwehr, das offene Gähnen als Ausdruck der Langeweile im Zusammensein mit dem anderen, den im Ekelgefühl verzerrten Gesichtsausdruck.

D Aggression

Die Aggression gehört zu den in der Ps. meistbeachteten Emotionen. Es gibt mindestens 37 Theoriengruppen (BENESCH, 1981) zur Aggression: von den tierpsychologischen bis zu den kybernetischen. Aggressivität spielt sich auf mehreren Ebenen ab (Denk-, Sprach- und Handlungsebene). Zu ihren vielen Erscheinungen gehören: Schadenfreude am Unglück des anderen, unangemessenes Schreien, Flüche und Verwünschungen, mutwilliges Beschädigen und Zerstören, kalte Rache im überraschenden Moment, besinnungsloser Jähzorn, in dem alles kurz und klein geschlagen wird.

Diese Selbst- und Fremdschädigung geschieht nicht nur auf individueller Ebene: zwischen größeren Gemeinschaften und Völkern kann die Verhetzung bis zu Krieg und Völkermord gesteigert werden.

Darum sucht man in der Ps. zumindest auf individueller Ebene nach Verfahren zum Aggressionsabbau. Meist werden als Bereiche unterschieden:

Analyse von aggressionstyp. Situationen (Abb. D), Feststellungen zum aggressionsmindernden Verhalten (u. a. Lernen, eigene Bedürfnisse zurückzustellen), Abreaktion, Erarbeitung von Problemlösetechniken (s. S. 194), Suche nach Möglichkeiten zur Übung prosozialen Verhaltens.

232 XII. Emotionspsychologie / 6. Kognitive Emotionen

A Interesse

B Hoffnung

C Ästhetische Gefühle

D Religiöse Gefühle

XII. Emotionspsychologie / 6. Kognitive Emotionen   233

Die kognitiven Gefühle zeigen bes. deutlich die Vermischung der Gefühle mit den anderen psych. Prozessen. Die inneren Beteiligungen werden interpretiert und in höhere intellektuelle oder weltanschaul. Zusammenhänge eingeordnet. Oder wie George Bernard Shaw es ausdrückt:
»Das Gefühl ist es, das den Menschen zum Denken anregt, und nicht das Denken, das ihn zum Fühlen anregt.«

A Interesse
Der alltägl. Begriff Interesse hat eine merkwürdige Begriffsgeschichte. Zunächst stand er wörtlich nur für das konkrete Dazwischentreten, später für etwas von Wichtigkeit. Erst im 13. Jh. wurde er substantiviert als ein Schaden (im jurist. Sinn), für den man ersatzpflichtig war. Der Begriffsweg bis zum Ersatzwort für den »Zins« war nicht weit. Daraus wurde etwa im 17. Jh. »Vorteil« oder »Nutzen«.
In der heutigen ps. Literatur wird in den Begriff Interesse noch ein psychophysiolog. Strang eingezogen. Pawlow zeigte mit dem Begriff »Orientierungsreflex« die angeborene Grundlage des Interesses auf. An dieser vieldeutigen Geschichte wird erklärlich, weshalb dieser Begriff trotz seiner fundamentalen Wichtigkeit sehr inhomogen gebraucht wird. H. B. u. A. C. English (1958) verwenden ihn z. B. als »Bedeutungsgefühl: ein angenehmes Gefühl, das eine Tätigkeit begleitet, die ungehindert ihr Ziel erreicht«.
In der heutigen Verwendung kann man drei Interpretationsmomente unterscheiden:
sensible: Disposition für gespannte Aufmerksamkeit, Anziehungsentdeckung, Neugier, Wißbegier;
interpretative: bereichsspezif. Realitätsanpassung (z. B. gegenüber kulturellen Ressourcen), Gegenstandsvalenzen, Vorlieben, Hobbies;
volitive: Engagement, Zielstrebigkeit, Fleiß, Hingabe, Gewinnstreben.
Gegenwärtig steht für diesen Begriff seine Bedeutung für die Persönlichkeitsentwicklung im Vordergrund. Ein neugieriges Kind wird man wegen seines »Explorationsverhaltens« eher noch bestärken (Berlyne, 1974).

B Hoffnung
»Die Gegenwart ist Gegenstand der Wahrnehmung, die Zukunft Sache der Hoffnung« (Aristoteles).
Da der Mensch notwendig zukunftsbezogen lebt, kann die Hoffnung als eine fundamentale Emotion gelten. Sie vertritt Zuversicht, Selbstvertrauen, Zutrauen zur Zielsetzung, optimist. Spannung, Zukunftssehnsucht. Für Ernst Bloch ist sie »prozeßhaft-konkrete Utopie«.
Sie kann aber auch trüger. Irrwege weisen. An die Stelle von realist. Erwartungen werden Überinterpretationen unrealist. Schlaraffenländer gesetzt. Aber in schwer erträgl. Situa-

tionen (z. B. als Gefangener) braucht der Mensch Hoffnung und muß lernen, mit seinen Hoffnungsgefühlen umzugehen.

C Ästhetische Gefühle
Der Eindruck von Wohlgefälligkeit bei Gegenständen, Größen- und Raumverhältnissen, Figuren, Farbzusammenstellungen etc. reicht vom unmittelbaren Genuß bis zum intellektuellen »Verstehen«, das eher dem Empfinden der Bedeutung des Kunstwerkes (hier der »Nofretete«) entspricht.
Ästhet. Urteile sind stark zeitabhängig: Was vor 80 Jahren noch als häßlich galt, wird heute von vielen als schön empfunden. Dabei muß aber die bei diesen Urteilen überdurchschnittl. Häufigkeit der konformen Anpassung an die gängigen Urteile bedacht werden. Viele dieser Urteile sind von einer Verleugnung der tatsächl. ästhet. Eindrücke getragen. Eine große Rolle spielt dabei die Gewöhnung. Wenn man z. B. ein ungewöhnl. Musikstück oft gehört hat, werden Strukturen wiedererkannt, die allmählich besser verstanden, eingeordnet und schließlich als wohlgefällig erlebt werden.

D Religiöse Gefühle
Goethe läßt Faust sagen: »Nenn es dann, wie du willst, nenn's Glück! Herz! Liebe! Gott! Ich habe keinen Namen dafür! Gefühl ist alles; Name ist Schall und Rauch . . .«
Die religiösen Gefühle sind spirituale (also kognitive) Erlebnisse, die je nach dem religiösen Zentrum und persönl. Bezug einen anderen Charakter annehmen können. Für viele, die an einen persönl. Gott glauben, ist das Gebet auch ein emotionaler Erlebnisbezug, ein Bindungsgefühl, das von der kindl. Hingebung bis zur immateriellen Verbundenheit mit dem Absoluten reichen kann. Religionen ohne Gottesvorstellung wie der Hinajana-Buddhismus konnten sich in dieser esoter. Form in der Masse der Gläubigen nicht halten, an ihre Stelle traten im Mahajana-Buddhismus unzählige Verehrungsattribute. Für Spinoza stehen die Emotionen Liebe und Freude im Zentrum seines Glaubensbekenntnisses:
»Die Liebe zu einem ewigen und unendl. Ding nährt die Seele mit der einzig wirkl. Freude und ist aller Trauer ledig.«
Diese Bindungserlebnisse werden in den vielen Religionen in außerordentl. Gestaltungsvielfalt auch im Hinblick auf die moral. Lebenshaltung verstärkt: durch Vorstellungen der Himmelsfreude, Ängstigung vor Höllenqualen, Erklärungen zur Bestimmung des Menschen, Befreiung von den ird. Übeln, Hoffnung auf eine Erlösung im Jenseits, Aufhebung der Schrecken des Todes und die Erwartung einer Gerechtigkeit, die es auf der Erde nicht zu geben scheint. An diesen Vorbildern haben sich auch viele andere Weltanschauungen ohne transzendentale Bezüge orientiert.

234 XII. Emotionspsychologie / 7. Meditative Emotionen

A Scham

B Selbstwertgefühle

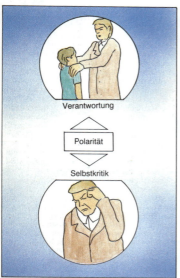

C Schuldgefühle

D Moralische Gefühle

Dieser Teil des Emotionsrepertoires ist rückbezüglich. Der Mensch erlebt nicht nur Gefühlszustände, sondern er versucht sie ständig aufzuarbeiten und abzuwandeln: ungenügende zu steigern, übersteigerte zu dämpfen, belastende durch »schöne Tagträume« zu ersetzen. Diese Konfrontation ist selbst wieder emotional. Aber dies ist eine meditative Emotionalität, d. h. sie besteht in erster Linie in der Selbsterfahrung einer Versenkung in das eigene Erleben. Nach der Intensität der Verarbeitung reichen meditative Emotionen vom bloßen Abwarten, ob ein Gefühl abflaut, bis zur »Enstase« (W. MASSA), der nach innen gekehrten Ekstase. Die meditativen Emotionen verhelfen stärker als die zuständlichen zur Erfüllung in der Emotion, oder wie C. F. v. WEIZSÄCKER für alle Meditationen formuliert, zu einer »Verwandlung der Beschaffenheit des Bewußtseins«.

A Scham

Scham ist die typ. Integritätsemotion. Wenn man jemanden als schamlos bezeichnet, so meint man, er demonstriere weder in körperl., geistiger noch sittl. Hinsicht Zurückhaltung. Die Scham zeigt sich körperlich an der Einwärtsrichtung: gesenkter Kopf, abgewendeter Blick, bedeckende Gesten. IZARD (1981) bezeichnet die Scham als »Hüter des Selbstrespektes«. Wenn sich jemand schämt, empfindet er die Bloßstellung einer körperl. oder geistigen »Nacktheit« als Verletzung seines erworbenen Selbstbildes, als Gefahr eines Makels. In peinl. Situationen und sogar in der Erinnerung an sie verzerrt man manchmal als Abwehr das Gesicht zu einer Grimasse. Schamgefühle entstehen also nicht nur aktuell, es gibt auch verdrängte und gelernte.
Eine mysteriöse Beziehung zum Schamgefühl hat das Erröten. Wie DARWIN beobachtete, erröten Menschen, die gewohnt sind, mit bloßem Oberkörper zu erscheinen, nicht nur im Gesicht, sondern am ganzen sichtbaren Körper. Man errötet außer bei verletzenden Situationen auch bei Lob. Der Grund dürfte in einer Ängstlichkeit vor zu großer Beachtung, d. h. in Schüchternheit liegen. ZIMBARDO, PILKONIS u. NORWOOD stellten in einer Untersuchung fest, daß sich 82% der Befragten zu irgendeinem Zeitpunkt als schüchtern bezeichneten. Extreme Schüchternheit gilt auch als larvierte Depressivität.
Die Funktionen der Schamgefühle werden i. a. im Selbstschutz, sogar in der Kompensation eines hintergründigen Exhibitionismus, in der Aufrechterhaltung von sexueller Attraktivität und in der sozialen Regulation gesehen, und zwar als Achtung fremder Integrität.

B Selbstwertgefühle

Die Selbstwertgefühle regulieren im starken Maß das Verhalten der Menschen und sind somit ein wichtiges Merkmal für die mitmenschl. Atmosphäre. Menschen reagieren »bereichsspezifisch«, d. h. in manchen Lebensbereichen, z. B. im Sport, ist ihnen ihr Rang gleichgültiger als in anderen, z. B. im Beruf (Prestige, soziale Geltung).
In sich sind die Selbstwertgefühle meist zusammengesetzt aus drei Bewertungsprozessen:
Die *Eigenbestimmung* repräsentiert alles, wozu wir uns verpflichtet fühlen und bildet gleichsam die Basislinie der Selbstwertgefühle. In der *Selbstachtung* (self-esteem; DITTES, 1959) sind wir unser eigener Kritiker, und zwar nach den Maßstäben, die wir uns setzen. Die *Fremdbewertung* sagt uns, ob wir »ankommen«.
Häufig wird letztere an kleinsten Merkmalen beobachtet und überbewertet. Bedrohl. Informationen werden nicht selten umgedeutet oder gemieden. Diese ständige Aufarbeitung liegt nicht zuletzt daran, daß in der heutigen mobilen Gesellschaft häufig Rangunklarheiten bestehen, die man abzuklären versucht. Auch sich wandelnde Gruppenränge (z. B. für die Frauen) bringen Bewegung in die Selbstwertgefühle, die als wichtige Prädiktoren für die Beeinflußbarkeit der Menschen gelten (NISBETT u. GORDON, 1967).

C Schuldgefühle

Schuldgefühle folgen einer Fehlreaktion, Pflichtverletzung oder Missetat. Für das Schuldgefühl besteht eine grundlegende Konstellation: einerseits muß ein Verantwortlichkeitsgefühl aufgebaut sein, andererseits verlangt diese *Polarität* eine Selbstkritik, die sich als Reue, Gefühl für die Haftbarkeit und Aufforderung zur Wiedergutmachung äußern kann (parallel dazu ergibt die Fremdkritik Zorn bei Übertretungen durch andere). Als Auslöser werden sowohl angeborene, gelernte wie bewußt gesteuerte kognitive (Regelbewußtsein) Beweggründe angenommen.
Als inhaltl. Anlässe werden nach ROLLO MAY (1960) angegeben: Nichtannahme von Möglichkeiten, Unmöglichkeit zur völligen Identifizierung mit dem anderen und Diskrepanz zwischen natürl. und zivilisator. Leben.

D Moralische Gefühle

Moral. Gefühle erfordern darüber hinaus ideologisch fundierte meditative Emotionen. Für das Kleinkind hängt das Unrechtsbewußtsein noch weitgehend am Strafmaß. Die Moral dagegen erfordert einen Kodex. Im Christentum wird die Schuldabhängigkeit gesteigert durch die Vorstellung einer Erbsünde (peccatum originis); so daß auch bei aktueller Schuldlosigkeit eine moral. Abhängigkeit erhalten bleibt. Aus der modernen Weltanschauungen ist der Aufbau eines »Gewissens« Voraussetzung für die moral. Lebensführung (*moral conduct*, HOGAN, 1973).
Psychologisch gesehen ist das Gewissen der verinnerlichte (intrinsische) Widerstand gegen die Versuchung (MAHER, 1966).

236 XII. Emotionspsychologie / 8. Gefühlsstörungen

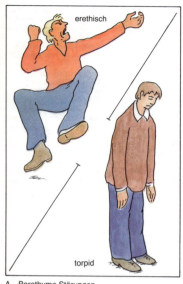

A Parathyme Störungen

B Neurotische Störungen

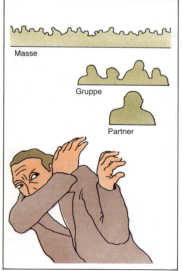

C Soziopathische Störungen

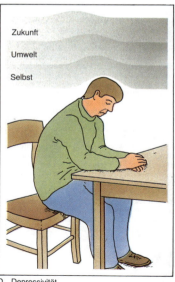

D Depressivität

Der gefühlvolle Mensch erlebt die Welt intensiver; die Kehrseite dieses Vorzugs ist eine überhöhte Empfindlichkeit. Sie kann ebenso zu psych. Störungen führen wie ihr Gegenteil, die Gefühllosigkeit (Athymie) und Gefühlsunterdrückung (Controthymie). Diese Breite der emotionalen Störanfälligkeit sollen die folgenden 4 Störbereiche exemplarisch wiedergeben.

A Parathyme Störungen
Bei den Parathymien (wörtlich: abweichende Gefühle) geht die emotionale Ungewöhnlichkeit in 2 Richtungen: die *erethische* (übersteigerte) und die *torpide* (gefühlsgelähmte, unansprechbare).

Gefühle als »erlebte An- und Umwandlung des Zumuteseins« neigen schon im Alltag zu affektiven Ausbrüchen. Wenn sie aber sehr gehäuft, stark intensiviert und erheblich langdauernder auftreten, kann man von Gefühlsstörungen sprechen. In der sog. Haftpsychose kommt es zu ereth. Wutausbrüchen, die bis zum Totschlag führen können.

Spricht man von jemandem als *Erethiker*, so ist damit der Streitsüchtige, der Überlaute, der Querulant oder der tyrann. Gewaltmensch gemeint. Sein Gegenpol ist der *Torpide*: er neigt zu Disphorien (Verstimmungen), Mißmut, er nörgelt viel und ist leicht gekränkt, überhaupt ist er ein Spielverderber. Zu letzteren gehört auch der *Hypochonder*, der eine übertriebene Empfindlichkeit gegenüber seinen Körpersignalen aufweist und überängstlich reagiert.

Extreme Formen emotionaler Störungen sind die *Hypothymie* (Gefühlslähmung, auch Emotionsstupor oder Alexiethymie genannt, z. B. Begleiterscheinungen bei manchen Psychosen) und die *Hyperthymie* (Affektsturm, z. B. als Affektkrampf bei Alkoholikern). Einen Durchgang zwischen erethisch und torpid bildet das *zykloide* Verhalten, bei dem sich beide Pole abwechseln (u. a. bei dem bipolaren manisch-depressiven Syndrom).

B Neurotische Störungen
Die *Phobie* ist eine irrationale Angstreaktion, bei der best. Merkmale wie Panikerlebnisse, Schweißausbrüche, Übelkeit, Schwächegefühle, Fluchterstarrung auftreten. Der Betroffene sieht häufig die Unbegründetheit seiner Ängste ein, kann sich von ihnen aber nicht befreien.

Der *Anankasmus* ist eine Zwangskrankheit, bei der der Patient best. Gedanken oder Reaktionen, die ihn schädigen, nicht los wird: z. B. leidet der Pedant an einem Ordnungszwang, der Kleptomane an einem Stehlzwang, der Pyromane an einem Brandstiftungszwang.

Die *Hysterie* galt schon im Altertum als Gefühlsstörung, aber die lange Begriffsgeschichte hat wenig zur Klärung dieser Bezeichnung beigetragen. In emotionaler Hinsicht wird hier die Labilität (Unbeständigkeit), die exaltierte Gefühlsübersteigerung, intrigantes Verhalten und die Konversion (Verschiebung des Leidens in körperl. Erkrankungen) hervorgehoben.

Die *Paranoia* gilt zumeist als Sammelbezeichnung für wahnhafte Reaktionen: Eindrücke des Verfolgtseins, der ständigen Benachteiligung, des Betrogenwerdens.

C Soziopathische Störungen
Im Diagnoseschlüssel ICD der Weltgesundheitsorganisation definiert als

> »eine Persönlichkeitsstörung mit Mißachtung für soziale Verpflichtungen, fehlendem Gefühl für andere und maßloser Gewalttätigkeit oder herzlosem Unbeteiligtsein.«

Diese Störungen lassen sich in 3 Gruppen teilen: gegenüber einzelnen Partnern, Gruppen und Massen. Als Interaktions- oder Beziehungsstörungen umfassen sie die übersteigerten Formen der Rang- und Rollenstörungen (Dominanzkonflikte) sowie die Kontaktstörungen (bewußtes Aufsuchen von Konflikten bzw. grundsätzl. Flucht vor Konflikten). Die auf Gruppen und Massen bzw. die Gesellschaft bezogenen Störungen konzentrieren sich auf die Nichtbeachtung sozialer Normen: Gruppenmißbrauch und -zerstörung, Delinquenz und Kriminalität.

D Depressivität
Der Begriff »Depressivität« ist ein Sammelbegriff für die äußerst unterschiedl. Depressionsformen von der endogenen Depression oder Melancholie bis zu den reaktiven Depressionen, z. B. nach Partnerverlust. DÖRNER U. PLOG (1978) beschreiben die »lehrbuchmäßige« Haltung eines Depressiven: ernster Ausdruck, gleichzeitige innere Leere und Unruhe, in sich zusammengesunkene Körperstellung.

Nach WOODRUFF, GOODWIN U. GUZE (1974) sollen 5% der Männer und 10% der Frauen wenigstens einmal im Leben eine depressive Zeitspanne durchgemacht haben. Nach A. T. BECK u. a. (1981) weist der Depressive 3 negative Sichtweisen auf: auf sich selbst, auf seine Umwelt und auf seine Zukunft. M. E. SELIGMAN (1979) führt diese Haltung« in erster Linie auf eine »gelernte Hilflosigkeit« zurück, nach der alles Reagieren letztlich zwecklos sei.

> Viele Depressive berichten, daß sie sich nutzlos, wie versteinert vorkämen; nicht einmal traurig könnten sie sein; ihr Denken träte auf der Stelle und verliere sich ins Grübeln; die Besorgtheit der Familie mache nur alles schlimmer; sie fühlten sich unendlich müde und krank.

Eine solche dramat. Störung der Gefühle und die Reflexion ihnen gegenüber zeigen die Bedeutung der Emotionen für den Gesamtbereich des Psychischen. Ohne Pflege seiner Gefühle kann der Mensch dem Leben kaum standhalten.

Register

Namenregister

Adams, J. S. 207
Amon 187
Archimedes 185
Argyle, M. 207
Aristoteles 31, 33, 35, 77, 93, 103, 119, 181, 199, 227, 231, 233
Atkinson, J. W. 175, 227
Austin, J. L. 215
Ausubel, D. P. 151
Averroes 33
Avicenna 33

Bacon, F. 201
Bales, R. F. 211
Baltes, P. B. 53
Bandura, A. 145
Bartlett, F. C. 105, 135, 225
Bartley, S. H. 31
Bateson, G. 221
Bauer, W. 53, 59
Beck, A. T. 237
Bell, A. G. 119
Benedict, R. 193
Benesch, H. 77, 123, 141, 231
Berger, H. 79
Bergius, R. 229
Berkowitz, L. 213
Berlyne, D. E. 181, 183, 233
Berne, E. 221
Bertalanffy, L. v. 171
Bindra, D. 227
Binet, A. 135, 193
Birch, J. D. 175
Blix, M. 119
Bloch, E. 233
Boring, E. G. 33
Bortz, J. 53
Boyle, R. 113
Bower, G. W. 139
Brandner, V. 161
Brehm, J. W. 207
Bridges, K. 225
Broadbent, D. E. 127, 163
Brücker-Steinkuhl, K. 75
Bruner, J. S. 123, 151, 183
Brunswik, E. 189
Bühler, K. 31, 147
Burt, C. 223
Busch, W. 213
Buswell, G. T. 149

Campos, J. 231
Camus, A. 211
Cannon, W. B. 225
Cattell, R. B. 49, 213, 223
Cherry, Ch. 167, 207
Chu Hsi 173
Claparède, E. 43, 179
Clausewitz, K. v. 195
Coan, R. W. 33
Comenius, J. A. 153
Conrad, C. H. 141
Coombs, C. H. 45, 149

Dali, S. 91
Darwin, Ch. 43, 45, 81, 181, 195, 225, 235
Davis, F. B. 195
Deppe, W. 39
Descartes, R. 33, 75, 143
Dessoir, M. 31
Dilthey, W. 35
Dittes, J. E. 235
Doppler, Ch. 113
Dörner, D. 10, 147, 179, 237
Dörner, K. 237
Dorsch, F. 33, 43
Downs, R. M. 191
Düker, H. 135
Duncker, K. 191, 195, 197

Ebbinghaus, H. 55, 131
Ebner-Eschenbach, M. v. 41
Ehrenfels, Ch. v. 97
Ehrenstein, W. 123
Einstein, A. 65, 133
English, A. C. 233
English, H. B. 233
Euler, H. A. 223
Ewert, O. 223

Faraday, M. 109
Fechner, G. Th. 33, 101, 163
Festinger, L. A. 137
Fisher, R. A. 65, 67, 69
Flavell, J. H. 199
Flourens, P. 37
Fludd, R. 37
Flugel, J. C. 33
Frege, G. 39, 77
Freud, S. 45, 83, 137, 141, 163, 165, 167, 177, 179, 227, 229

Galanter, E. 171, 175
Galilei, G. 47
Gall, F. J. 33
Gallup, G. 57
Galton, F. 43, 57, 193
Gauss, C. F. 63
Gazzaniga, M. S. 89
Gerard, H. B. 207
Gerhaert, N. 167
Gewirtz, J. H. 177
Gibson, J. J. 97, 107
Giese, F. 99
Gjesme, T. 175
Gneisenau, A. v. 195
Goodwin, D. 237
Gordon, T. 235
Gosset, W. S. 67
Goethe, J. W. v. 111, 153, 159, 181, 201, 233
Gracian 201
Green, D. M. 103
Guilford, J. P. 153, 181, 193, 197
Guthrie, E. R. 137
Guze, S. 237

Haider, M. 79

Hall, G. S. 43
Hartmann, E. v. 165
Harvey, W. 83
Hayes, P. J. 181
Heckhausen, H. 167
Hein, A. V. 103
Held, R. 103
Hellpach, W. 35, 45
Helmholtz, H. v. 95, 99, 111
Helson, H. 97, 105
Henning, H. 117
Herbart, J. F. 99
Herder, J. G. v. 159
Hering, E. 111, 123
Herostrat 177
Hippokrates 35
Hobbes, Th. 33
Hogan, R. 235
Hölderlin, F. 125
Holt, E. B. 163
Homans, G. C. 207
Hoof, J. A. R. A. M. van 225
Horaz 229
Horst, P. 73
Huber, H. P. 51
Hull, C. L. 137
Hume, D. 33
Husserl, E. 45
Huygens, Ch. 93

Ingham, H. 213
Izard, C. E. 223, 225, 235

James, W. 225
Jaensch, E. R. 35
Jean Paul 229
Jones, E. E. 207
Jung, C. G. 35

Kant, I. 33, 141, 161, 183, 185, 229
Katz, D. 5, 91
Keller, H. 209
Kellerer, H. 75
Kelley, H. H. 207
Kerami 163
Kierkegaard, S. 167, 227
Kintsch, W. 135
Klee, P. 37
Knapp, G. F. 165
Knigge, A. v. 207
Köhler, W. 45, 147
Konfuzius 33
Kraepelin, E. 43
Kretschmer, E. 35
Kreyszig, E. 71
Kübler-Ross, E. 177
Kuhl, J. 175
Kuhn, Th. 151
Kues, N. v. 99

Lange, C. 225
Lange, F. A. 45
Lao-tse 33
La Rochefoucauld, F. 217

II Namenregister

Laucken, U. 31
Lawrence, H. 137
Lazarsfeld, R. 51
Lazarus, R. S. 57, 225
Lec, S. J. 75
Leibniz, G. W. 33, 165
Leisegang, H. 187
Lenard, Ph. 93
Leonardo da Vinci 171
Lersch, Ph. 163, 175, 227
Lewin, K. 163, 175, 207, 227
Ligon, E. J. 141
Lindsay, P. H. 181
Locke, J. 33
Luchins, A. S. 185
Luft, J. 213

Machiavelli, N. 219
Magoun, H. W. 79
Maher, B. 235
Malebranche, N. de 33
Mandl, H. 223
Marañon, G. 225
Marbe, K. 191
Marx, K. 173
Massa, W. 235
Masselon, R. 183
Matthes, E. W. 175
May, R. 235
Mayer, R. 163
McCarthy, J. 181
McDougall, W. 163
McKeen Cattell, J. 43
Mead, G. H. 175, 207
Mednick, S. A. 197
Meichenbaum, D. 57
Meili, R. 193
Melanchthon, Ph. 33
Metzger, W. 197
Meyer, M. F. 225
Milgram, S. 213
Miller, G. A. 171, 175
Moltke, H. v. 195
Monden-Engelhardt, C. 141
Mooney, R. M. 197
Morris, C. W. 77, 207, 231
Moruzzi, G. 79
Mozart, W. A. 117
Müller-Lyer, F. C. 97
Munch, E. 31
Münsterberg, H. 43

Necker, L. A. de Saussure 123
Neisser, U. 105
Newell, A. 181
Newton, I. 93, 111
Nietzsche, F. 137, 185
Nisbett, R. E. 235
Noble, C. E. 157
Noelle-Neumann, E. 51
Nofretete 233
Norwood, D. A. 235

Oostwal, L. 199
Osborn, A. F. 197
Osgood, Ch. 57, 181, 211

Pascal, B. 201
Pauli, R. 57
Pawlow, I. P. 119, 137, 143, 145, 181, 195, 233
Pestalozzi, J. H. 201
Pfahler, G. 35
Piaget, J. 45, 147, 179, 181
Pick, A. 177, 221
Pilkonis, P. A. 235
Platon 33, 77, 93, 123
Plog, U. 237
Plutchik, R. 223, 225
Poppelreuter, W. 189
Postman, L. 123
Premack, D. 145
Pribram, K. H. 89, 171, 175
Prokop, O. 203
Proshansky, H. 45
Pythagoras 93

Rayner, R. 175
Révész, B. 37
Reicher, G. M. 141
Reiser, B. 179
Rippe 207
Roback, A. A. 33
Rodin, A. 31
Rohracher, H. 37
Rorschach, H. 35
Rothacker, E. 163
Rotter, J. B. 175
Rubin, E. 105
Rumelhart, D. E. 181

Sabine, H. C. 115
Sander, F. 141
Saussure, F. de 39, 77
Schachter, S. 225, 227
Schaefer, H. 227
Scheier, J. H. 223
Schelling, F. W. v. 105
Schick, A. 31
Schiller, F. v. 37, 201, 229
Schlosberg, H. 223
Schmidtke, H. 227
Schönbach, P. 57
Schopenhauer, A. 159
Schultz, J. H. 167
Schultz-Hencke, H. 177, 227
Schütz, A. 175
Scott, W. D. 43
Searle, J. R. 215
Selg, H. 53, 59
Seligman, M. E. P. 237
Selye, H. 167
Seneca 159
Shakespeare, W. 167
Shannon, C. E. 77
Shaw, G. B. 233
Simon, H. A. 175, 181, 193
Singer, J. 225, 227
Siqueland, E. R. 227
Sisyphos 211
Skinner, B. F. 137, 145, 157
Sokrates 181, 201
Spearman, Ch. 193

Speck, O. 203
Spencer, H. 163
Spielberger, C. D. 167, 223
Spinoza, B. de 199, 233
Spranger, E. 35
Squire, L. 135
Stalin, J. W. 183
Stea, D. 191
Stenberg, C. 231
Stern, W. 175
Stevens, S. S. 47
Sweets, J. A. 103
Swoboda, H. 67
Szekely, L. 197

Tausch, R. 135
Taylor, J. 163
Terman, L. M. 193
Tetens, J. N. 33
Thalhammer, M. 203
Theophrast 35
Thibaut, J. W. 207
Thomae, H. 51, 89
Thomas v. Aquin 33
Thorndike E. L. 145, 151
Thurstone, L. L. 73
Tichomirow, O. K. 191
Titchener, E. 97, 181
Tolman, E. C. 97, 163
Torrance, E. P. 197
Treisman, M. 163
Tulving, E. 135

Überla, K. 73

Voltaire, F. 91

Walker, H. M. 71
Wallas, G. 181
Walter, G. W. 193
Watson, J. B. 45, 59
Watzlawick, P. 207, 221
Weizsäcker, C. F. v. 235
Wertheimer, M. 109, 197
Wiebe, G. D. 219
Wiener, N. 89
Wilson, E. O. 81
Winograd, T. 205
Witmer, L. 43
Wittgenstein, L. 75, 171
Woodruff, R. 237
Wulf, F. 135
Wundt, W. 33, 43, 97, 99, 101, 179, 223
Wygotski, L. S. 183

Young, Th. 93

Zimbardo, P. G. 235
Zöllner, J. K. F. 123

Sachregister III

Sachregister

Aberglauben 203
Abreaktion 231
Abruf 125, 133
– verbesserter 133
Absicht 175
Abstraktion 181
Abszisse 61
Abweichung 63
Adaptation 95, 117
adding 219
Adrenalin 83
Afferenzsynthese 97, 103, 123
Affiliation 213
Agape 213
Aggravationseffekt 55
Aggregat 41
Aggression 177, 213, 231
Aha-Erlebnis 147
Ähnlichkeit 105, 127
Akkommodation 95, 107, 181
Akkumulationslernen 151
Aktionsgenese 175
Aktionspotential 83
Aktionsstörungen 177
Aktivation 163–177
Aktivierung 83, 103, 123
Aktivierungsniveau 223
Aktivität 211
Akzeptanz 55
Alexiethymie 237
Alghedonie 223
Altruismus 231
Alzheimer Krankheit 137
Ambiguität 59
Aminosäure 81
Amplitude 79, 83, 93
Amplitudenhub 87
Analogcomputer 205
analoges Denken 187
Analogfarbe 111
Analogie 39
Anankasmus 237
Änderungshemmung 189
Androiden 37
Angewandte Ps. 45
Angst 227
– als Lust 227
Animismus 171
Anpassung 153, 167, 195
Anschauung 201
Anspannung 167
Anspruchsniveau 175
Antipathie 231
Antrieb 227
Apalliker 165
Aperation 41
Apperzeption 91, 99
Appetenz-Effekt 55
Apprehension 99
ARAS 87, 165
Arbeitsanalyse 55
arbiträr 89
Ärger 229
arousal 167
Aspektierung 123
Assimilation 101, 181
Assoziation 33, 157, 181
Assoziationstheorie 127

Ästhesiometer 119
Athymie 237
attachement 211
Attraktivität 221
Axiome 187
Aufhänger 201
Aufmerksamkeit 167
Auftretenswahrscheinlichkeit 145
Augenruck 129
Ausdauer 193
Ausdruck 209
Ausgleichstheorie 207
Autogenes Training 83
Autonomie 213

Backshift-Operator 75
Barnum-Effekt 55
baseline 79
Bayes-Theorem 75
Bedeutung 39, 77
Bedeutungsgefühl 233
Bedeutungsgehalt 85, 157
Bedeutungstheorie 181
Bedeutungswandel 89
Begabung
– praktisch-technische 193
Begleittheorien 225
Begriff 183
Begriffslogik 193
Behalten 125
Behaviorismus 45
Behinderung, geistige 203
Bekräftigung 137
Bereitschaft 175
Berührung 119
Besorgnis 229
Bewegung 109
Bewerten 31
Bewertungsstrategien 205
Bewertungstheorie 207
Bewußtheitsgrade 165
Bewußtsein 89, 165
Bewußtseinsbildung 89
Bewußtseinsmodell 89
Bewußtseinsps. 33
Beziehungsrahmen 105
Beziehungsstörungen 177, 221
Bezold-Effekt 111
Bild 209
Binominalverteilung 65
Biofeedback 45
Biosignale 79
Black-box-Modell 31
black out 137
Blickkrampf 91

Carpenter-Effekt 183
Choleriker 35
Choreographie 55
Chromosomen 81
Cliquenbildung 177
Cluster 73
Clusteranalyse 73
Codierung 37
Computer 37
Controthymie 237
Cortex 87

cross-over-design 51
crystallized intelligence 193

Daltonismus 111
Datenmatrix 49
Deckerinnerung 137
Defension 213
Delinquenz 237
Delphi-Konzept 57
Demonstration 219
Demoskopie 51, 57
Dendrogramm 33
Denken 179
Denkformen 187
Denkstereotyp 191
Denkstile 185, 187
Denktraining 201
Dependenzanalyse 71
Depressivität 177, 237
Deprivation 91
Destination 39, 163
Devianz 63
Diastole 83
Differenzierung 143
Differenzierungstheorie 225
Digitalcomputer 205
Diskriminanzanalyse 73
Dispersionsspanne 63
Distreß 167
Ditention 177, 213
Dominanz 213, 237
Doppelblindversuch 59
Doppler-Effekt 113
Drittvariable 53
Drüsen 83
Dualismus 77
Duftgenealogie 117
Durst 227
Dynamik 83

Ehrenstein-Effekt 123
Eidolon 37
Eidotropie 97
Eifersucht 229
Eigenschaftsemotionen 223
Einprägen 125, 133
Einsichtshandeln 147
Ekphorie 125
Elaboration 133
Elektroencephalographie
(EEG) 79, 151, 179
Elektrokardiogramm (EKG)
79, 179
Elektromyogramm (EMG) 79,
179
Elektrookulogramm (EOG) 79
Emergenz 39, 77
Emotion 223–237
Engagement 199
Enkodierung 125
– elaborierte 133
– reduktive 133
Enstase 235
Entelechie 31
Entscheidung 175, 185
Entscheidungshemmung 203
Entschluß 189
Entwicklung 45

IV Sachregister

Entwurf 175
Epistemologie 39, 41, 59
equity-Theorie 207
E-Quotient 225
Erbinformation 81
erethisch 203, 237
Erfahrungsreaktion 169
Ergonomie 201
Erleben 31
Ertragstheorien 207
Ethische Grenzen 59
Etikettierung 177
Eustreß 167
Evaluation 35, 211
Evolutionsstrategie 57
Experiment 49, 59
Explikation 41
Exploration 57, 181, 233
Exponierung 141
Exposition 41
Extinktion 137, 143
Extrapolation 75
Extraspektion 179

Faktorenanalyse 73, 181, 193
Faktorenladung 73
faktorieller Plan 51
Falsifikation 185
Falsifizierung 53
Farbwahrnehmung 111
feed back 169
feed forward units 105
Feldabhängigkeit 97, 103, 185
Feldexperiment 59
Feldfaktoren 111
Feldtheorie 207
Fertigkeit 153
Figur und Grund 101
Figuration 77, 85
Figurprägnanz 105
Flankierung 87
Flexibilität 197
Fließgleichgewicht 171
Fluchtreaktion 227
fluid intelligence 193
fokussiert 57
Forschungsdesign 51
Fötus 121
Fourier-Analyse 37
Fragebogen 57
frame of reference 105
Freiheitsgrade 69
Fremdbeobachtung 55
Frequenz 113
Frequenzhub 83, 87
Freude 229
Freundschaft 231
Frustration 229
Fundamentalmessung 47
fun morality 171

Galton-Pfeife 113
Gebrauchsskala 61
Gedächtnis 125–141, 193
Gedächtnisfarbe 111
Gedächtniskurve 131
Gedankenflucht 203
Gefühl 223–237
– ästhetisches 233
Gefühlsstörung 237
Gehör 113

Geiselnahme 221
Geist 31, 85
Geläufigkeitsgesetz 191
Gemeinschaftsaktivität 173
Gen-Code 81
Generalisation 143
Genialität 193
Genitalien 83
Geruch 31
Geschicklichkeit 193
Geschmack 117
Gesetz des Effektes 145, 151
Gespräch 57
Gesprächspsychotherapie 57
Gestalt 41, 97, 105
Gestaltfaktoren 105
Gestaltps. 41
Gestaltung 217
Gleichgewichtsorgan 121
Gliederungen 41
Graphologie 215
Größentäuschung 107
Grunderregung 219
Grundgesamtheit 49, 67
Gruppenbeobachtung 55
Gruppenplan 51
Gruppenprozeß 173
Gruppierung 105

Halluzination 91
Halo-Effekt 55, 189
Haltungsfunktion 121
Handlung 209
Handlungsstrom 175
Haptorezeptoren 119
Hardware 205
Hautleitfähigkeit 83
Hemmung
– proaktive 137
Heredität 81
heuristischer Stil 185
Hilarität 229
Hirnrinde 87
Histogramm 61
Hoffnung 201, 233
Hoffnungslosigkeit 227
Höhentäuschung 123
Holographie 97
Hominiden 81
Hörbereiche 113
Hormone 83
Humor 229
Hunger 227
Hybridcomputer 205
Hyperthymie 237
Hypochonder 237
Hypophyse 83
Hypothese 53
Hypothesenprüfung 67, 191
Hypothymie 225, 237
Hysterie 237

Ich-Erleben 89
Ideenflüssigkeit 197
Identität 77
Imitation 209
Imitationslernen 145
Impetus 175
Impossible 197
Impuls-Kode-Modulation 87

Impulsleitung 85
Indexbildung 49
Indikator 35
Induktion
– negative 143
– positive 143
Inferenzstatistik 67
Information 39
Informationstheorien 207
Informationsverarbeitung 147
Inhaltsanalyse 211
Inhalt-Wert-Analyse 57
input 205
Intelligenz 193
– künstliche 205
Intelligenzquotient 193, 203
Intention 171
Interaktion 207
Interesse 233
Interferenz 83, 93
Intervallskala 47
Interview 55
Intimität 211
intrinsisch 235
Introspektion 179
Invarianz 49
In-vivo-Verfahren 179
Irradiation 87, 143, 225
Isolationsstörungen 221
Item 57, 157
Iteration 75

Jackson-Regel 137
James-Lange-Theorie 225

Kanalpräferenz 135
Kantendetektoren 99
Katastrophentheorie 75
Kategorie 39
kausal-linear 187
Kippfiguren 91
Klassifikation 47, 67
Klinische Ps. 43
Klitoris 83
Koaktion 57
Kodierung 37, 87
Kognition 179–205
Kognitionstheorie 163
Kognitive Ps. 45
Kohärenz 105, 127
Kohäsion 211
Kohortentheorie 127
Koma 165
Kombinationen 65
Kombinatorik 65
Komik 229
Kommunalität 73
Kommunikation 39, 81, 115, 207–221
– nichtverbale 217
Komparation 181
Komplementärfarben 111
Komplexreize 145
Komplianz 213
Komponententheorie 223
Konditionierung 143–147
Konfabulation 139
Konfidenz 65
Konfigurationsfrequenzanalyse 73
Konflikt 237

Sachregister V

Konformismus 213
Konfusion 137
Konkretion 181
Konnexität 47
Konstanz 101
Konstrukt 49
Kontaktordnung 211
Kontaktstörungen 177
Kontexttheorien 225
Kontiguität 127
Kontinuierung 141
Kontinuität 105
Kontrast 101, 127
Kontrastgitter 123
Kontrollablauf 175
Kontrolle 213
Kontrollgene 81
Kontur 105
Konvention 39
Konzentration 143
Konzeptlernen 151
Konzeptualisierung 57
Koordinatenfeld 61
Kopfuhr 107
Körperausdruck 217
Körpererlebnisse 121
Körperschema 221
Körperschemastörungen 177
Korpuskulartheorie 93
Korrelationsanalyse 71
Korrelationsmatrix R 73
Korrelierung 37
Korrespondenz 211
Kortex 87
Kovarianzanalyse 69
kreativ 181, 205
Kreativität 197
Kreisdiagramm 61
Kreuzplan 51
Krieg 231
Kriminalität 221, 237
Kriterium 53
Kumulus 41
Kurzzeitgedächtnis 129
kybernetisch 85

Labor-Experiment 59
Ladung 73
Lageexperiment 121
Lagerezeptoren 121
Landkarte
– kognitive 185
Längsschnitt 51
Langzeitgedächtnis 131
Lautstärke 115
L-Daten 49
Legasthenie 137
Lehrlernen 159
Leib-Seele-Problem 37, 77, 89
Leichtgläubigkeit 203
Leidensdruck 229
Lernappell 155
Lernen 143–161
Lernhilfen 159
Lernkontrolle 159
Lernpsychologie 143–161
Lernstörungen 161
Lernsituation 151
Lerntraining 159
Leseaktivierung 95

Lese-Rechtschreib-Schwäche 137
leveling 135
Lichtbrechung 93
Liebe 231
Liftreaktion 121
Lokalisation 99
Lokalisationsannahme 37
Lokomotion 99
Lösungsbaum 205
Lösungsstrategien 195
Lügendetektor 79, 83, 179
lunatic fringe 203

Macht 229
Manipulation 209
Manova 51
Markoff-Prozesse 75
Masse
– mediale 219
– mediopräsente 219
– präsente 219
Massenkommunikation 219
Massenmedien 219
Mathematische Ps. 45
Matrix 49
Maximum-likelihood-Methode 65
meaningfulness 157
Median 63
Mediationstheorie 181
Meditation 235
Medium 207
Meinungsbildung 57
Meinungshemmung 49
Melancholiker 35
Mensch-Computer-System 205
Mentalstörung 203
Meßtheorie 47
Messung 47, 55
Metagedächtnis 131
Metakognition 199
Methode der kleinsten Quadrate 75
Methodik 45–59
Milde-Effekt 55
Mißgunst 231
Mitochondrien 83
Mittel – arithmet. 63
Mittelwert 63, 67
Mittel-Ziel-Analyse 181, 185
Modalität 39
Modal-Wert 63
Modelltheorie 39
Modul 89
Modus 63
molar 97
Mondtäuschung 107
Monismus 77
Moral 235
Moralbonus 219
moral conduct 235
Moro-Reflex 227
Motivation 99, 103
Motivierung 123
Müller-Lyer-Täuschung 59
multivariater Plan 51
Munsel-Atlas 111
Musikerlebnis 115

Muskelrezeptoren 121
Musterbewertung 97, 103, 123
Musterbildung 83
Mustererkennung 37, 77, 101
Mustertransfer 89
Mutarität 211
Mythos 31

narrativ 57
Neandertaler 81
Neckerwürfel 123
Neid 231
Nervenzelle 85
nested design 51
Netzplan 75
Neuartigkeit 147
Neugierde 201
Neurobionik 89
Neuron 85
neuronal tissue 85
Neuropsychologie 77–89
Neurose 237
Nirwana-Prinzip 167
Nivellierung 135, 219
Nominalskala 47
Non-REM-Phase 139
Normalverteilung 39, 63, 67
Normenordnung 211
Normenstörungen 177
Nullhypothese 53, 67

Observation 55
Ökologische Ps. 45
ökologischer Aspekt 97
Olfaktometer 117
Operant 145
Operationalisierung 39, 53
Ordinalskala 47
Ordinate 61
Organisationsps. 43
Orientierungsreflex 233
Originalität 197
output 205
overt behavior 31

pacing 213
Pädagogische Ps. 143
Panel 51
Panik 227
Paradoxie 213
Parameterschätzung 67
Paranoia 237
Parathymie 237
Partizipation 211
Party-Taubheit 115, 167
Penfield-Homunkulus 37
Perimetrie 109
Periskop 129
perital 97
Permeabilität 211
Permutation 65
Perseveration 103
Perzeption 99
Pfadanalyse 75
PGR 79
Phänomenalismus 45
Phasenmodulation 87
Phimusverteilung 65
Phlegmatiker 35
Phon-Stärke 115
Phrenologie 33

VI Sachregister

pilot study 99
Placebo 59
Poisson-Verteilung 63
Polarisation 211
Polygenie 81
Polygon 61
Polygraphie 79
Polyphänie 81
Population 49, 67
Positionsgleichheit 213
Potential
– evoziertes 79, 95
Potentialgedächtnis 135
p-q-Verteilung 65
Prädiktion 181
Prädiktor 53
Prägnanz 101
Praxis 43
Premack-Prinzip 145
Prestige 235
Primacy-recency 131
Primordium 139
Prismenbrille 99
Problematisierung 191
Problemlösung 181, 195, 231
Problemsensitivität 197
Produkt-Moment-Korrelation 71, 73
Prognostik 75
prosozial 231
Prüfexperiment 59
Psychogene 45
Psychogenetik 81
Psychokybernetik 37, 77, 89
Psycholinguistik 215
Psychophysiologie 37, 45, 77, 79
Psychosomatik 77
Psychosophie 33
Psychotheorie 77
Psychotherapie 43
Pupille 95
Pupillenreaktion 95, 169
Purkinje-Phänomen 111

Q-Daten 49
Quartile 63
Quasi-Experiment 59
Querdisparation 95, 107
Querschnitt 51
Questionnaire 57
Quota-Verfahren 49

Random-Verfahren 49
range 63
Rangskala 47
Rationalismus 33
Raum 39, 107
Raumhören 115
Raum-Luft-Perspektive 107
Reaktion
– psychogalvanische 79
Reaktanz 207, 229
Reaktanz-Effekt 173
red out 137
redundant 103, 215
Redundanz 87, 123, 215
Reflex 85
– bedingter 143
Reflexion 181

Refraktion 93
Regelset 205
Regelsuche 195
Regressionsanalyse 71
Reinforcement 145
Rekognition 131
Relation 39
Relaxation 165
Religion 199, 233
REM-Schlaf 165
Reparation 41
Replikation 59
Reproduktion 131
Reservekapazität 129
respons 163
Retention 125
Retina 95
Reversal-Design 75
Rhythmik 89
rhythmisch 85
Rhythmus 77, 85, 223
Rigidität 103
Risikoneigung 175
Rorschach-Test 197
Rotation 73
Routinestil 185
Rubin-Pokal 105
Rückkopplung 171
Rückmeldung 149
Ruhepotential 79, 85

Saltatorik 75
sample 49
Sander-Phantasie-Test 197
Sanguiniker 35
Scanning 165
Scatter-Diagramm 71
Schallokalisation 115
Scham 235
Schätzwert 67
Scheinbewegung 109
Scheinwissen 189
Schichtung 87
Schizokinese 143
Schlaf 227
Schlafzustand 89
Schreck 227
Schrift 209, 215
Schüchternheit 235
Schuldgefühle 235
Schulphobie 177
Schwelle 101, 117
Seele 31, 85
Sektologie 203
Selbstachtung 235
Selbstbeobachtung 55
Selbstlosigkeit 231
Selbstorganisation 85
selbstreferentiell 89
Selbstvertrauen 233
Selbstverwirklichung 199
Selbstwertgefühl 235
Selektion 127
Semantik 39
Sensualismus 97
Sequenz 75
Sexualität 83, 221, 227
sharing 219
sharpening 135

Signaldetektionstheorie 103, 123
Signalverarbeitung 85
Similanz 127
Simulation 39
Sinnesprothese 89
Sinngehalt 157
Situationsreaktion 169
Situationsstörung 177
Skalierung 47
Skinner-Box 145
sleeper-effect 133
Software 205
Solidarität 211
Somnolenz 165
Sonogramm 89
Sophrosyne 171
Sozialps. 43
Sozialtheorien 163
Soziobiologie 45, 81
soziopathisch 237
Spannweite 63
spare capacity 129
Speicherkapazität 131
Spektralanalyse 75
Spezifität 99
Spontan-EEG 79
Spontaneität 185
Spontanremission 51
Sprachausdruck 193
Sprache 209, 215, 217
S-R-Theorien 163
Stammhirn 87
Standardabweichung 61, 63, 67
Stanine-Skala 61
state-anxiety 227
Statistik 61–75
Stellfunktion 121
Sterbeforschung 177
Stichprobe 49, 65, 67
Stil
– heuristischer 185
Stimmungsgrund 227
stimuli 163
stochastisch 65
Stoffverdichtung 159
Störung
– ipsative 177
– dissoziale 177
Streß 167, 229
Streubreite 63
Stroboskopie 103, 109
Strukturalismus 97
Strukturforschung 177
Strukturgleichung 75
Strukturierung 191
Subjektivität 55
Suchbedarf 191
Suchoperation 47
Suchverhalten 195
Suggestibilität 103
Suggestion 57
Summationsprinzip 87
Supersystem 41
Supervision 55
Symbolisierung 39, 181
Symptom 35
Synapse 85
Syndrom 35
Synektik 197
Systemtheorie 41
Systole 83

Sachregister VII

Tachistoskop 107
Tagträume 235
Tangram 147
Taraktik 57
Tastexperimente 119
Taxometrie 47
Taxonomie 35, 47
T-Daten 49
Teilnehmende Beobachtung 55
Tenazität 165
Terminologie 12–29
Test 43, 53, 59
Theorie
– phylogenetische 225
Theoriebildung 31
throughput 205
Tiefeninformation 107
Tiefenpsychologie 45
time sampling 55
Tippet-Tabelle 49
Tod 83
Topologie 111
Topologische Ps. 163
torpid 203, 237
TOTE-Prinzip 171
Träger-Muster-Bedeutung 39, 77, 85, 93, 115
trait-anxiety 227
Traktrix 171
Transduktion 99
Transfer 157
Transformation 61
Transitivität 47
Transkription 61, 83
Translation 83
Transponierbarkeit 105
Trauerarbeit 229
treatment 53
Trendanalyse 75
Trendberechnung 75
Trennschärfe 49
trial and error 151
Triebtheorien 163
trigger 167
Typenschau-Regel 35
Typologie 35

Überblickssituation 41
Übergeneralisation 59
Überraschung 229
Übersummativität 105
Übungseffekt 157
Ultrakurzzeitgedächtnis 129
Umstrukturierung 147, 181
Umwelterfassung 193
Unbewußtes 165
Undulationstheorie 93
unistisch 47
Upanishaden 33
Ursache 187
Urteile 189
Urteilsverwirrung 189
Utopie 233

Variable 49
– abhängige 31, 49
– unabhängige 31, 49
Varianz 63
Varianzanalyse 69
Variationsweite 63
Verbindungen
– zeitweilige 143
Vergessen 137
– motiviertes 137
Verhalten 31
Verhältnisskala 47
Verifikation 185
Verifizierung 53
Verirrung
– geistige 203
Vernetzung 187
Verstärkerpläne 145
Verstärkung 137, 145
Versuchspläne 51
Vertigo 121
Vexierbild 123
Vigilanz 165
Völkermord 231
Vorstellen
– räumliches 193
Vorstellung 183
Vorurteil 189, 203

Wahlverhalten 41
Wahrnehmung 91–123
– inadäquate 123
Wahrnehmungsabwehr 123
Wahrscheinlichkeit 39, 65
Wechselwirkung 77
Weltanschauung 209, 235
Wertung 211
Wille 163, 179
Wirkung 187
Wirkungsforschung 209
Wissen 153, 199
Withdrawal-Design 75
Witz 229
Witzelsucht 203
Wortschatz 215
Wygotski-Blöcke 183

Zapfen 95, 111
Zeichensprache 209
Zeit 39, 107
Zeitkomponente 75
Zeitreihenanalyse 51, 75
Zentralnervensystem 87
Zentraltendenz 55
Zentralwissen 199
Zentrifugaltäuschung 109
Zeugenaussage 139
Zieldistanz 175
Zielverfolgung 163
Zielverhalten 191
Zöllner-Illusion 123
Zorn 229
Zufall
– gezielter 41
Zufallsergebnis 67
Zufallslernen 151
Zufallsverhalten 41
Zukunftserwartung 229
Zukunftsplanung 125
Zungenphänomen 139
Zustandsemotionen 223
Zustandsreaktion 169
Zwangsneurosen 177
Zweieraktivität 173
Zweihandprüfer 59

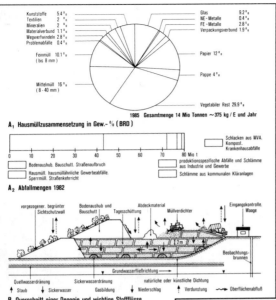

A₁ Hausmüllzusammensetzung in Gew.-% (BRD)

A₂ Abfallmengen 1982

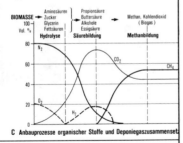

B Querschnitt einer Deponie und wichtige Stoffflüsse

C Anbauprozesse organischer Stoffe und Deponiegaszusammensetz

dtv-Atlas zur Ökologie

Tafeln und Texte

dtv-Atlas zur Ökologie
von Dieter Heinrich und
Manfred Hergt
Tafeln und Texte
Mit 122 Farbtafeln
Originalausgabe
dtv 3228

Das 20bändige dtv-Lexikon

bietet alles, was zu einem großen Lexikon gehört – auf 6872 Seiten, mit über 130.000 Stichwörtern, Werks- und Literaturangaben, über 6000 Abbildungen und 120 Farbtafeln.

dtv 5998
DM **198,–**

20 Bände im Taschenbuch-Großformat 12,4 x 19,2 cm. In einer praktischen Klarsichtkassette stets griffbereit am Schreibtisch, im Büro und zu Hause. Ein universales Nachschlagewerk für Beruf, Schule und Studium. Und das alles zum Taschenbuchpreis.